AF524030

JASMIN SEIDEL

LOST PLACES

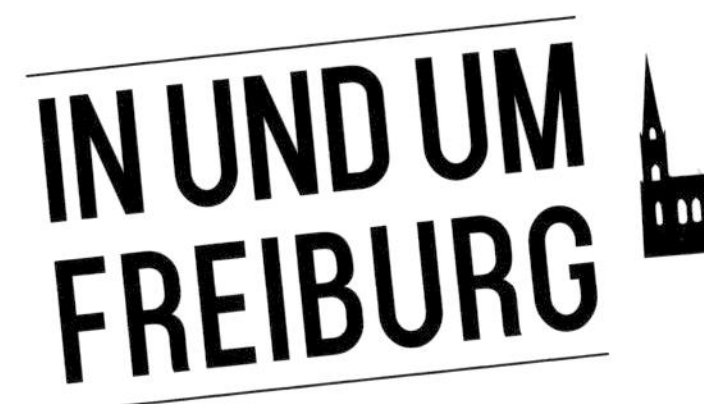

JASMIN SEIDEL

LOST PLACES

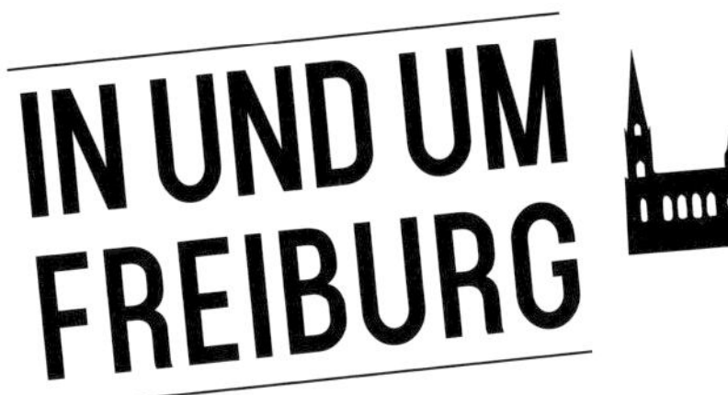

FASZINATION DES VERLASSENEN

GMEINER

Besuchen Sie uns im Internet:
www.gmeiner-verlag.de

Im Ehnried 5, 88605 Meßkirch
Telefon 07575 / 2095-0
info@gmeiner-verlag.de

1. Auflage 2022

Redaktion: Anja Sandmann
Lektorat: Isabell Michelberger
Layout: Susanne Lutz
Herstellung: Laura Stützle
Umschlaggestaltung: Laura Stützle unter Verwendung
von Fotos © Jasmin Seidel
Druck: Florjančič tisk d.o.o., Maribor
Printed in Slovenia
ISBN 978-3-8392-0431-3

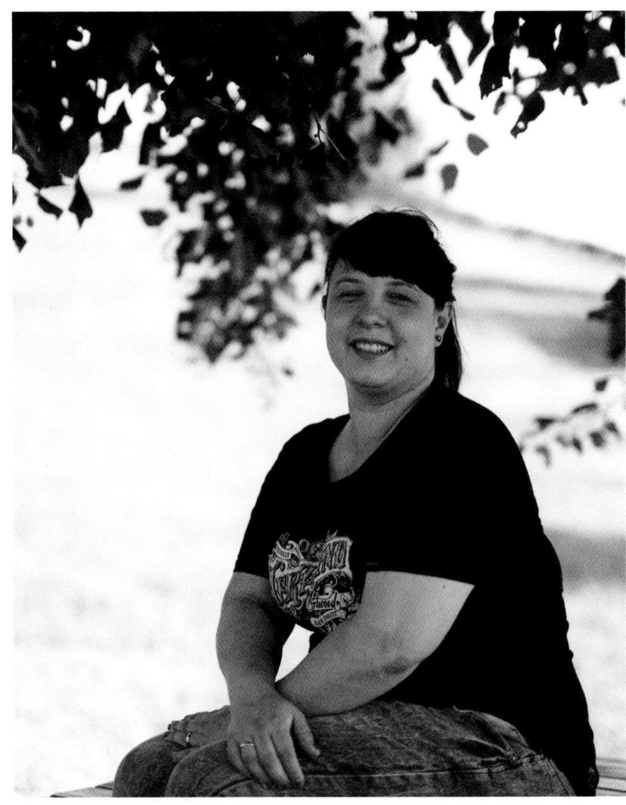

Jasmin Seidel, 1981 in Waldkirch geboren, verbrachte ihre Kindheit im Elztal und kennt die Region Freiburg wie ihre Westentasche. Die gelernte Arzthelferin erkannte ihre Leidenschaft für die Fotografie durch einen Zufall: Die neue Kamera für den Urlaub entfachte diese große Liebe, die mit der Landschaftsfotografie ihren Anfang nahm und Seidel recht schnell zur Lost-Place-Fotografie führte. 2022 gewann Seidel mit ihrem Buch »Lost Places im Schwarzwald« den »Wälderliebling« der Buchmesse Hinterzarten. Nun spürt die Autorin verlassene Orte in ihrer Heimat auf und reist in eine vergessene Welt.

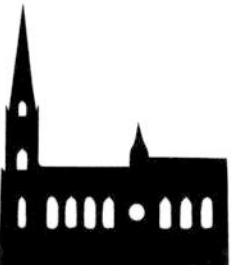

INHALT

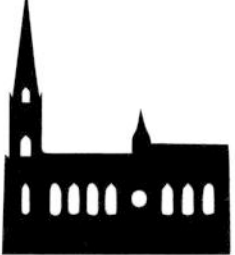

VORWORT

Es ist eine vergessene Welt, die sich mir offenbart, sobald ich einen Lost Place betrete. Manchmal liegt sie nur wenige Meter von einer viel befahrenen Straße entfernt und man gelangt leicht auf das Grundstück. In anderen Fällen muss man sich meterweit durch Dornenhecken und Gestrüpp kämpfen. Für manche sind verlassene Orte ein Schandfleck, für mich eine Oase oder gar ein fotografisches Paradies. Es sind der Stillstand sowie die Ruhe an diesen Orten und die Natur, die sich alles wieder zurückerobert, was der Mensch einmal geschaffen hat. Ein Lost Place hat für mich eine magische Anziehungskraft – die Atmosphäre, der Kontrast von Licht und Schatten, Rost, Staub, Moos, morsche Böden, meist abgeplatzter Putz. Das alles ist für mich wunderschön und sorgt für Gänsehaut-Momente. Ich bin jedes Mal nervös, wenn ich mich frühmorgens ins Auto setze und zu einem Lost Place fahre: Finde ich einen Zugang, komme ich ungesehen rein und wie sieht dieser Lost Place aus? Wer sich für dieses Hobby entscheidet, der sollte auch einen Indiana Jones in sich haben: Abenteuerlust und die Fähigkeit zur Recherche. Auch sollte man sich im Klaren sein, dass man bei einem Lost-Place-Besuch, überspitzt ausgedrückt, eigentlich mit einem Bein im Gefängnis steht und mit dem anderen im Krankenhaus. Jeder Lost Place, zumindest in Deutschland, hat einen Eigentümer. Somit begeht man bei einem nicht vom Besitzer erlaubten Besuch Hausfriedensbruch. Dieser ist zwar »nur« ein Antragsdelikt, das heißt es kann nur vom Besitzer angezeigt werden, aber man sollte es im Hinterkopf behalten. Ich versuche immer, die Besitzer ausfindig zu machen, sei es über eine Anfrage an die Gemeinde, durch Infos vielleicht von Nachbarn oder über Zeitungsberichte, die ebenfalls hilfreich sein können. Oft reagieren die Besitzer oder Verwalter überrascht und verstehen nicht (gerade die ältere Generation), was an dem Staub und Dreck toll sein soll, aber sie sind auch neugierig. Fast immer gibt es die Erlaubnis. Und wenn ich ihnen danach die Bilder zeige und auch übergebe, dann sieht man doch einen Glanz in ihren Augen, weil sie sich über die Erinnerung freuen. Ein Lost Place ist kein Abenteuerspielplatz oder kein Freizeitpark, man kann sich dort ernsthaft und sogar lebensgefährlich verletzen.

Es gibt zumeist zwei Gruppen von Fotografinnen und Fotografen in der Lost-Place-Szene. Die einen sind nur auf der Suche nach einem schnellen Schnappschuss für die Sozialen Medien oder vollziehen das konsequente Abarbeiten der bekannten Motive zur Erweiterung des eigenen, privaten Portfolios ohne Rücksicht auf Verluste. Sie nehmen sich häufig nicht die Zeit, den Ort mit all seinen Details und Einzelheiten zu entdecken, und befinden sich oft nur für wenige Minuten in dem Ort. Die anderen haben neben der Erkundung dieser verlassenen Orte samt einem kleinen »Abenteuer« – neben dem Foto – die Recherche zur Geschichte dieser Orte im Fokus, die sie antreibt. Genau zu dieser Gruppe gehöre ich. Ich möchte so viel wie möglich über den Ort wissen: Wer hat hier gelebt, gearbeitet, gefeiert, gelacht und geweint? Warum wurde der Ort verlassen? Das alles sind Informationen, die für mich ein Gesamtbild zusammen mit den Fotos ergeben. Ich möchte die Fotos mit Respekt machen und so dem Ort seine Würde zurückgeben, die er vielleicht durch den Verfall ein bisschen verloren hat. Durch meine Bilder mache ich einen Lost Place erlebbar beziehungsweise erinnere auch nach dem Verschwinden an dessen Existenz.

Urbex-Codex

Ich respektiere das Eigentum anderer

Es wird nichts zerstört oder gewaltsam geöffnet. Verschlossene Türen bleiben verschlossen, verschlossene Fenster bleiben geschlossen. Gibt es keine Möglichkeit, das Gebäude durch ein offenes Fenster oder eine offene Türe zu betreten, so sollte man das respektieren und sich eben von außen ein Bild machen.

Ich nehme nichts mit und lasse nichts da

Alles bleibt an seinem Platz. Auch ein »kleines Andenken« ist zu viel. Das wäre Diebstahl. Mitgenommen werden darf überhaupt nichts, außer Eindrücke und die Bilder, die auf der Kamera landen. Das gleiche gilt aber auch in die andere Richtung: Ich hinterlasse nichts. Nichts außer Fußabdrücke.

Sprayen ist ein No-Go

Oft sieht man Graffitis an den Wänden der verlassenen Orte. Lost Places mit Graffitis zu besprühen, verstößt nicht nur gegen den Urbaner-Codex, sondern ist einfach illegal. Selbst das kunstvollste Graffiti ist Sachbeschädigung an fremdem Eigentum.

Geraucht wird nicht

In einer fremden Location sollte nicht geraucht werden – es sei denn, man hat einen kleinen Aschenbecher für die Hosentasche dabei. Auf keinen Fall dürfen Kippen einfach ausgetreten und liegengelassen werden. Zudem besteht vor allem im Sommer erhöhte Brandgefahr.

Ich verhalte mich zu jeder Zeit vorsichtig

Vorsicht ist besser als Nachsicht. In verlassenen Gebäuden kann viel passieren: Marodes Holz, verrostete Metallgeländer, Decken können einstürzen, Böden können nachgeben und Treppen eine wahre Falle sein. Das beste Bild ist es nicht wert, die eigene Gesundheit oder gar das Leben aufs Spiel zu setzen. Genau aus diesem Grund heißt es immer »Augen offenhalten«. Elektrische Anlagen bleiben unberührt, Flaschen und Behälter geschlossen. Dunkle Räume ohne Licht zu betreten, ist ein absolutes No-Go – deshalb immer eine Taschenlampe dabeihaben!

Ich ziehe niemals alleine los

Alleine loszuziehen, ist nie eine gute Idee. Man sollte immer zu zweit oder besser noch zu dritt unterwegs sein. Geschieht doch einmal ein

Unglück, kann eine Person Hilfe organisieren, während eine zweite Person sich um das Unfallopfer kümmert. Doch nicht nur aus diesem Grund ist es wichtig, nicht alleine loszuziehen. Man weiß nie, auf wen man in den Locations trifft. Auch zwielichtige Gestalten sind oft in Lost Places anzutreffen. Dann sollte man doch lieber zu zweit oder zu dritt sein, damit man nicht als »leichte Beute« angesehen wird.

Ich parke so, dass niemand auf meinen Besuch aufmerksam wird

Die meisten verlassenen Orte erreicht man nur mit dem Auto. Man sollte immer versuchen, so zu parken, dass das Auto nicht auffällt oder Aufmerksamkeit erregt. Ein mitten auf leerem Gelände geparkter Wagen zieht sicher mehr Aufmerksamkeit auf sich, als es dem Urbexer lieb sein kann.

Ich mache meine Locations nicht öffentlich zugänglich

Locations zu finden, ist teilweise gar nicht mehr so schwer. Aber richtig tolle Locations zu finden, ist umso schwerer. Und genau so soll es auch bleiben. Deswegen sagt der Urbexer-Codex: Behaltet die Locations für euch und macht sie nicht der breiten Masse zugänglich. Zwar lebt die Community vom Austausch, und auch andere Urbexer möchten die tollen vergessenen Orte besuchen, doch das kann man im Einzelgespräch machen, sofern die Motive des Fragenden einem nicht verdächtig erscheinen. Wer Bilder von einer schönen Location postet, wird recht schnell viele neue Freunde haben, bei denen man nicht weiß, ob sie selber nur fotografieren möchten oder doch Sprayer sind, die sich als Erstes verewigen wollen.

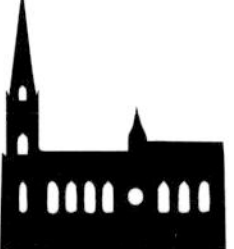

FRIEDAS VOLL BESTÜCKTER HOF

Der Weg in den Schwarzwald führt mich häufig durch das Elztal, wo viele Bauernhöfe den Straßenrand säumen. Schon relativ früh fiel mir ein riesengroßer Bauernhof auf. Er machte den Eindruck, als wohne dort niemand mehr, aber das Gras der Wiesen war häufig gemäht, die Bäume gestutzt und gepflegt und vor der Tür lagen des Öfteren Holzstapel. Einmal hielt ich kurz an, um mir das Gelände genauer anzuschauen. Tatsächlich fand ich einen Hinweis darauf, dass dort mit großer Wahrscheinlichkeit seit längerer Zeit niemand mehr wohnte. Eine befreundete Fotografin kannte sich in der Gegend aus und nahm Kontakt mit der Gemeinde auf, die uns tatsächlich half, mit dem Besitzer in Kontakt zu treten. Am Telefon meinte dieser, dass der Hof seit Jahren leer stehe. Er wisse nicht so wirklich, ob es für uns interessant sei.

Wir kommen aus dem Staunen nicht mehr raus, als er uns alle Räume, den Stall, die Scheune, ein Bienenhaus und auch eine alte Mühle zeigt, die zum Hof gehört. Alles ist noch komplett eingerichtet. Wir fragen, wie lange wir Zeit haben, und er meint: »Ruft einfach an, wenn ihr fertig seid, viel Spaß euch.«

Sofort bauen wir die Stative auf und verteilen uns in der unteren Etage. In einem kleinen Durchgangszimmer steht ein Bett, und schon von Weitem sehe ich auf dem Nachttisch ein Gebiss liegen. Irgendwie gruslig, aber zeitgleich stellt sich mein Kopfkino ein: Was ist hier wohl passiert, sodass das Gebiss zurückgelassen wurde. Zahlreiche Papiere liegen in den Schränken, Medikamente liegen auf der Fensterbank und eine Strickjacke hängt auf einem Bügel am Schrank, bereit zum Anziehen. Wir haben gerade eine knappe Stunde fotografiert, als der Besitzer und entfernter Verwandter der letzten Bewohnerin mit zwei Flaschen selbst gepresstem eiskalten Apfelsaft zurückkommt und sie uns in die Hand drückt, als Erfrischung. Das sind Momente, die toll sind und mir ein bisschen Tränen vor Freude in die Augen treiben.

Der Besitzer ermuntert uns sogar, die Schubladen aufzumachen, etwas, das ich eigentlich nicht tun würde. Als ich eine der Schubladen öffne, sehe ich als Erstes eine Brille, bei der ein Glas zersprungen ist. Trotzdem wurde sie aufbewahrt, man wollte nichts so schnell wegwerfen, denn das andere Glas ist schließlich noch heil. Schlüssel und Schlösser sind in einer weiteren Schublade säuberlich aufgereiht. Nach sechs Stunden ist das letzte Bild im Kasten und wir können dann noch etwas über die Bewohner erfahren.

Frieda war eine entfernte Verwandte des Besitzers. Zusammen mit drei weiteren Geschwistern und den Eltern lebte sie auf dem Hof. Es gab auch etwas Besonderes: Keines der vier Kinder gründete selbst eine Familie oder verließ den Hof jemals. Die Arbeit auf dem Hof wurde verteilt. Einer der Brüder hatte den Führerschein und kümmerte sich somit um die Besorgungen mit dem Auto oder um die Traktoren auf dem Hof. Die Schwestern versorgten hauptsächlich den Haushalt. Nach und nach starben die Geschwister, sodass Frieda alleine auf dem Hof zurückblieb. Als das Hof-Leben für sie in sehr hohem Alter zu beschwerlich wurde, bot der jetzige Besitzer ihr an, bei ihm und seiner Familien einzuziehen. Das nahm Frieda, auch wenn es ihr schwerfiel, an. Nach Jahren der guten Pflege starb Frieda und vererbte den Hof als Dankeschön den entfernten Verwandten.

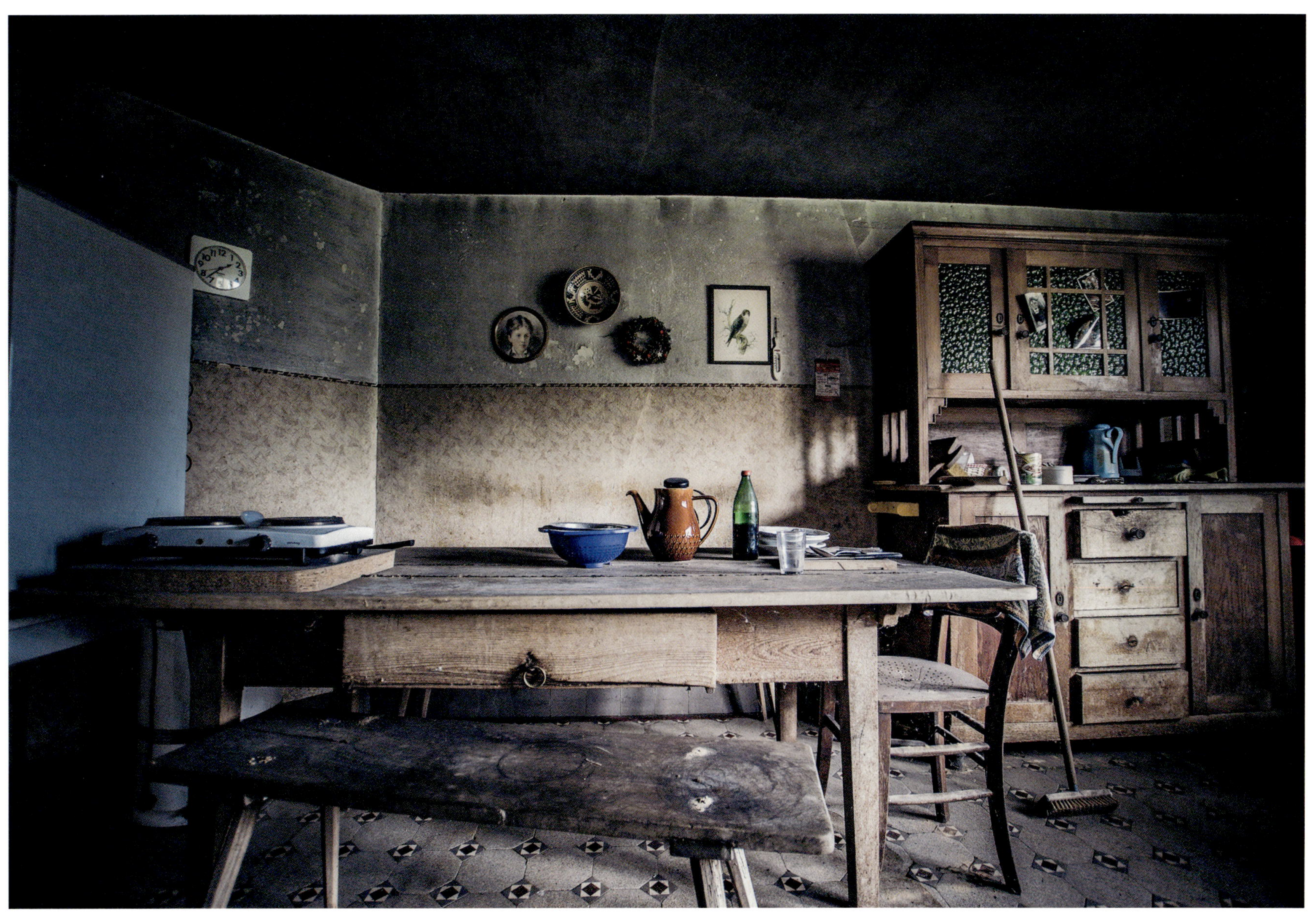

Die Wohnküche des alten Hofes

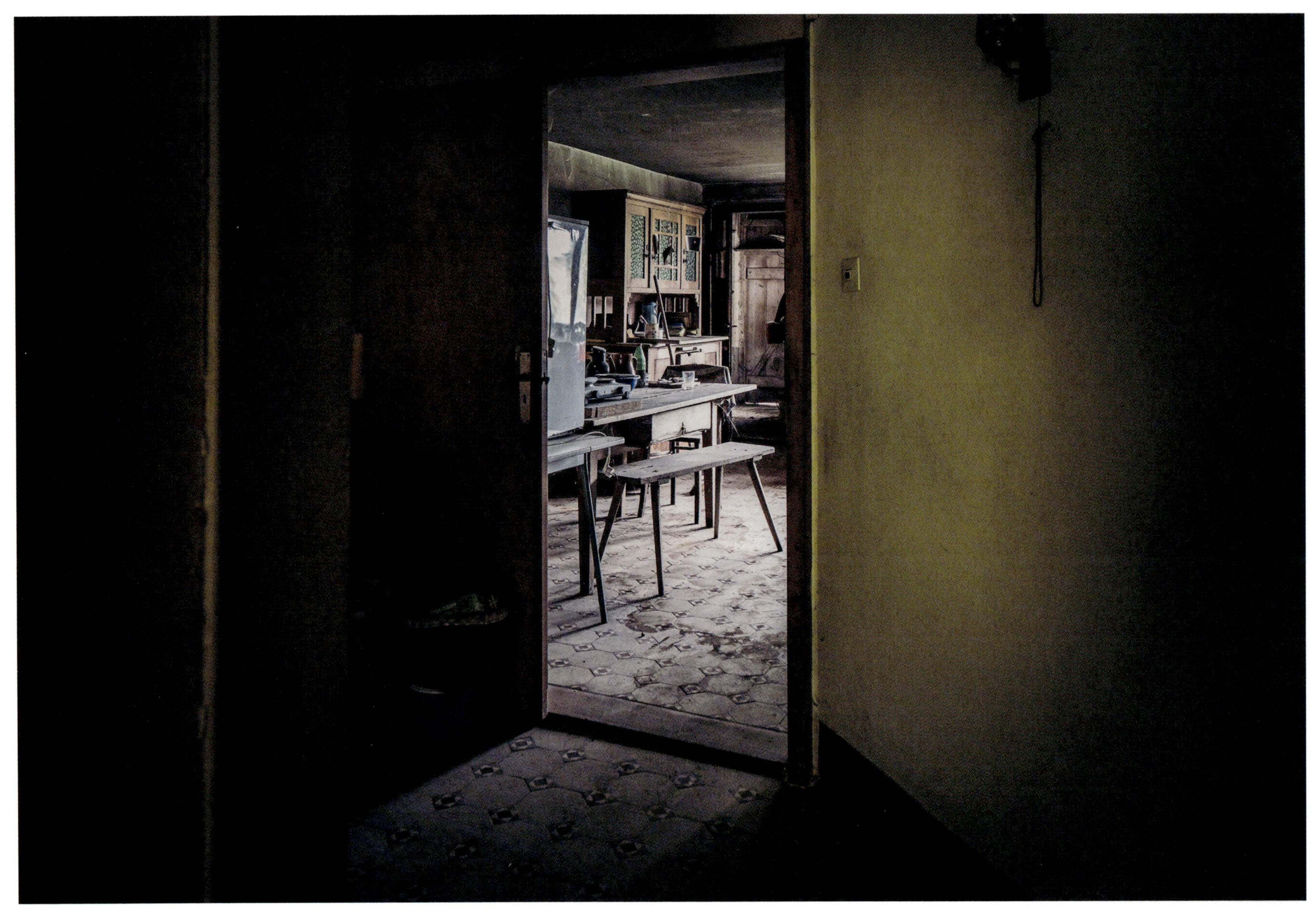

Blick vom Flur in die Wohnküche

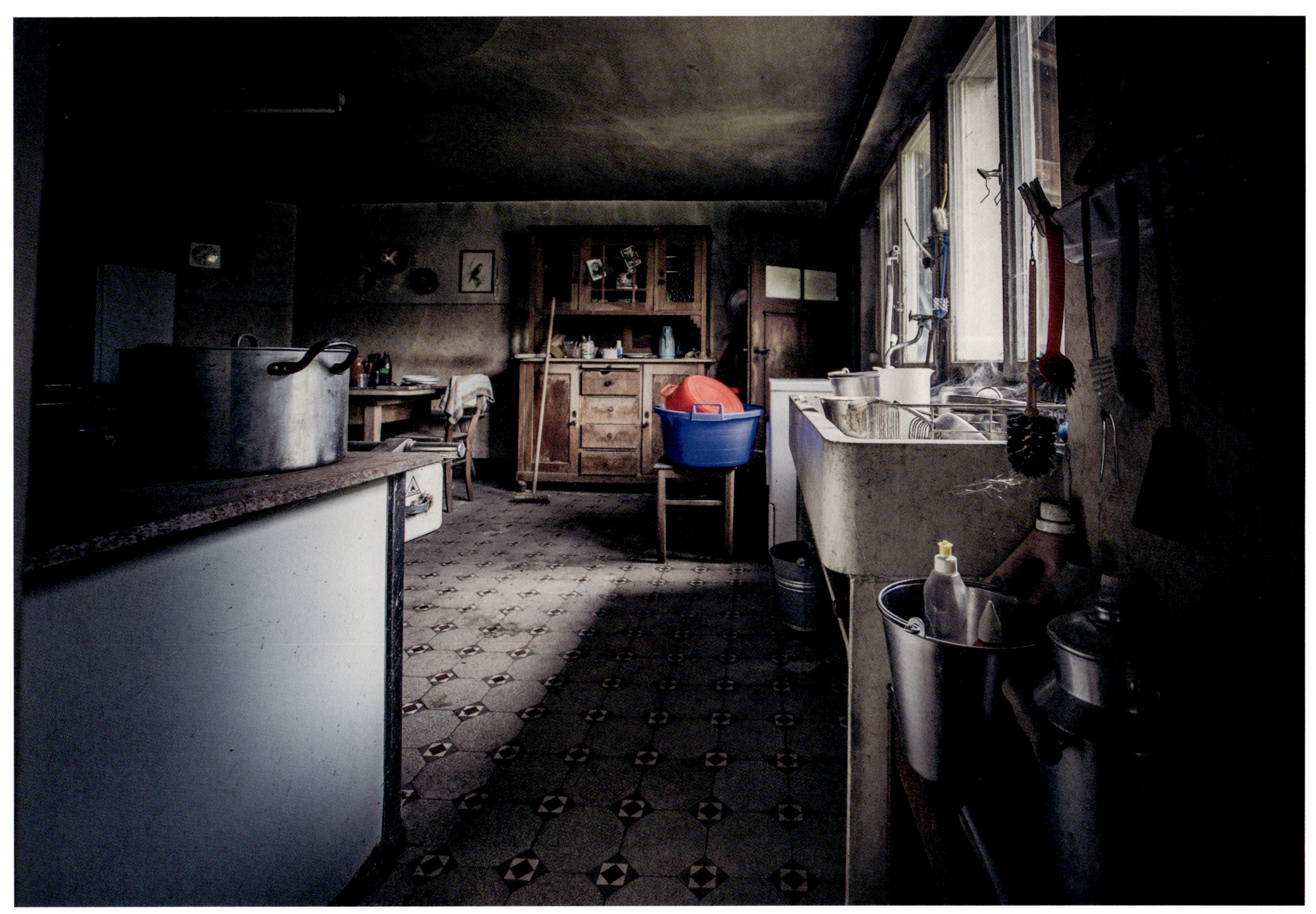

Viele Haushaltsgegenstände sind noch vorhanden

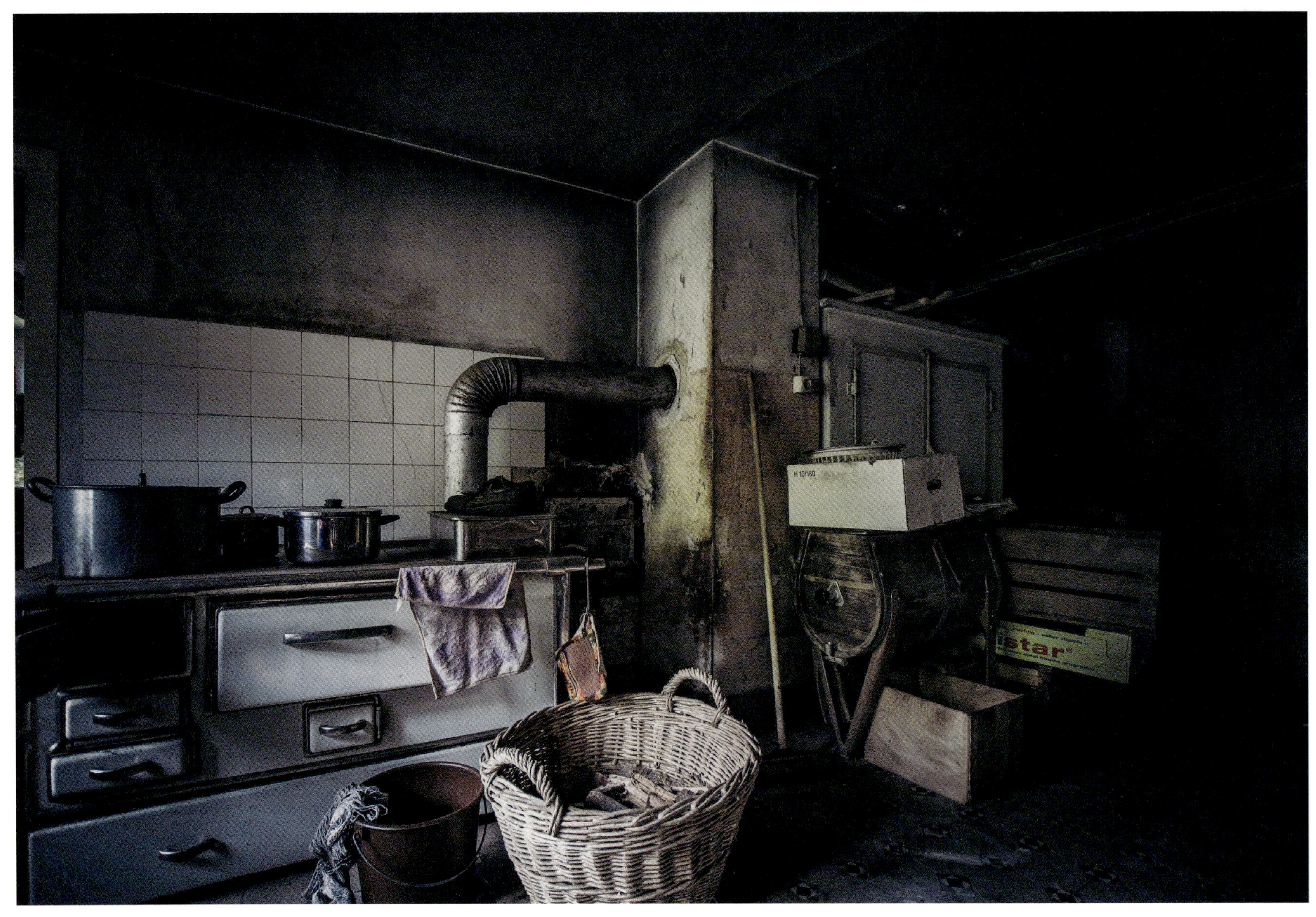

Herd mit Feuerholz

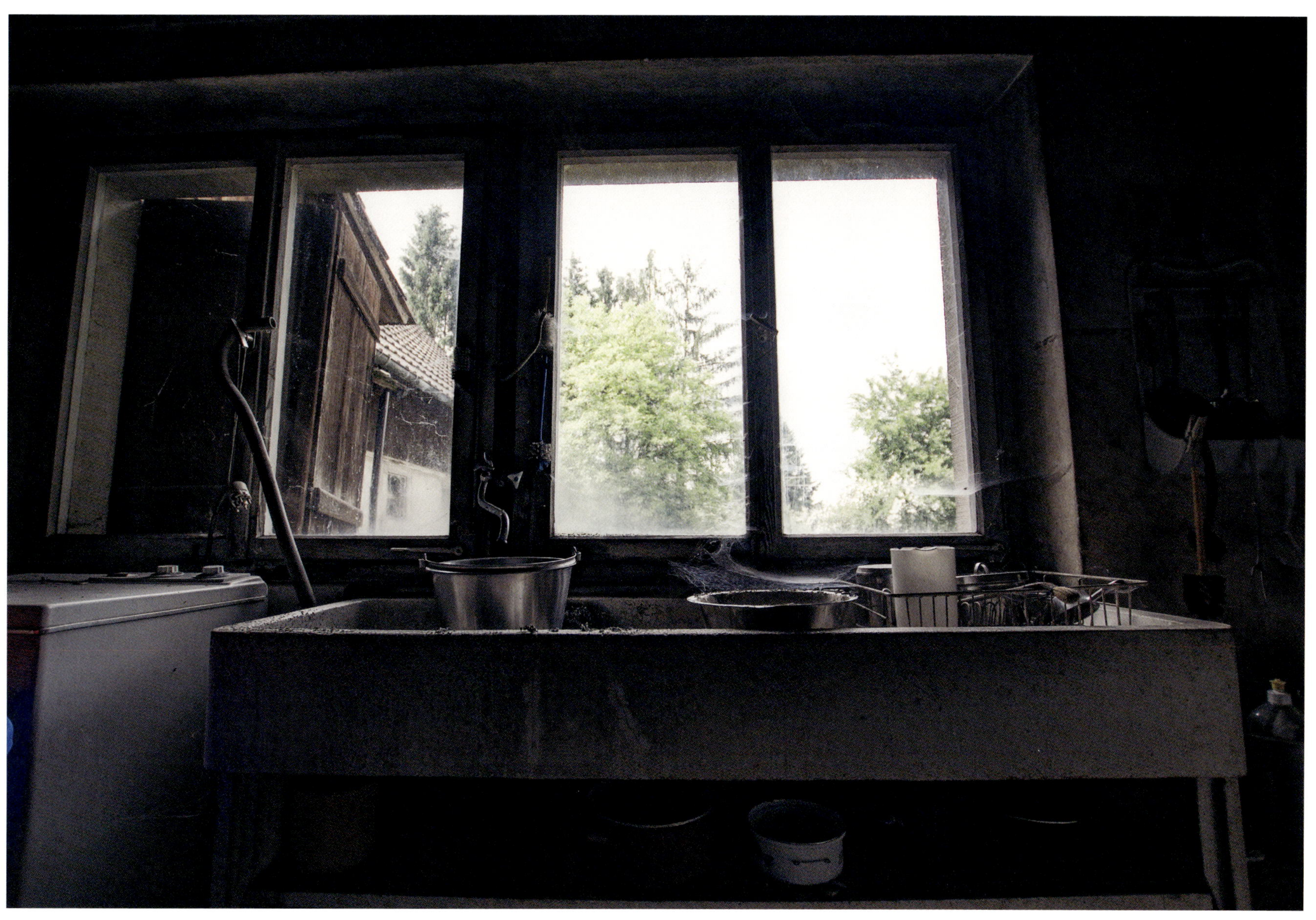

Die Spüle mit Blick ins Grüne

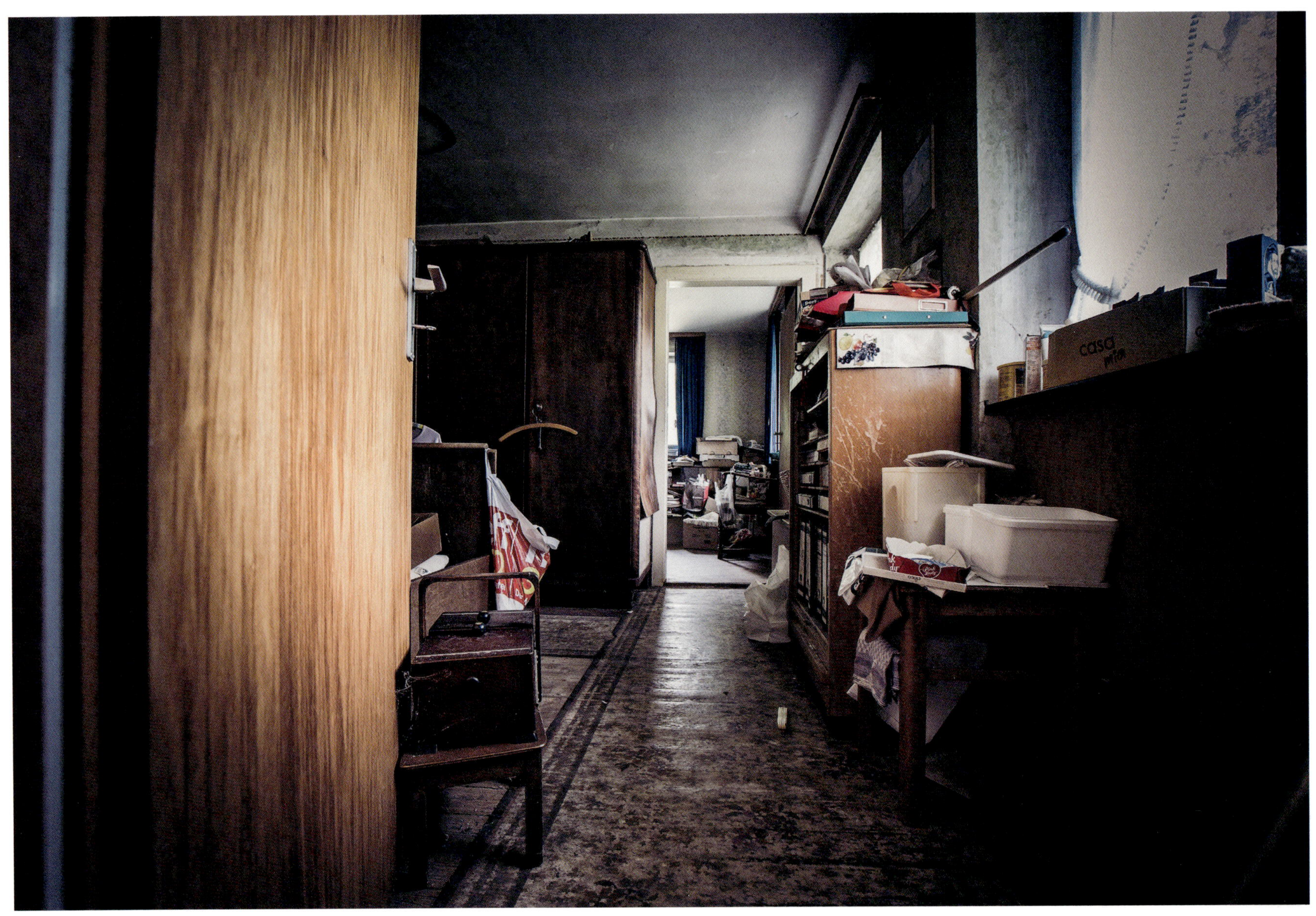

Durchgangszimmer

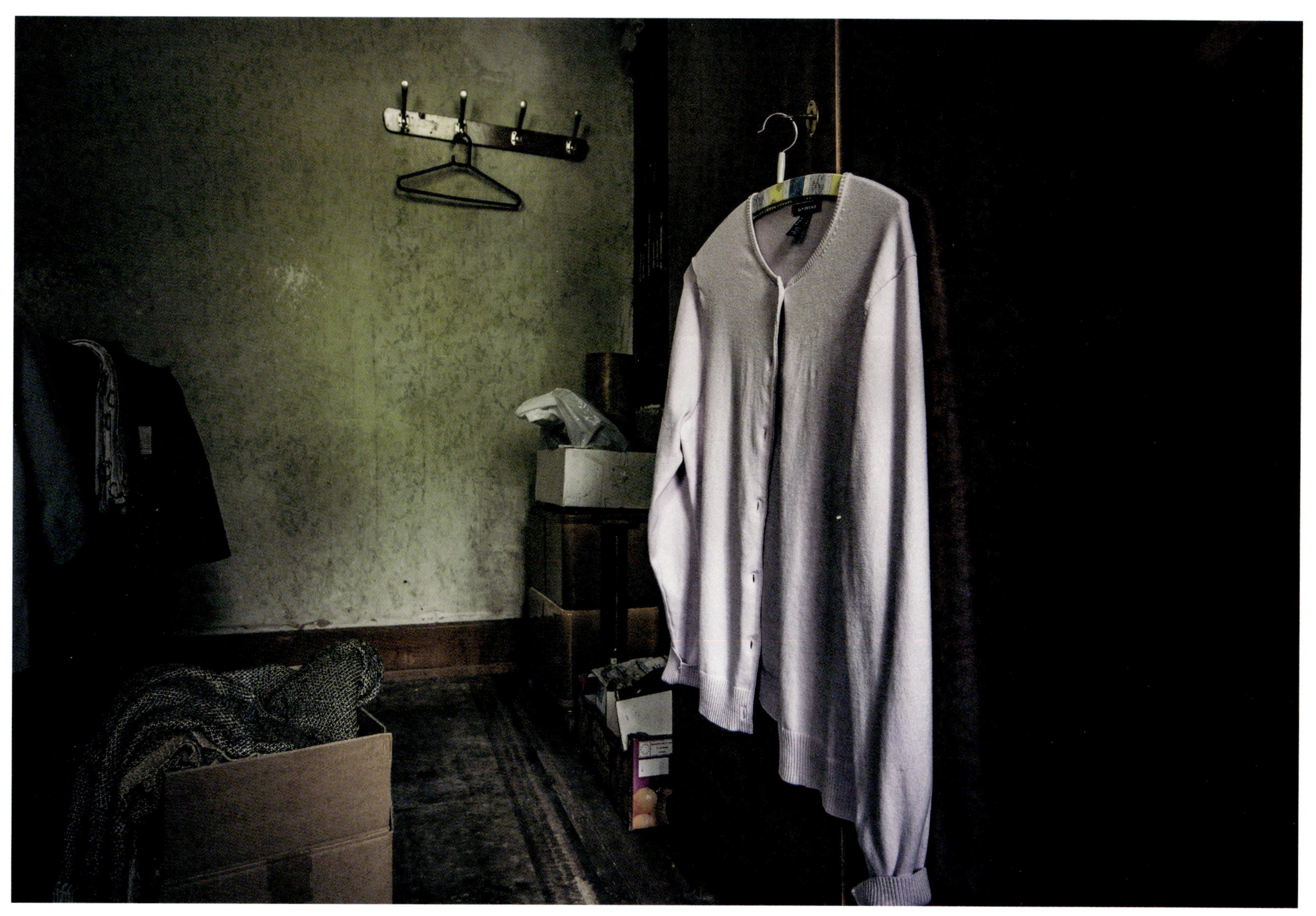

Die Kleidung hängt noch am Schrank

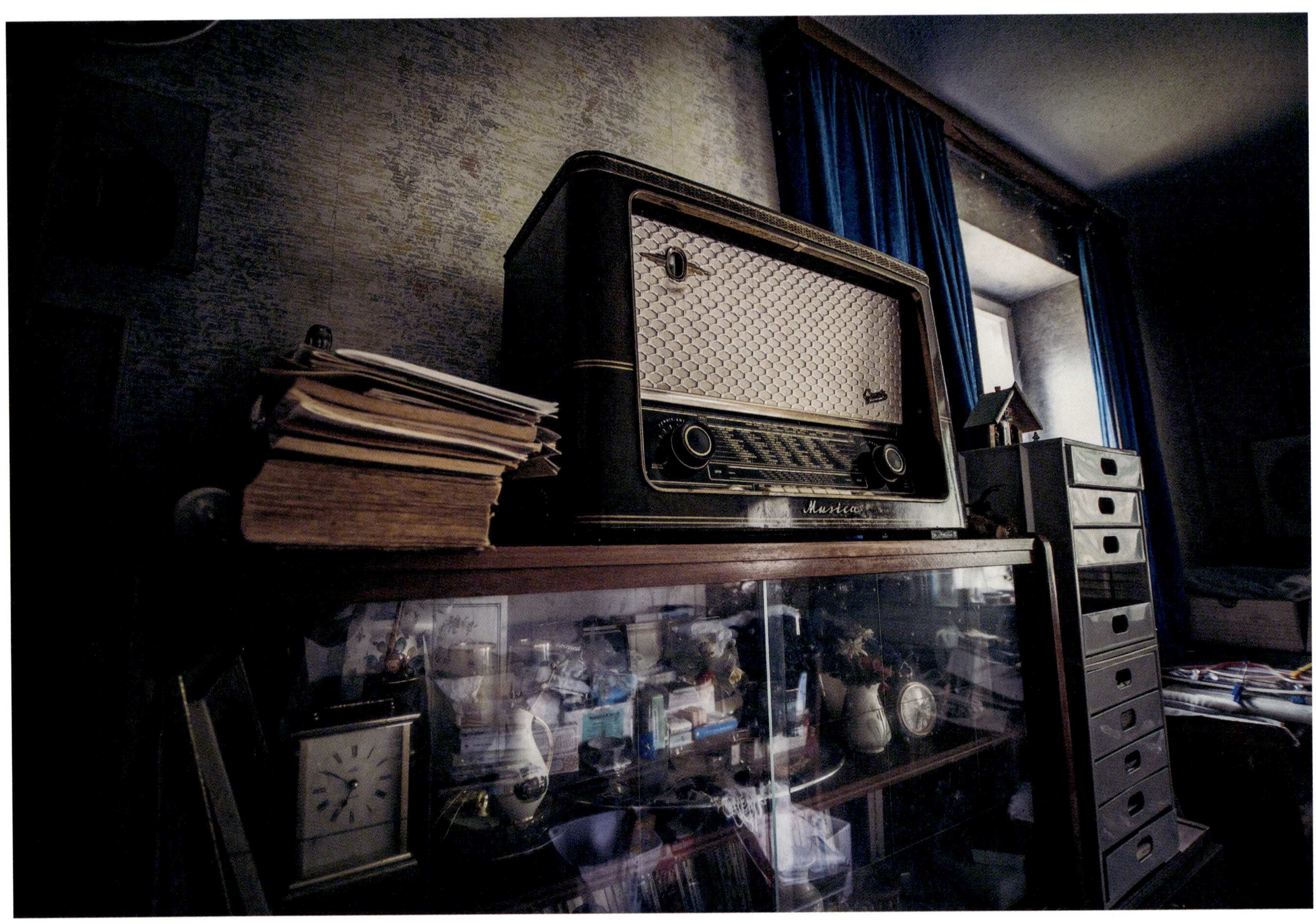

Das alte Radio spielt schon lange nicht mehr

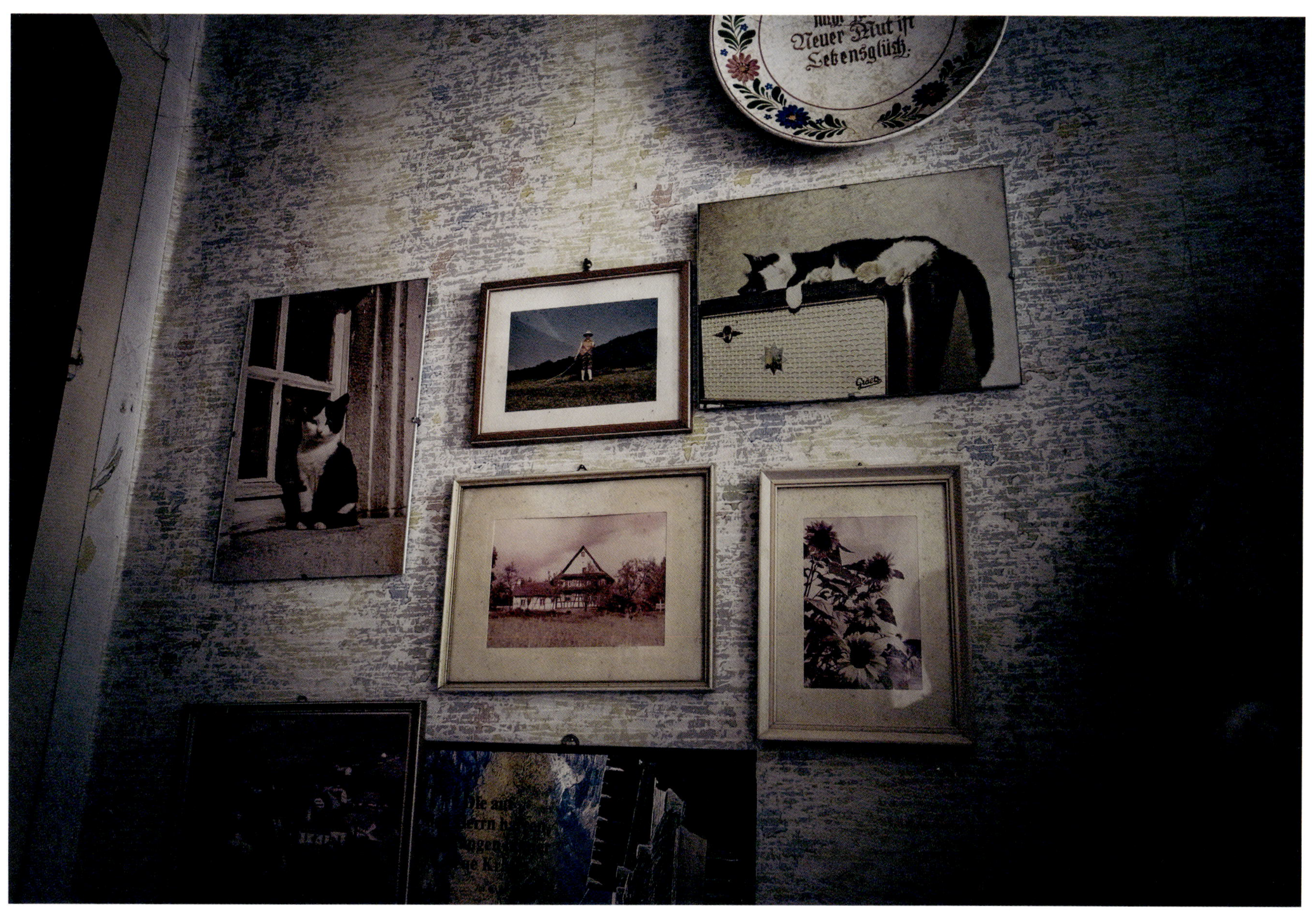

Fotos der geliebten Katze

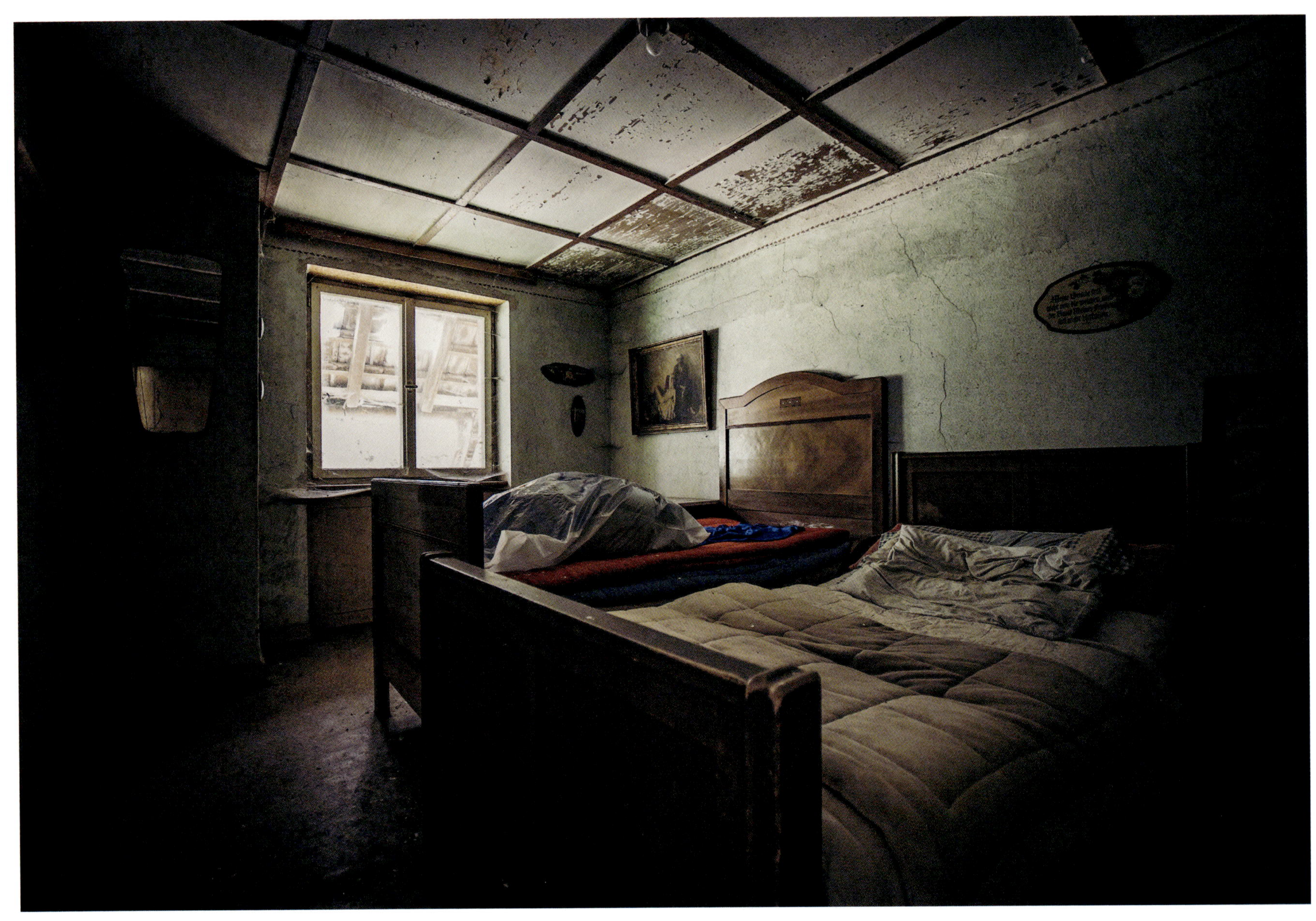

Schlafzimmer

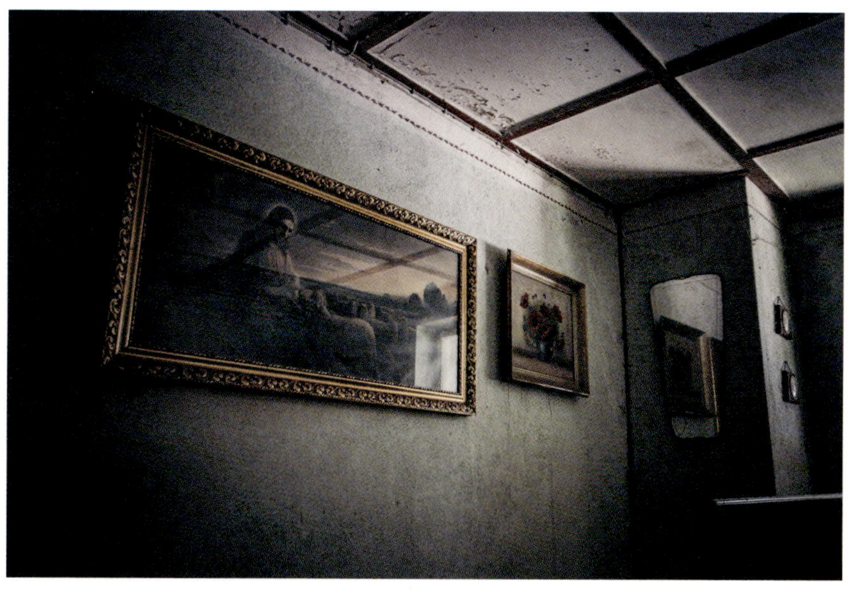

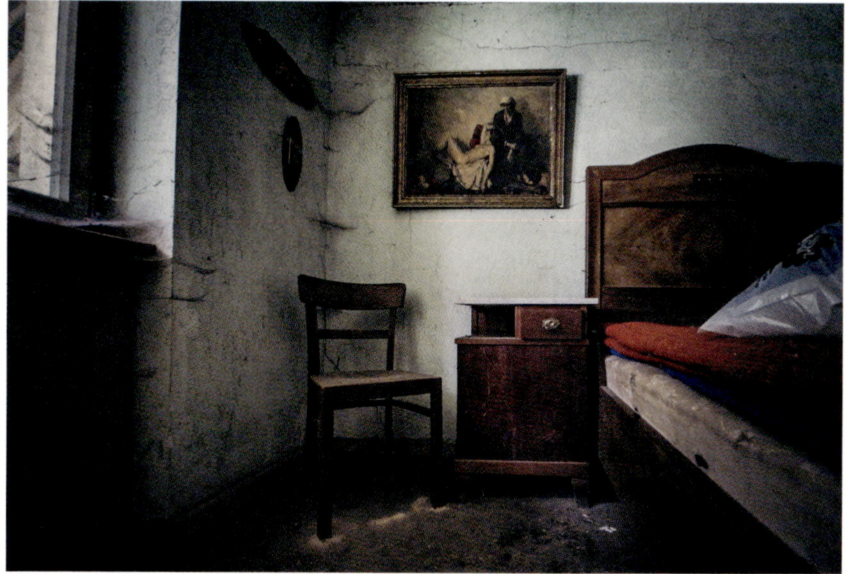

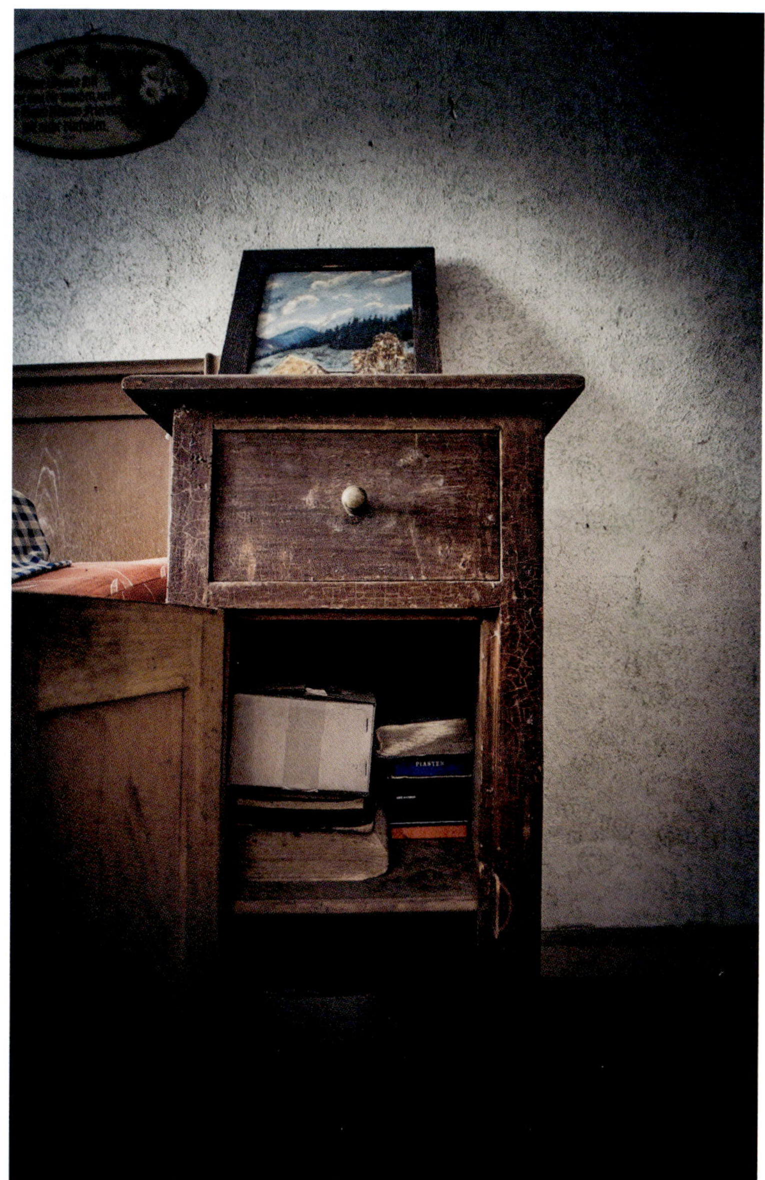

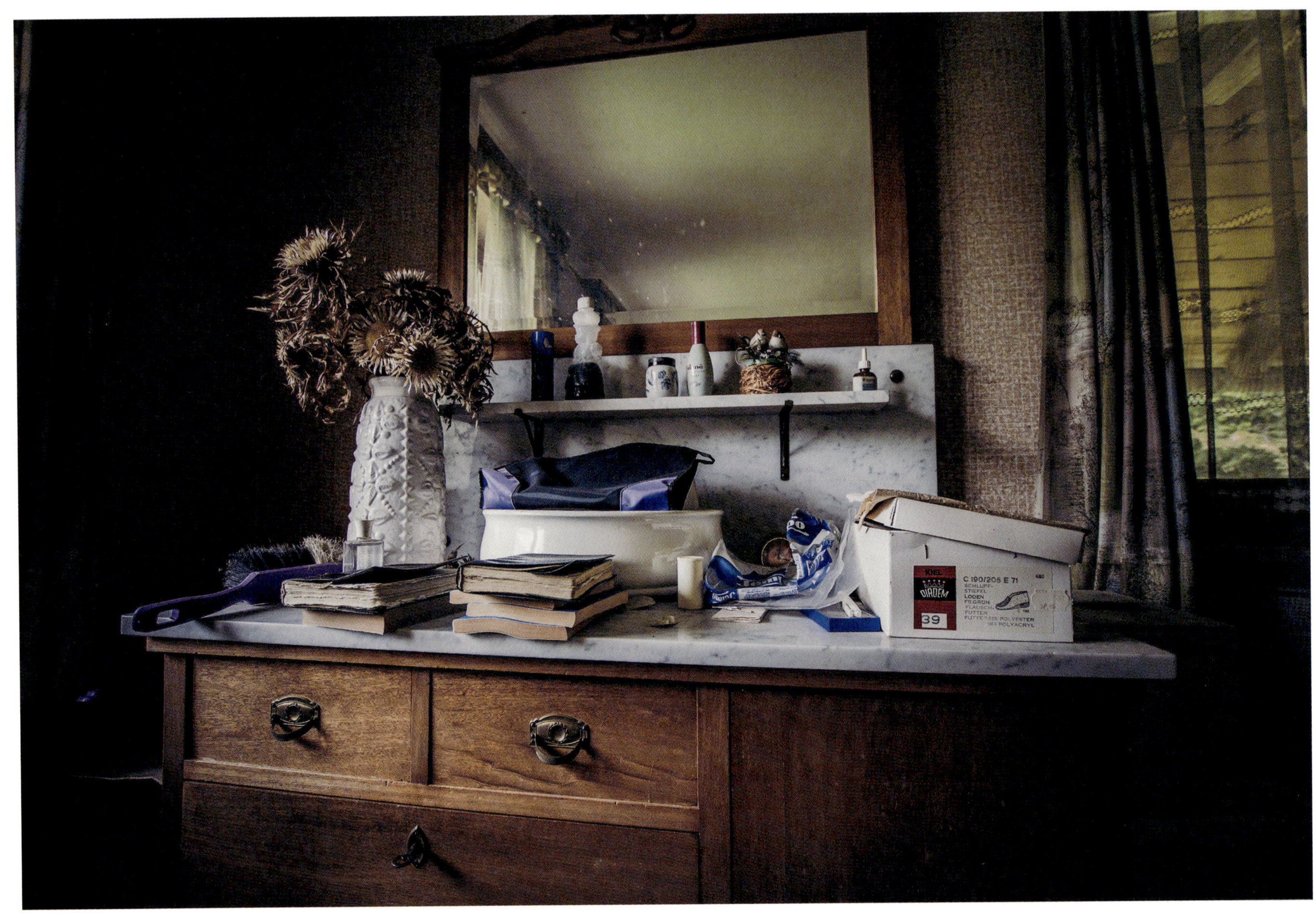

Waschtisch mit vielen persönlichen Gegenständen

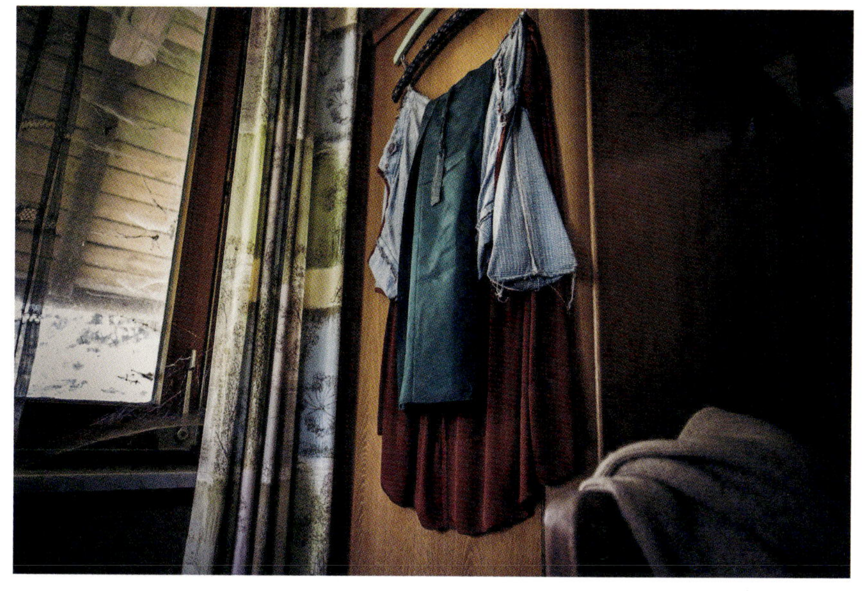

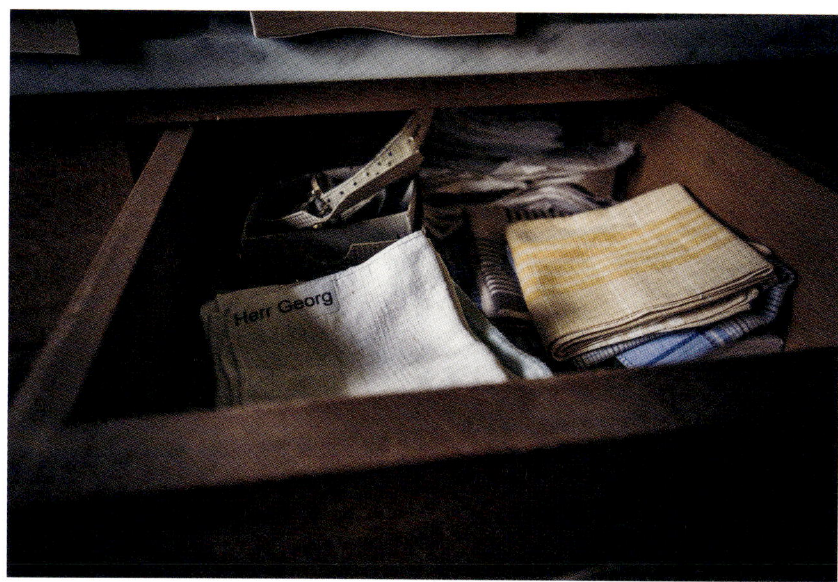
Herr Georg

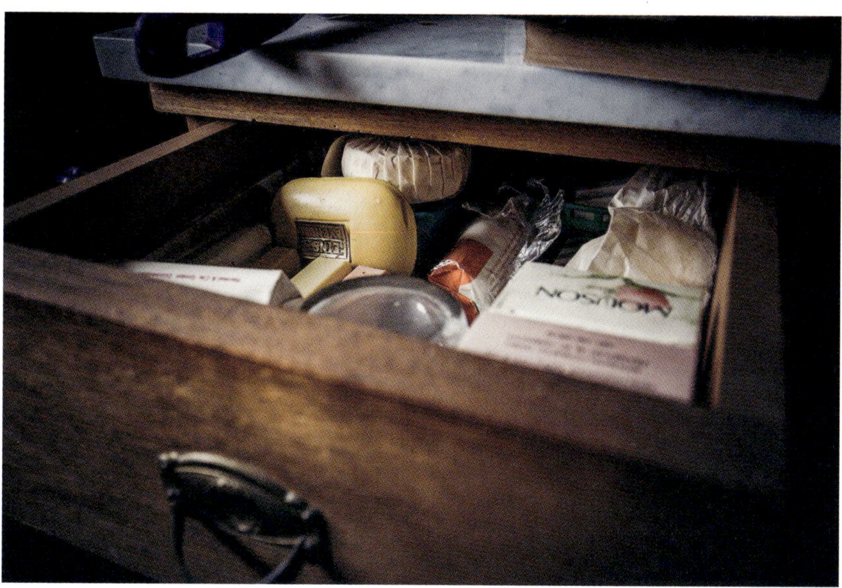

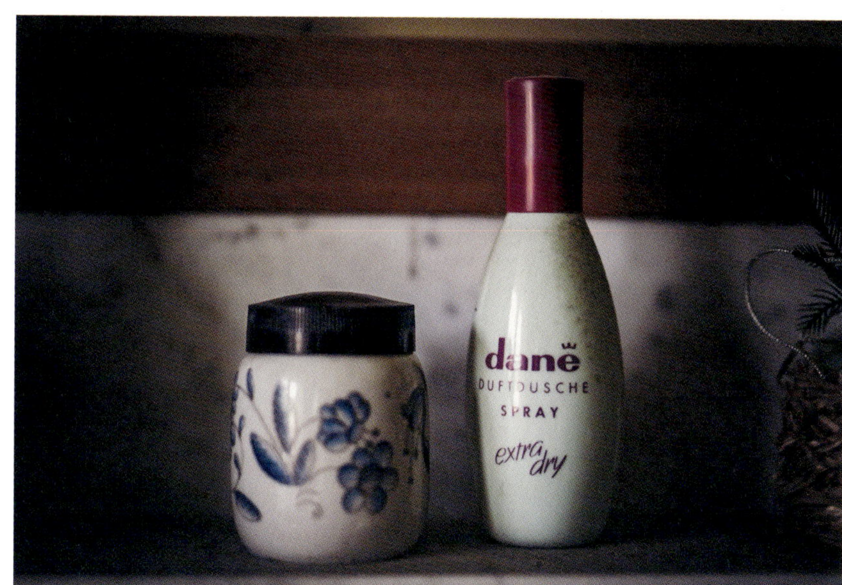
dane
DUFTDUSCHE
SPRAY
extra dry

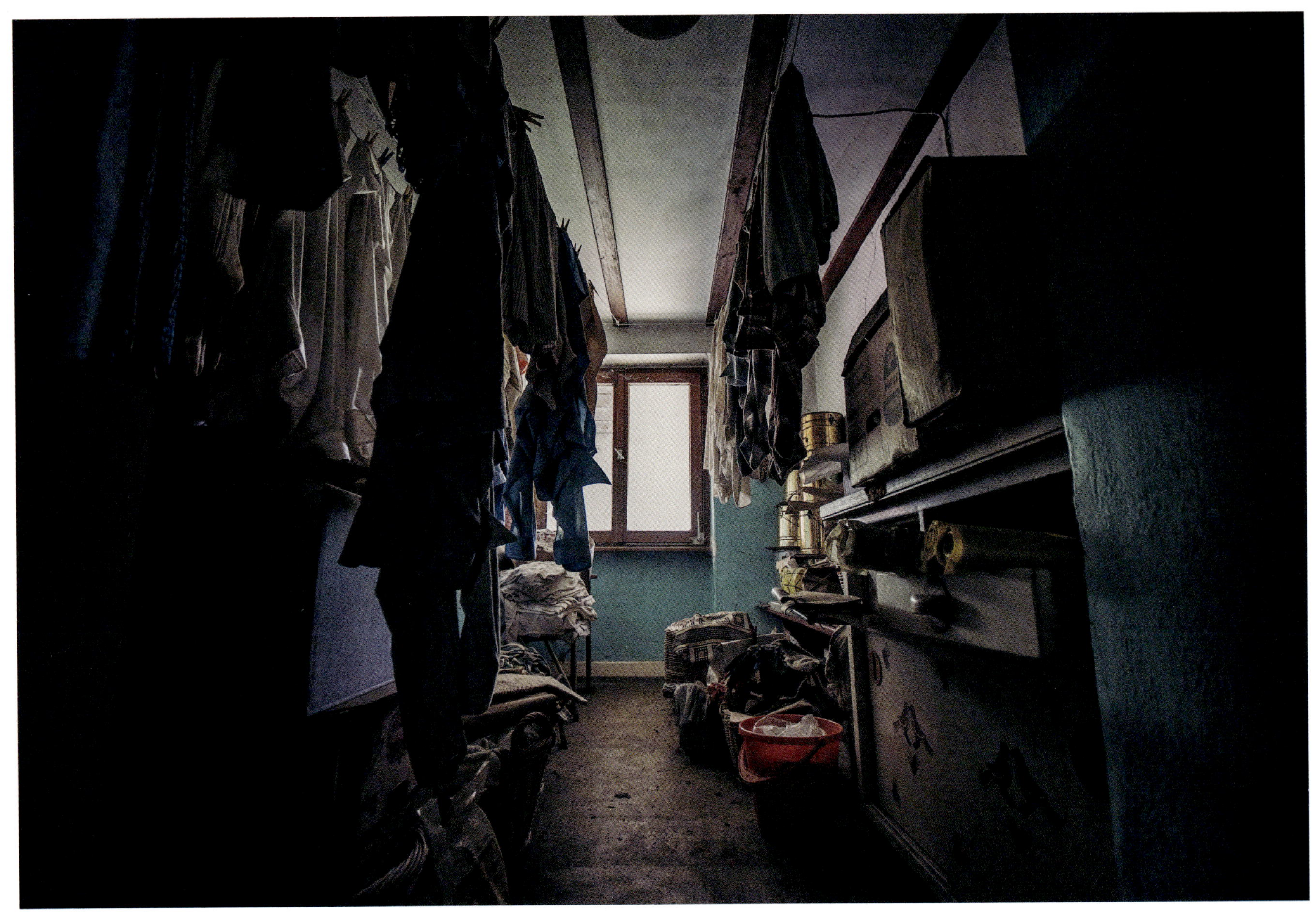

Wäschekammer

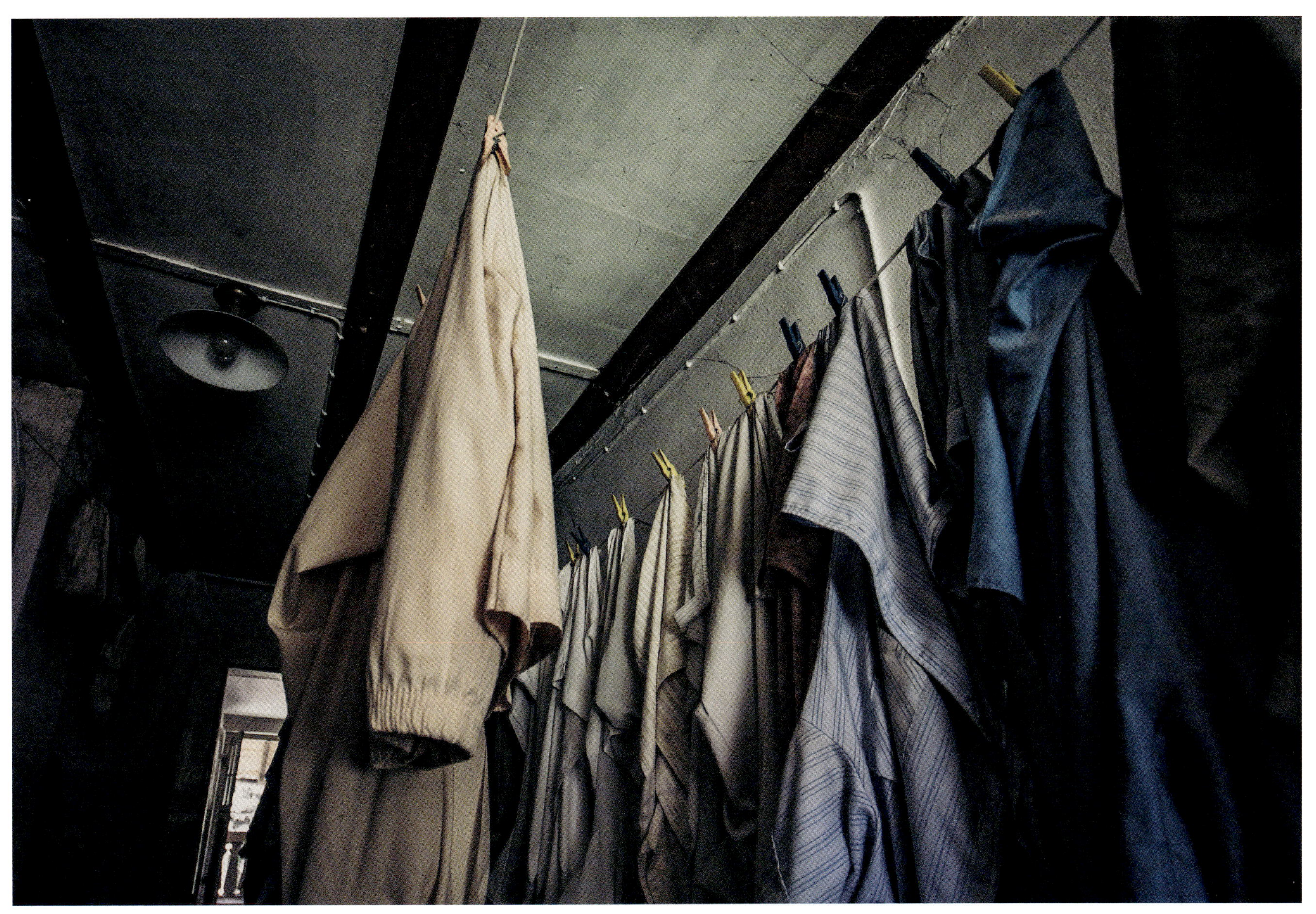

Kleidung wurde nach dem Waschen dort aufgehängt

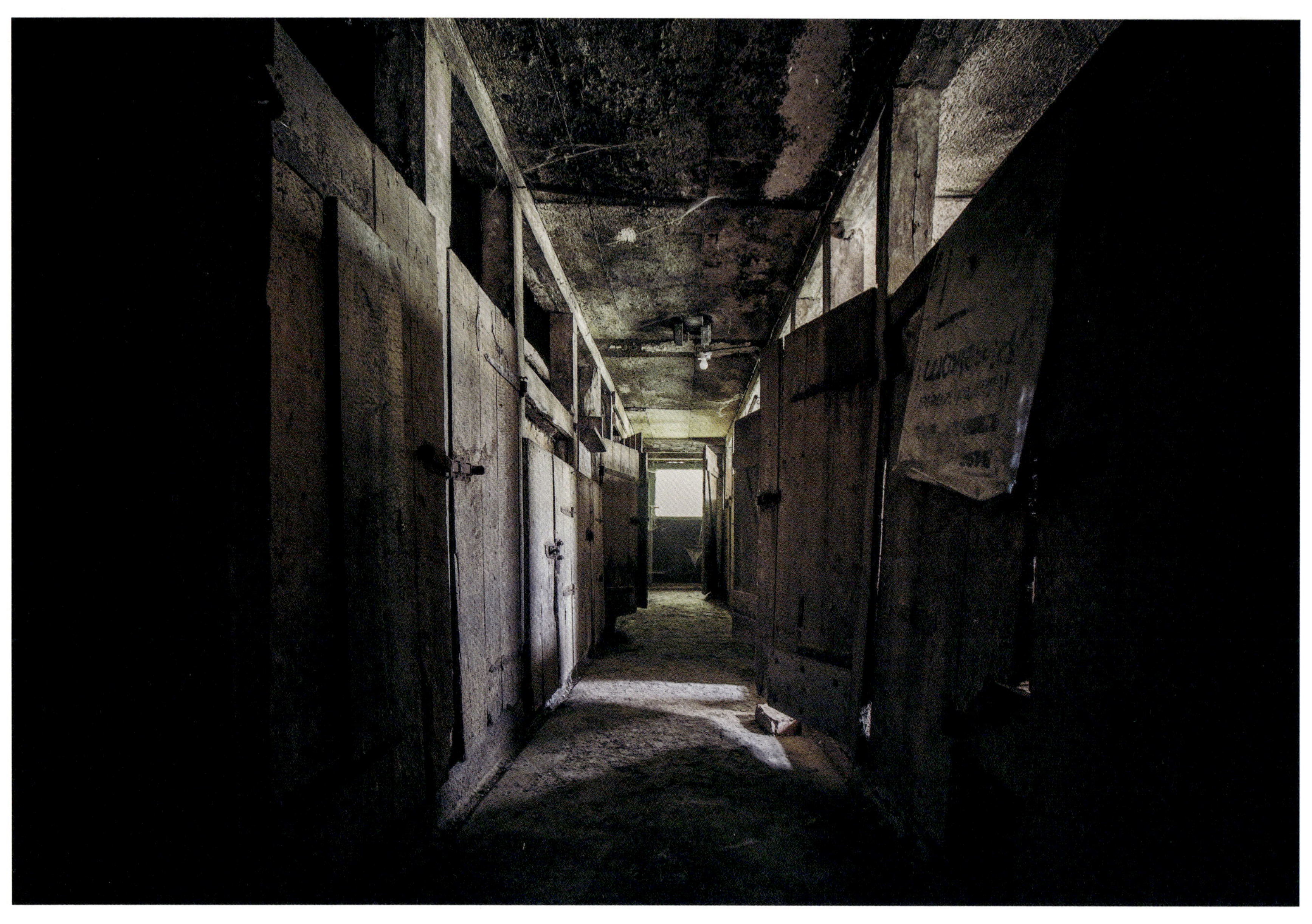

Stallungen

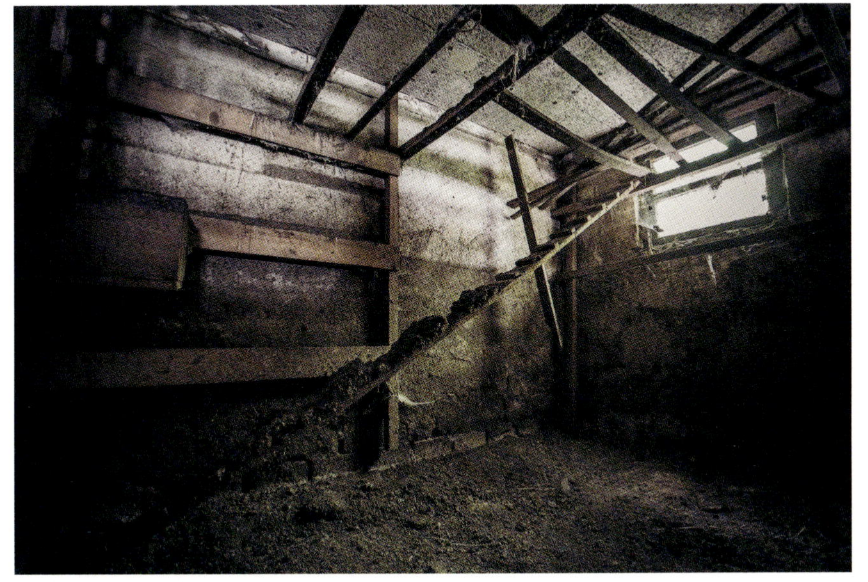

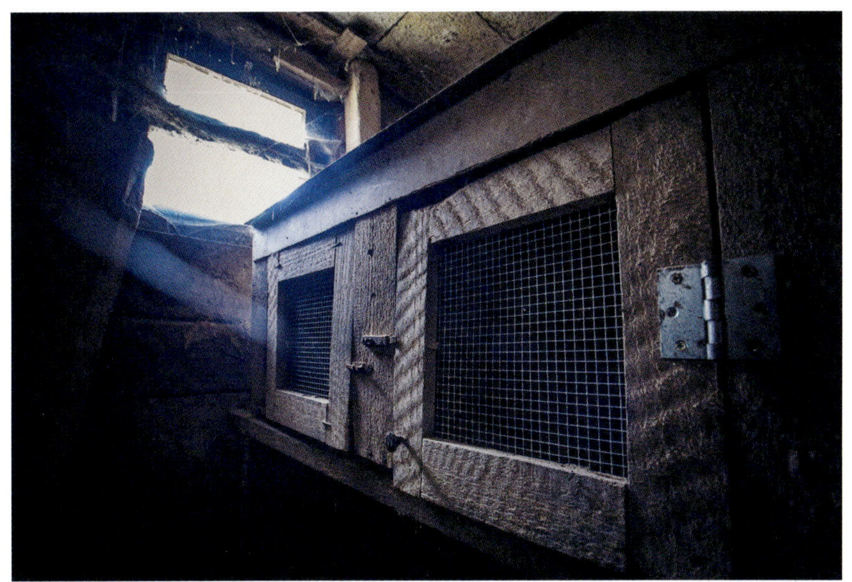

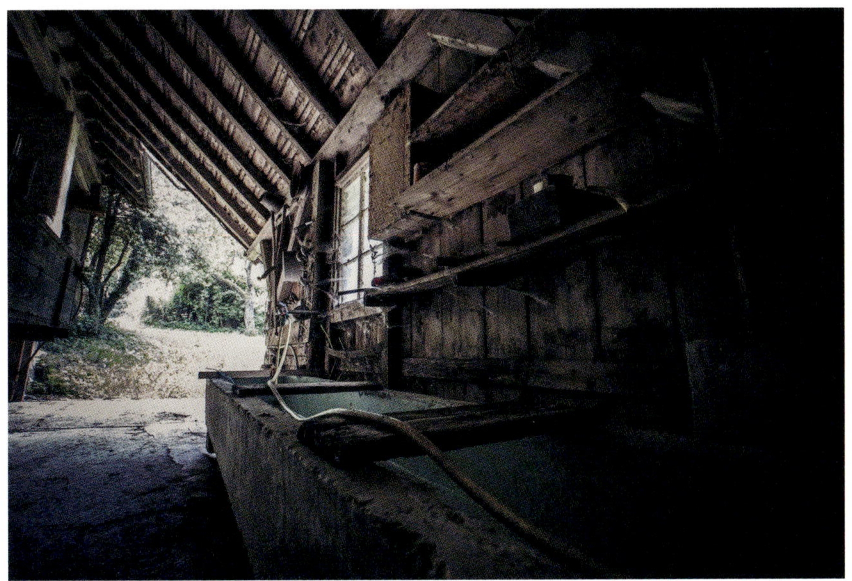

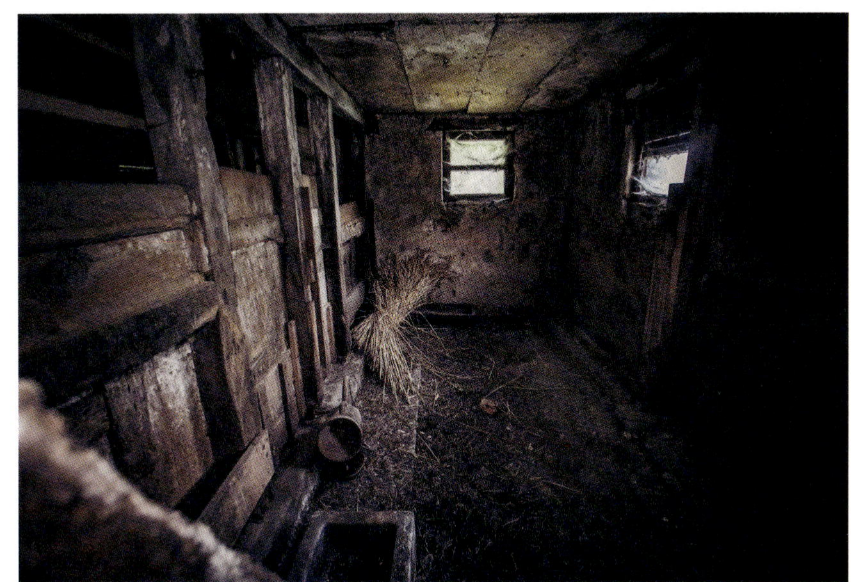

Wahrscheinlich der Hühnerstall

Wassertrog

Hasenställe

Vermutlich der Schweinestall

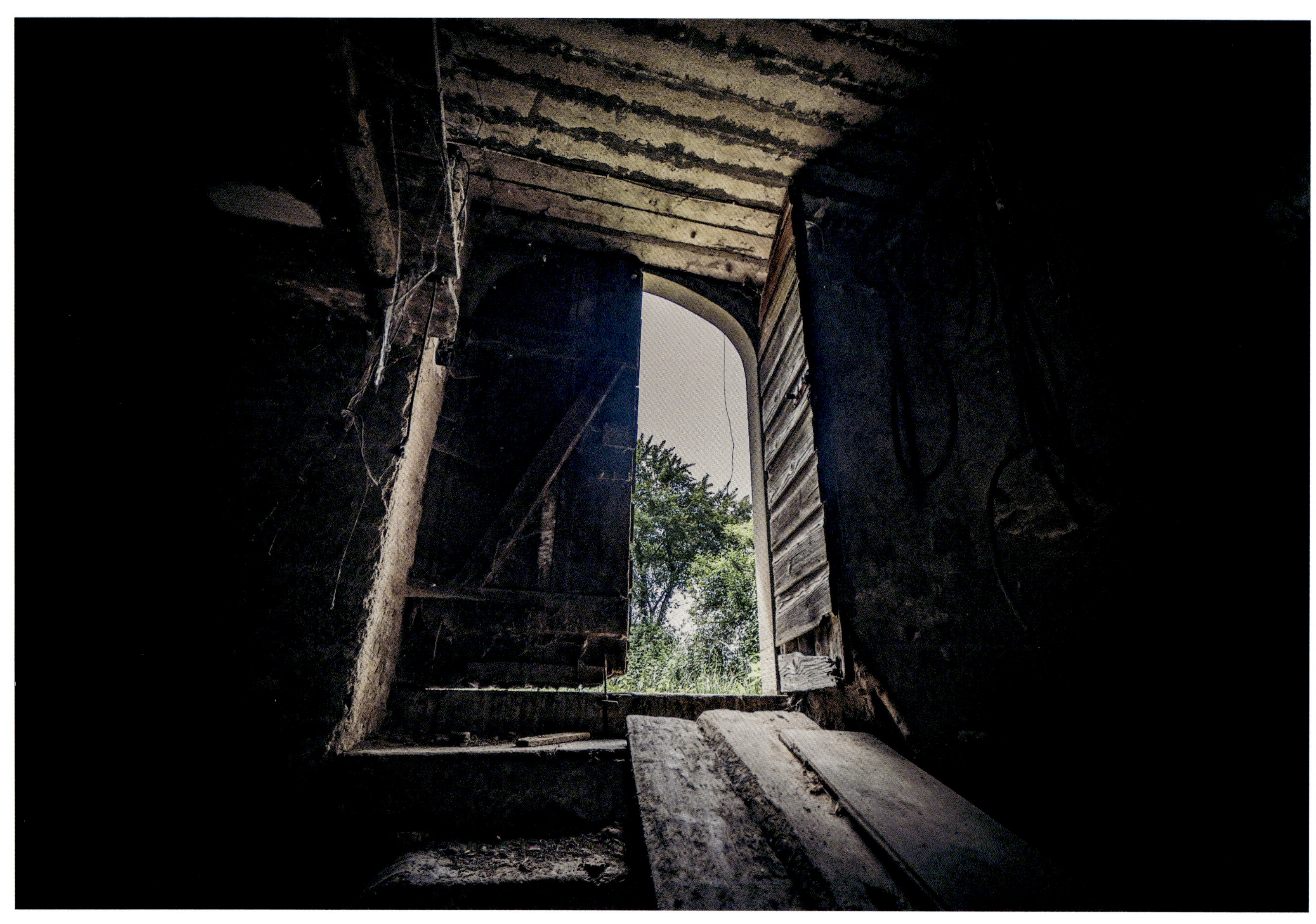

Blick aus dem Keller ins Freie

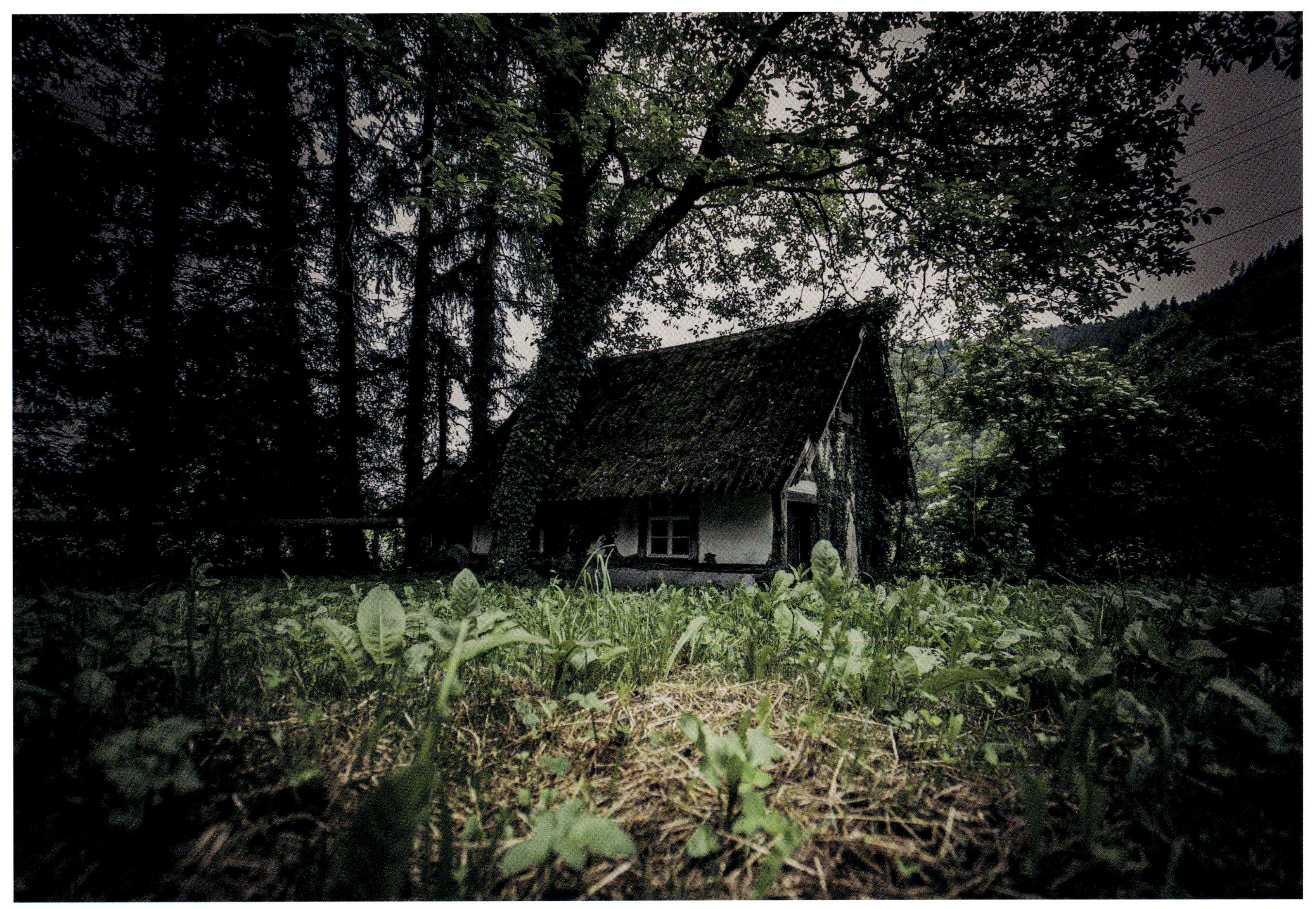

Alte Mühle

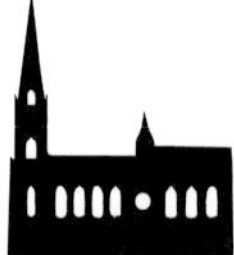

ERINNERUNGEN IM KAUFHAUS KRAUSS

An einem späten Nachmittag hole ich mir die Schlüssel zu diesem Lost Place mitten in einer Fußgängerzone. Mit einer offiziellen Genehmigung des Projektplaners darf ich mich auf eine Reise in die Vergangenheit begeben, hauptsächlich in meine Kindheit. In dieser Filiale einer Warenhaus-Kette war ich oft mit meinen Eltern und Großeltern einkaufen, und danach ging es ins angeschlossene Restaurant in der oberen Etage. Die Kette konnte auf eine lange Tradition zurückblicken. 1954 wurde die Filiale mit einer Größe von 300 Quadratmetern eröffnet. Bald aber waren die Expansionsmöglichkeiten ausgeschöpft und ein neues Haus am Marktplatz mit einer Verkaufsfläche von 4.000 Quadratmetern wurde bezogen. In Zusammenarbeit mit der Stadt errichtete die Familie, zu deren Besitz die Warenhäuser gehörten, ein Parkhaus. Zwei Jahre später zog die Sport- und Freizeitabteilung in ein separates Gebäude. Das 50-jährige Bestehen wurde in den 2000er Jahren gefeiert. 2009 kam es zur Insolvenz, nachdem der Umsatz immer stärker zurückgegangen war, 2010 folgte die endgültige Schließung. Zeitgleich mussten zwei weitere Filialen der Kaufhaus-Kette schließen.

Ernüchterung macht sich in mir breit, als ich die Türen aufschließe. Das Gebäude ist entkernt und besteht nur noch aus seinem Skelett. Im ersten Moment bin ich mir unsicher, ob ich in diesen Räumen wirklich viele Motive finden werde, und baue doch etwas enttäuscht mein Stativ auf. Die ersten Bilder sind gemacht und ich finde immer weitere Motive. Zwar muss ich etwas suchen, aber ich nehme dies als Herausforderung an. Je länger ich mich im Gebäude bewege, desto mehr Spaß macht es mir und die Enttäuschung weicht. Ich habe gehofft, dass die Rolltreppen noch da sind, doch auch diese sind ausgebaut. Trotzdem kann man genau erkennen, an welcher Stelle sie standen. Durch das Treppenhaus geht es in die einzelnen Stockwerke, und mit viel Vorstellungskraft kann ich die einzelnen Stockwerke noch zuordnen. Im ehemaligen Restaurant-Bereich sprießt der Farn aus dem Boden, wo er zwischen all dem Beton und Grau einen Farbklecks bildet.

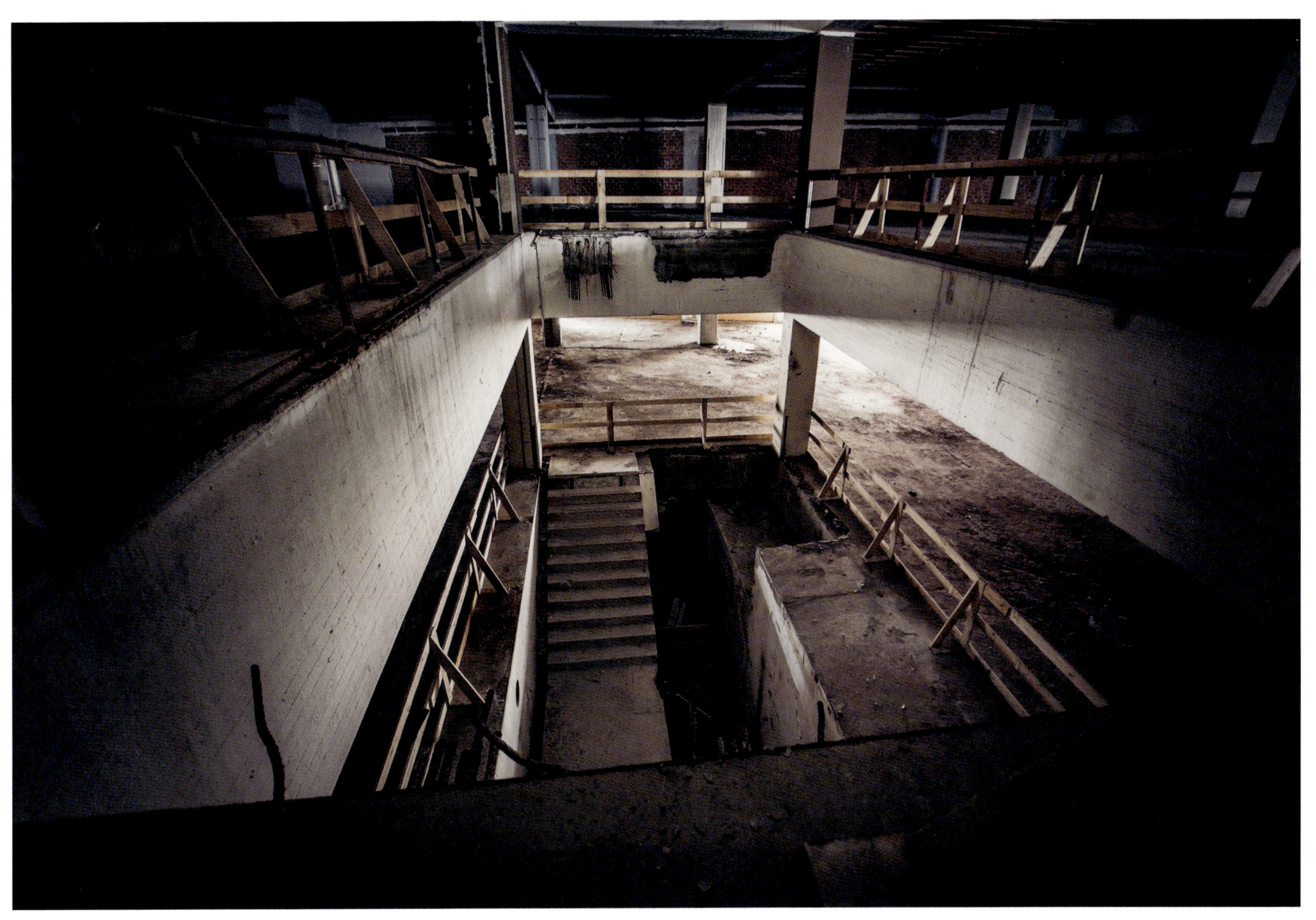

Hier standen die Rolltreppen

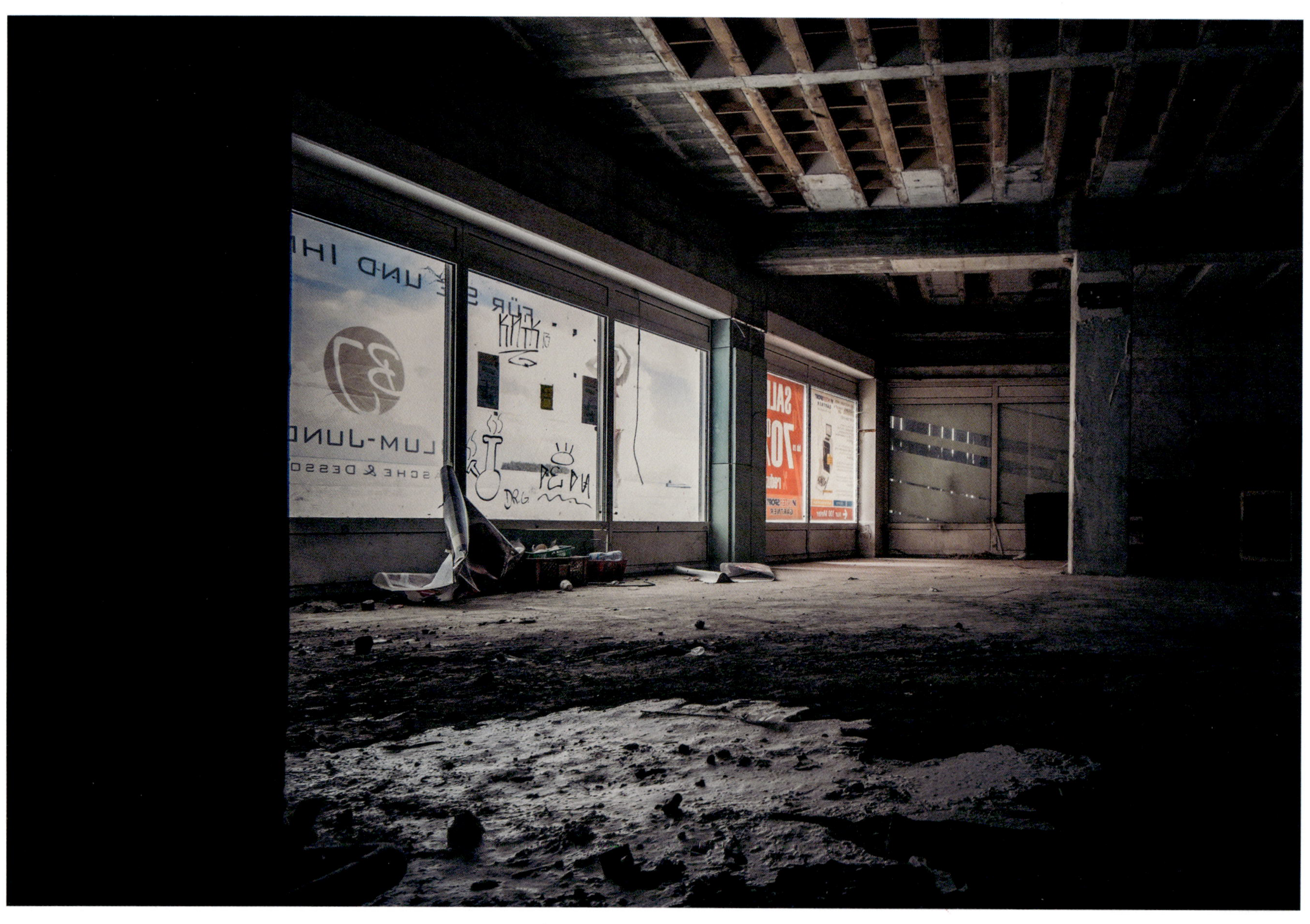

Verkaufsraum im Erdgeschoss

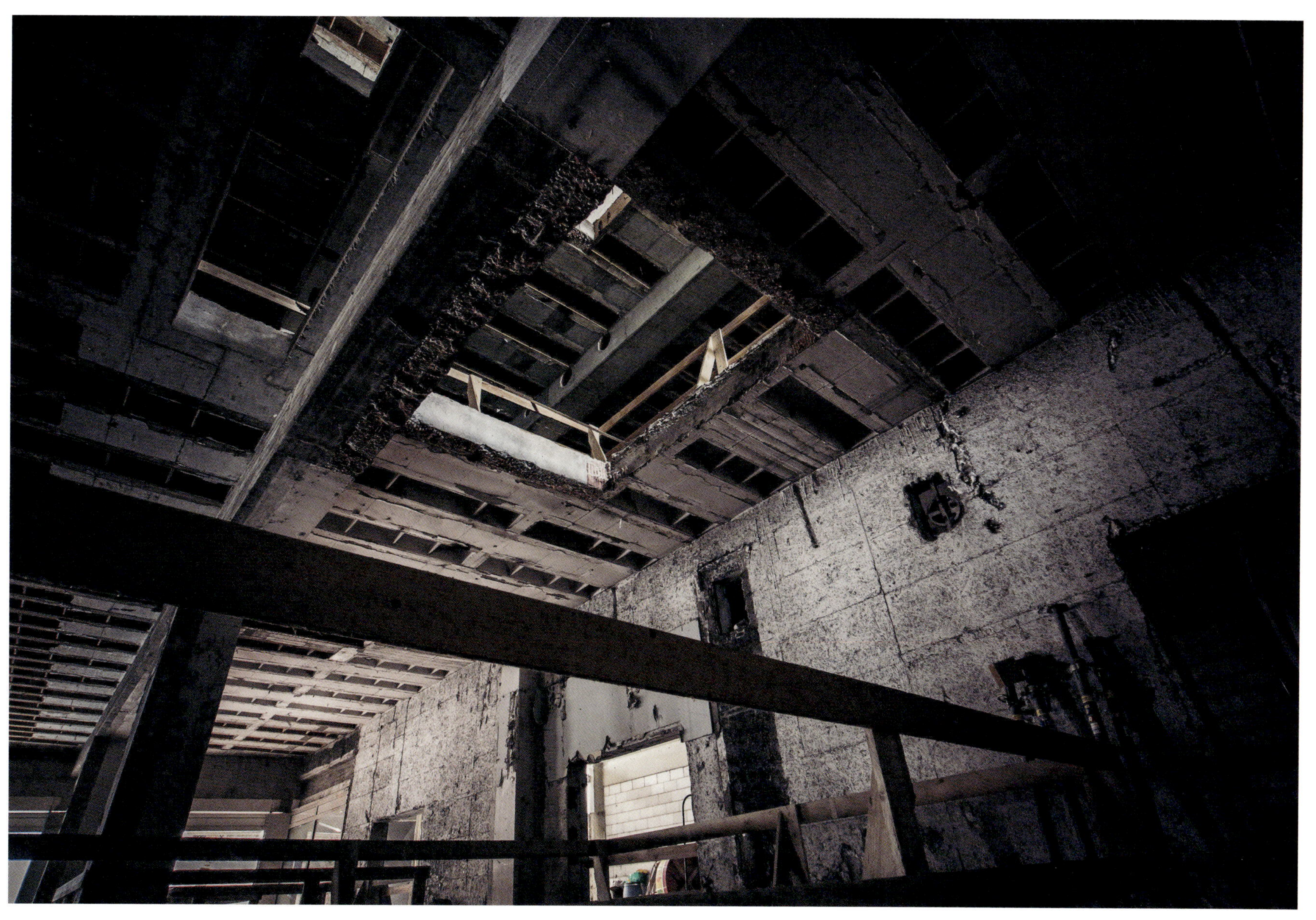

Das Kaufhaus wurde komplett entkernt

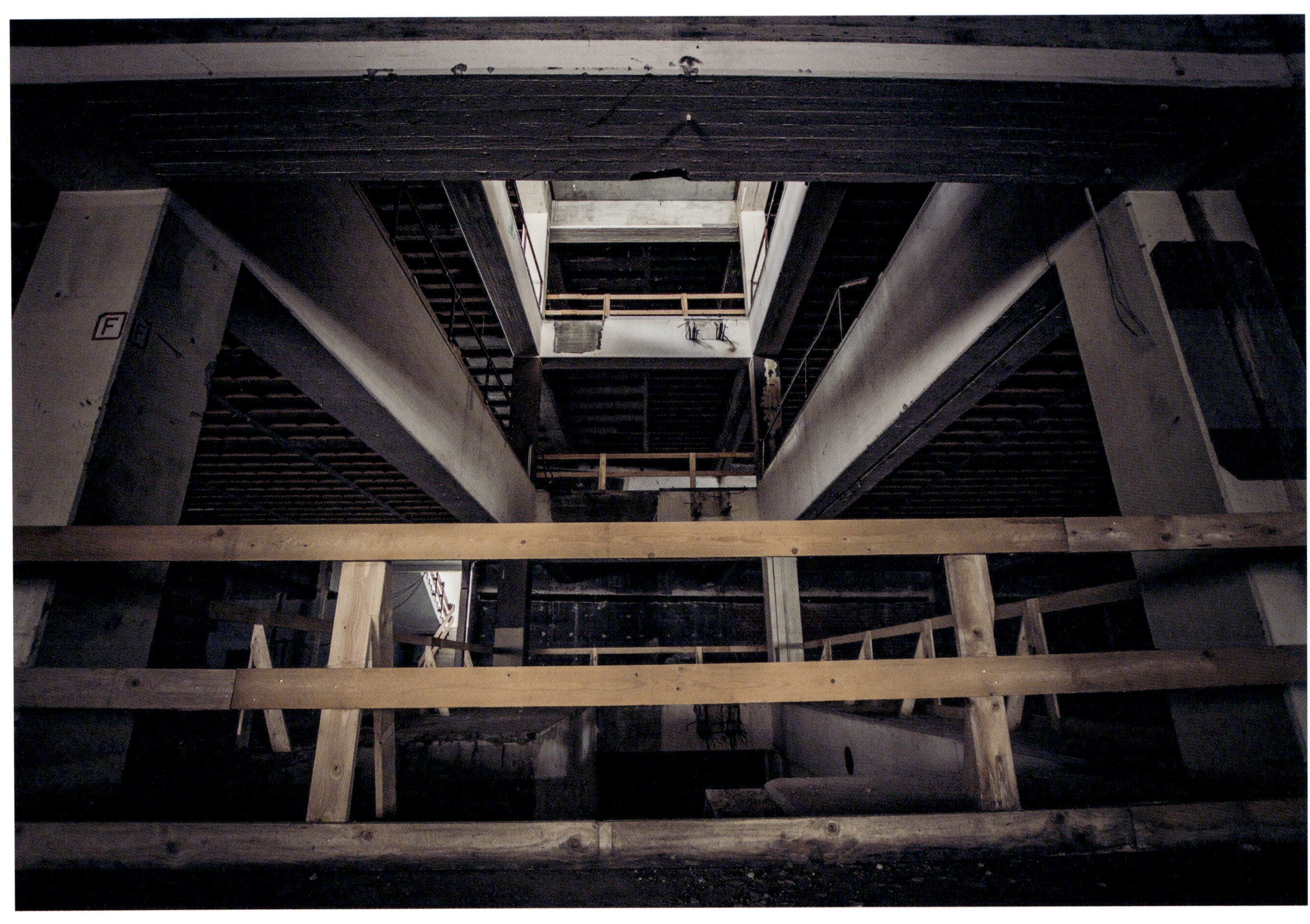

Ein provisorisches Geländer sorgt für Sicherheit

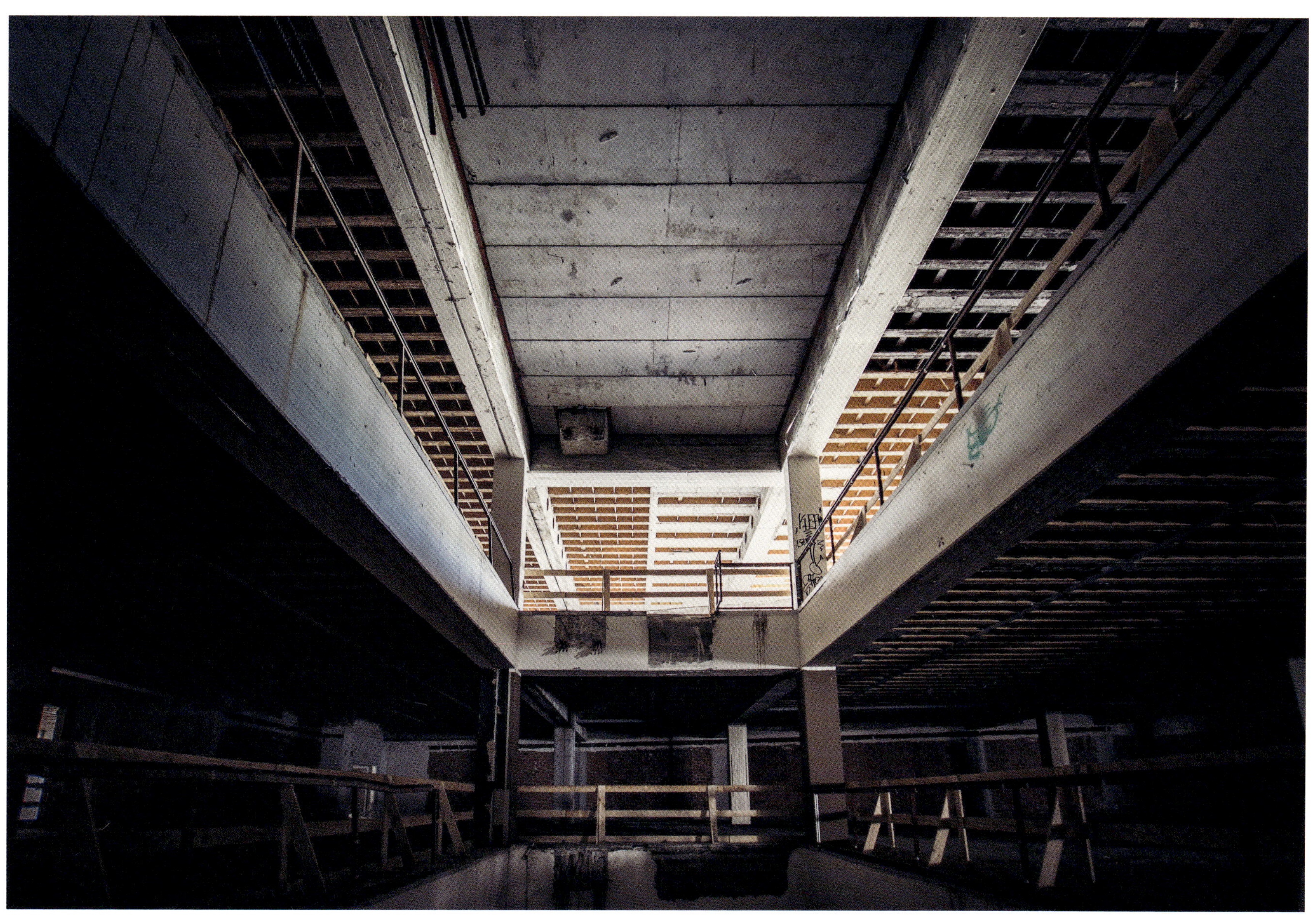

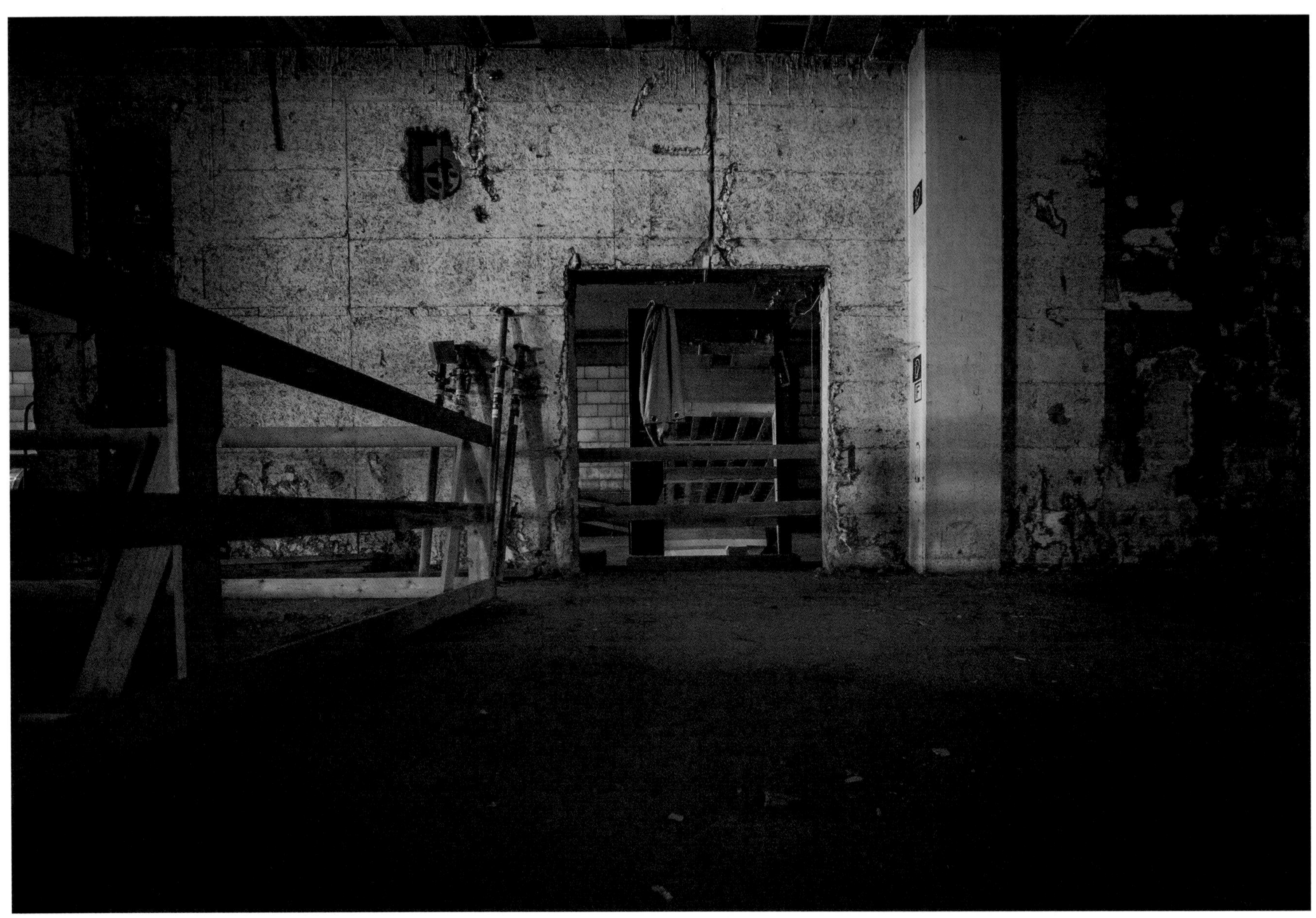

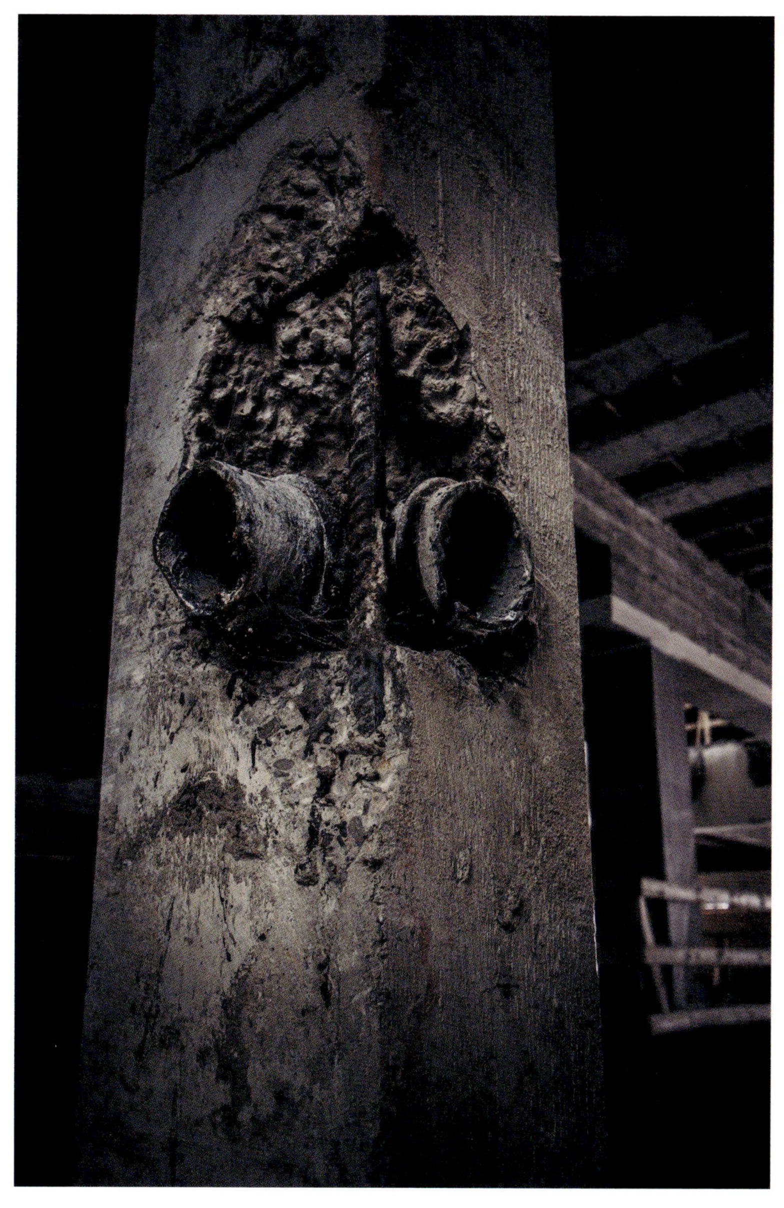

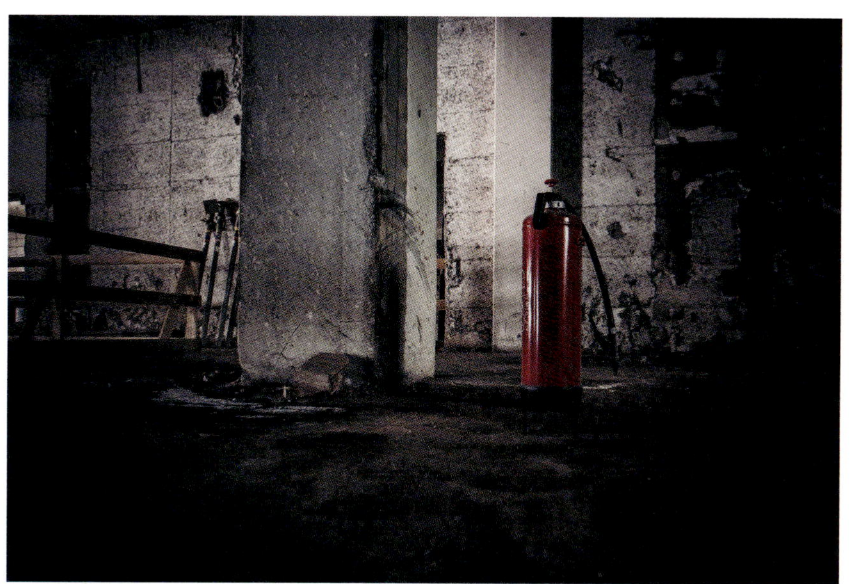

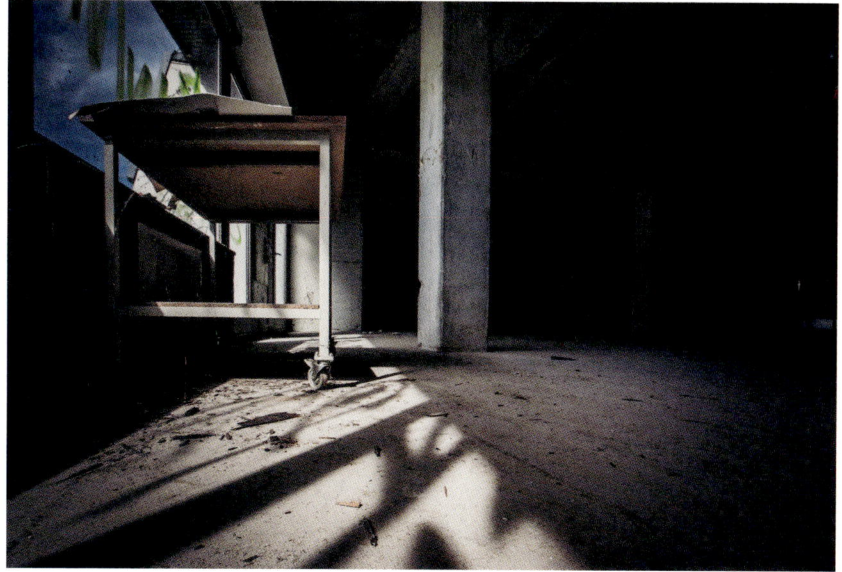

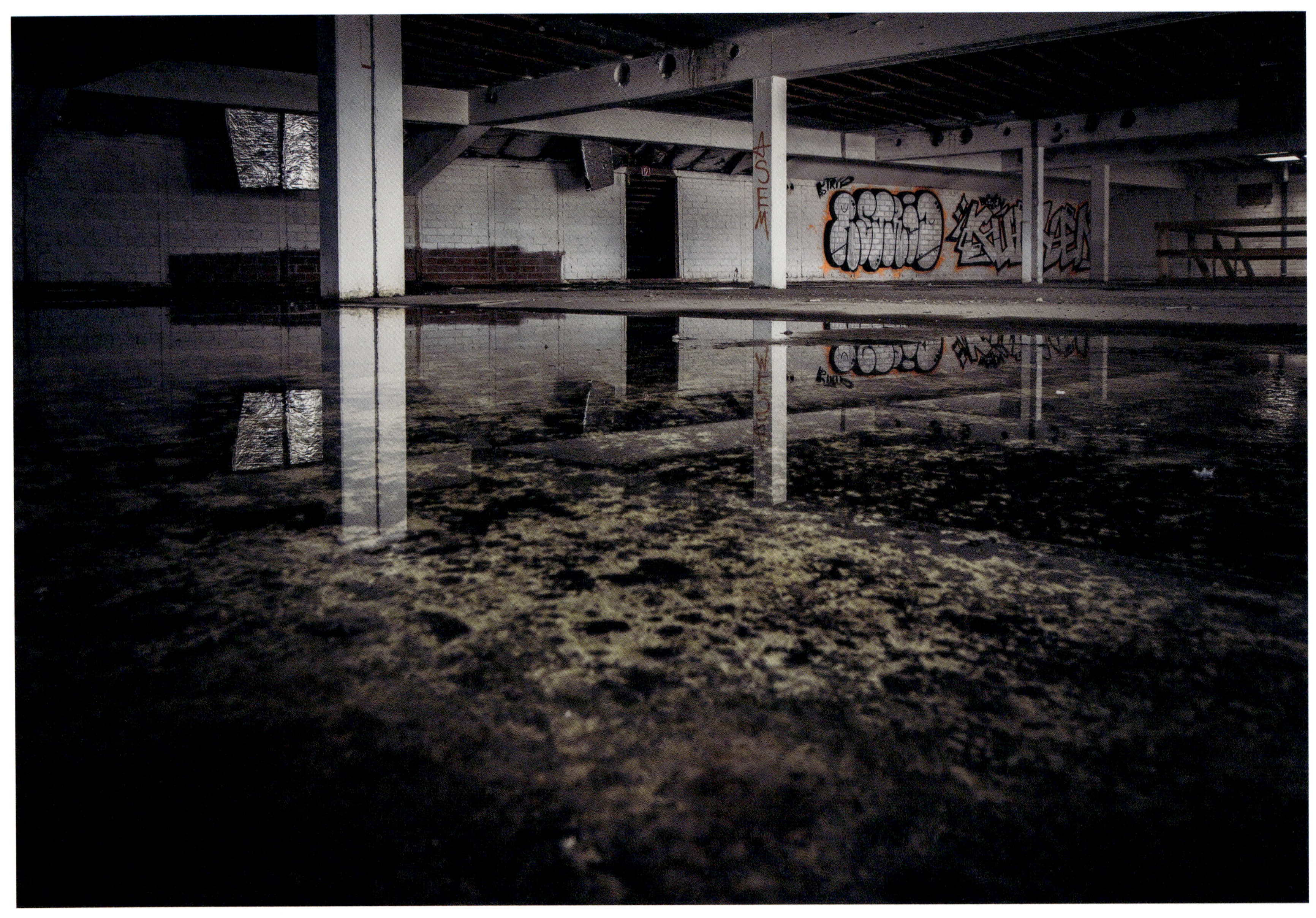

Regenwasser dringt ins Gebäude

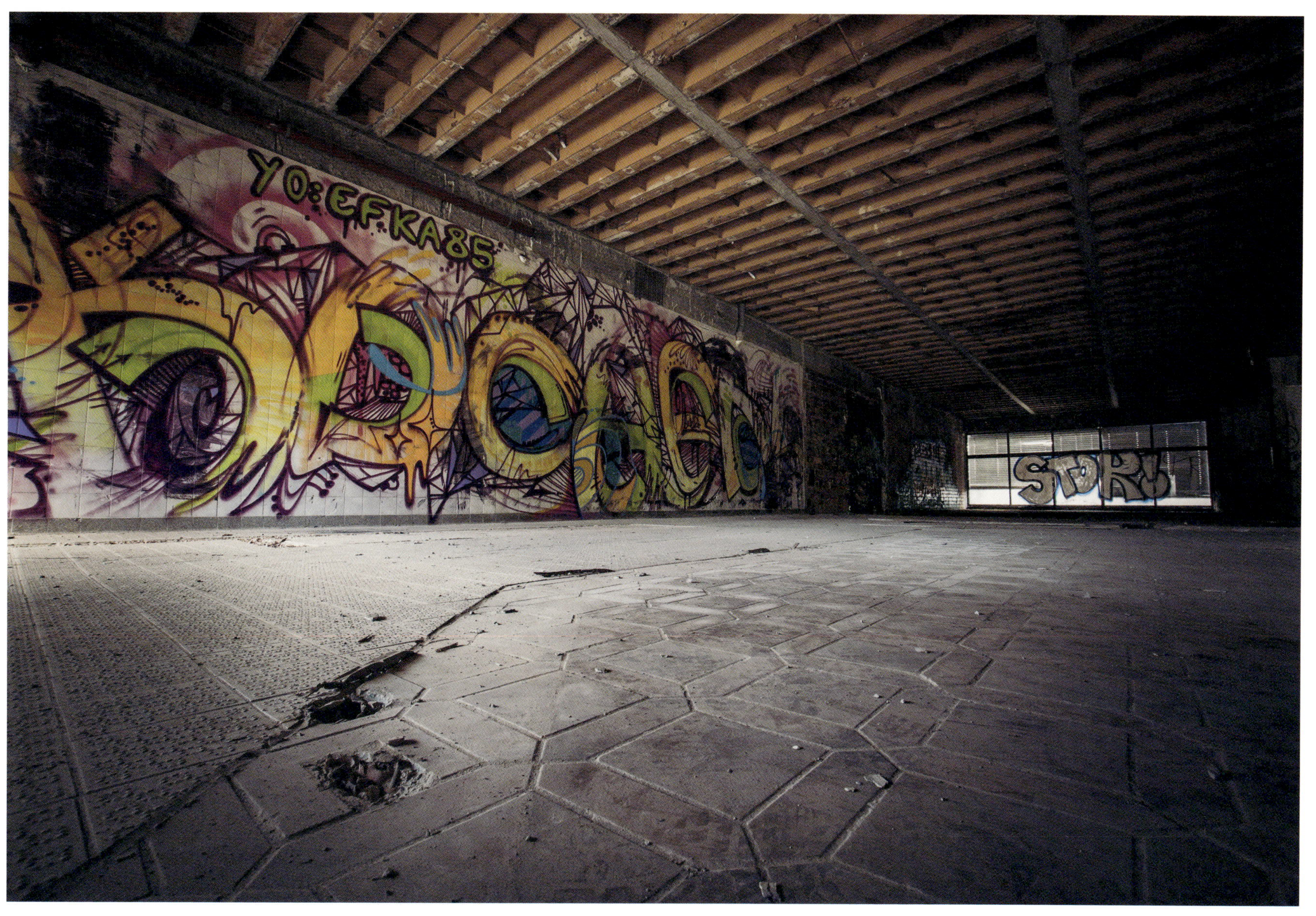

Graffiti-Künstler nutzen die Wände als Leinwand

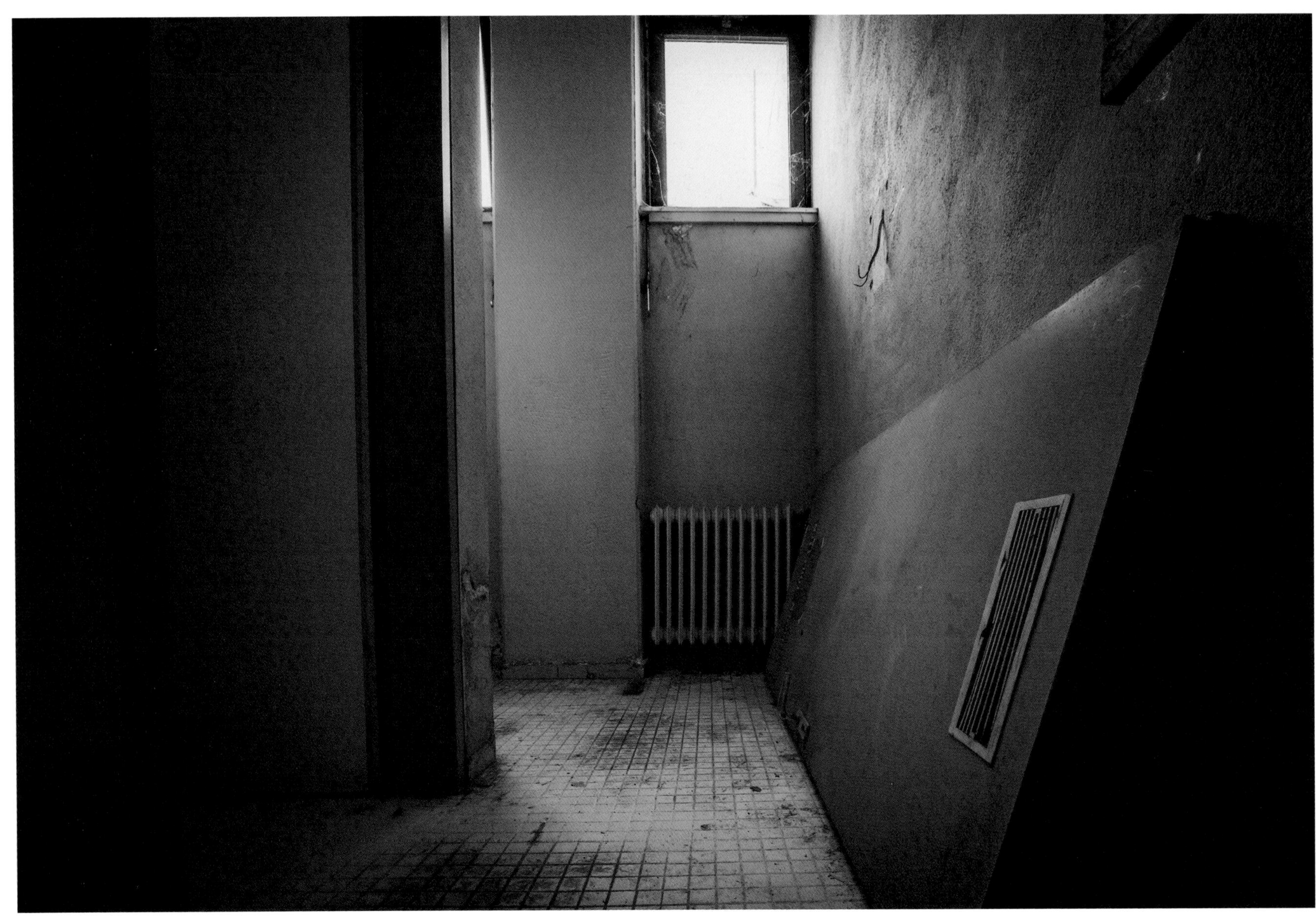

Toilette im Obergeschoss

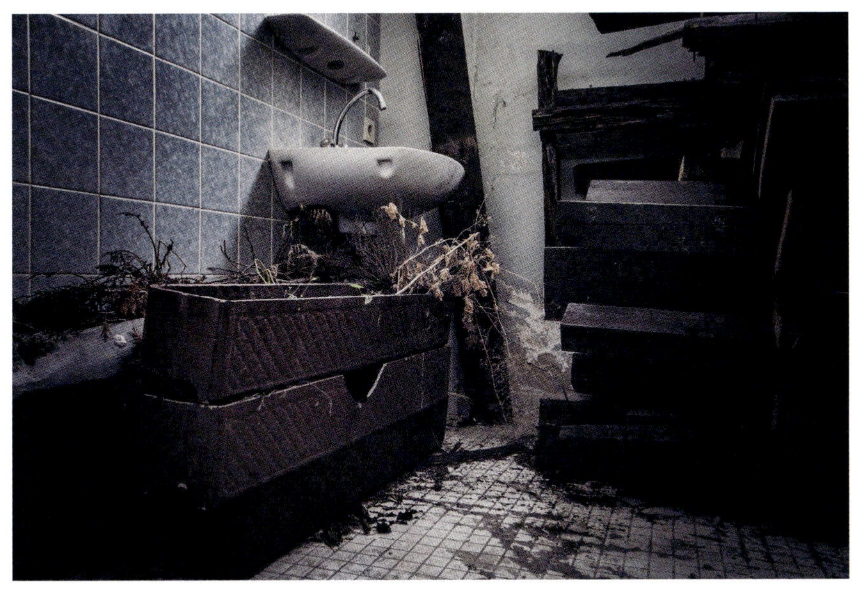

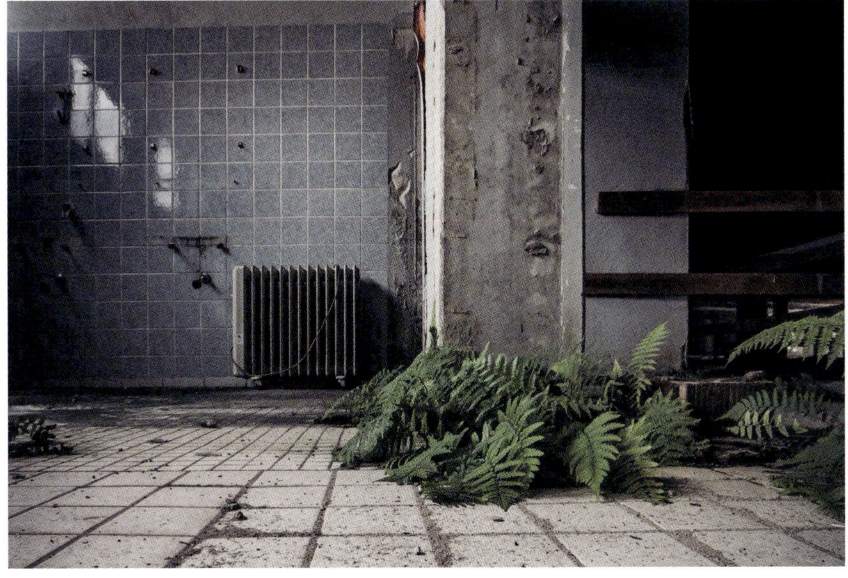

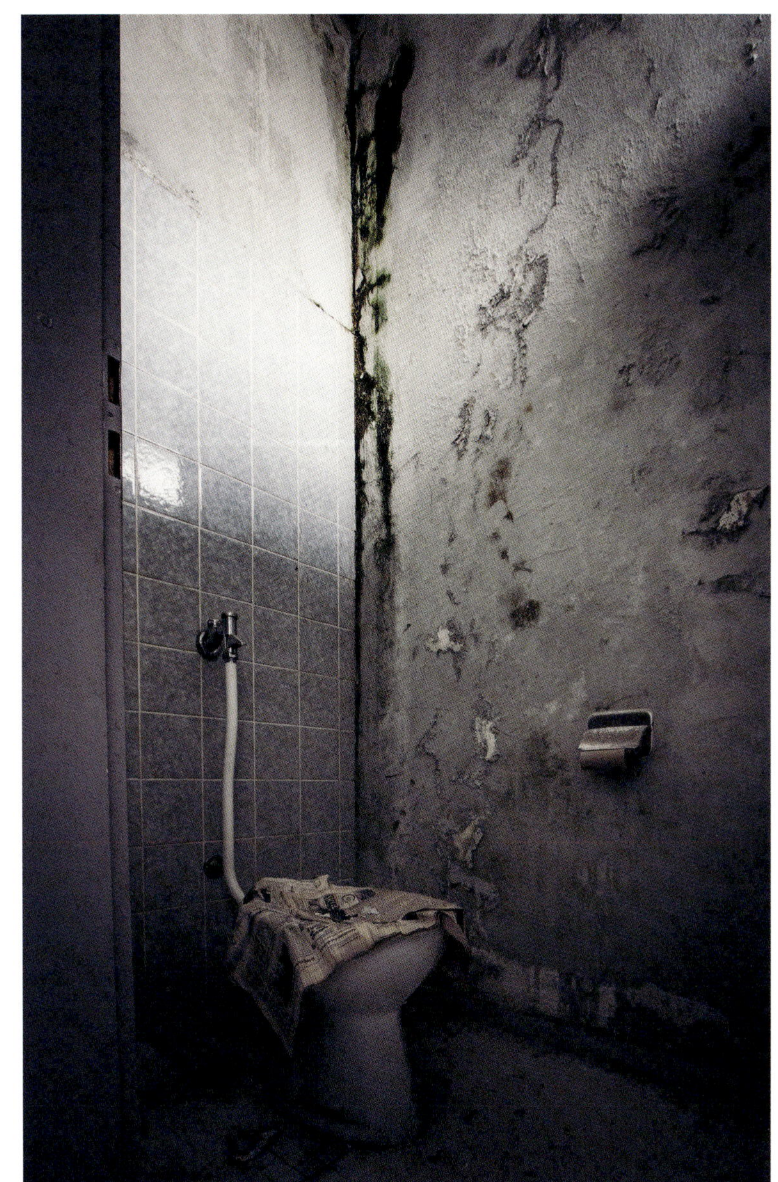

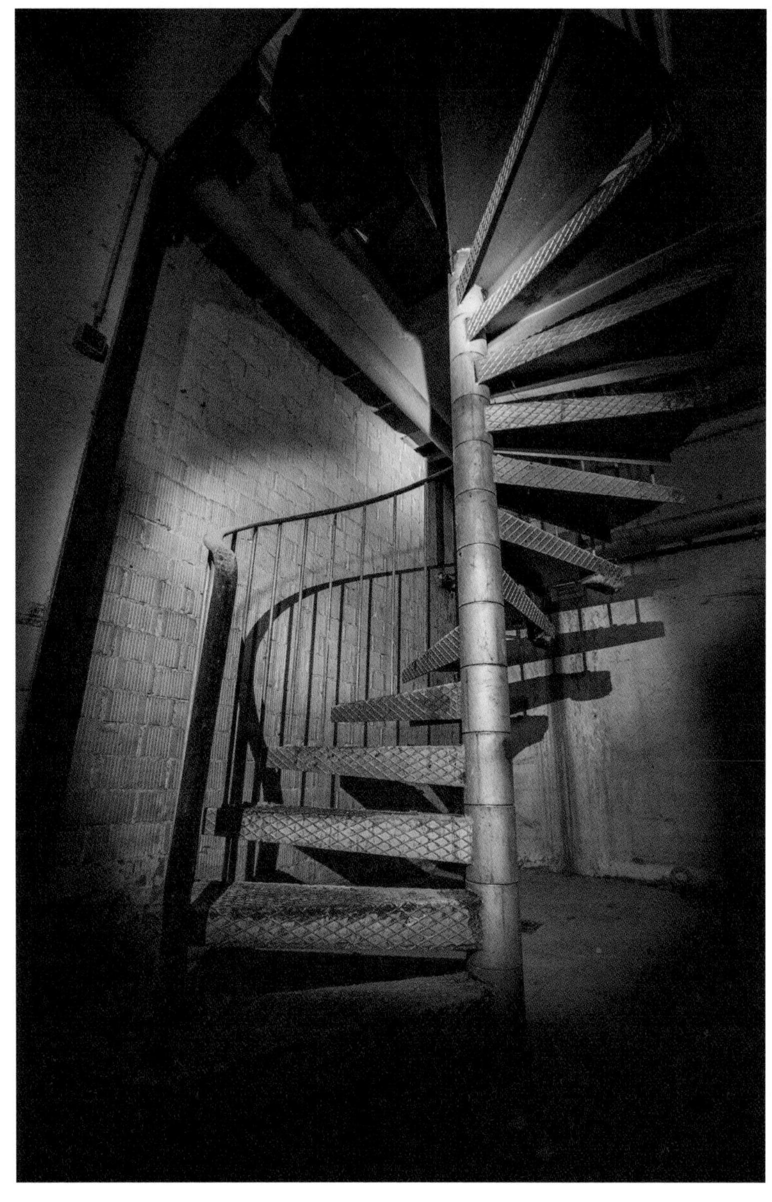

Treppe zum Kellergeschoss

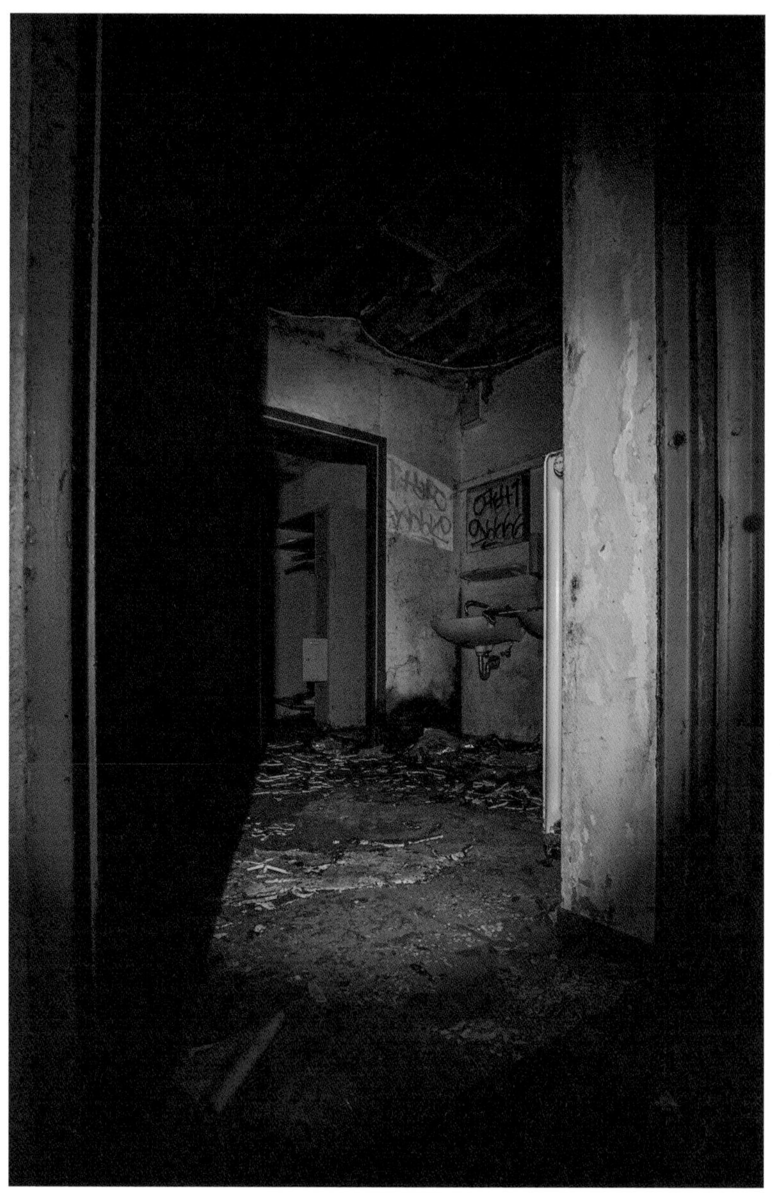

Personalräume mit Waschbecken

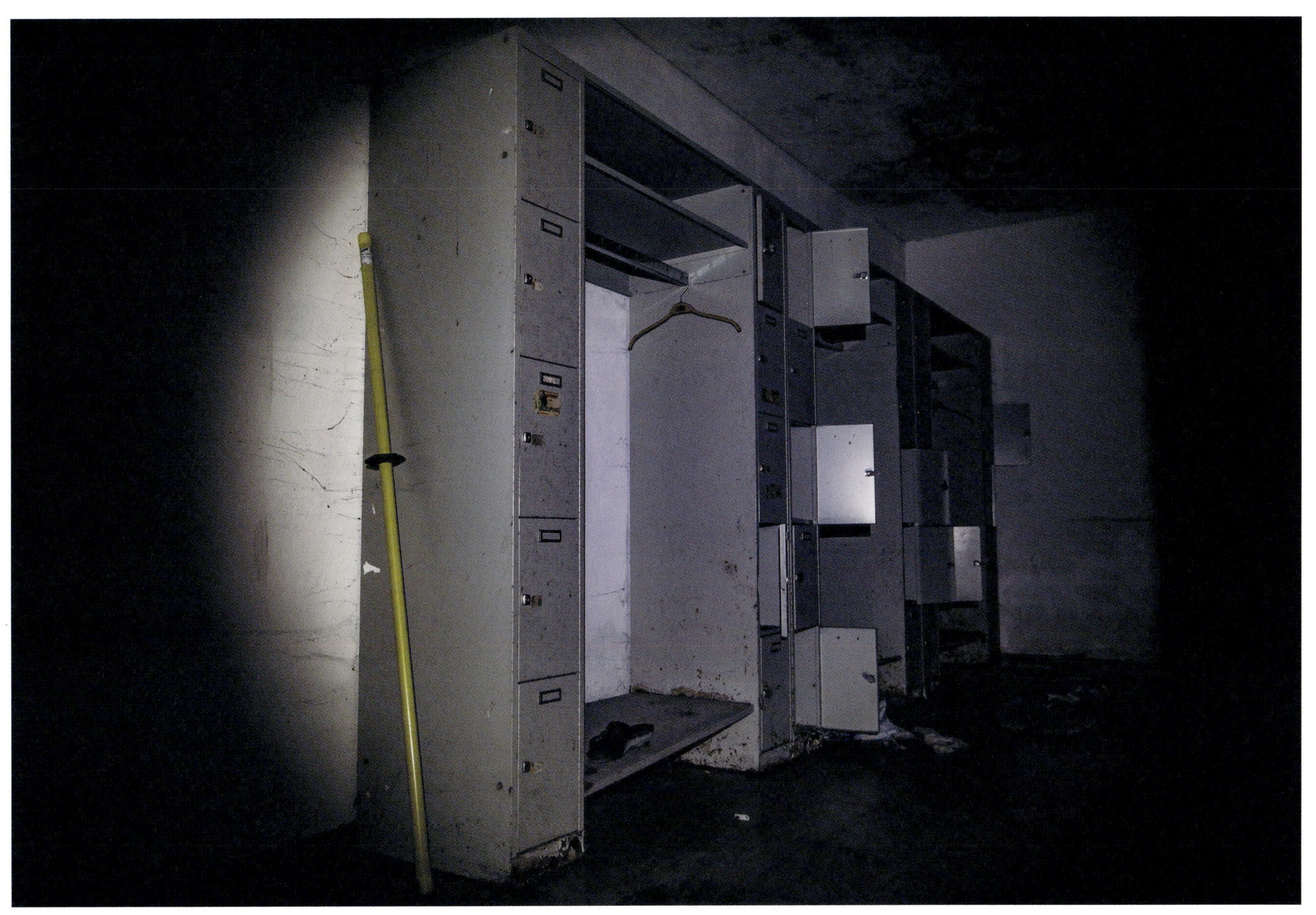

Schränke im Personalraum

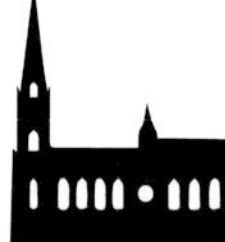

AUSSEN REIZVOLL, INNEN MORSCH: DER HOF IM DORF

Der alte Hof steht an einer Hauptstraße und ist mir nie wirklich aufgefallen, obwohl ich häufig daran vorbeifahre. Durch einen Tipp und einige Kontakte schaffte ich es, den Besitzer ausfindig zu machen. Er wohnt glücklicherweise direkt nebenan und gibt mir die Erlaubnis, den Hof zu fotografieren. Allerdings gestaltet sich das sehr schwierig, denn die Bausubstanz des Hofes ist extrem schlecht. Den Dachboden kann ich nicht mehr betreten. Dies ist viel zu gefährlich, weil der Holzboden morsch ist und damit die sehr große Gefahr besteht durchzubrechen. Sicherheit geht absolut vor. Deshalb beschränke ich mich auf das Erdgeschoss und die obere Etage. Der typische Herd ist zu sehen und ein großer grüner Kachelofen, den es in vielen Höfen gibt. Die meisten Räume sind leer, aber in der Stube steht ein Karton mit altem Spielzeug. Wie der Besitzer mir erzählt, hat er als Kind damit gespielt. Danach blicke ich in Richtung Türrahmen, auf dem kleine Babyschuhe stehen. Ich ahne sofort, dass er diese Schuhe als Kind anhatte.

Der Hof war schon im Besitz seines Vaters, der auf der anderen Straßenseite ein neues Haus baute. Als die Familie umzog, stand der alte Hof leer, denn der Vater wollte ihn nicht verkaufen oder vermieten. Mit den Jahren verfiel er aufgrund von Wasserschäden immer weiter. In der Scheune klafft ein riesiges Loch, an dessen Rand Pilze wachsen. Zu retten ist dieser alte Hof vermutlich nicht mehr, was sehr schade ist.

Trotz des Verfalls ist er ein Schmuckstück an der Straße und hat irgendwie etwas Heimeliges. Als ich gehe, drehe ich mich nochmal um. Auch wenn zu diesem Zeitpunkt niemand im Gebäude ist, habe ich kurz das Gefühl, jemand hat die weißen Gardinen wieder gerade gerückt.

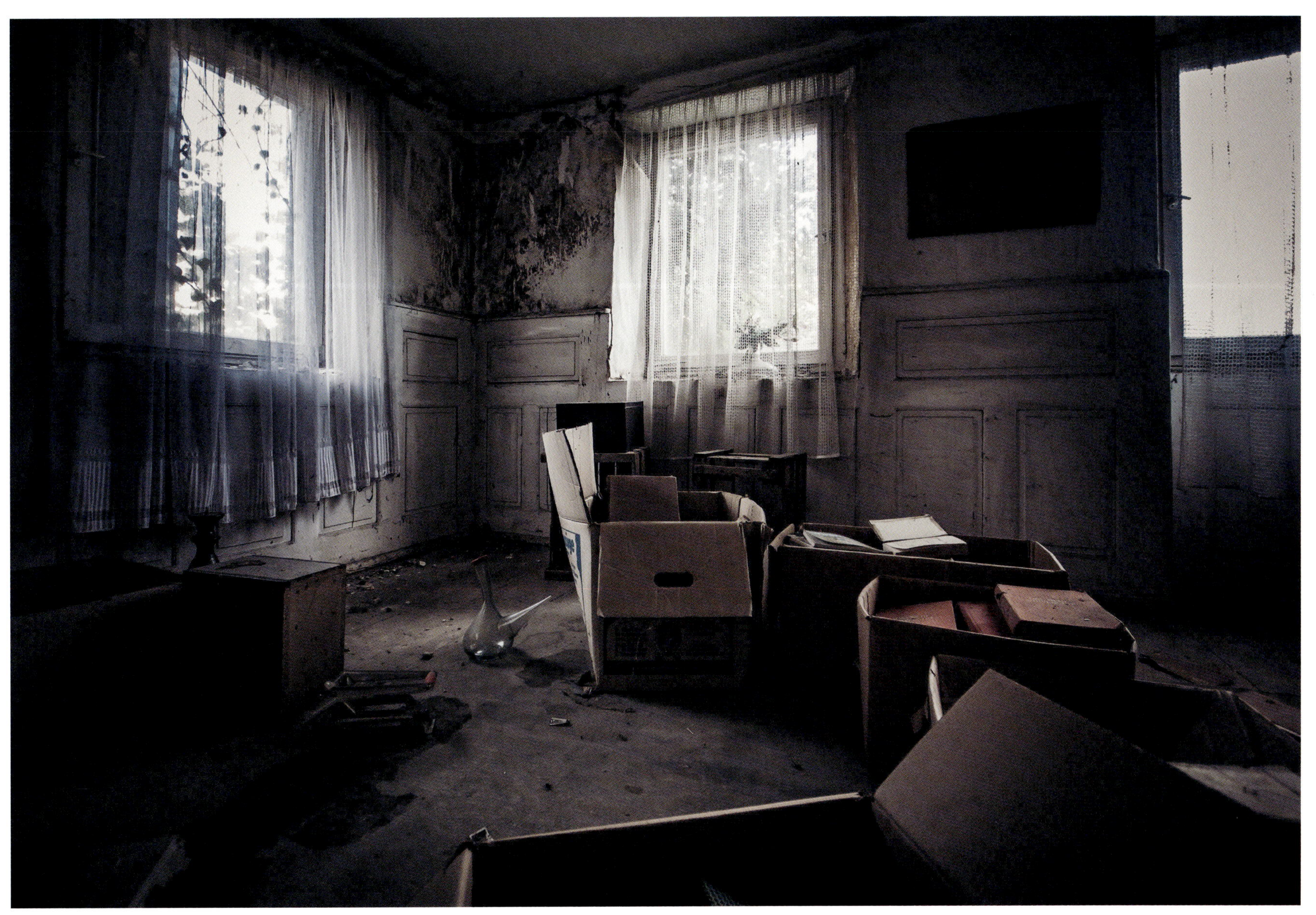

Die Kartons wurden nie abgeholt

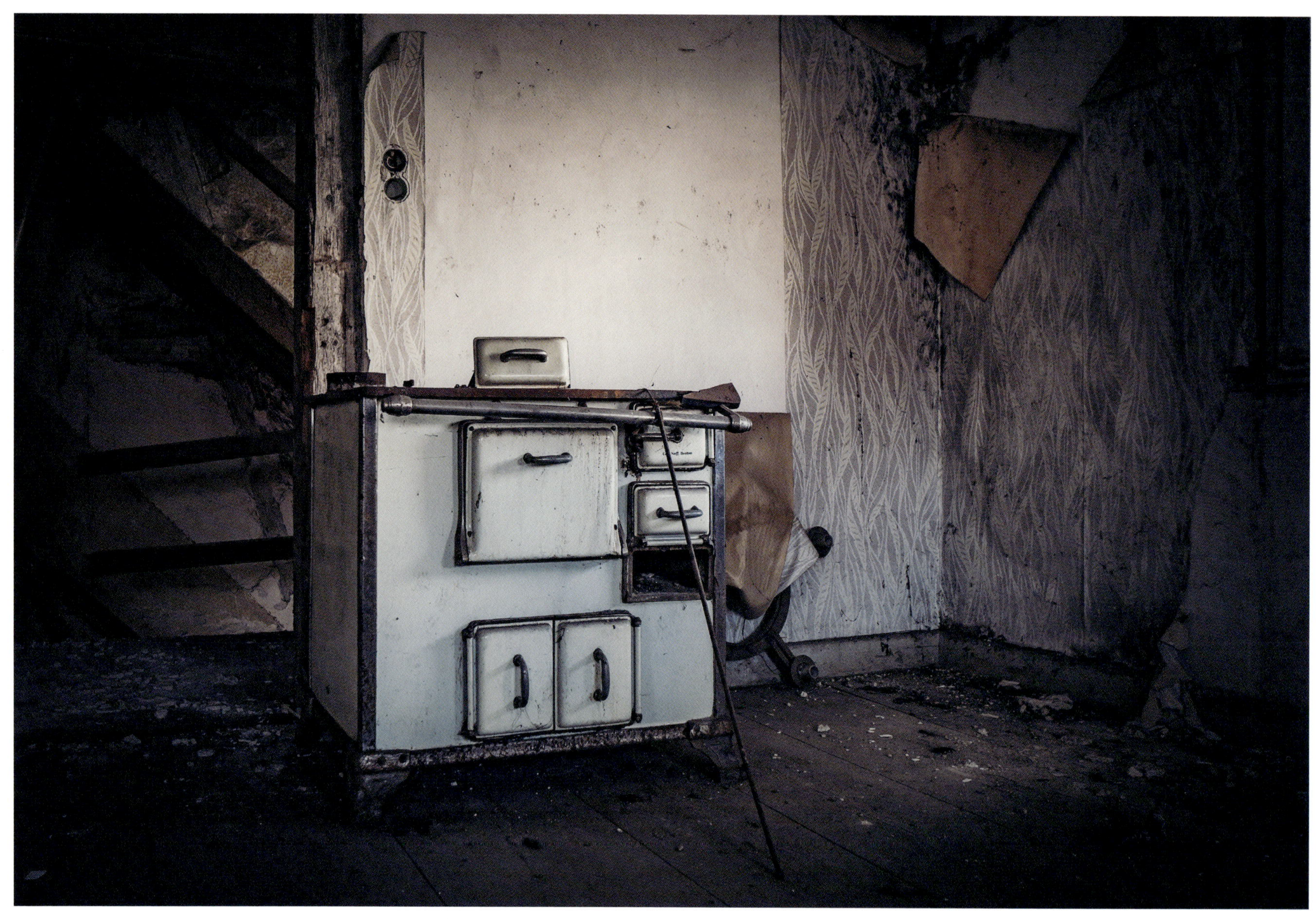

Ofen zum Anfeuern im Winter

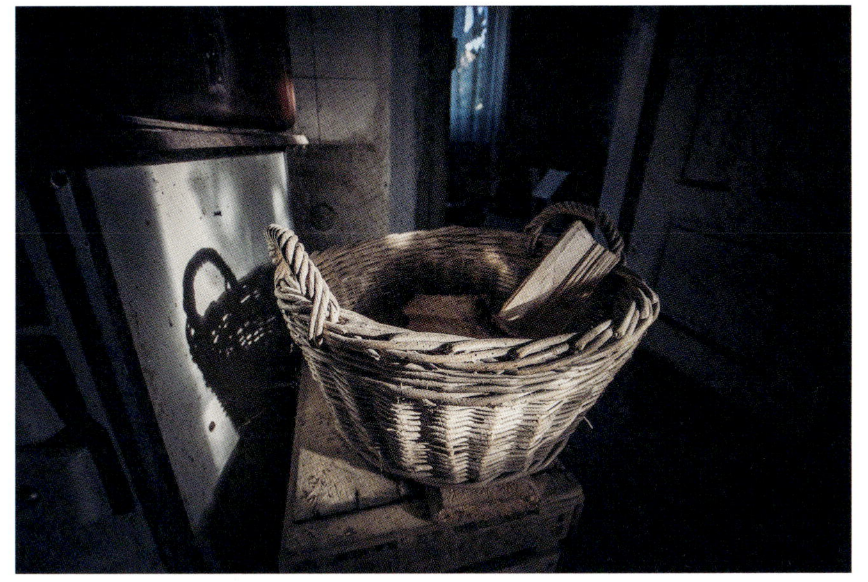

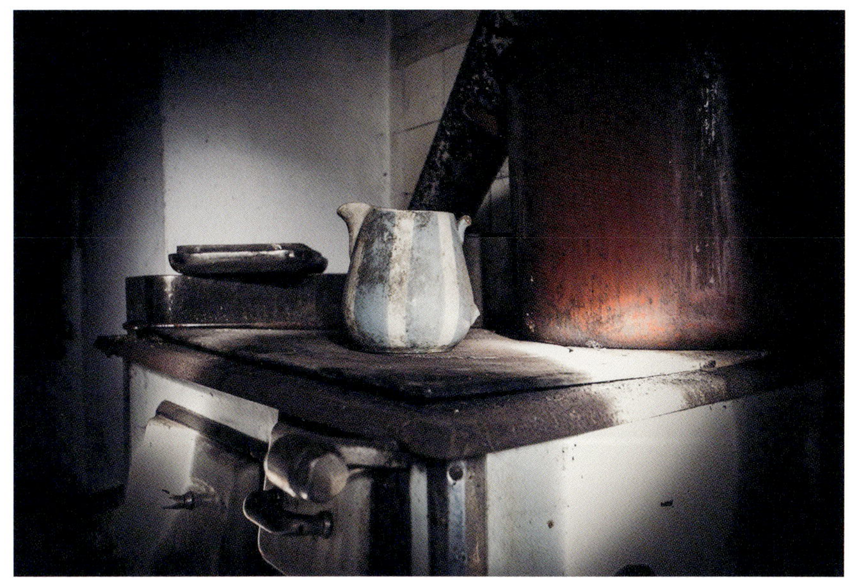

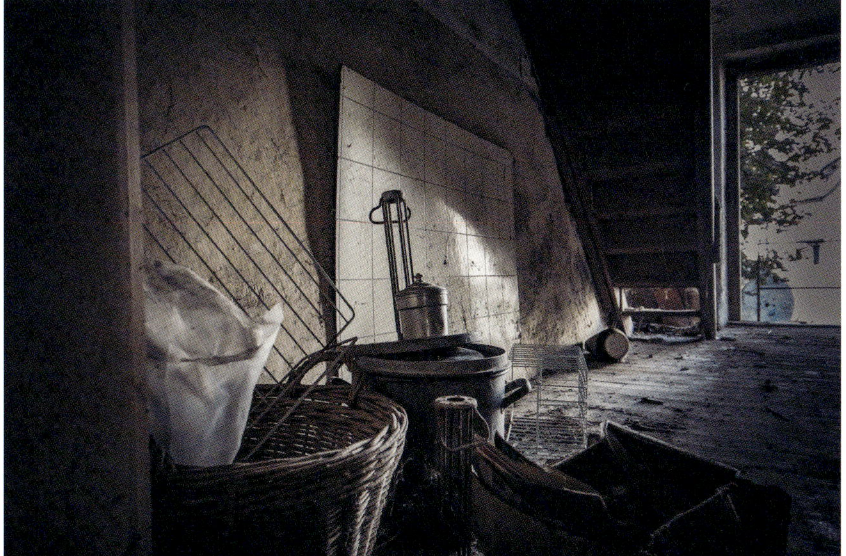

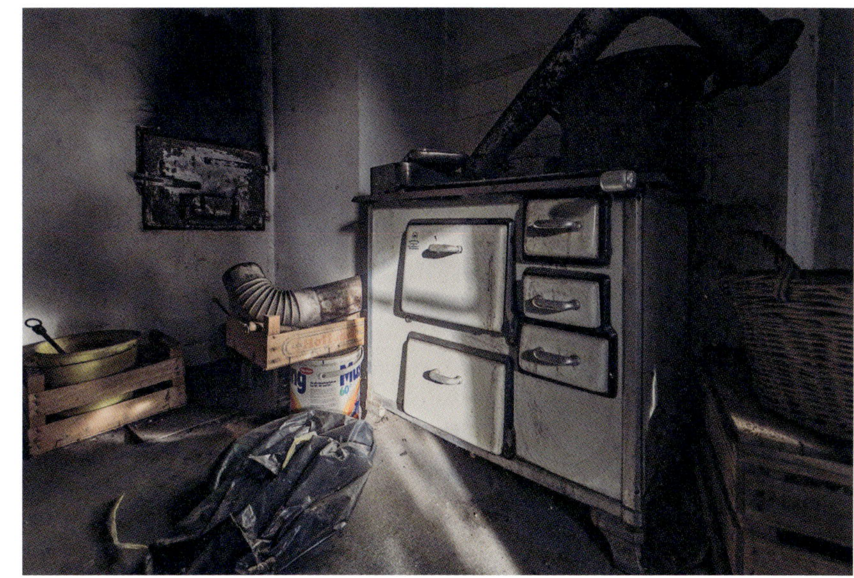

Korb mit Feuerholz

Der Flur im alten Hof

Kännchen auf dem Herd

Herd in der Küche

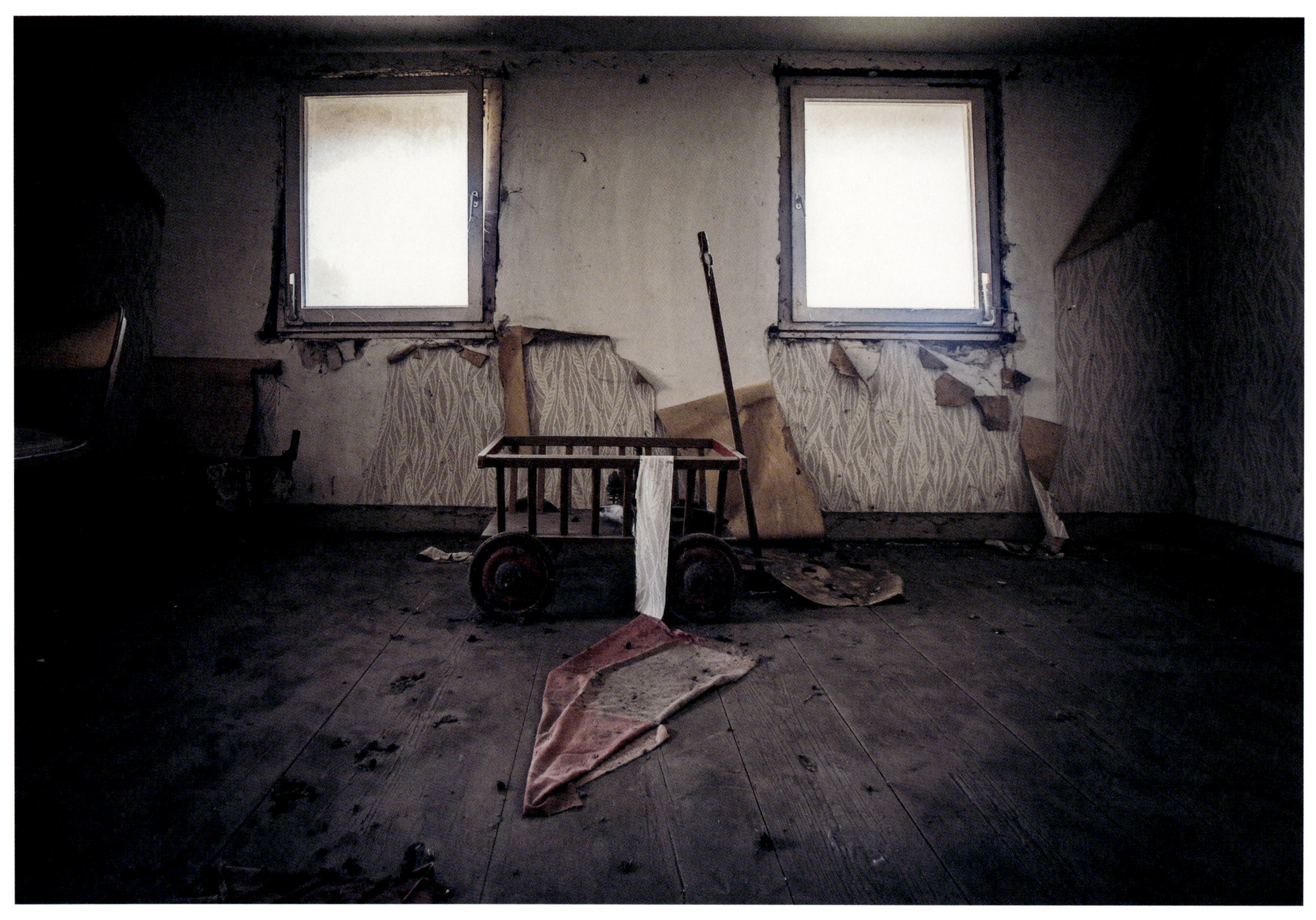

Bollerwagen im ehemaligen Kinderzimmer

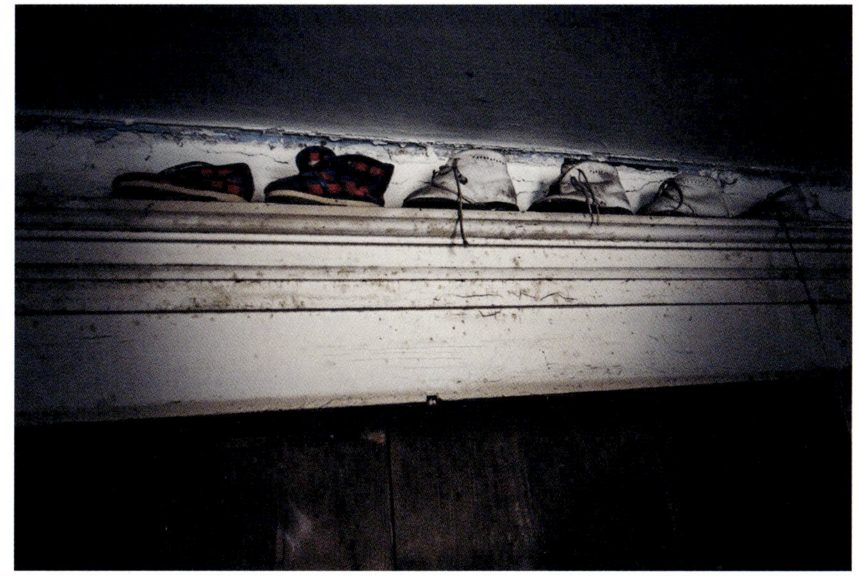

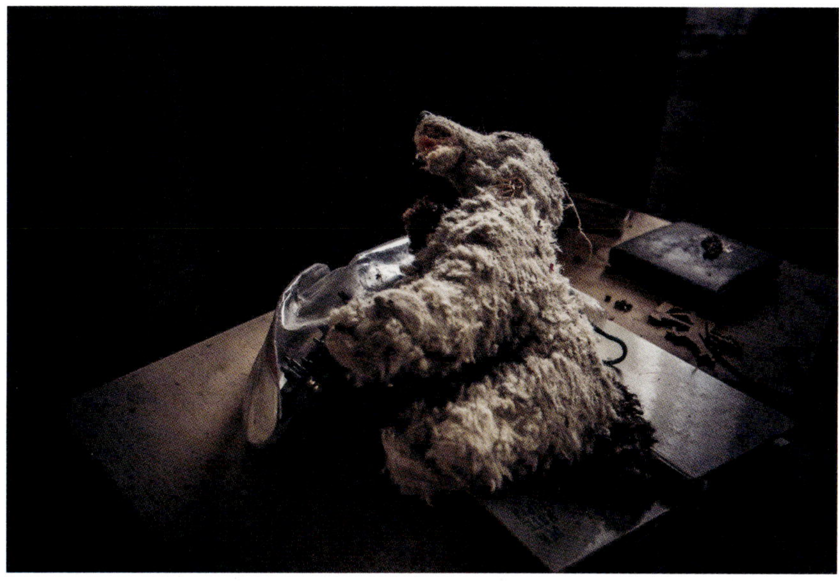

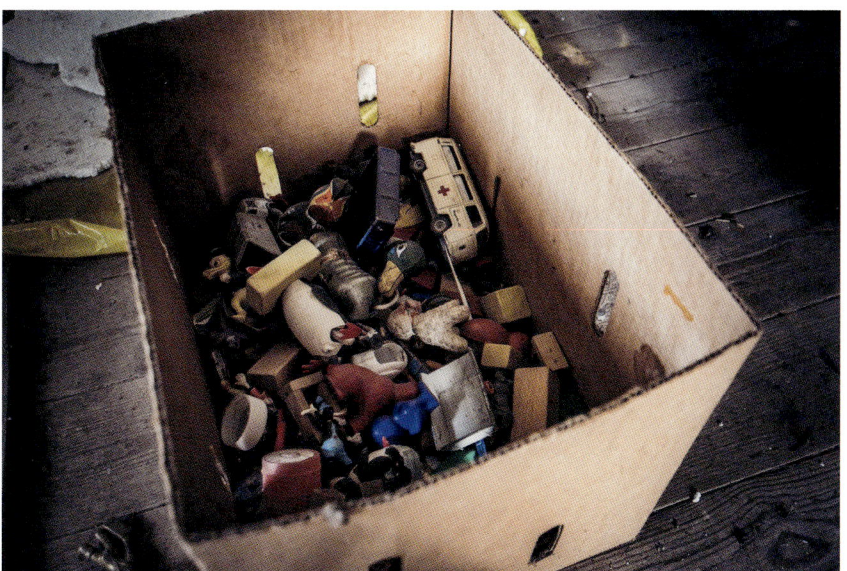

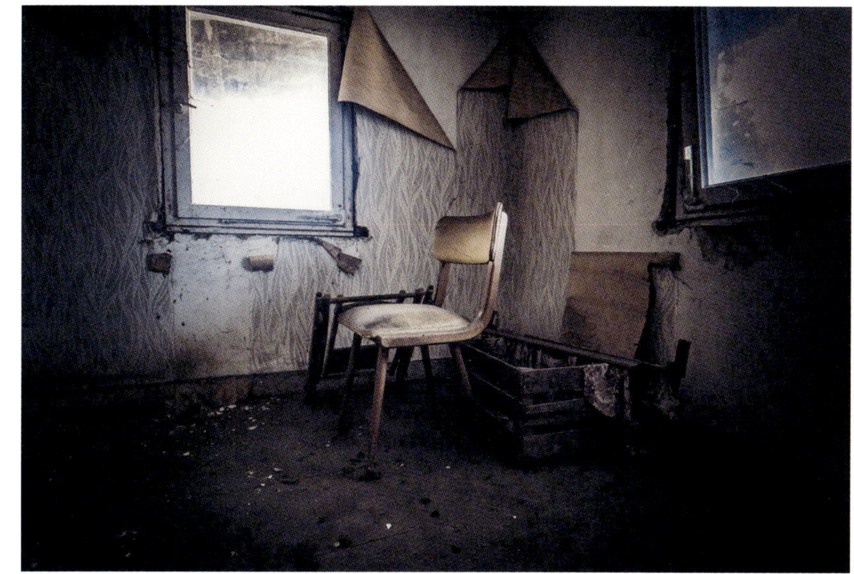

Kinderschuhe stehen auf dem Türrahmen

Kiste mit Spielzeugautos und Bauklötzen

Plüschtier

Die Tapete löst sich von den Wänden

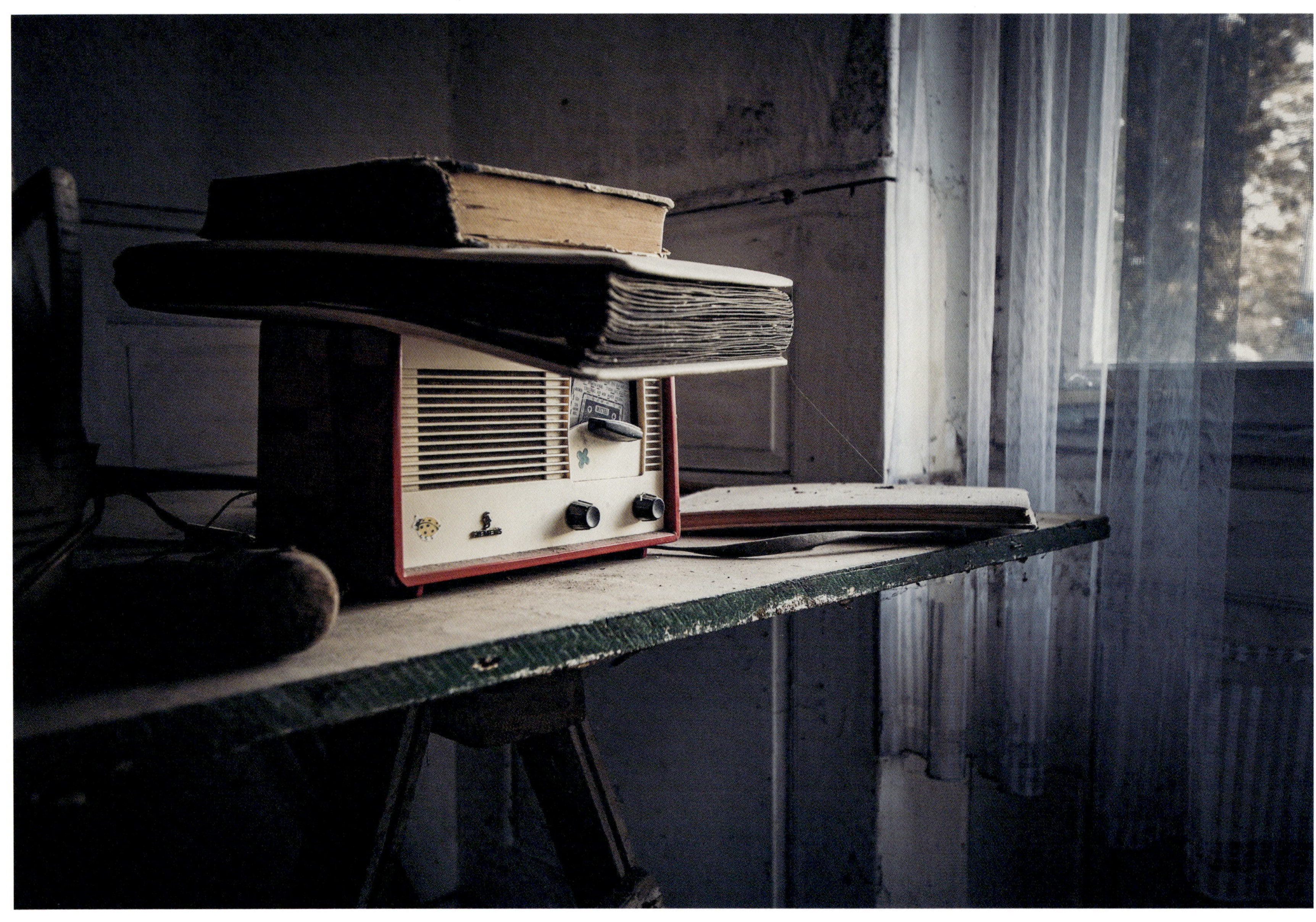

Vergessene Fotoalben

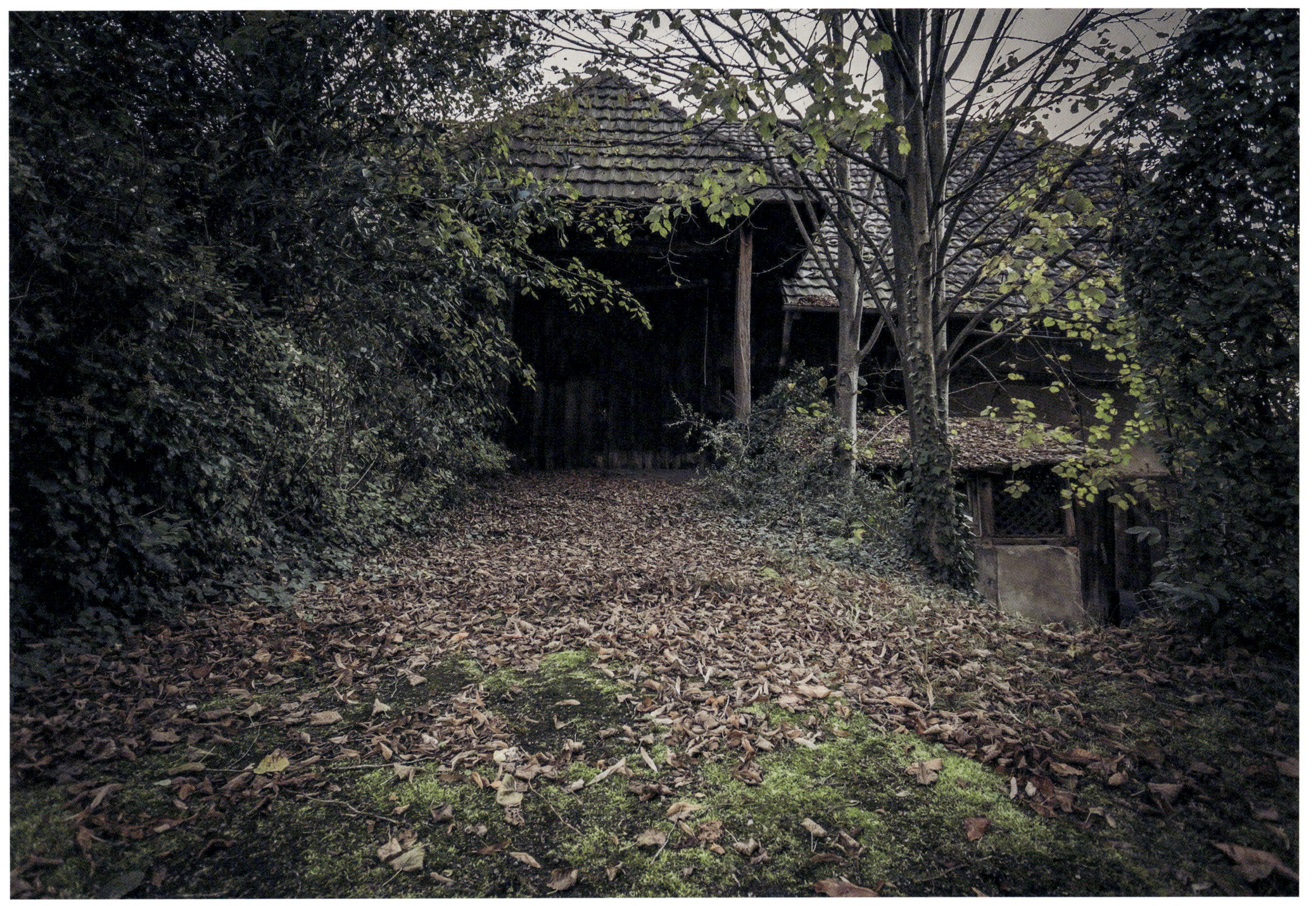

Scheuneneingang

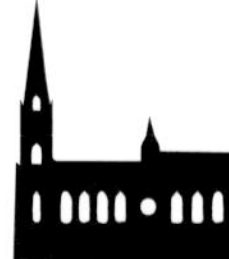

DIE EDELSTEINSCHLEIFEREI

Im Jahr 1467 entstand in diesem Ort die Zunft der »Bohrer und Balierer«. Das Gewerbe siedelte sich wohl wegen der zur Verfügung stehenden Wasserkraft an, denn das Stein-Vorkommen war eigentlich relativ bescheiden. Anfangs bezogen die Schleifer ihre Rohsteine aus den Silber-, Kupfer- und Bleiminen der Umgebung. Allerdings kam der Bergbau bald zum Erliegen, weshalb Material beispielsweise aus dem Gotthardmassiv oder aus Böhmen zur Verarbeitung kam. Durch ein Privileg des Königs Rudolf II. durften böhmische Steine nur in zwei Orten geschliffen werden. Mein Lost Place war einer davon. Damals besaß der Ort ca. 900 Einwohner und im Grunde war der gesamte Ort ein Schleifgewerbe. Der Dreißigjährige Krieg führte jedoch zu dessen Niedergang.

Es ist etwas Besonderes, wenn sich die Türen zu solch einer Zeitkapsel öffnen. Durch die Werkstatt führt mein Weg direkt in den Raum mit den großen Schleifsteinen. Vor den Schleifsteinen stehen Bänke, auf denen die Schleifer früher lagen, um die Steine zu bearbeiteten. Das Ganze sieht ziemlich unbequem aus. Beim Anblick der Bänke kann ich mir das sehr gut vorstellen. Es musste eine ziemliche Tortur für den Rücken gewesen sein, diese liegende Position stundenlang auszuhalten. Viele weitere Werkzeuge liegen auf der Fensterbank oder sind akkurat auf einem alten Brett angebracht, von Spinnweben überzogen. Durch die geschlossenen Fensterläden höre ich das Wasser des Kanals vorbeirauschen, das die Schleifsteine antrieb.

Dieser Besuch ist eine wunderschöne Zeitreise in die Welt der Edelsteine und in eine Welt, in der es noch keine computergesteuerten Maschinen gab. Die Edelsteine entstanden durch das Geschick der Schleifer. Beim Hinausgehen bilde ich mir ein, das Drehen der Steine zu hören …

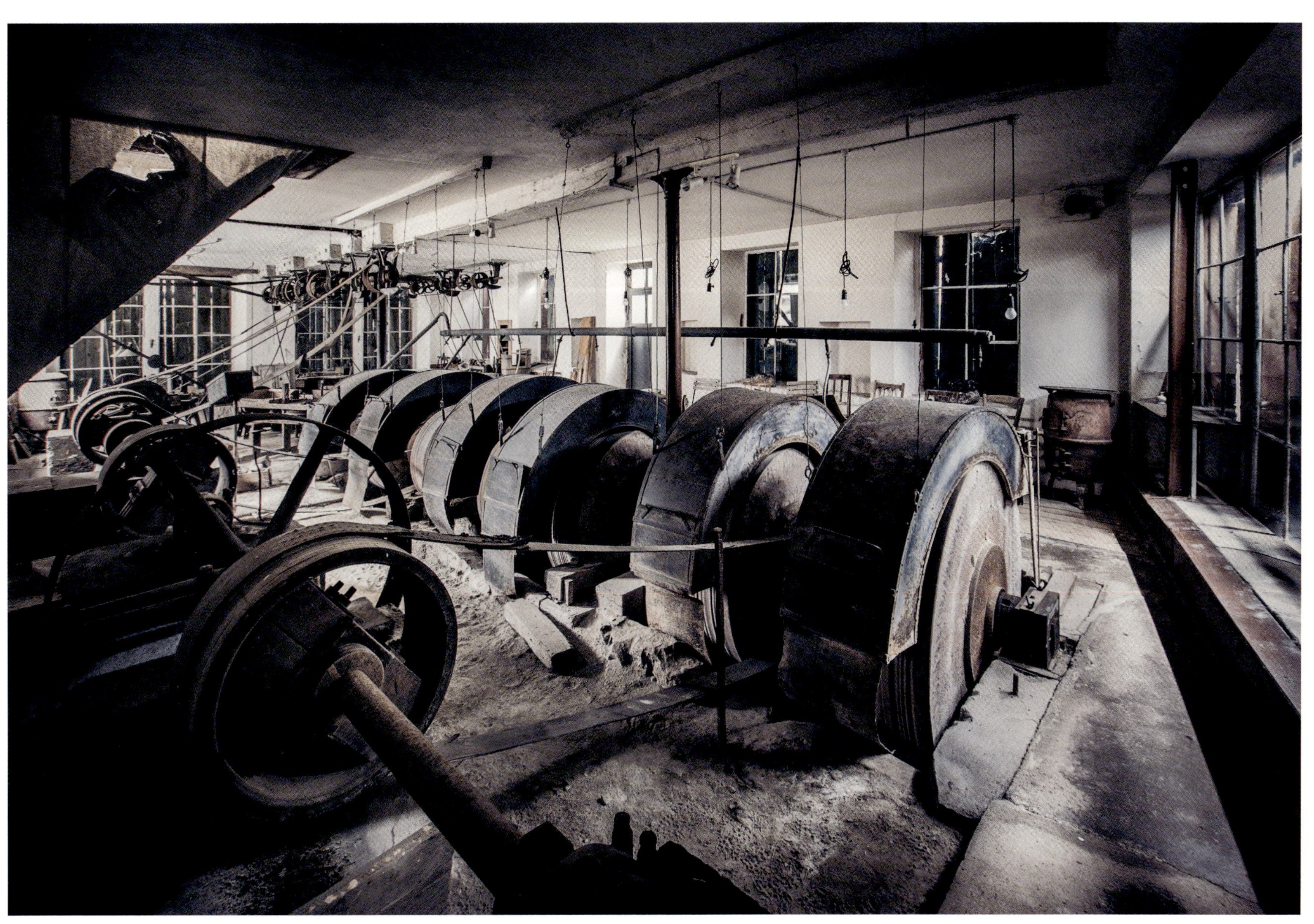

Große Schleifsteine in der Werkstatt

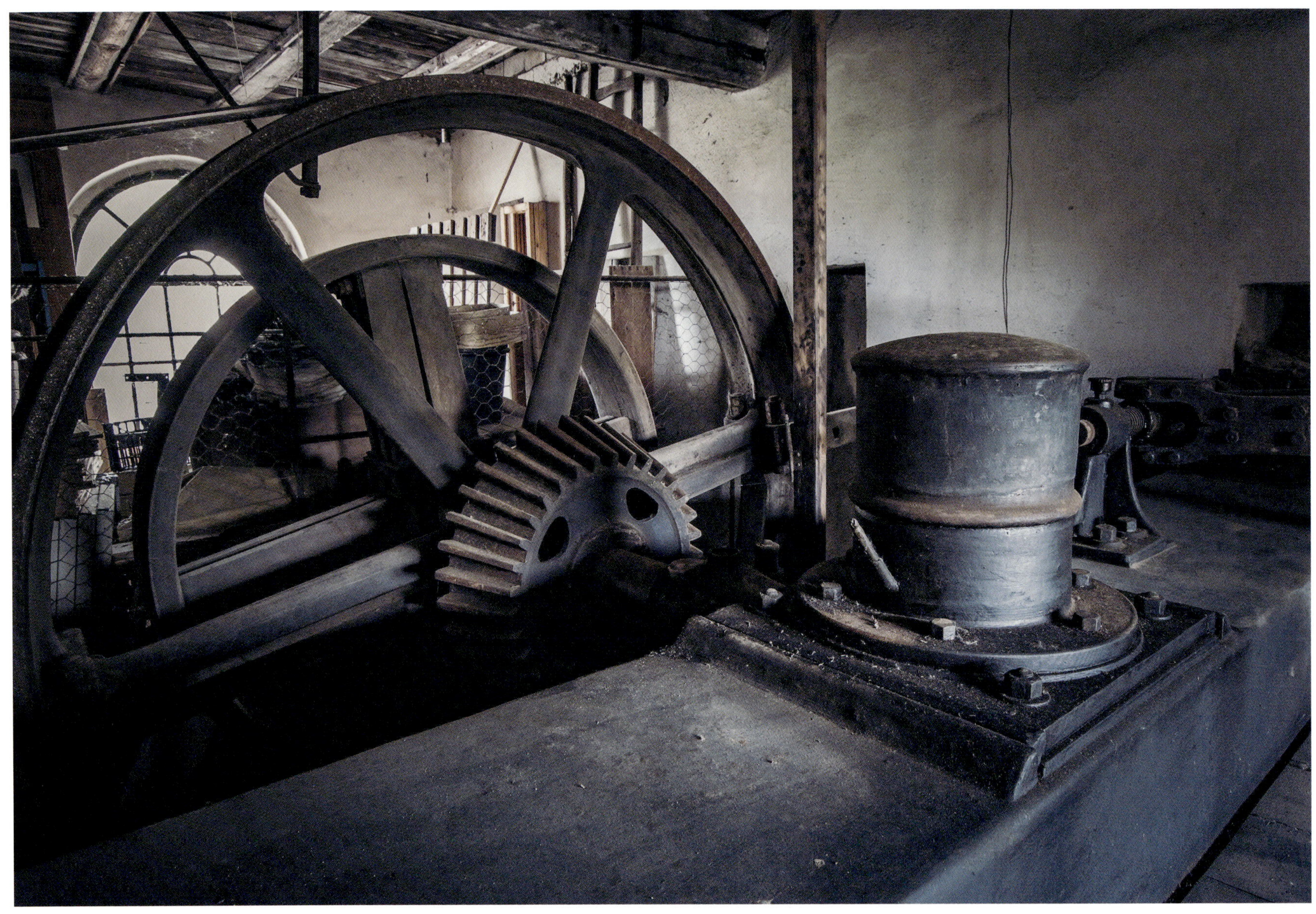

Transmissionsräder

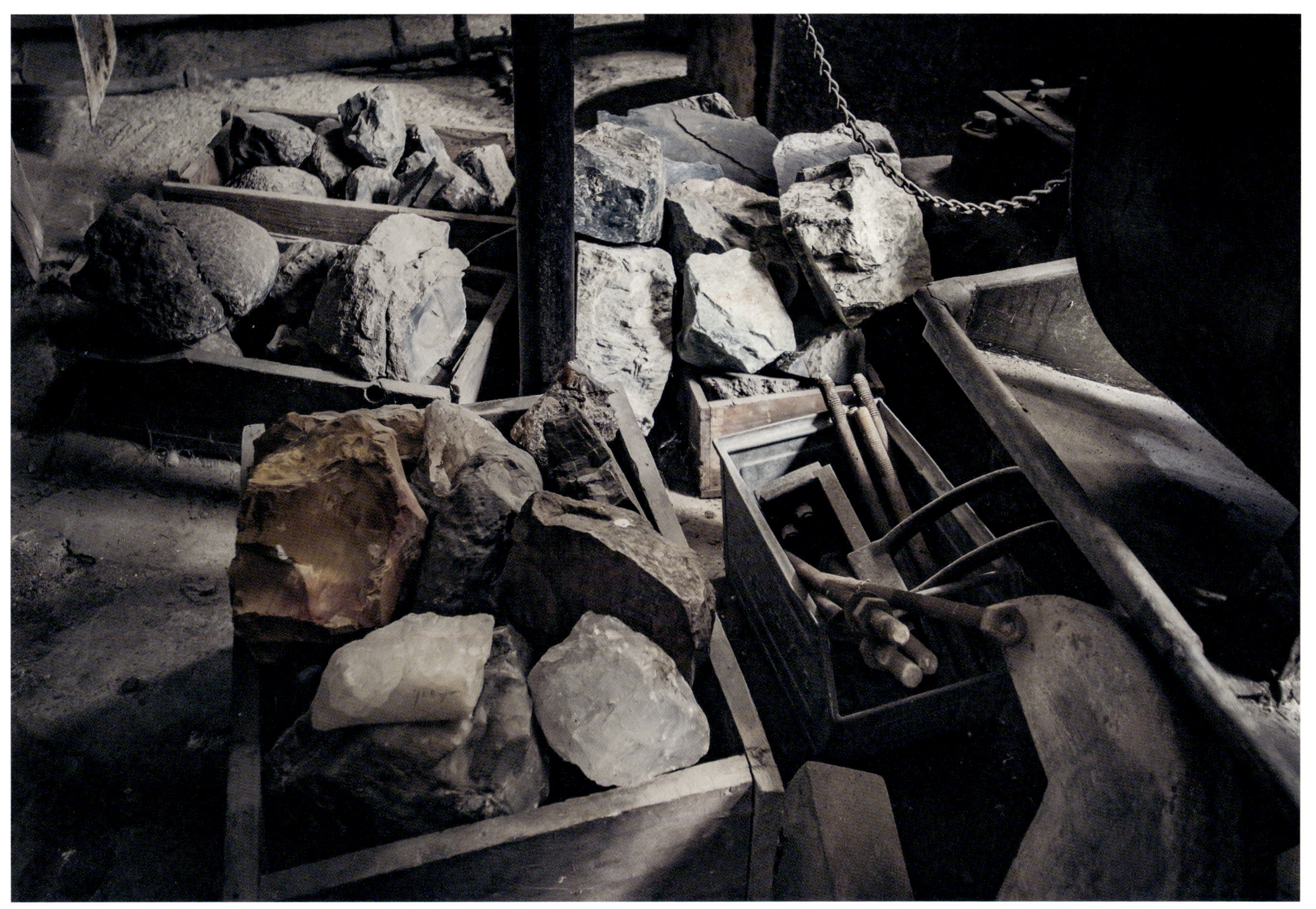

Rohe Steine liegen zum Schleifen bereit

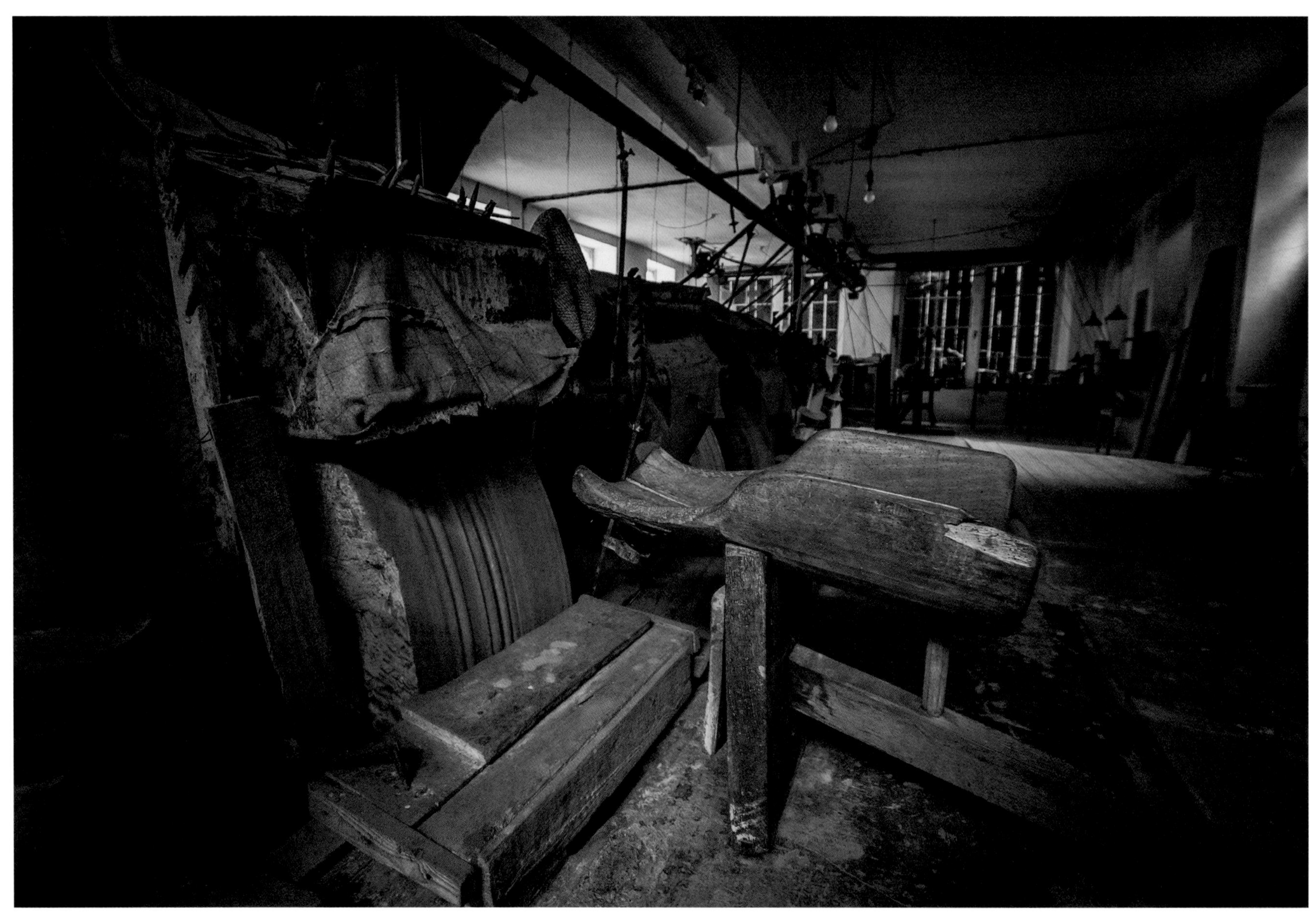

Schleifstein mit Hocker, auf dem Arbeiter während des Schleifens lagen

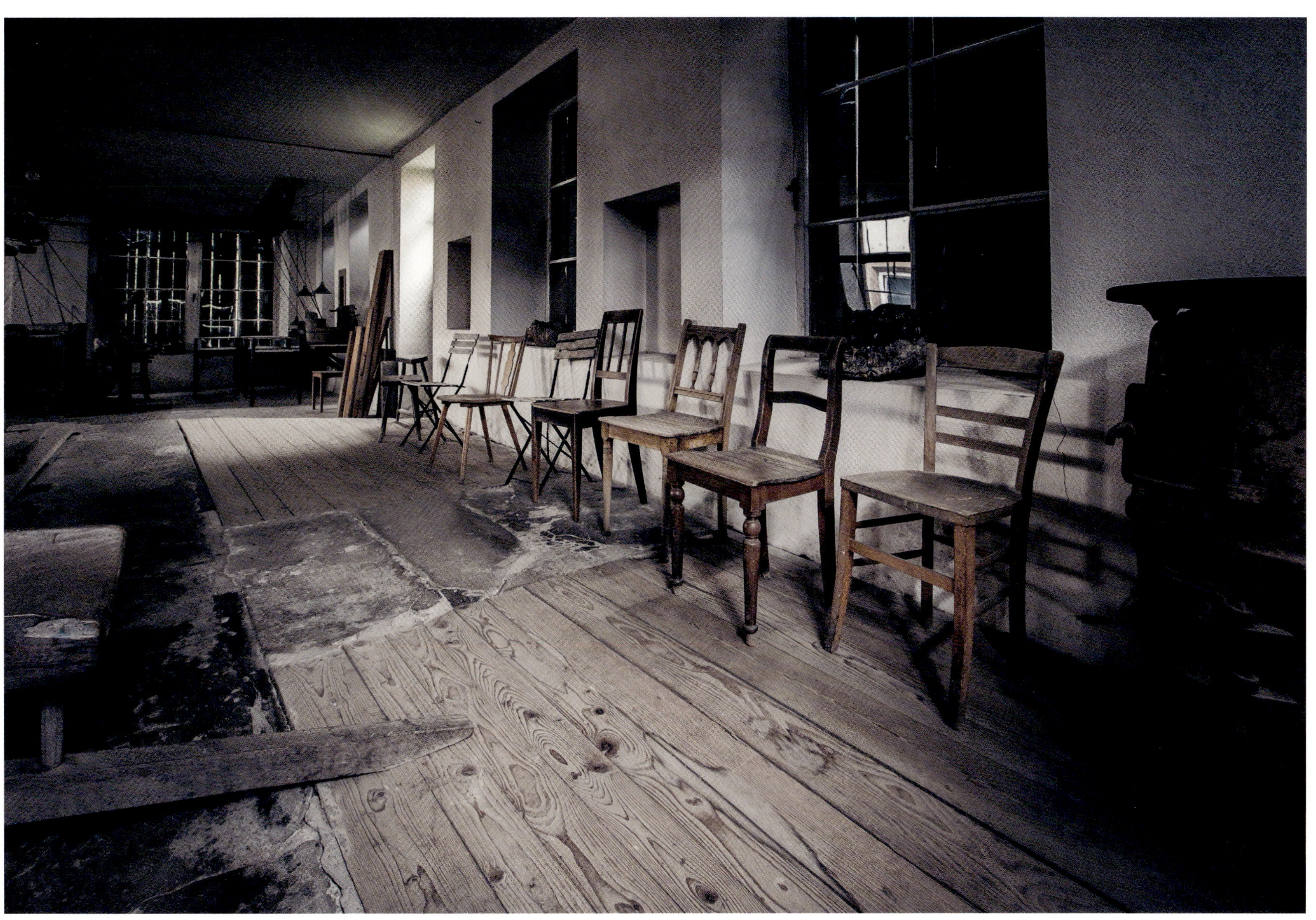

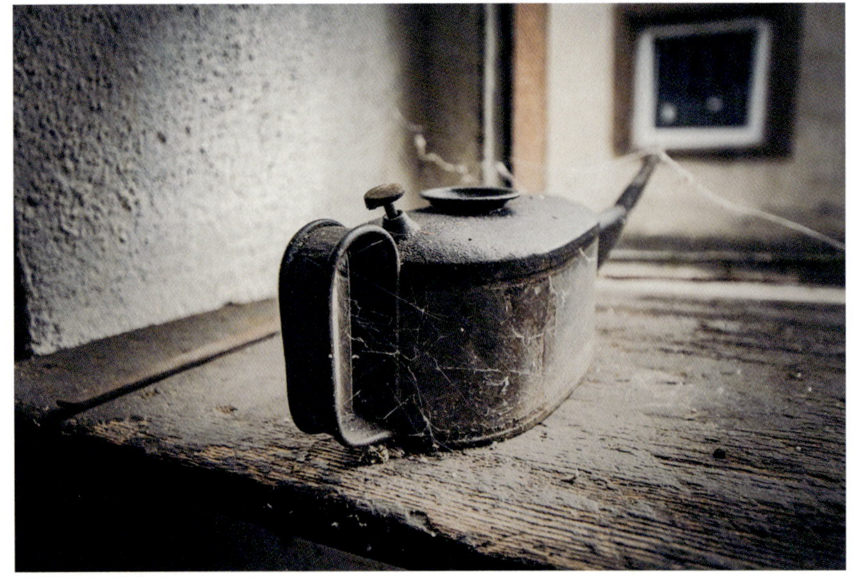

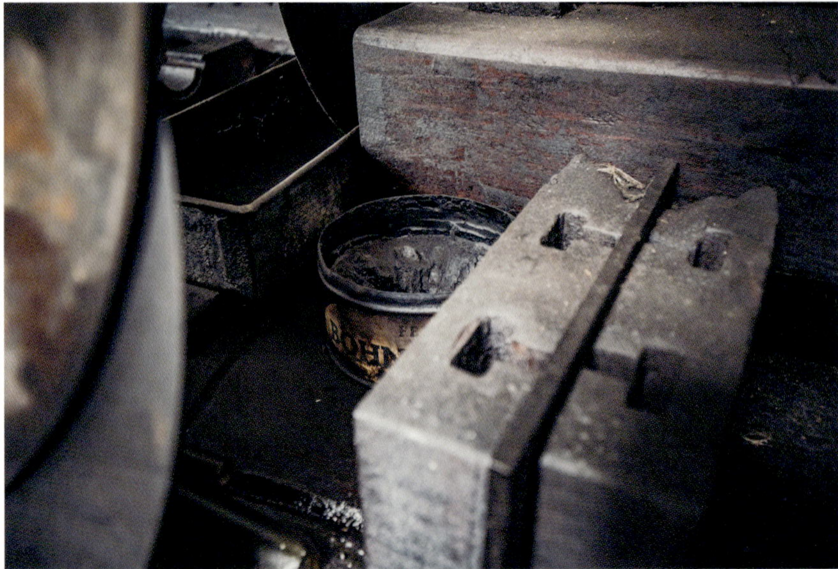

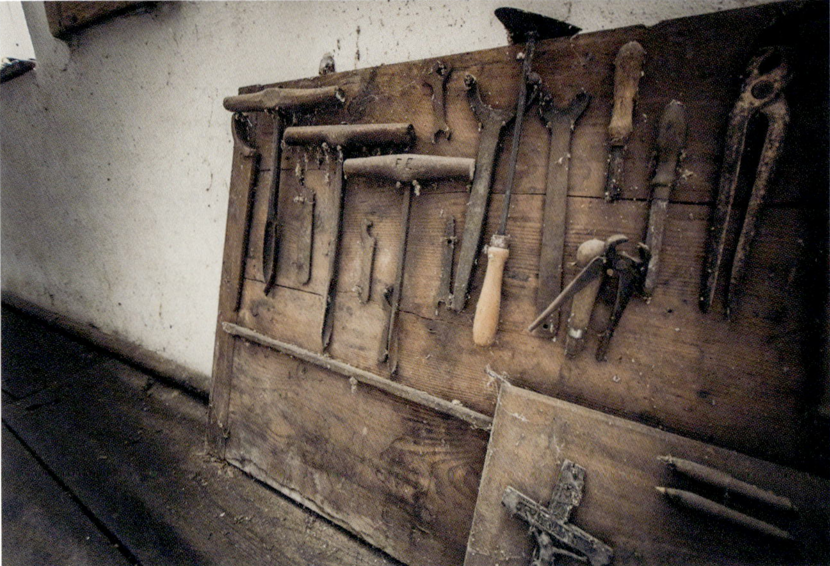

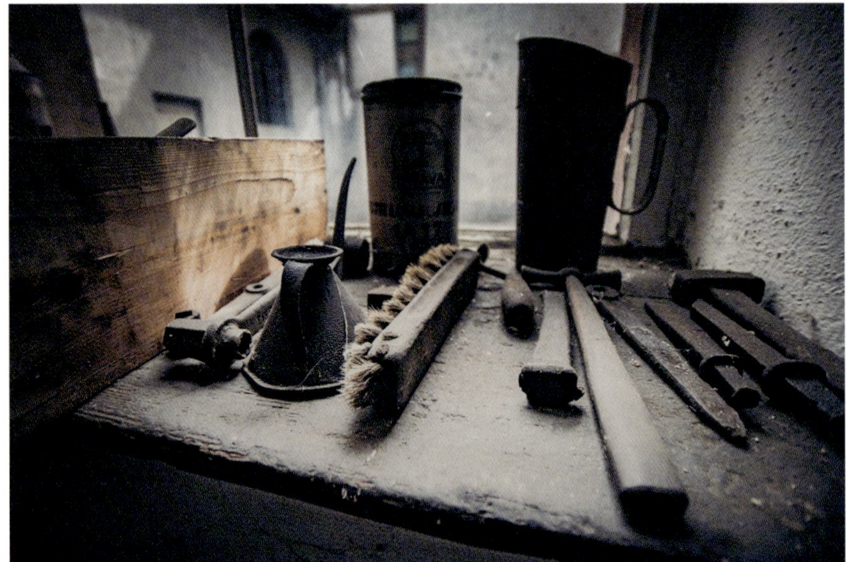

Ölkännchen

Werkzeugbrett

Dose mit Schmiere

Bürste, Kännchen und Werkzeug auf der Fensterbank

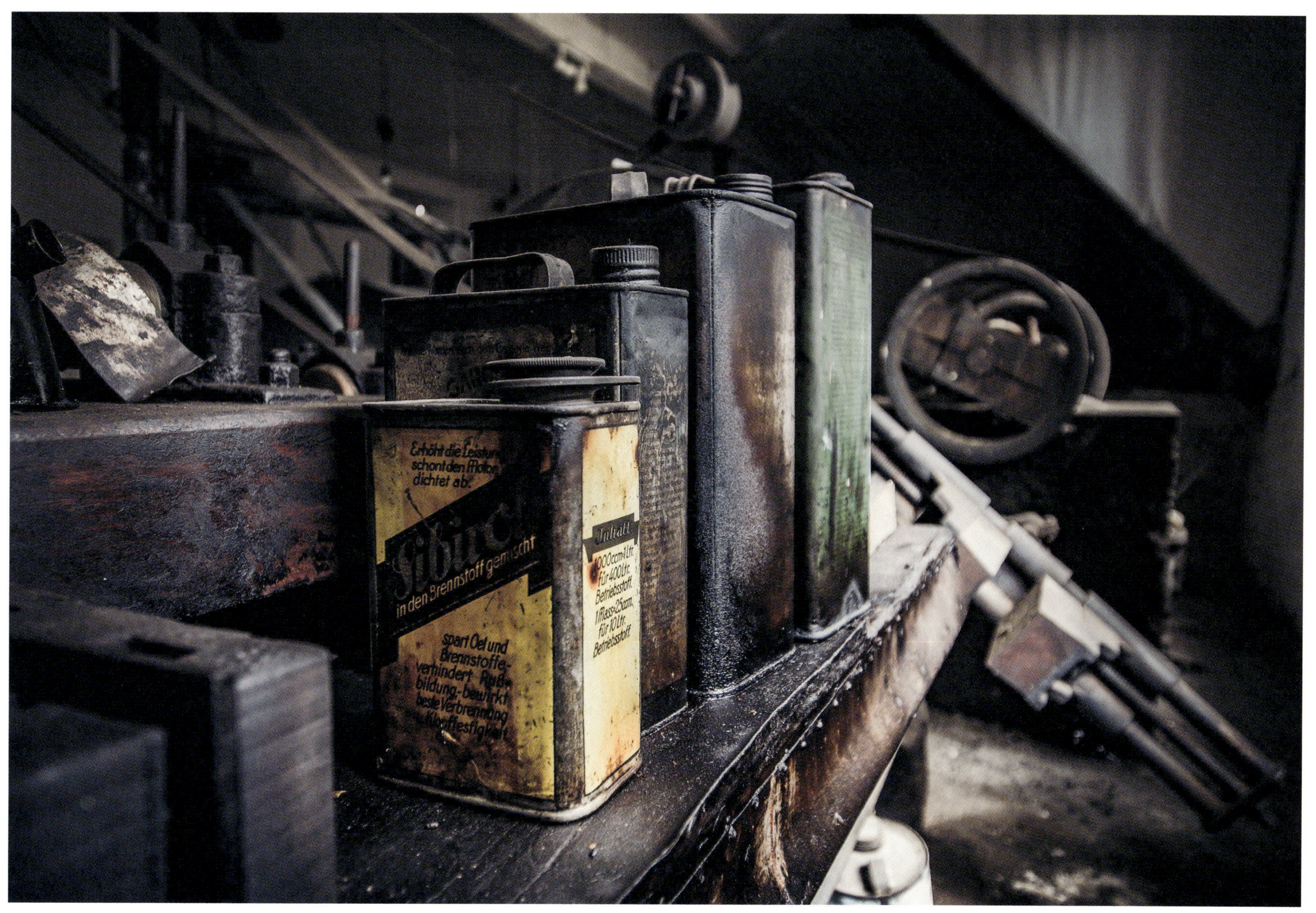

Alte Ölblechdosen

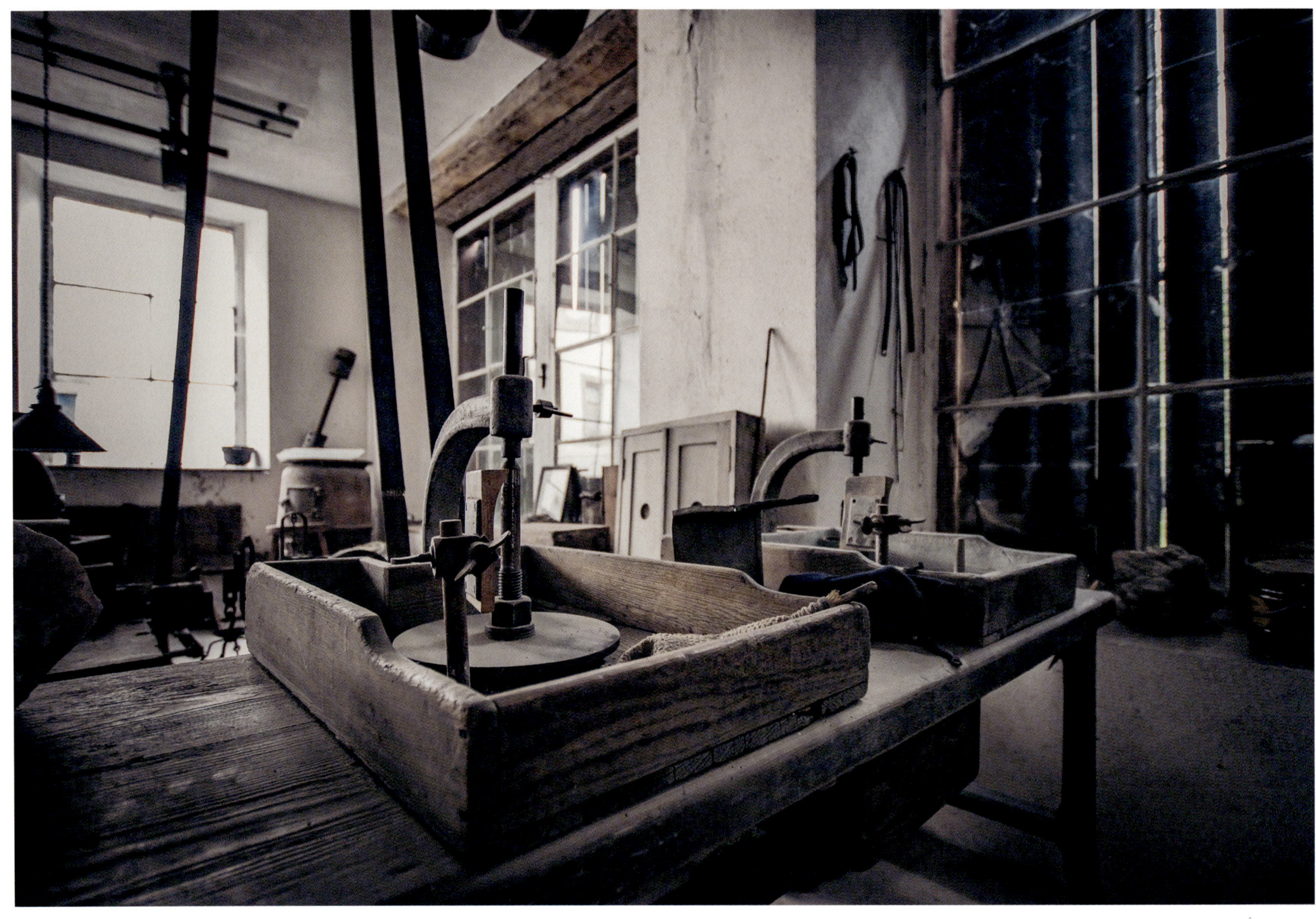

Lapidärtische

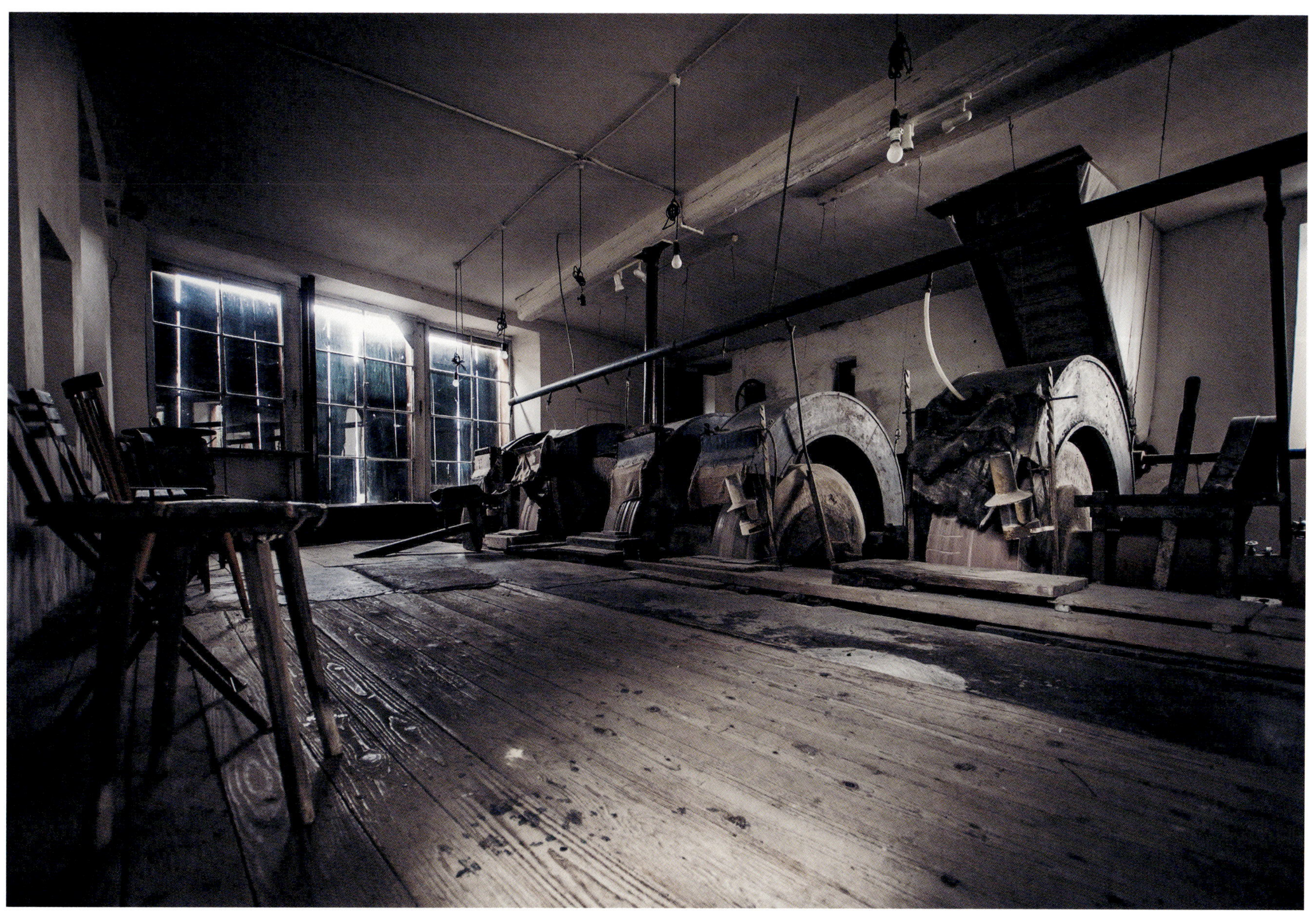

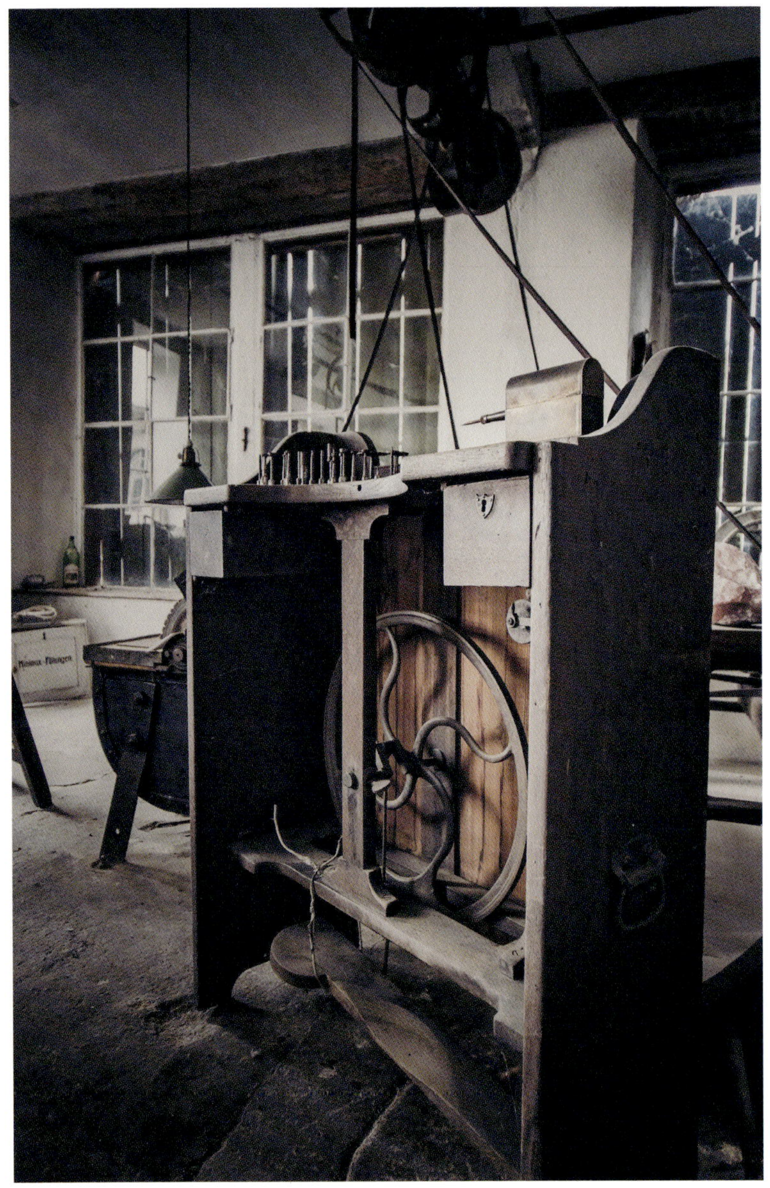

Tragbarer Gravurtisch mit Fußantrieb

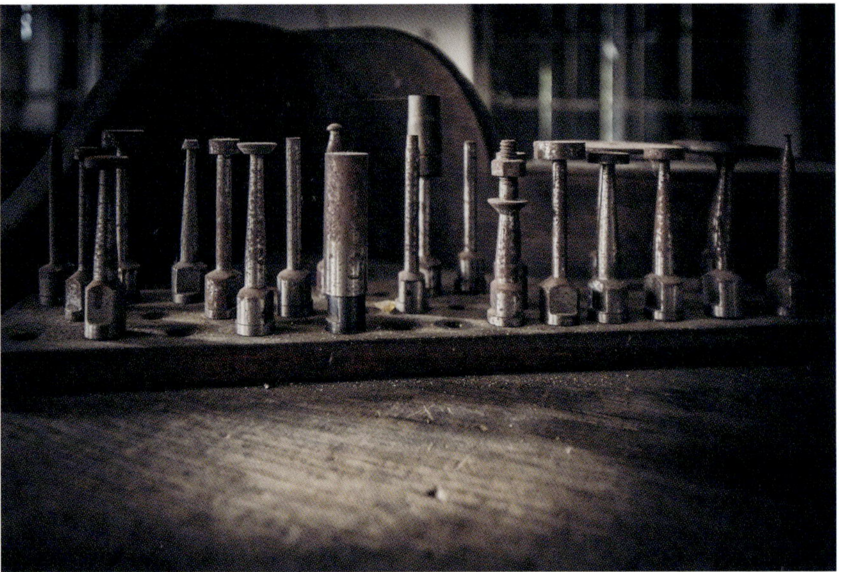

Verschiedene Schleifköpfe

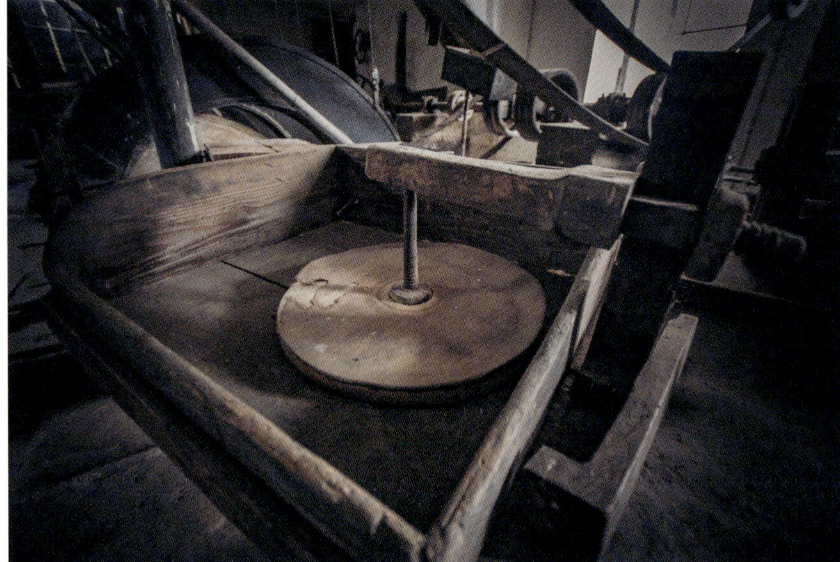

Drehscheibe zum Bearbeiten der Steine

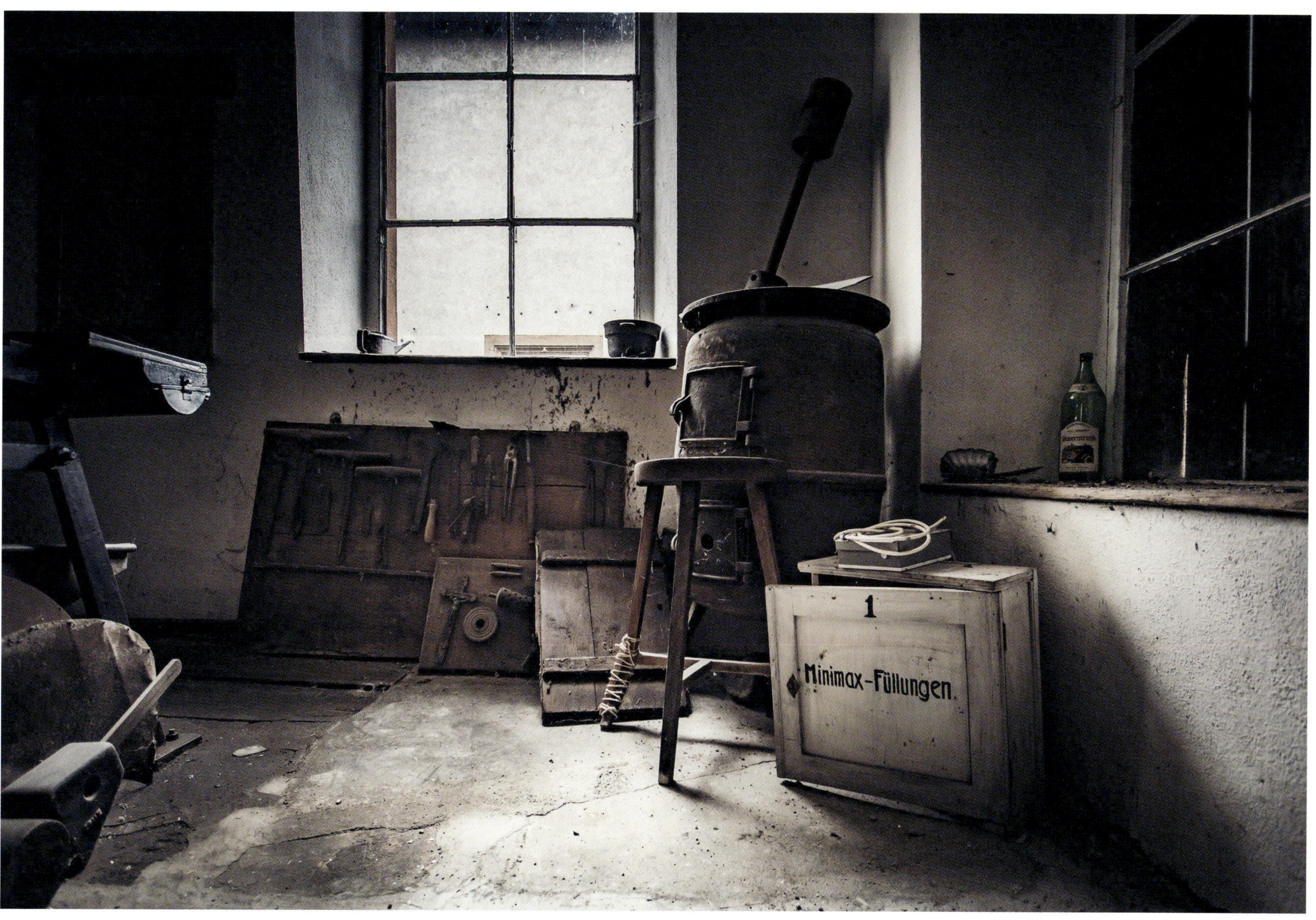
1
Minimax-Füllungen

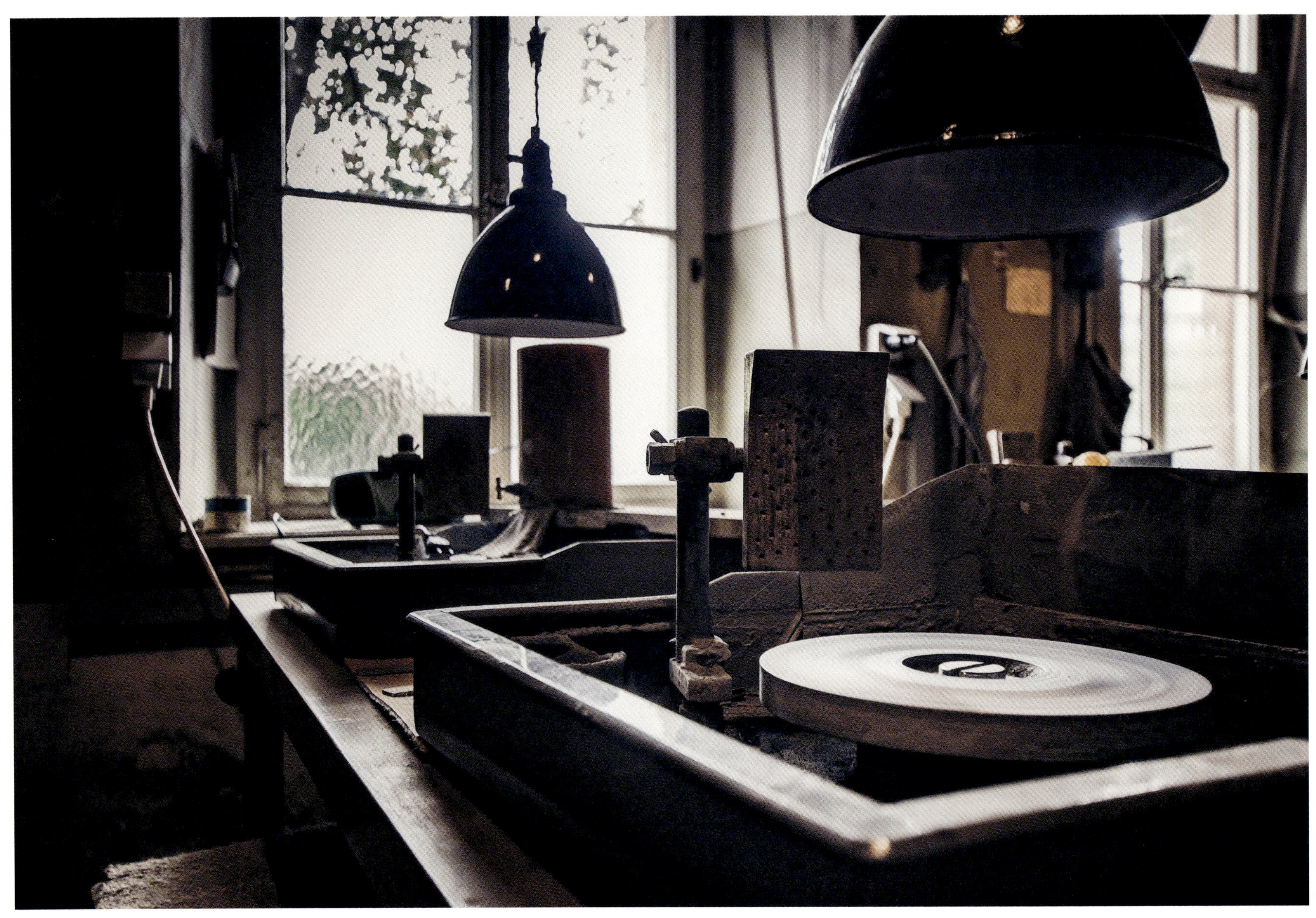

Lapidärtische in einem Nebenraum

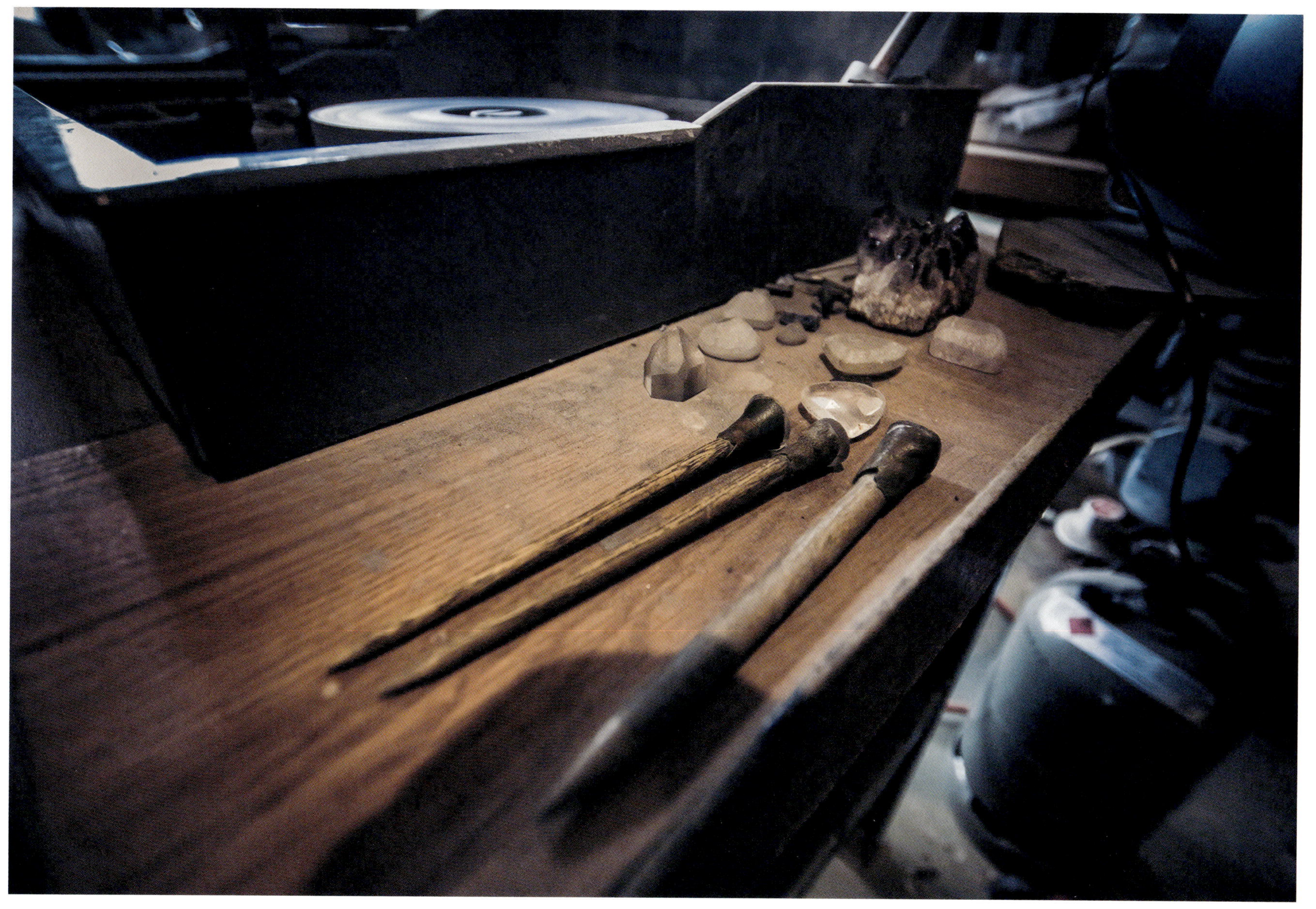

Kittstöcke und Edelsteine auf dem Arbeitstisch

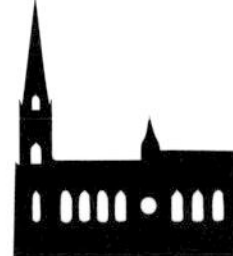

HEDWIGS LEBEN OHNE KOMFORT

Mein erster Gedanke an diesem Morgen ist: Hier bin ich falsch. Dieser Hof kann doch nicht verlassen sein! Das Holz ist akkurat gestapelt und an den Fenstern stehen bepflanzte Blumenkästen. Als sich die Türen für mich öffnen und ich durch den dunklen Flur in den großen Wohnbereich komme, befinde ich mich plötzlich in einer ganz anderen Welt. Es ist eine Zeitreise mindestens 100 Jahre zurück. Ich rieche Speck, geräucherten Speck. Der Ruß hat die Wände überzogen, der Küchenschrank ist schwarz und mit einer schwarzen Staubschicht bedeckt. Aber hier hat es nicht gebrannt, sondern der Ruß gehört zu den Zeugnissen eines Lebens, wie es im Schwarzwald üblich war. Es gab früher in den Schwarzwaldhäusern keinen Kamin, der Rauch zog durchs Haus und sorgte so für die schwarze Färbung der Wände und der Möbel.

In der Stube fällt mein Blick auf ein Kalenderblatt vom 15.07.2007. Es war der Tag, an dem die letzte Bewohnerin den Hof verlassen hat. Aufgrund einer Lungenentzündung musste sie ins Krankenhaus und anschließend in ein Pflegeheim. Ich halte meine Vermutung erst für falsch, aber der Neffe der letzten Bewohnerin bestätigt sie: Die Frau lebte bis ins Jahr 2007 auf diesem wunderschönen alten Hof ohne Komfort, ohne fließendes Wasser, unter ganz einfachen Bedingungen.

Hedwig wurde 1921 als eines von zehn Kindern geboren und blieb ihr ganzes Leben auf dem Hof. Die Familie lebte mit und von ihren Tieren. Es wurde Käse produziert, Wurst und Speck in der Küche geräuchert und anschließend auf dem Wochenmarkt verkauft. Strom gab es erst ab den 1920er Jahren. Im Krieg mussten vier Brüder von Hedwig an die Front. Das Schicksal schlug zu und drei Brüder kamen nicht zurück. Zusammen mit ihrer Schwester Josefine blieb Hedwig auf dem Hof und versorgte die Mutter. Dem Neffen ist es zu verdanken, das 1972 ein bisschen Luxus in den Hof kam – er baute ein Plumpsklo ein. Bis zu diesem Zeitpunkt musste man seine Notdurft bei den Kühen im Stall verrichten. Ein Badezimmer? So etwas Neumodisches wollte Hedwig nicht. Das klare Wasser einer Quelle musste reichen. Es lief durch das Haus in einen Brunnentrog. 1986 starb Josefine, und von nun an lebte Hedwig alleine auf dem Hof. Die Kühe wurden abgeschafft und Hedwig beschränkte sich auf den Haushalt. Sie hielt sich an eine feste Abfolge von Mahlzeiten im Lauf der Woche. An dem, was auf dem Tisch stand, konnte man erkennen, welcher Wochentag war. Montags gab es immer die Reste vom Sonntag – einen Braten. Dienstags gab es Nudeln, mittwochs zum Beispiel Kartoffeln. Nichts wurde weggeworfen. Hedwig war sparsam – einen Fernseher gab es nicht, und die Zeitschriften wurden von den Nachbarn gebracht.

Im Hof ist alles so, wie Hedwig es verlassen hat. Am Ofen hängen die gestrickten Strümpfe, unter dem Ofen stehen die Schuhe und auf dem Tisch liegt Hedwigs Brille. In meinen Gedanken sehe ich sie vor mir, wie sie die Brille ablegt und das Haus für immer verlässt ...

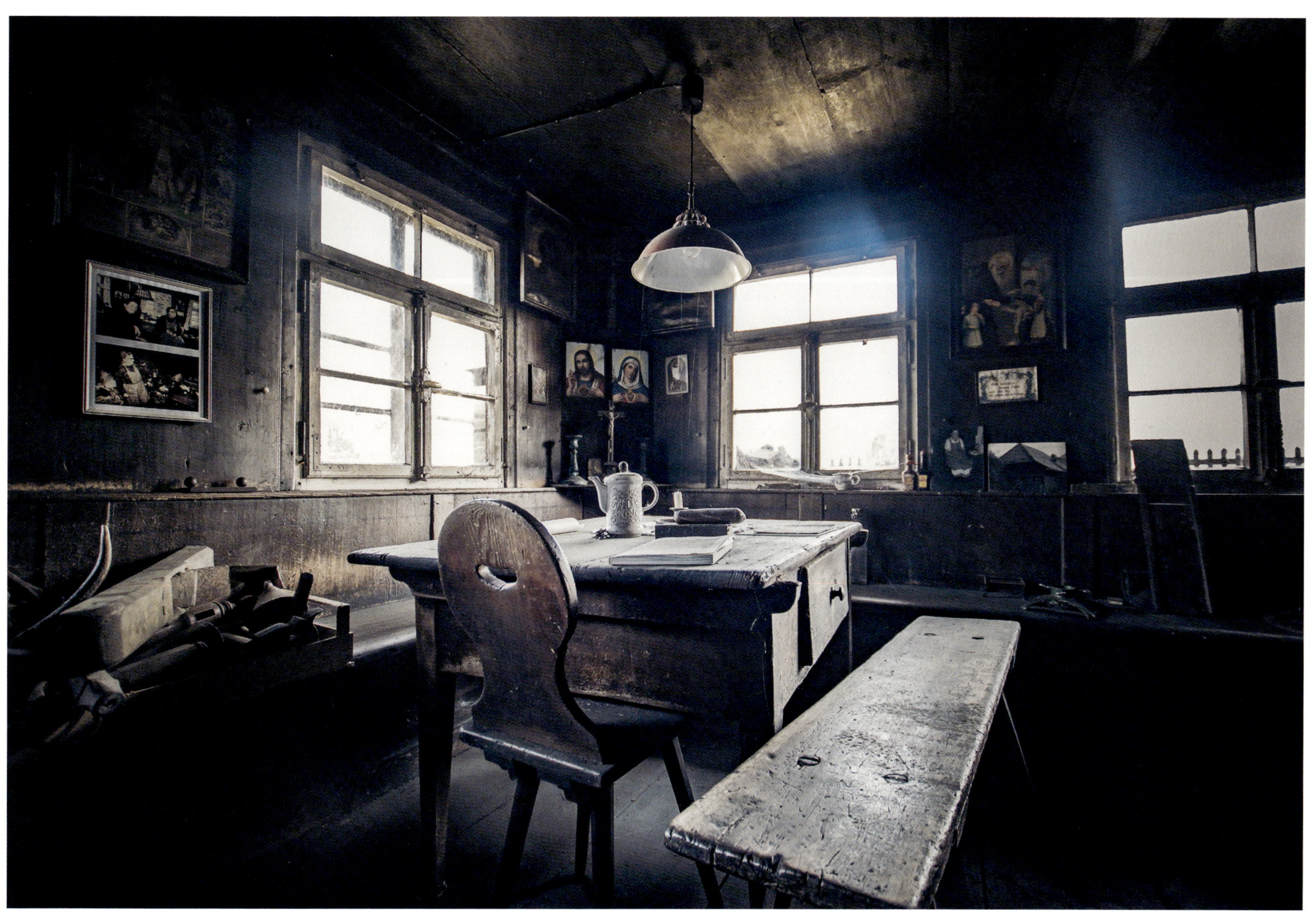

Wohnstube

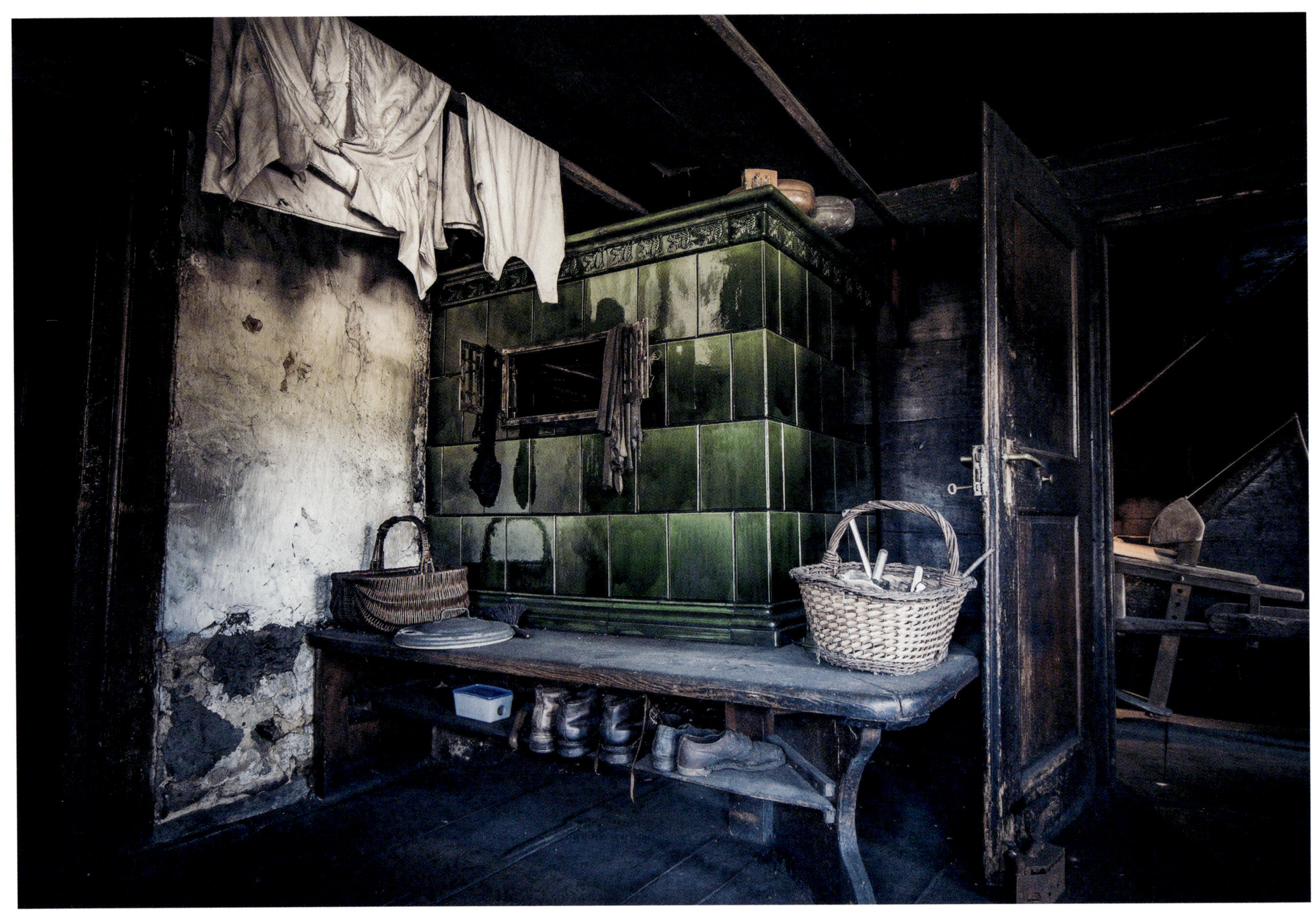

Kachelofen in der Wohnstube

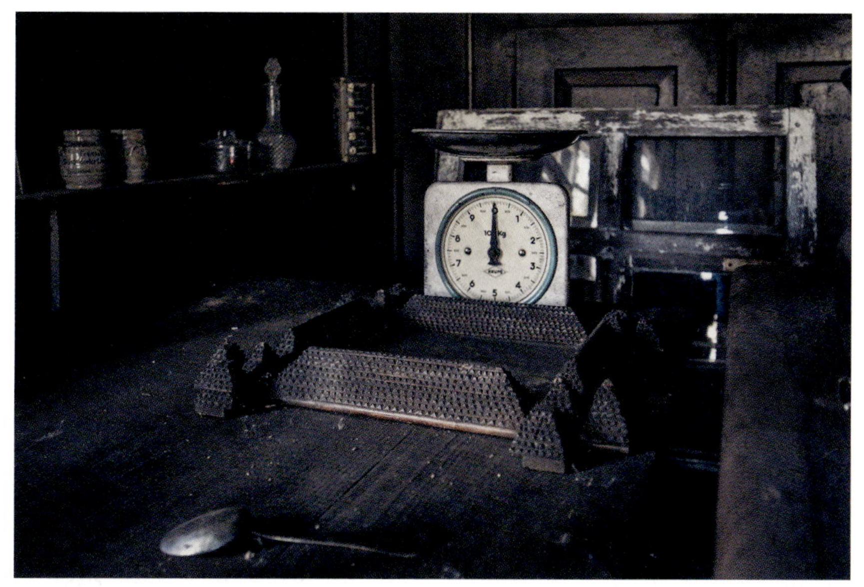

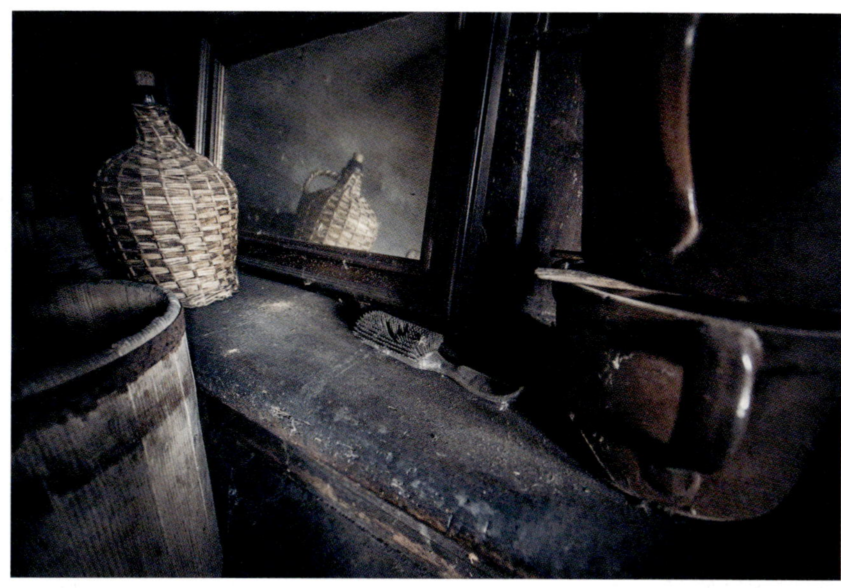

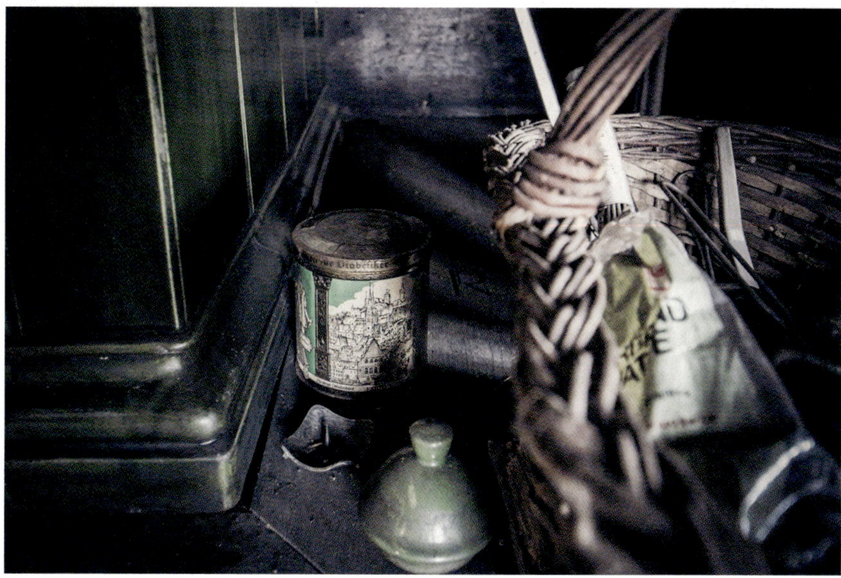

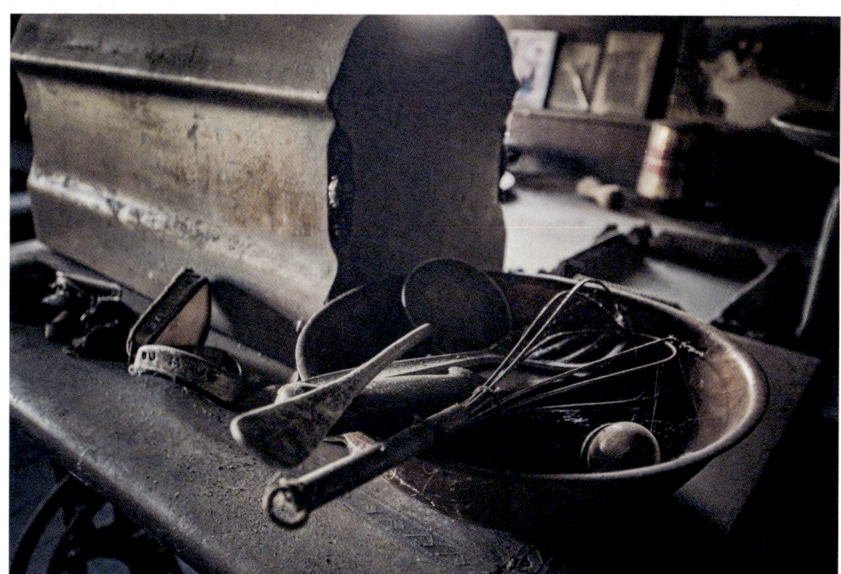

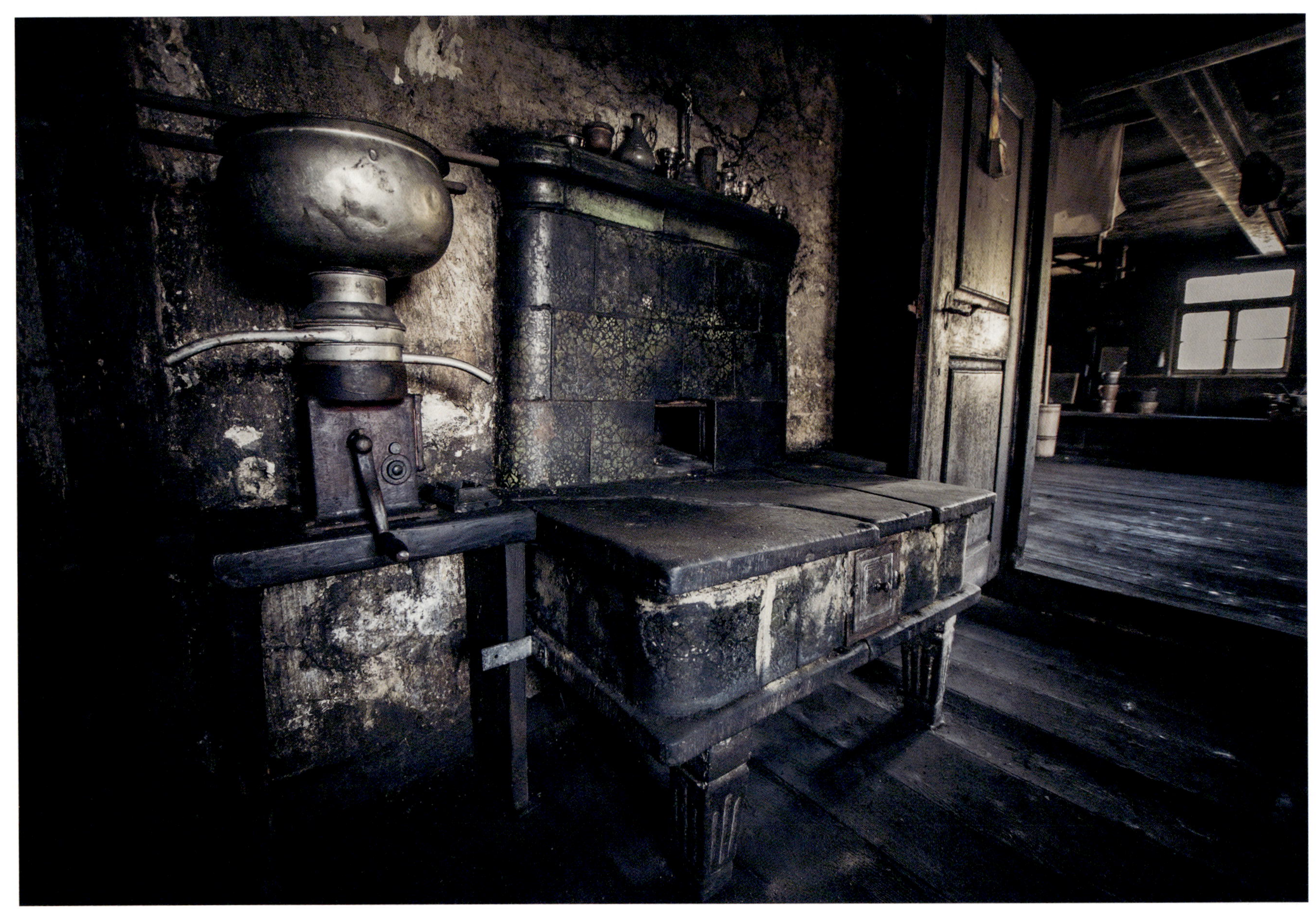

Ofen und Maschine zur Gewinnung von Molke

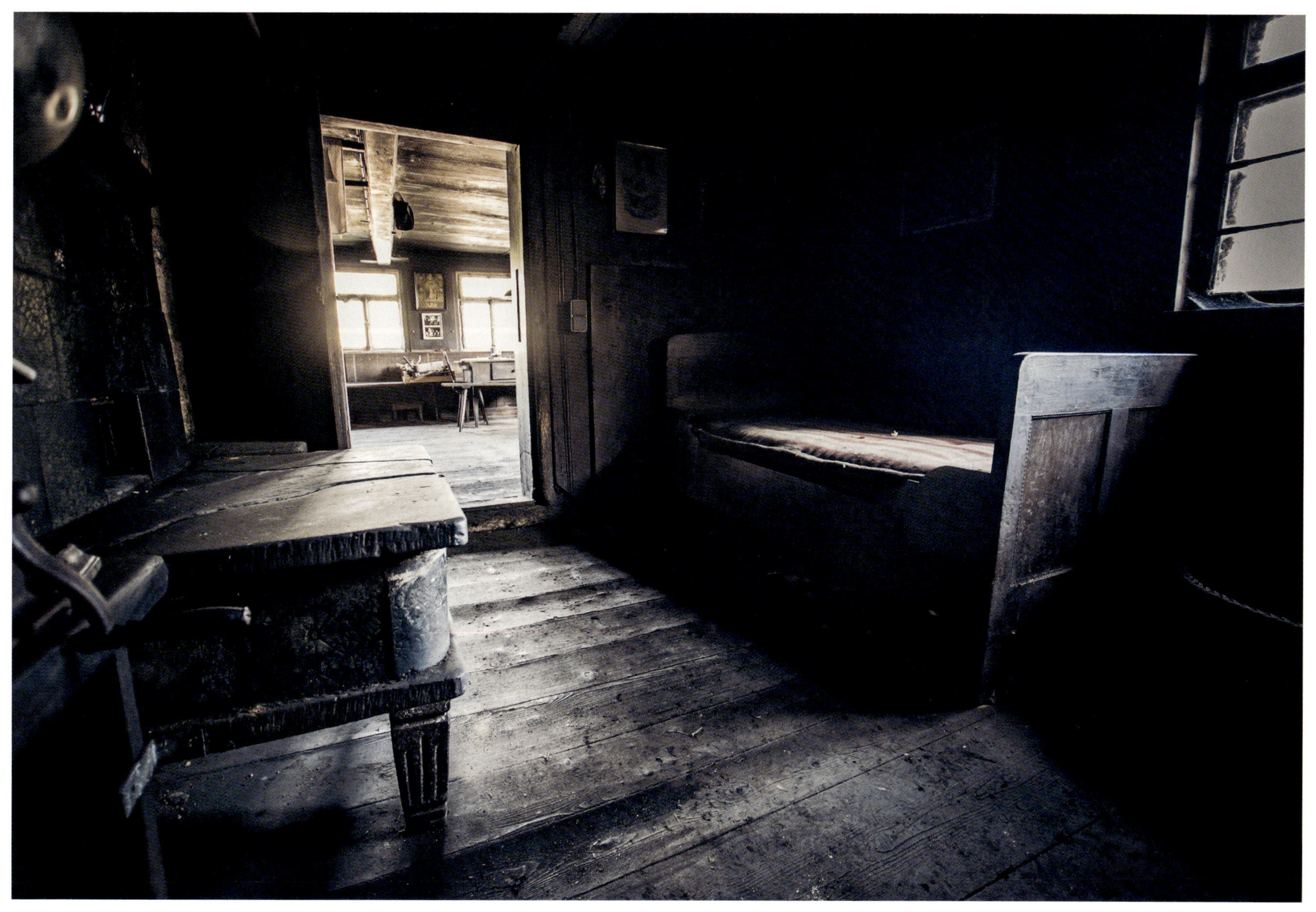

Eine der Schlafstuben

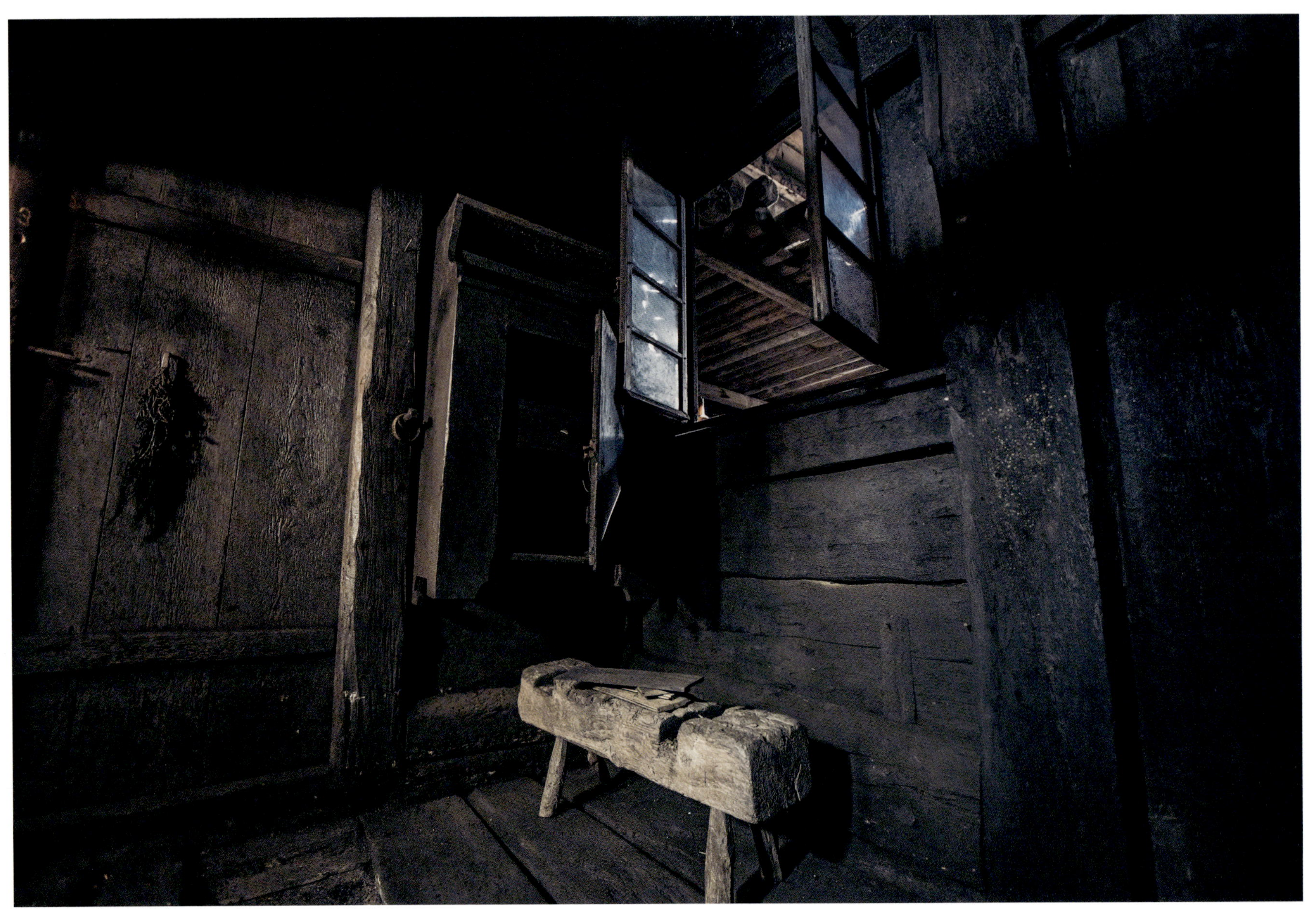

Fenster zur Hinterseite des Hofes

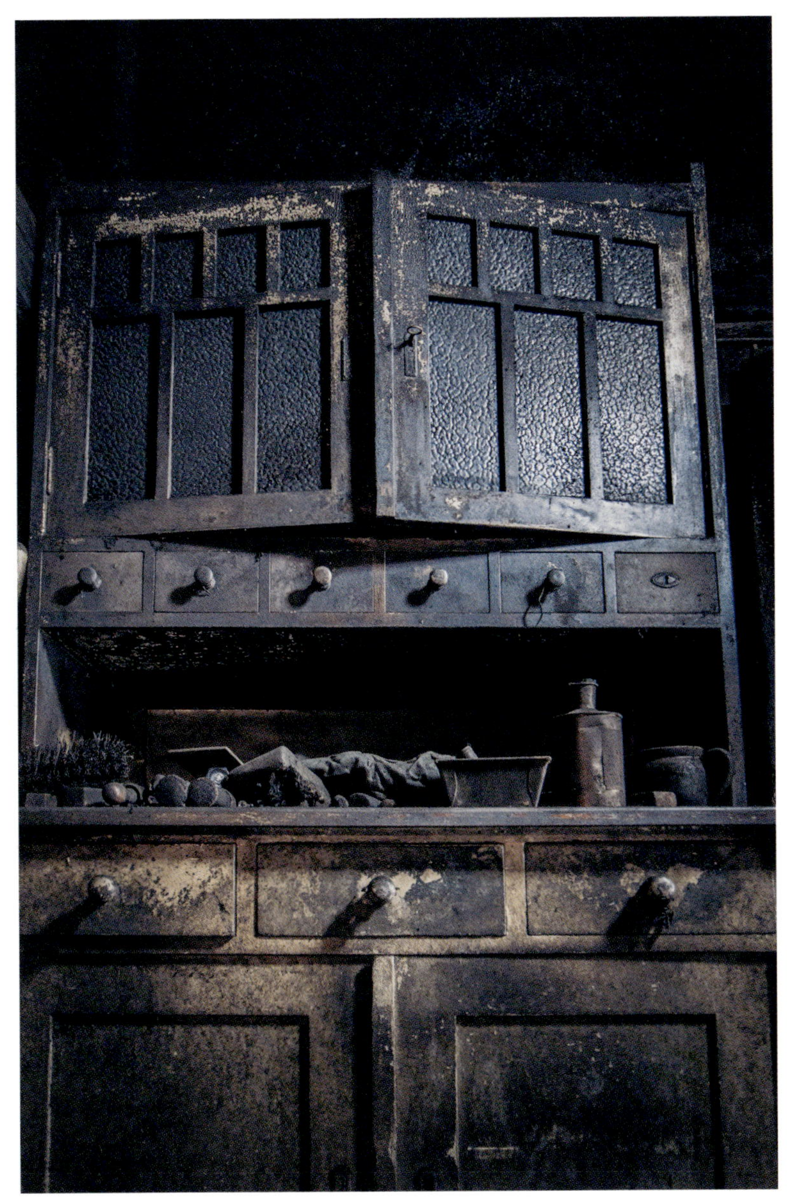

Küchenschrank

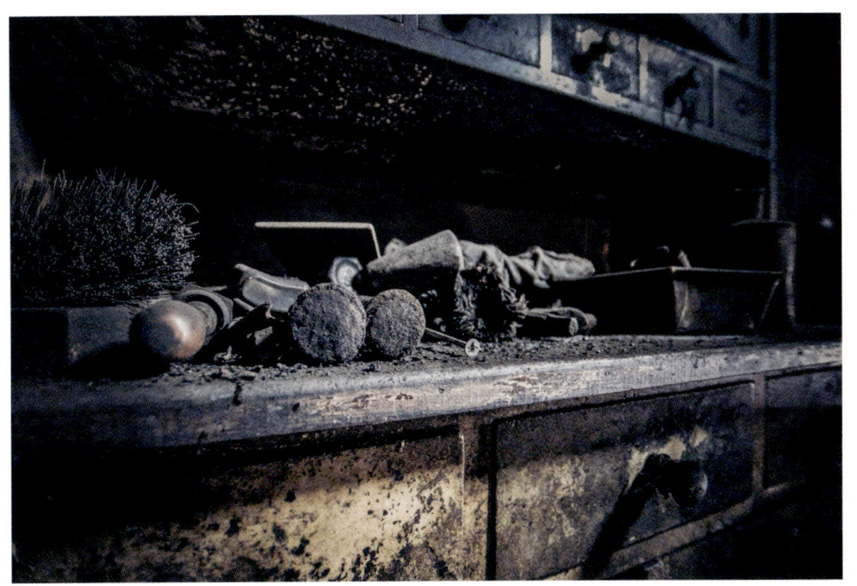

Ruß hat die Möbel und Schränke überzogen

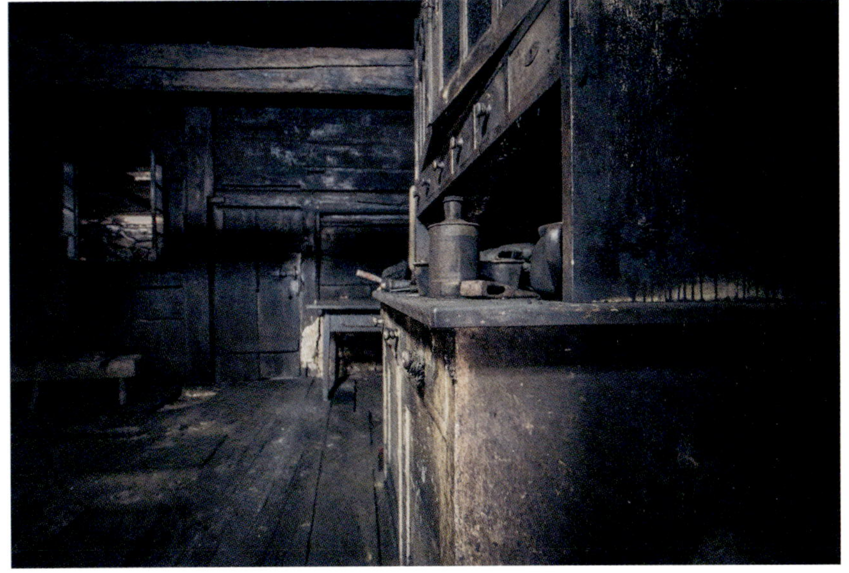

Küche

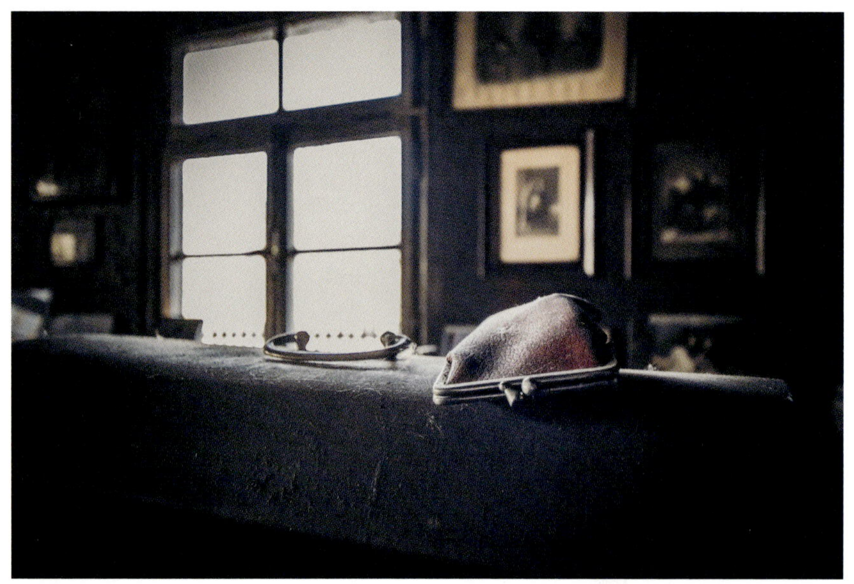

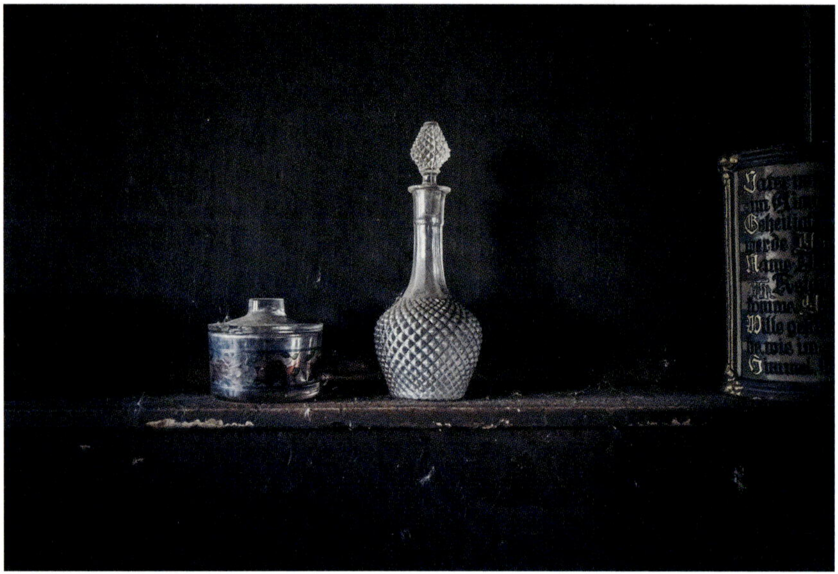

Armreif und Geldbeutel

Schmuckdöschen mit Glaskaraffe

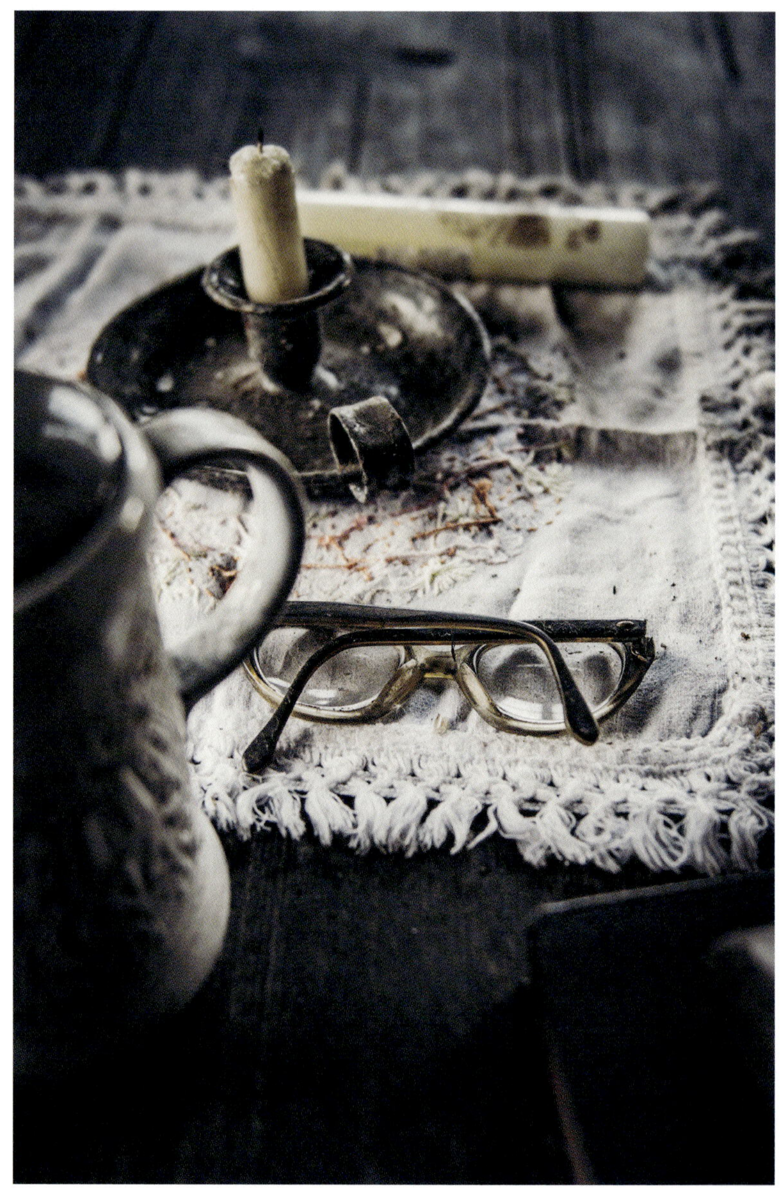

Die Brille der letzten Bewohnerin liegt noch auf dem Esstisch

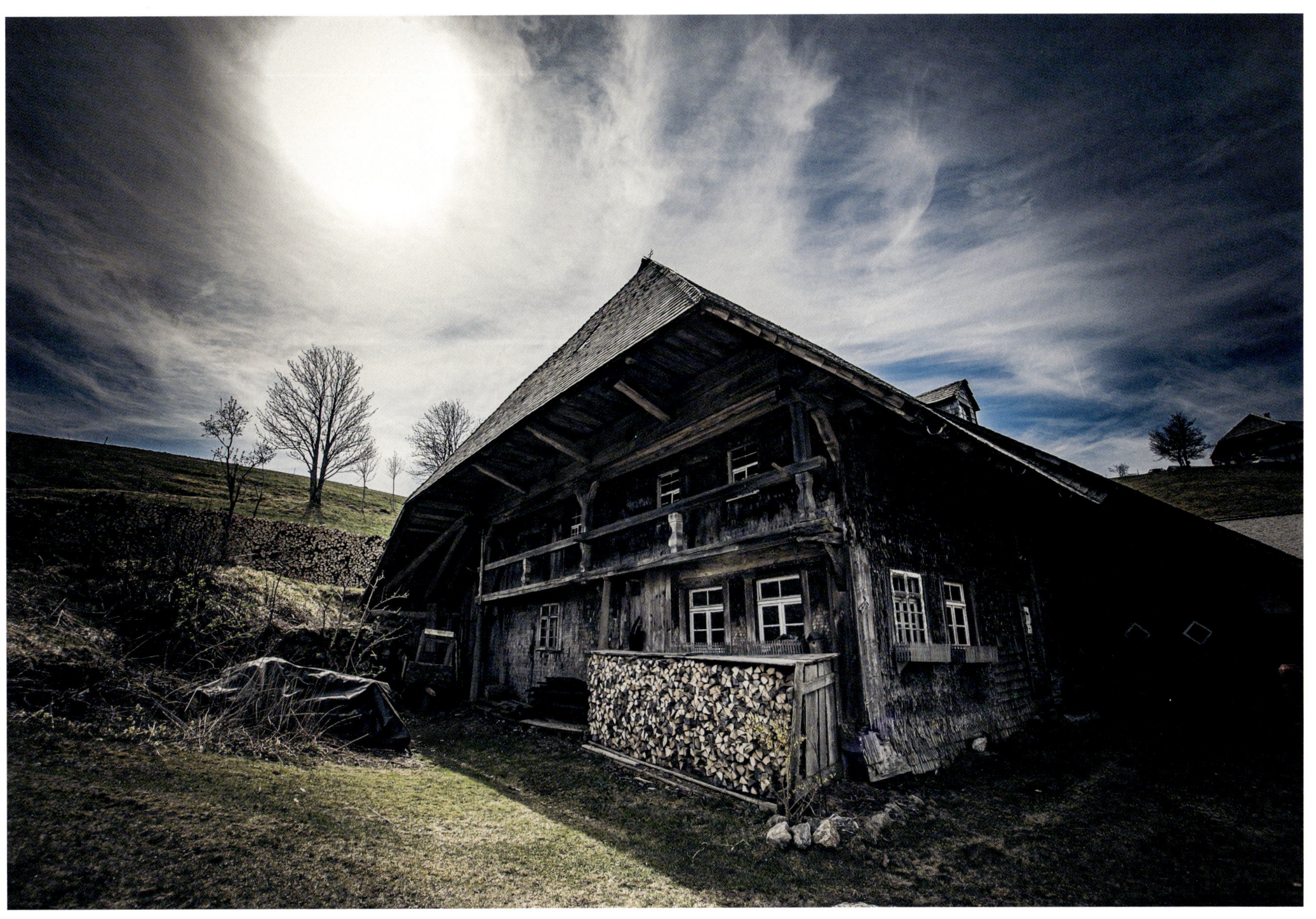

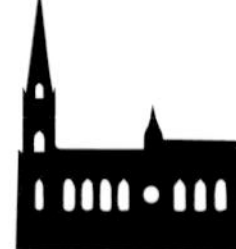

DER MÖSLESCHACHT

Es ist ruhig im Wald an diesem regnerischen Morgen, als ich den Mösleschacht besuche. Der Regen prasselt auf das Blätterdach und ich treffe nur wenige Spaziergänger. Es sind nur wenige Minuten zu Fuß, bis ich über den steinigen Waldweg die ersten Überreste des Schachtes im Wald sehe. Mittlerweile sind die Betonreste von Efeu und Moos bewachsen, auch ein Baum schlägt darauf Wurzeln. An diesem verlassenen Ort ist es eindeutig von Vorteil, dass ich die Geschichte und die Nutzung des Ortes im Netz recherchiert habe, sonst wären es für mich einfach nur Betonklötze im Wald. Es sind aber die Fundamente eines Schachtes. Dieser Schacht gehörte zu einem Bergwerk, welches Eisenerz förderte.

Bereits im Jahr 1897 wurden die ersten geologischen Untersuchungen angestellt. Anfang der dreißiger Jahre des letzten Jahrhunderts, im Dritten Reich, wurden viele mögliche Abbaugelegenheiten prognostiziert und kartiert, um zur Sicherung der Kriegsvorbereitungen vermehrt heimische Rohstoffe zu verarbeiten. Dies erschien den damaligen Machthabern umso dringender, da bekanntlich nach dem Ersten Weltkrieg unter anderem die bis dahin verfügbaren lothringischen Eisenerze weggefallen waren. 1937 begann man mit dem Bergbau. Das gewonnene Erz wurde anfänglich (vor dem Bau des sogenannten Eisenbahnstollens) hauptsächlich durch einen Stollen am Steinbruch ans Tageslicht gebracht. Zur endgültigen Förderung wurde ebenfalls noch im Jahr 1937 ein Eisenbahnstollen angelegt. 1938 wurde dann der Mösleschacht in die Tiefe gebaut.

Man kann gut erkennen, wo das Portal des Mösleschachtes war, welches heute zugeschüttet ist. Auch in der Umgebung des Schachtes erkennt man bei genauem Hinsehen viele Halden und Rutschungen im Wald. Die Halden werden mit dem ausgeräumten, wertlosen Material aufgeschüttet, das beim Abbau von Rohstoffen anfällt.

Es regnet immer noch, als ich die ersten Bilder des Schachtes mache und ich mir vorzustellen versuche, wie der Betrieb hier ablief. Und was für ein knochenharter Job das gewesen sein muss im Wald. Während ich immer wieder die richtige Perspektive suche, kommt ein älterer Mann mit Hund den Wald entlang und beobachtet mich. Nach einer Weile spricht er mich an und fragt, was ich denn da mache. Ich erkläre ihm, dass ich Fotos mache, um den Ort zu dokumentieren. Wir kommen ins Gespräch. Als er sich nach ein paar Minuten verabschiedet, sagt er: »Schön, dass es junge Leute wie Sie gibt, die sich mit so etwas beschäftigen und nicht mit geschlossenen Augen durch die Welt gehen.« Mit einem guten Gefühl gehe ich durch den Regen zurück zum Auto, die letzten Wortes des Mannes tun einfach gut.

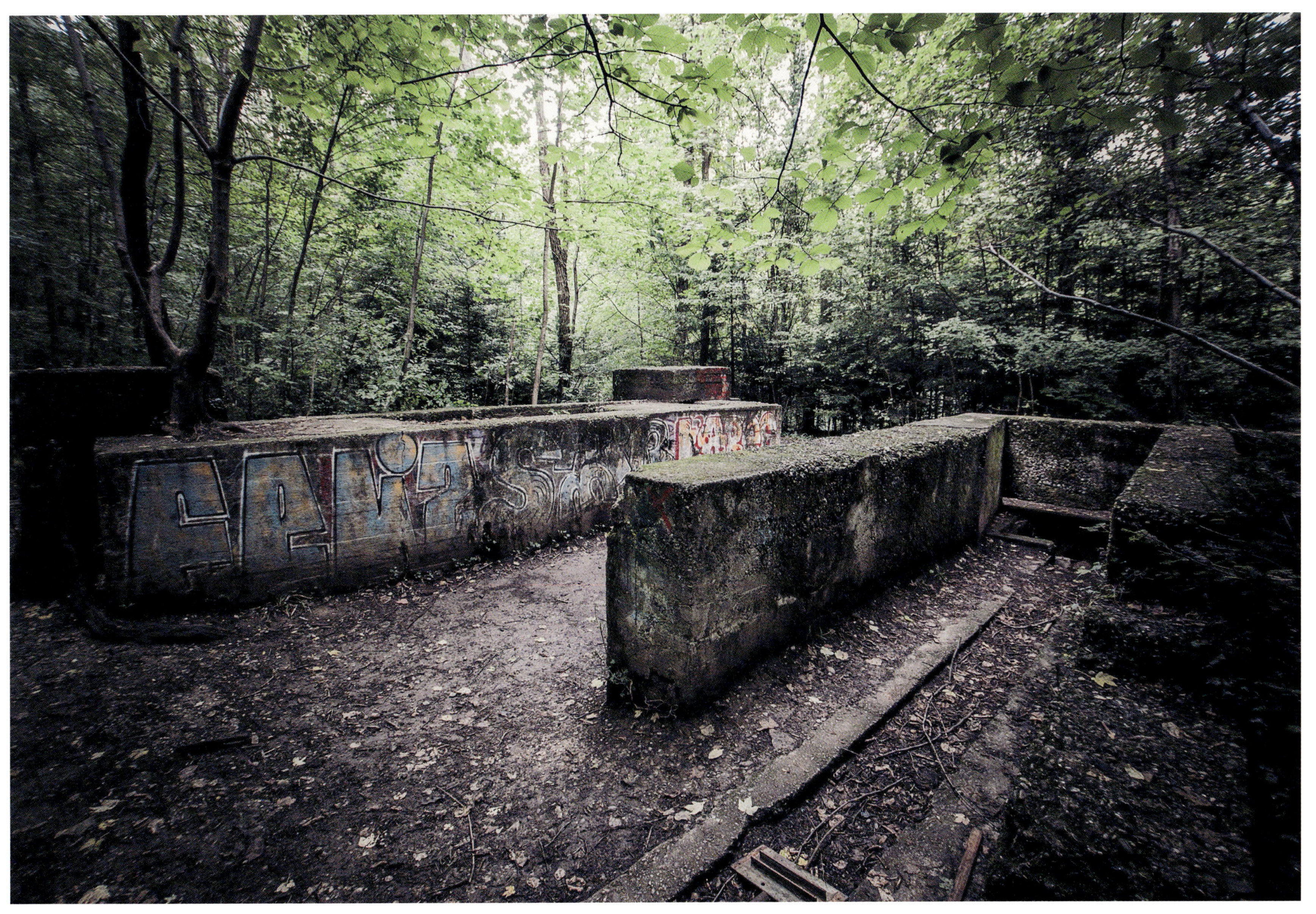

Überreste des Mösleschachtes

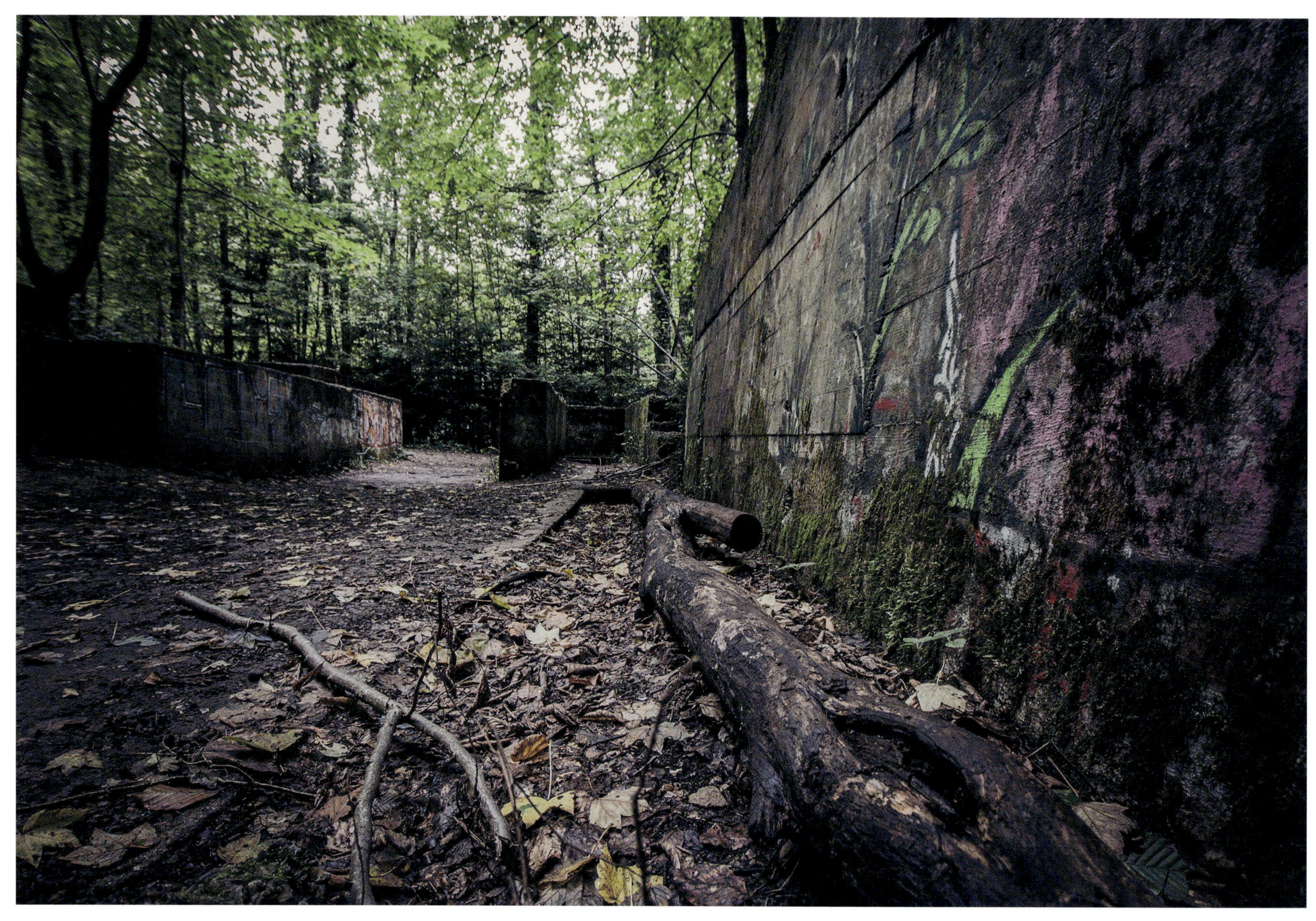

Mitten im Wald stehen die Betonklötze

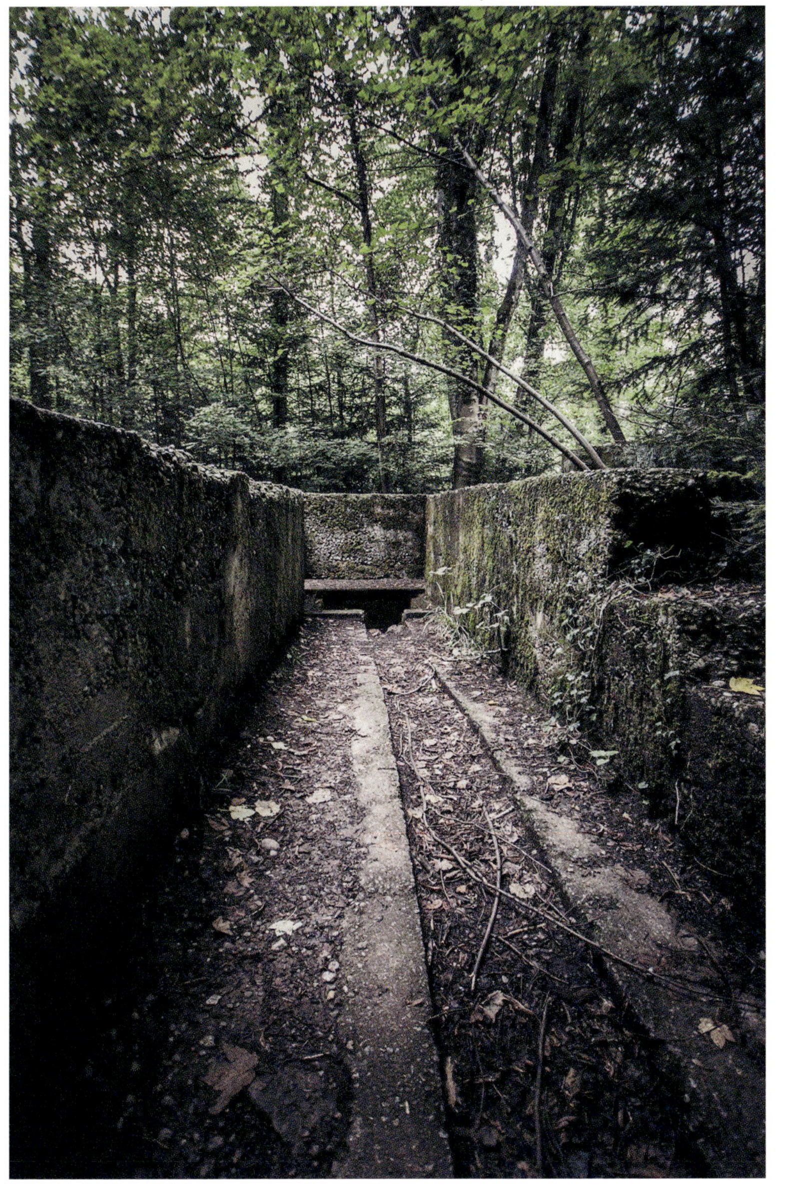

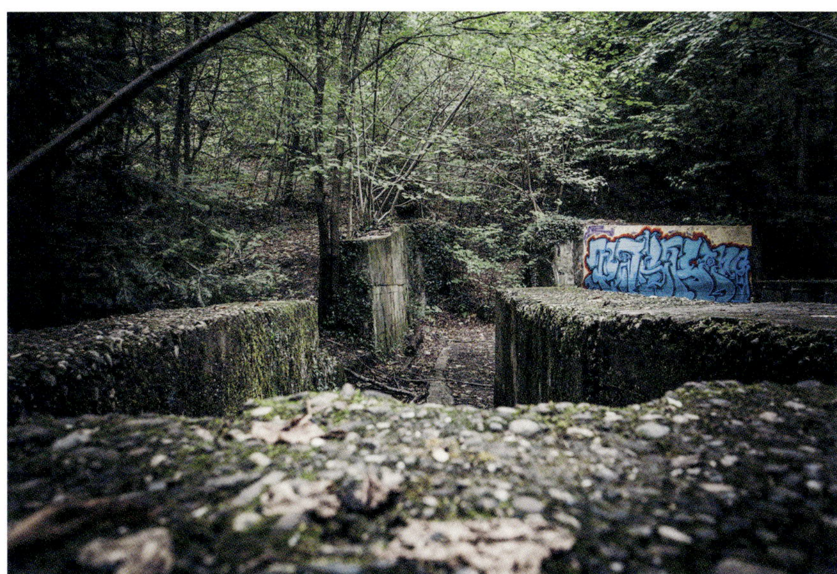

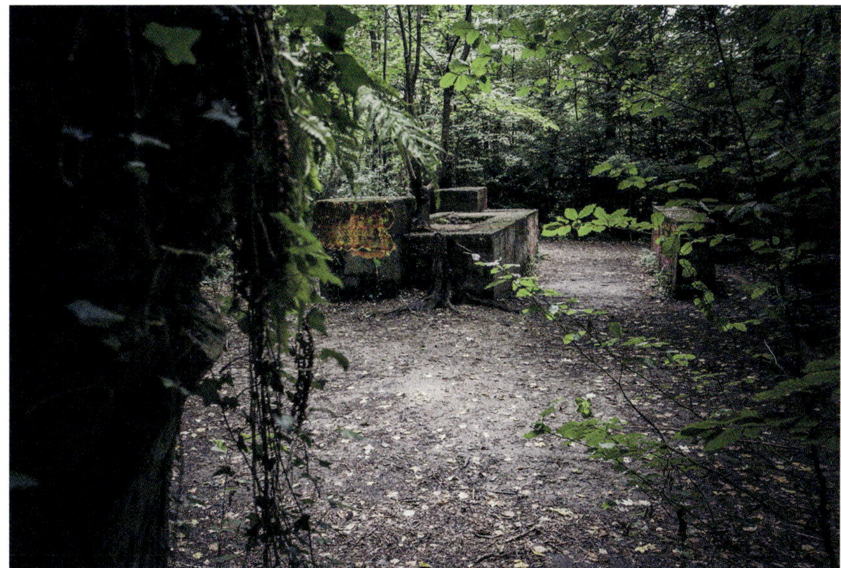

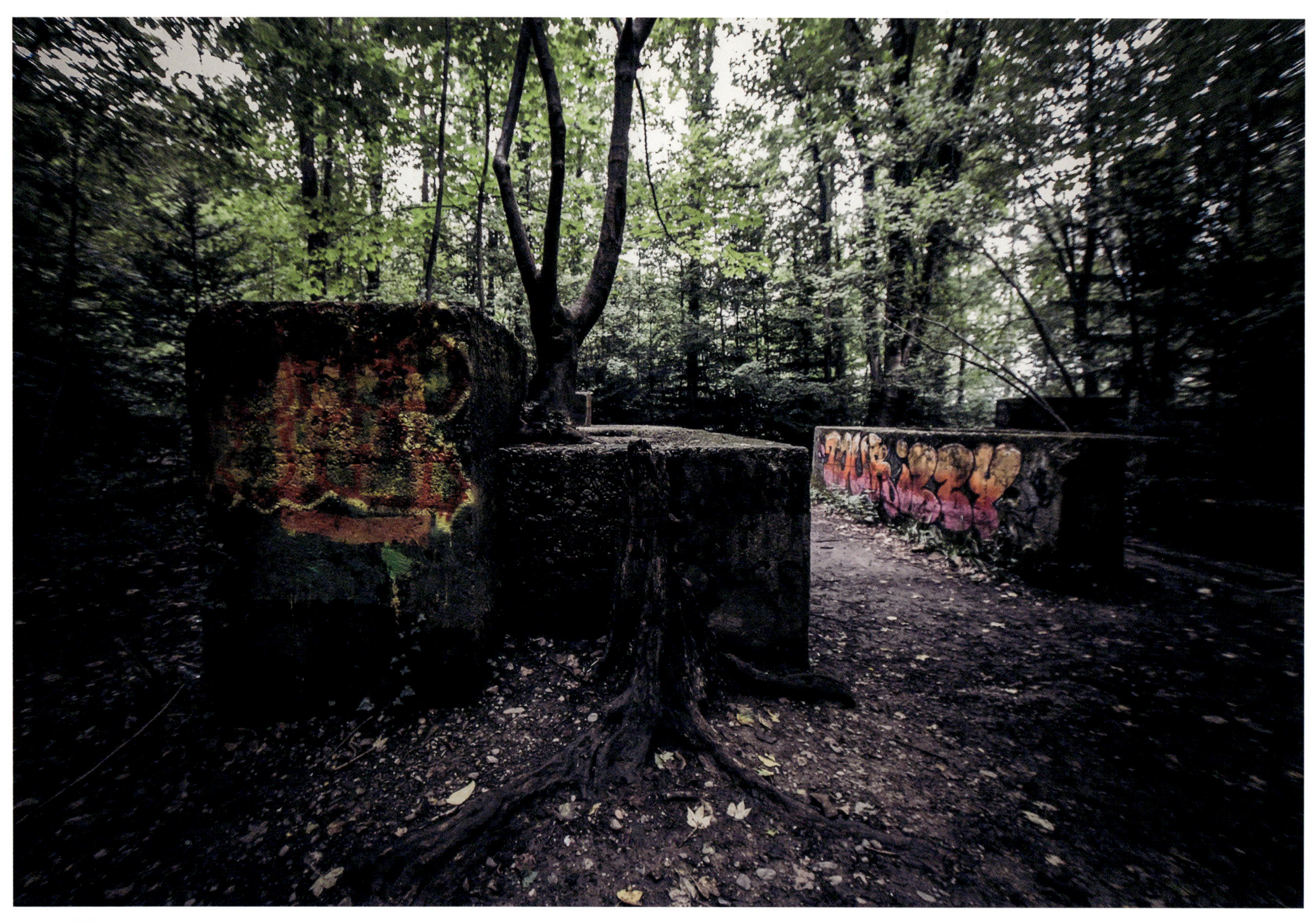

Bäume suchen sich ihren Weg

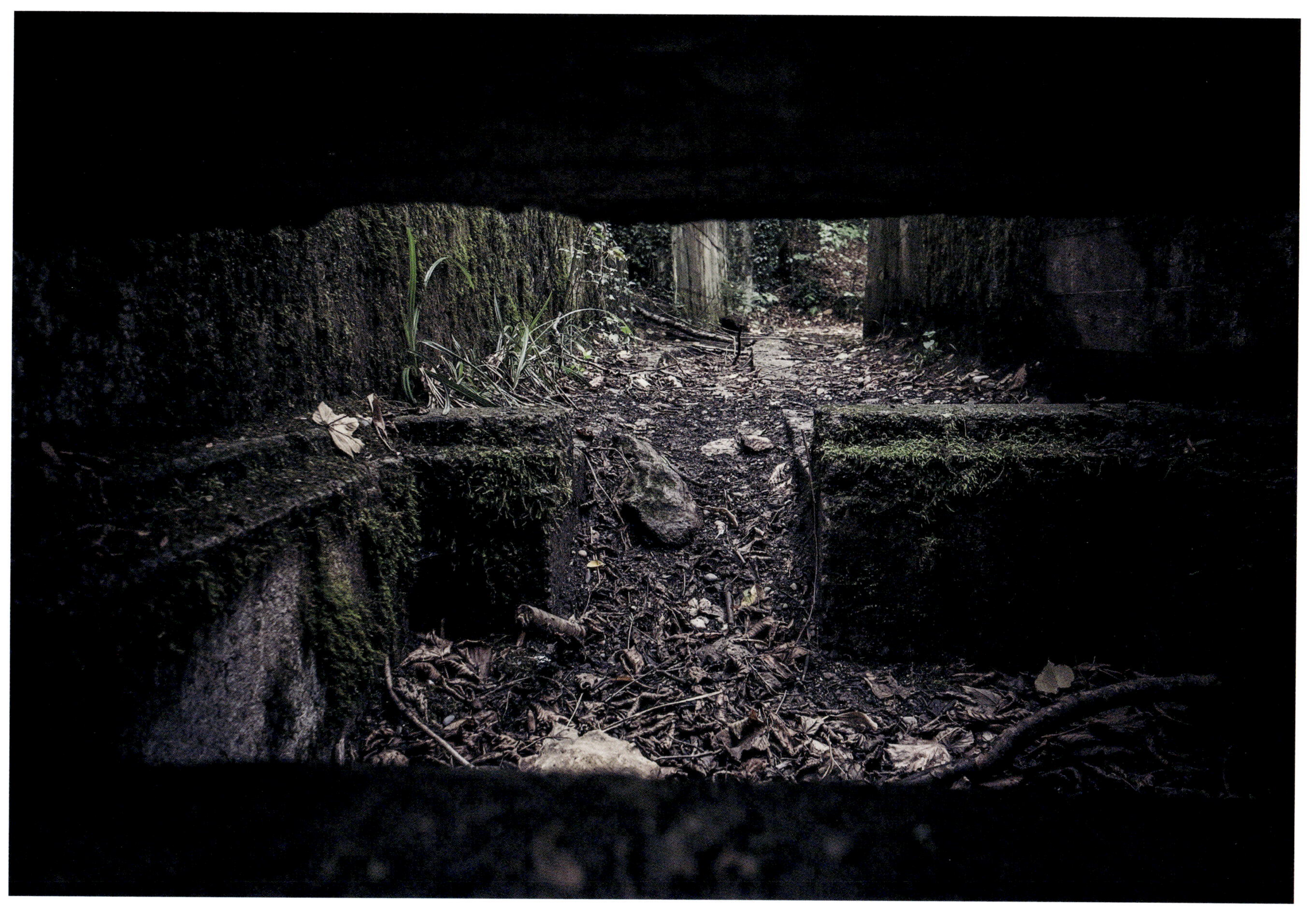

Es gibt viele interessante Blickwinkel zu entdecken

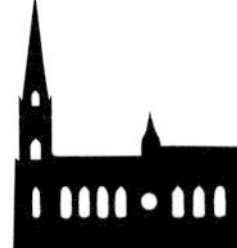

EINE BÜHNE FÜR RAUSCHENDE FESTE

Er ist kaum zu übersehen und vom Zug aus betrachtet steht er imposant direkt am Bahnhof sowie an der Hauptstraße des Ortes: der alte Gasthof. 1847 stand dort nur ein einfaches Wohnhaus. Diesem Wohnhaus wurde die »Schildgerechtigkeit« von einem anderen Gasthaus übertragen. Das bedeutete, das Haus durfte mit einem Schild gekennzeichnet werden und als Gastwirtschaft betrieben werden. Damit verbunden war eine neue Schankerlaubnis für das Gebäude direkt an der Bahnlinie. Ein Kino wurde 1927 eingerichtet, allerdings währte die Freude nur kurz, denn drei Jahre später wurde das gesamte Anwesen ein Raub der Flammen.

1931/32 wurde es wieder aufgebaut. Es gab einen Festsaal mit Bühne und eine Kegelbahn. Eine große Terrasse lud zum Verweilen ein. Der Gasthof war ein zentraler Anlaufpunkt im Ort, denn er lag direkt am Bahnhof. Es fanden dort immer wieder Feste, Tanzveranstaltungen und Vereinsversammlungen statt. Hochzeiten und Geburtstage wurden gefeiert. Für viele ältere Bewohner des Ortes war es ein beliebtes Haus, in dem sie schöne Stunden erlebt hatten.

Durch eine offene Hintertür gehen wir an diesem frühen Sonntagmorgen in das Gebäude und stehen gleich im großen Festsaal mit Bühne. Mein erster Gedanke: Was für eine tolle Location! Sie bot vielen Besuchern Platz, war aber trotzdem irgendwie gemütlich. Von der Empore hatte man einen tollen Blick auf die Feiernden und auf die Bühne. Immer wieder gehen auf der Straße Passanten vorbei, sodass wir uns schnell entscheiden, in die oberen Stockwerke zu gehen, damit wir nicht auffliegen. Die Hotelzimmer sind leer geräumt, in einem der Zimmer gibt es allerdings wunderschöne Wandmalereien mit adeligen Personen. Diese verschwinden, wenn der Bagger kommt, denn der Abriss ist schon beschlossene Sache. Als wir eigentlich schon am Zusammenpacken sind, fällt uns ein, dass es noch eine Kegelbahn geben muss. Also suchen wir den Weg in den Keller und werden fündig. Durch eindringendes Wasser schimmelte die Holzverkleidung und der Putz bröckelt von den Wänden und der Decke. Aber genau das ist der natürliche Verfall, den man sich wünscht. Die Stille wird plötzlich unterbrochen und wir hören durch die offene Kellertür, dass der Haupteingang aufgeschlossen wird, dann Schritte, die sich immer mehr der Kellertreppe nähern. Einen Fluchtweg gibt es für uns nicht mehr. Wir haben genau zwei Möglichkeiten: Wir können hoffen, dass man uns nicht sieht beziehungsweise die Person nicht in den Keller kommt, oder eben die Flucht nach vorn, indem wir uns zu erkennen geben. Wir entscheiden uns für die zweite Lösung und gehen mit den Kameras und Stativen in der Hand nach oben.

Vor uns steht ein Mann, der erst einmal nicht sehr erfreut ist, uns zu sehen und auch ziemlich sauer wird. Wir lassen ihn ausreden, stellen uns vor und erzählen in Ruhe, wie wir ins Gebäude gekommen sind, dass es eine offene Tür gibt und wir nichts kaputt gemacht haben. Ich zeige ihm meine Kamera und die Fotos darauf und erkläre, dass wir nur Fotos machen, die erst veröffentlicht werden, wenn das Gebäude abgerissen ist. Er gibt sich als Mitarbeiter des Bauamtes der Stadt zu erkennen, der nochmal vor dem Abriss Fotos vom Gebäude machen möchte. Nach wenigen Minuten ist seine Wut verschwunden, wir unterhalten uns nett und dürfen sogar weiterfotografieren. Das zeigt, wie wichtig es ist, freundlich zu bleiben und Verständnis für die »andere« Seite zu haben.

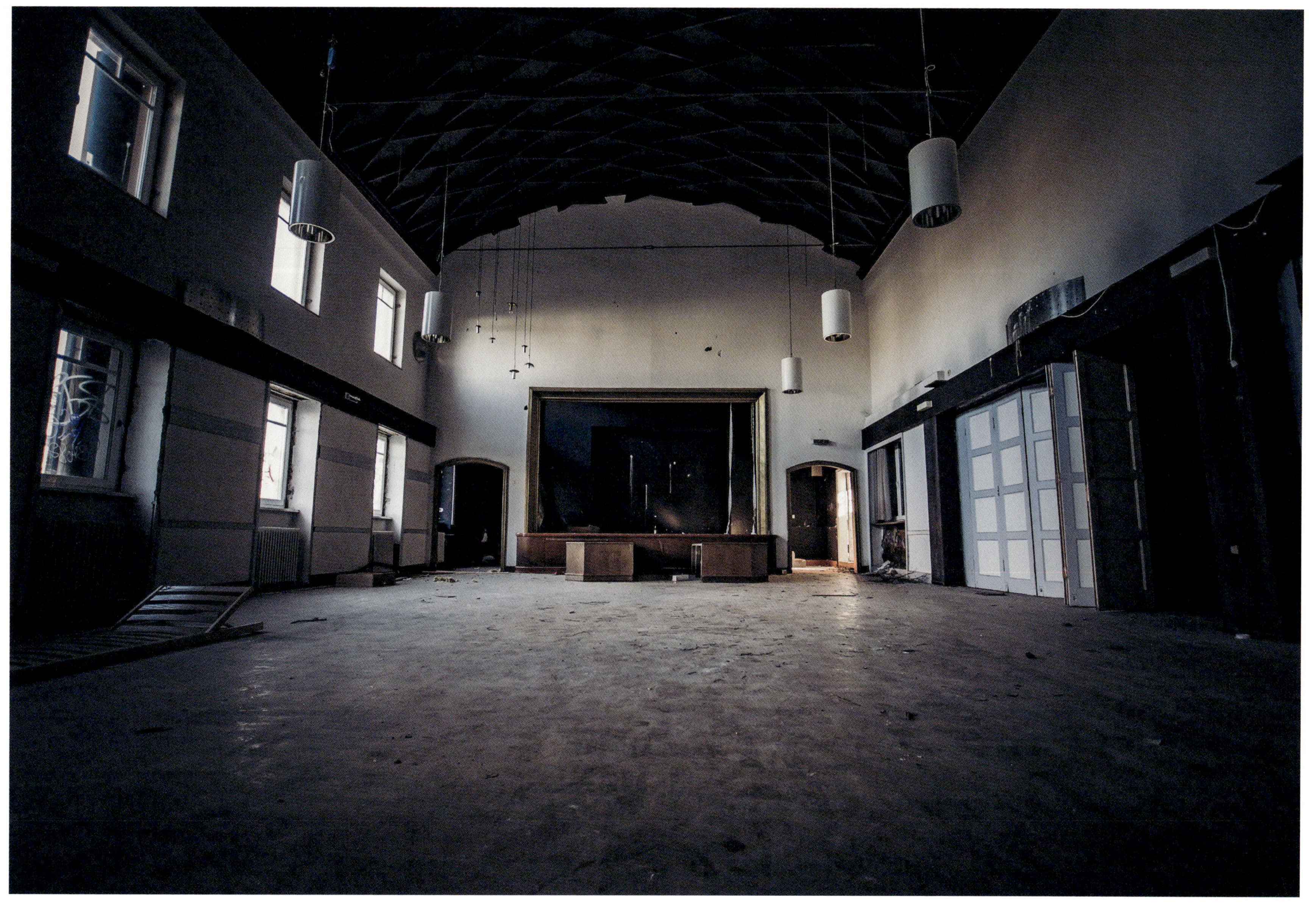

Festsaal

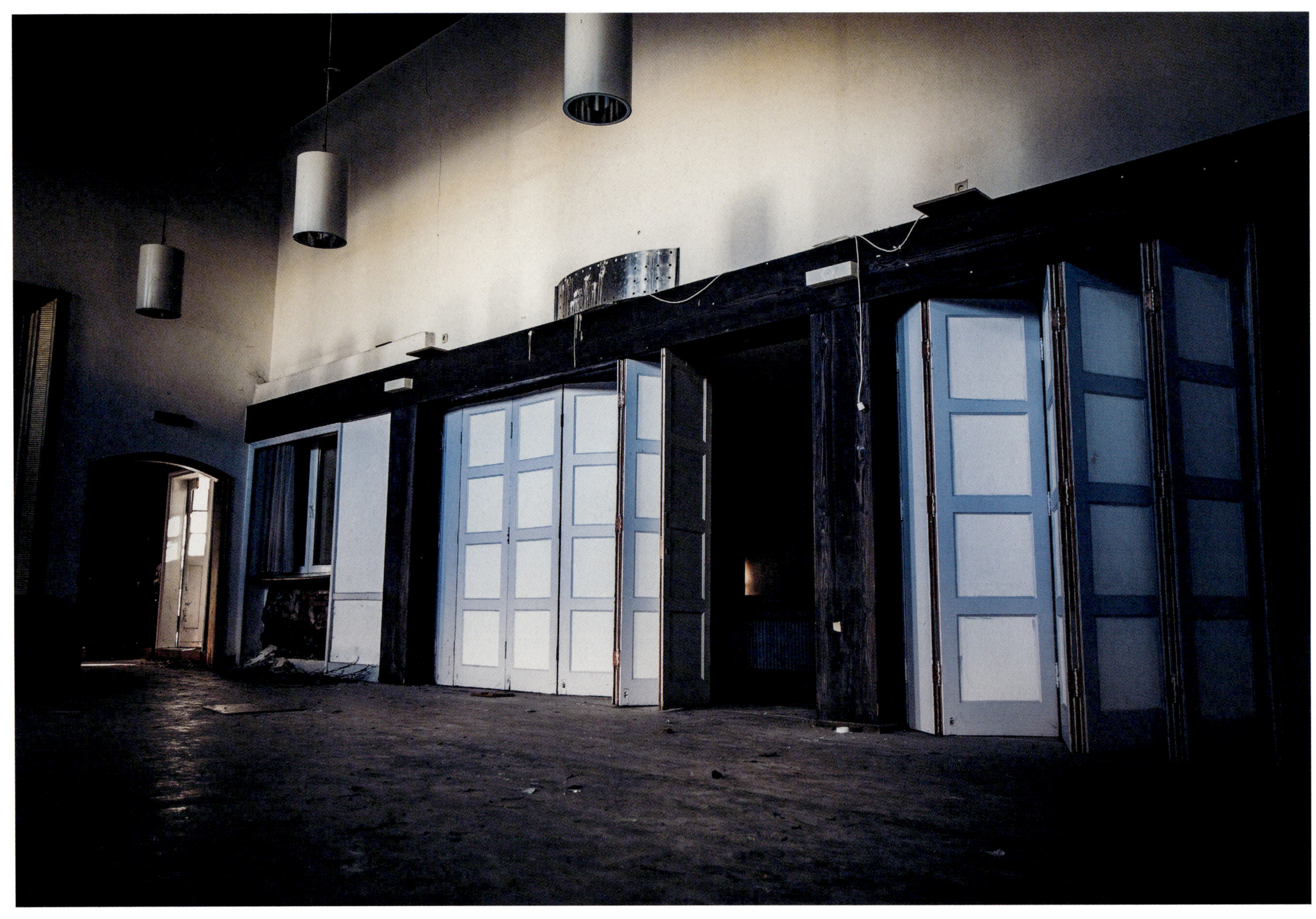

Falttüren, die den Festsaal vom Flur trennen

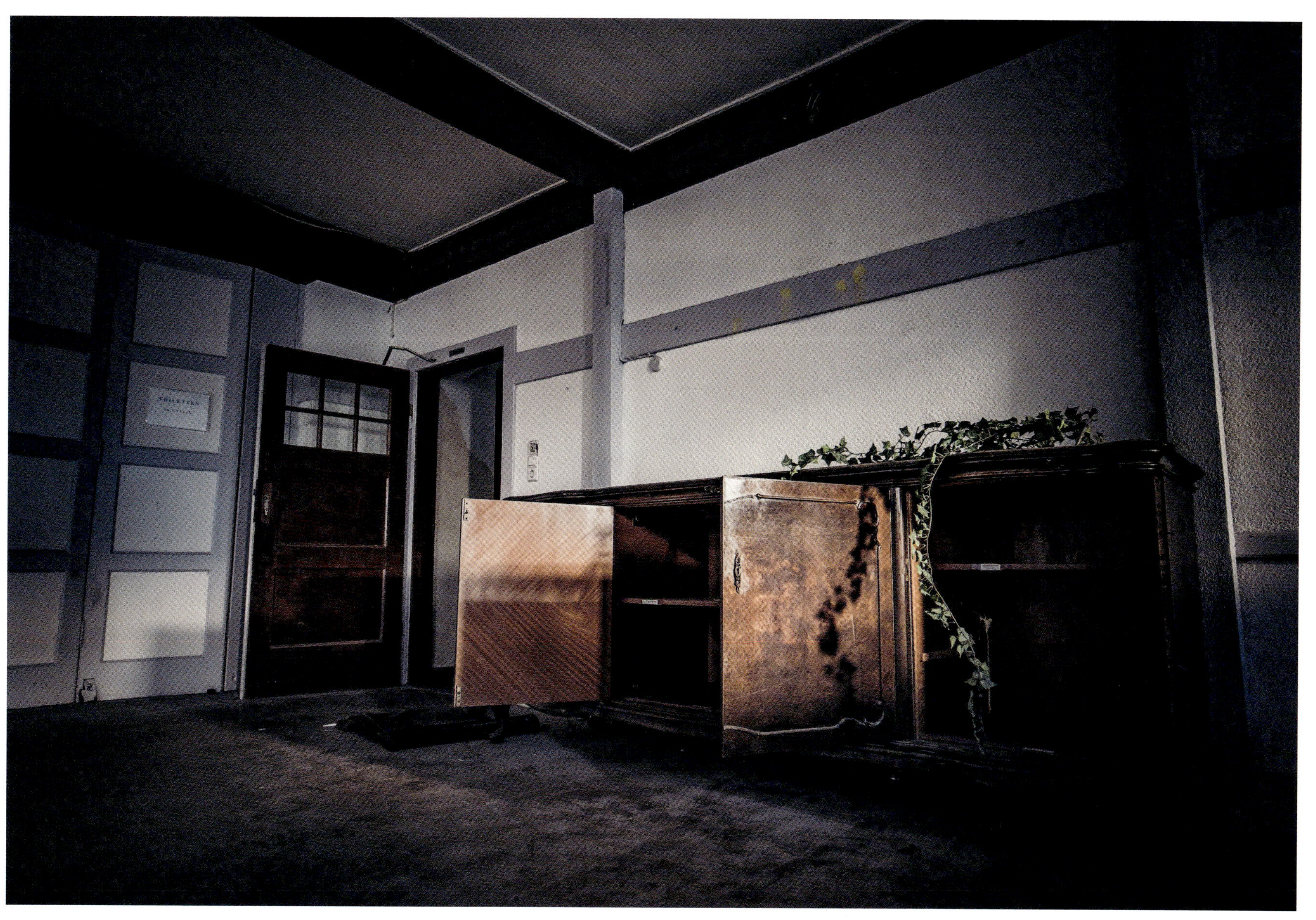

Alte Kommode

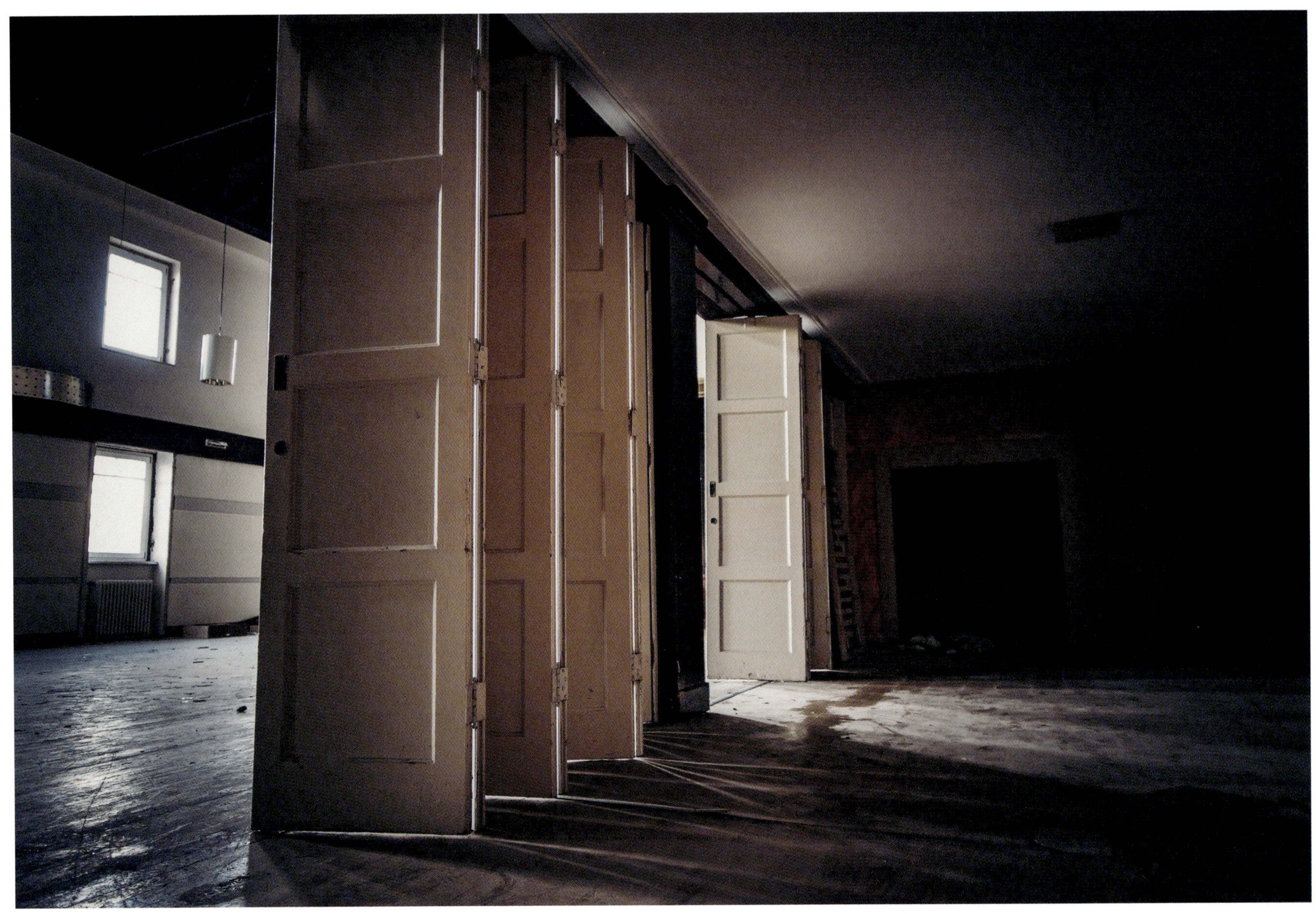

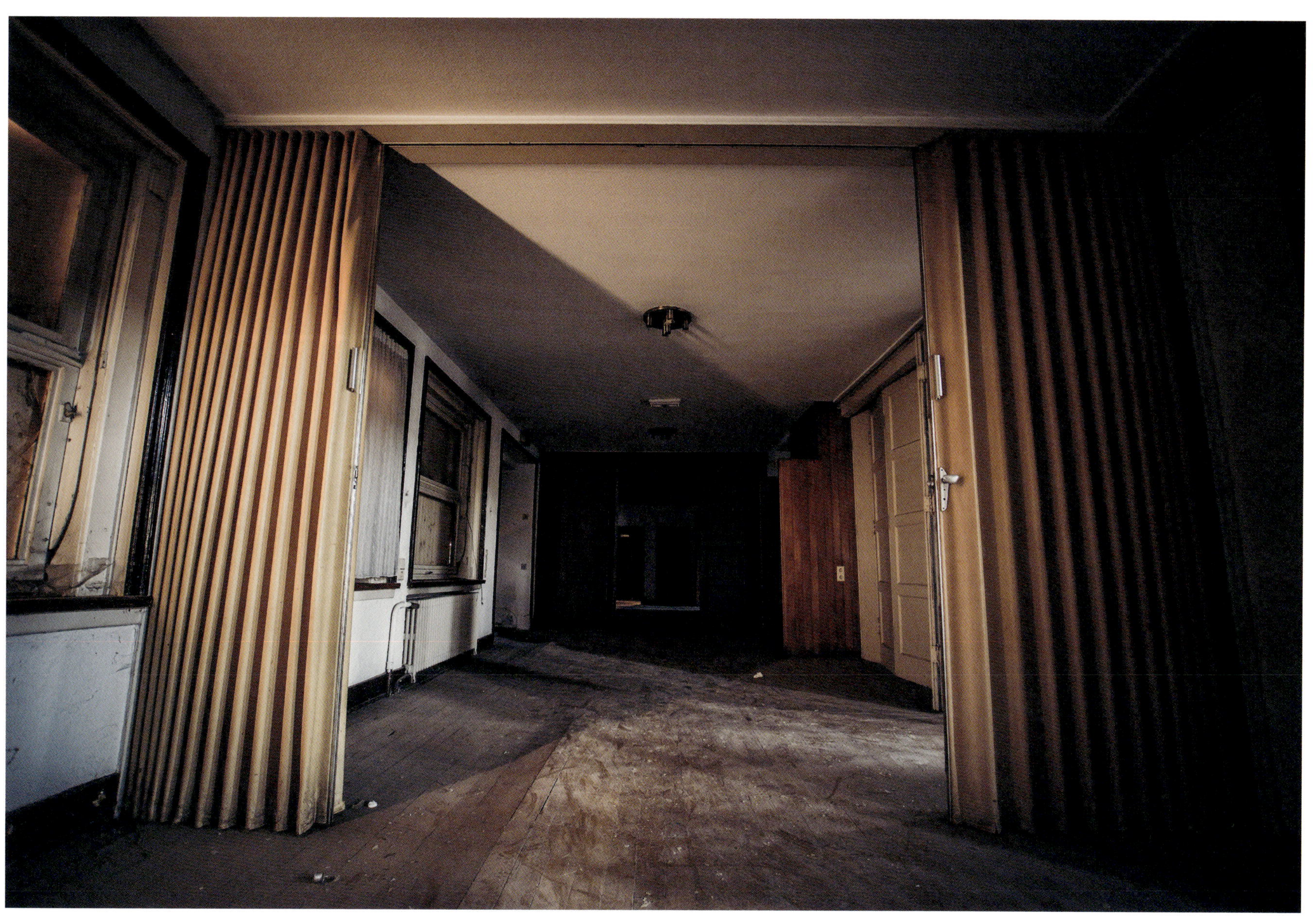

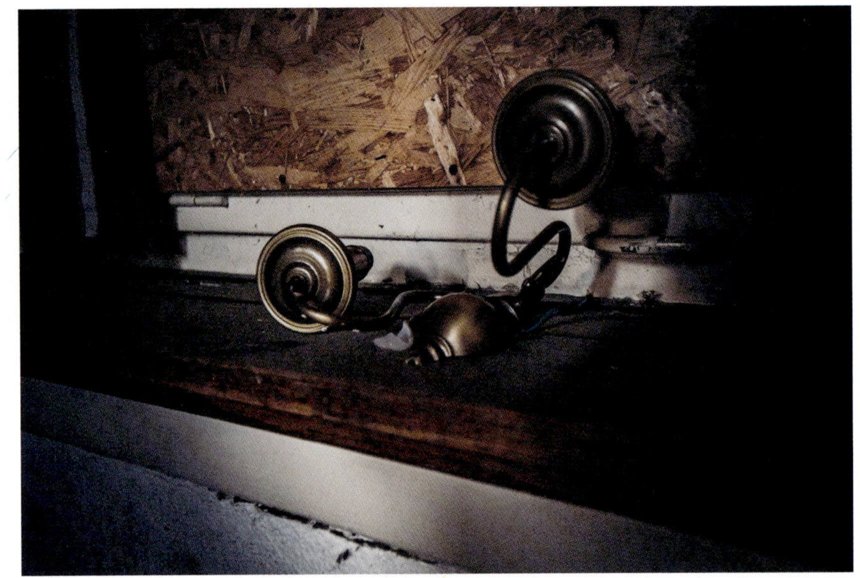

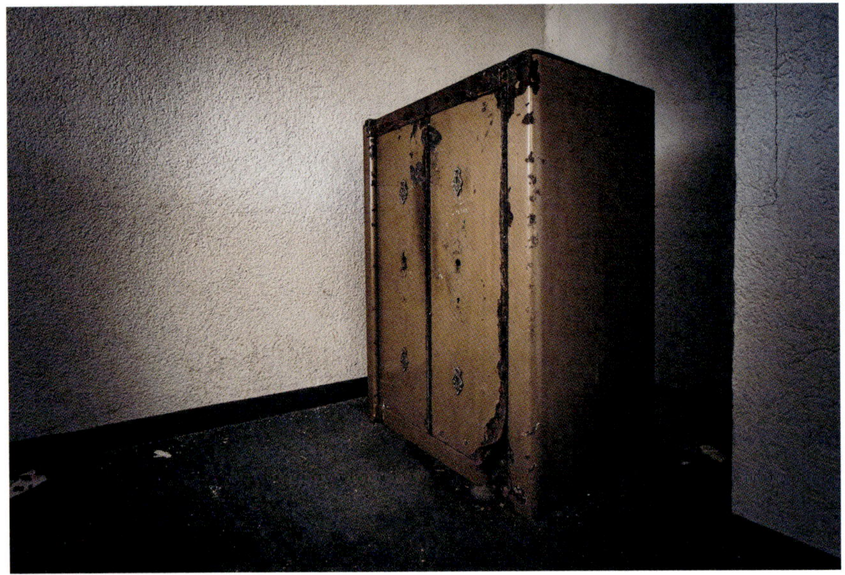

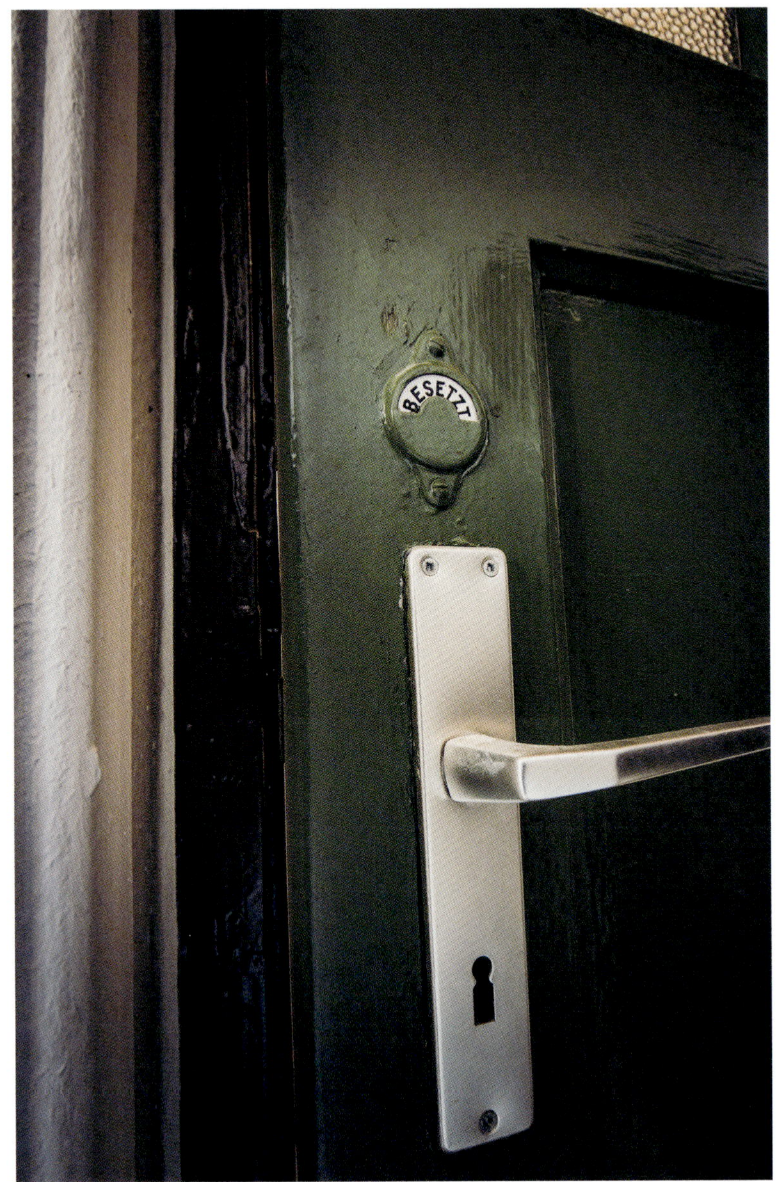

Kaputte Lampe

Tresor

Toilettentüre

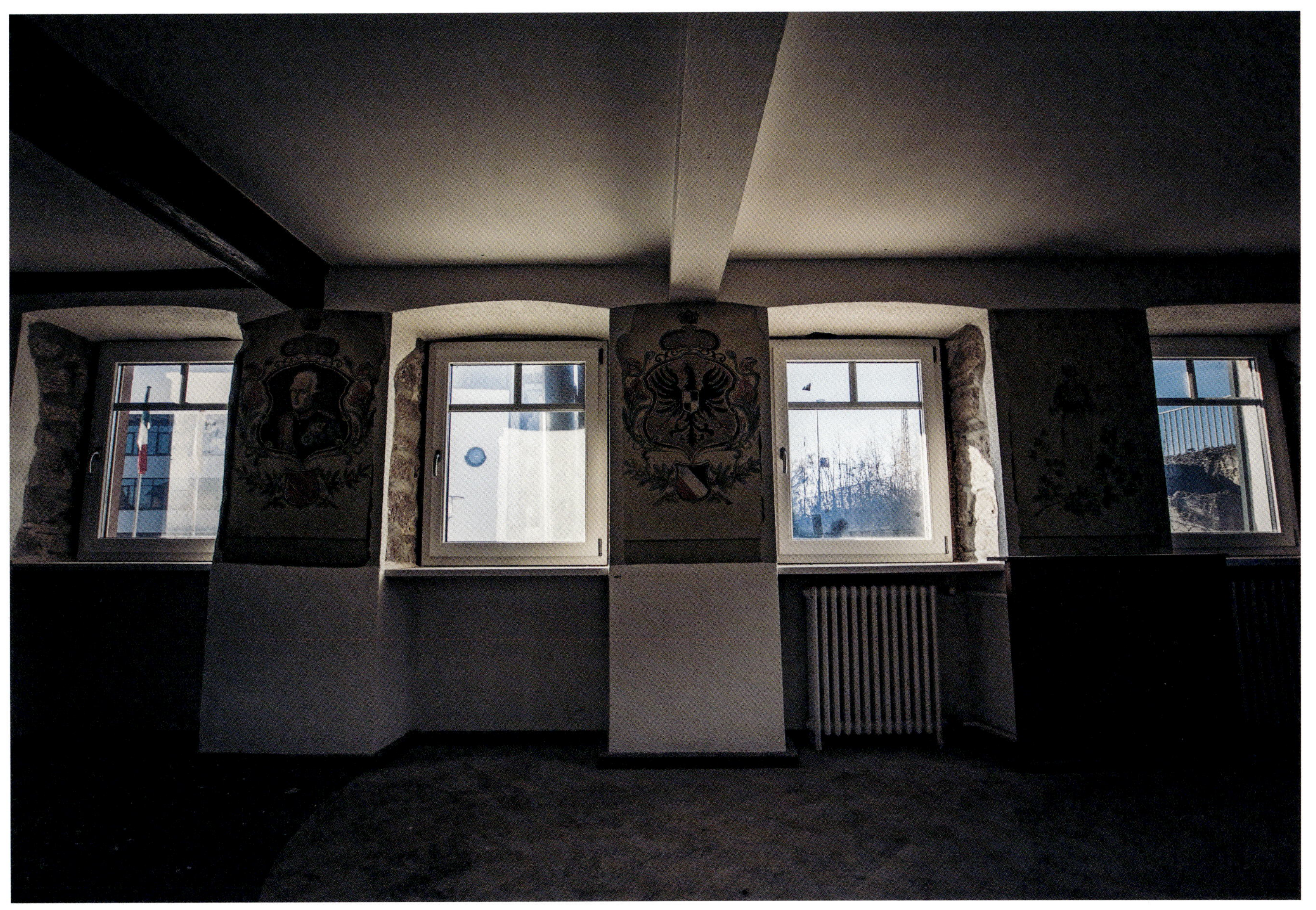

Im Obergeschoss gibt es viele Wandmalereien

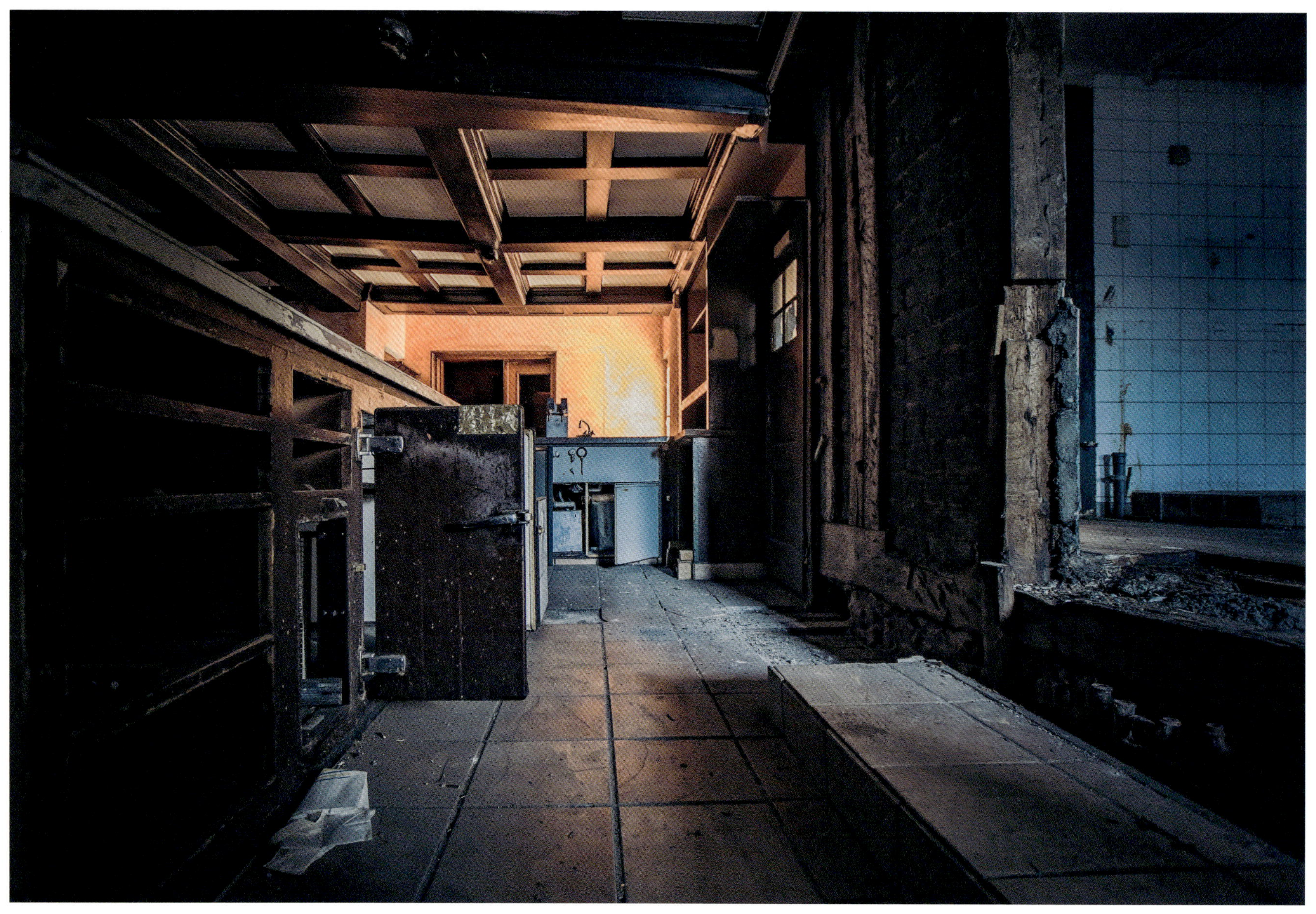

Theke

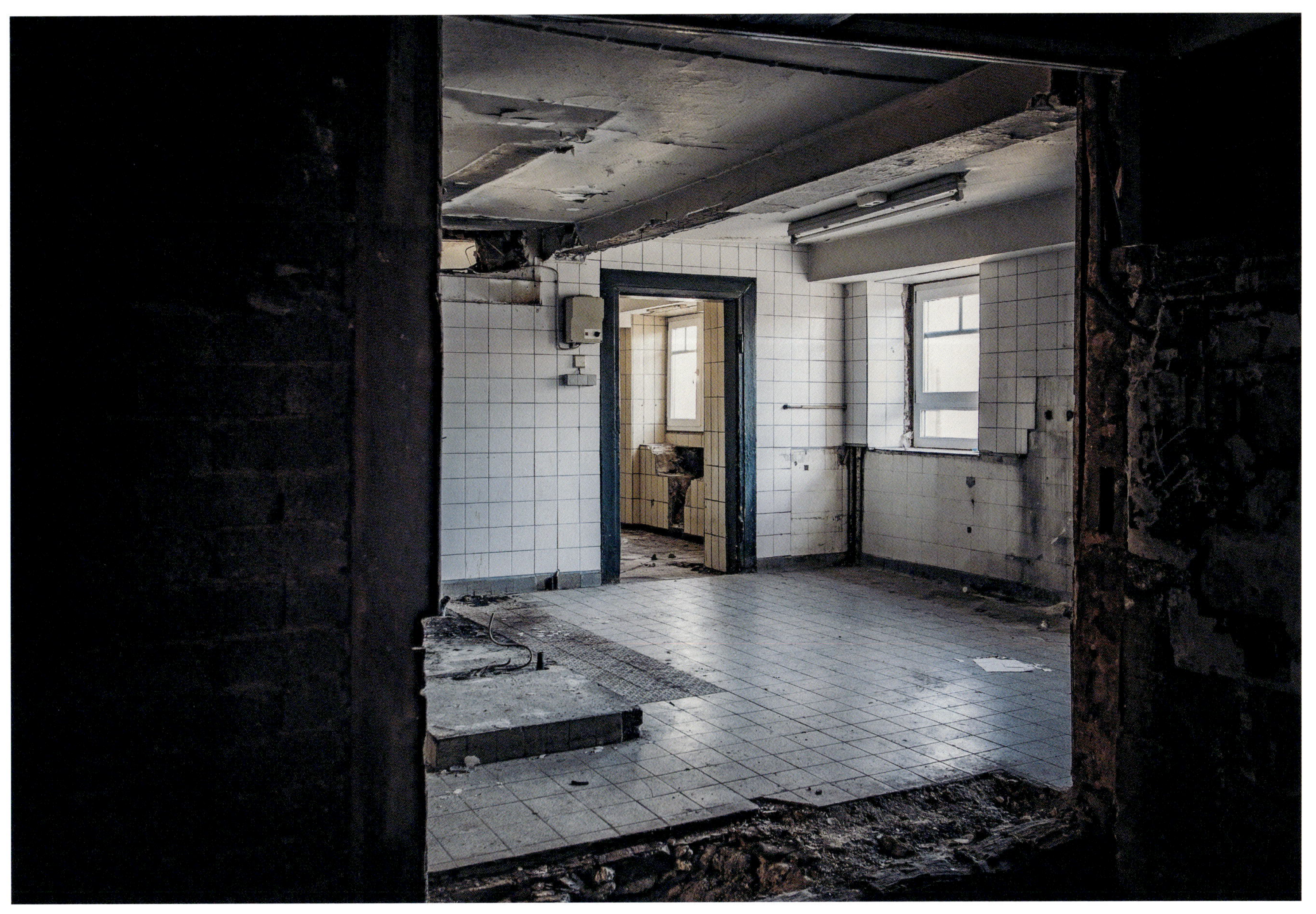

Blick in die Küche

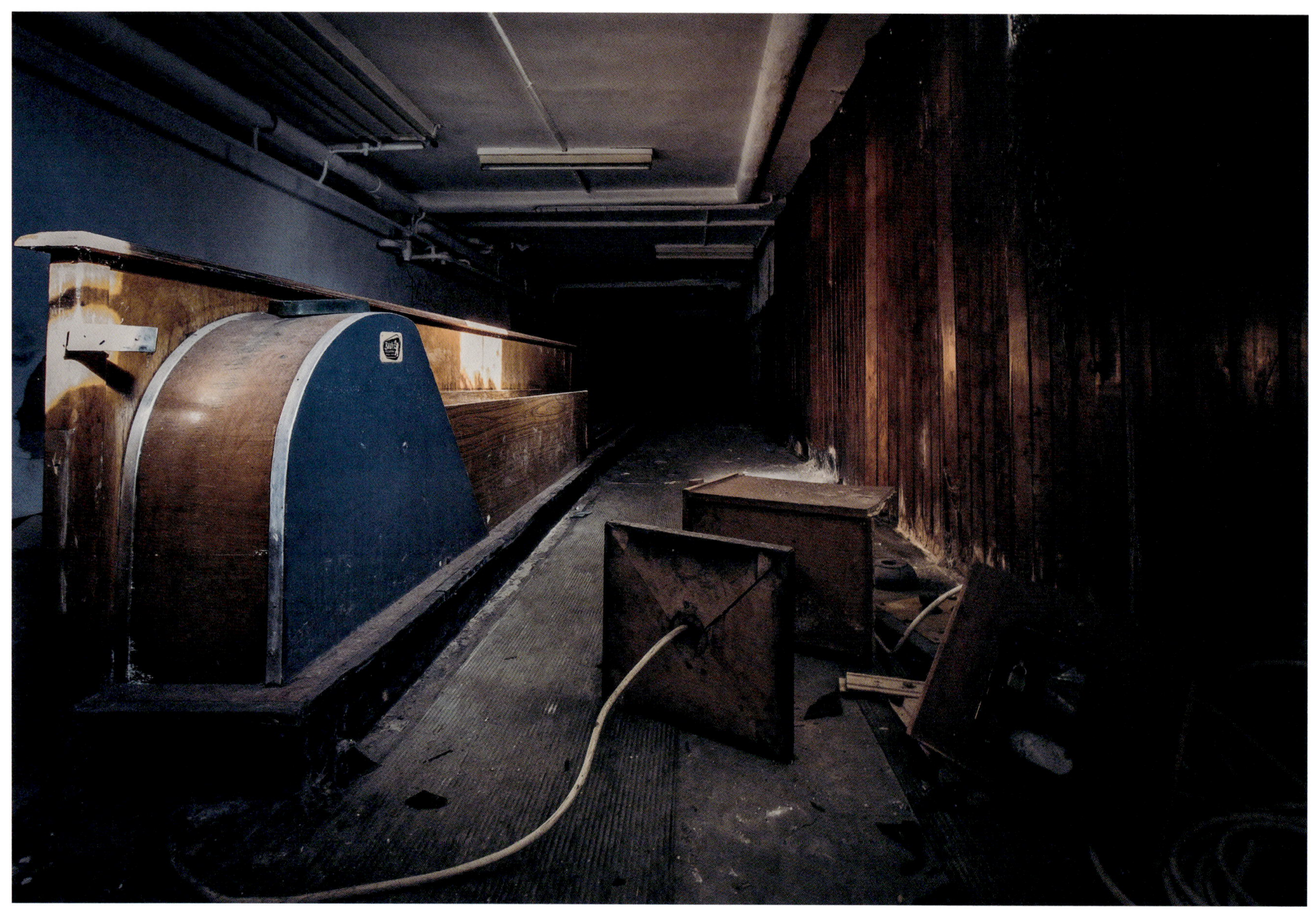

Kegelbahn

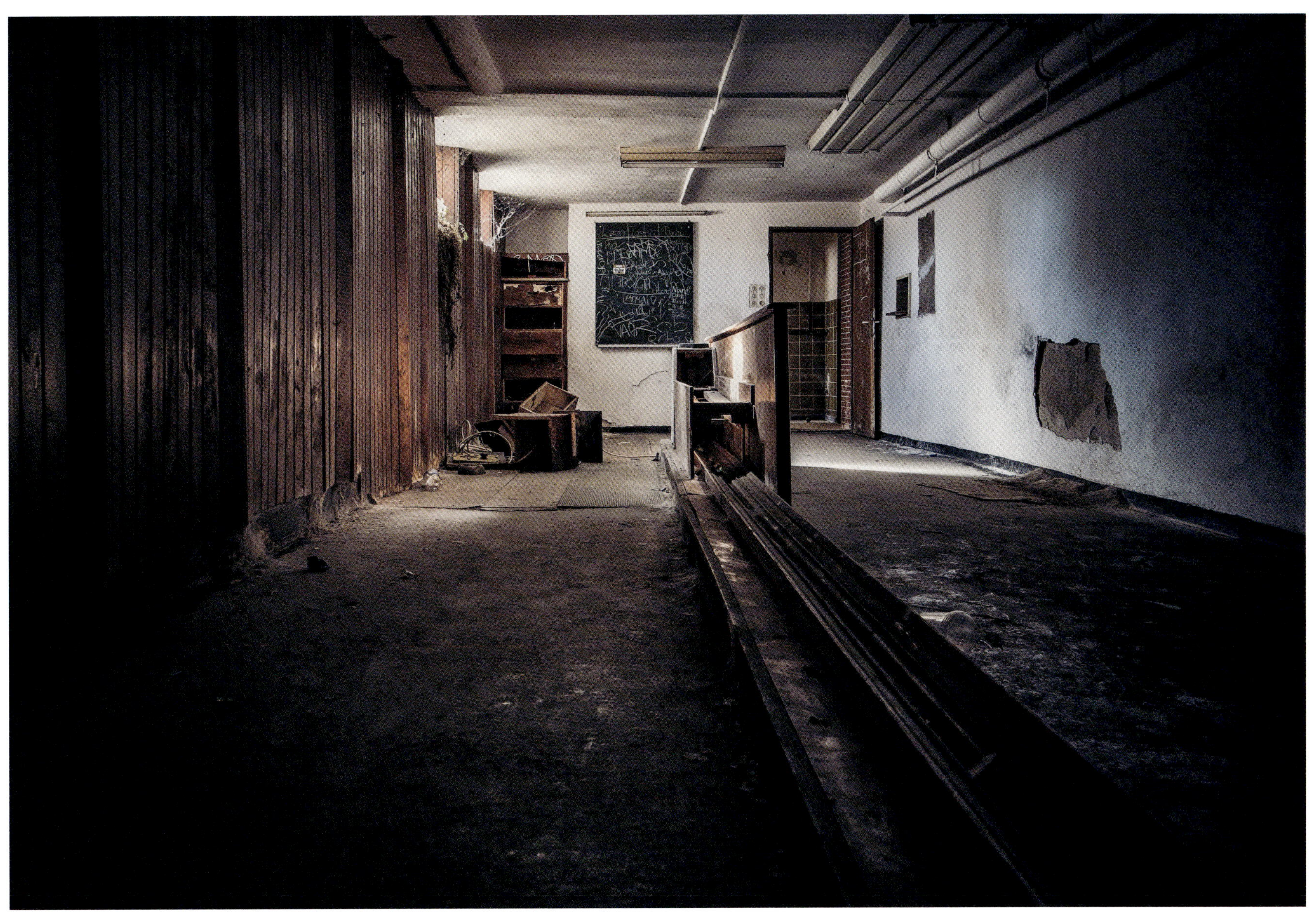

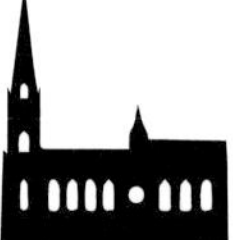

AUSGETANZT – DIE DISCO

Direkt an einem Bahnhof liegt die ehemalige Diskothek, die 1978 eröffnet wurde. Von einem kleinen Seiteneingang aus führt eine Treppe in den dunklen Kellerclub. Vorbei an Kasse und Garderobe gelangt man zur Tanzfläche und dem DJ-Pult. War viel los, wurden im zweiten Stock weitere Räumlichkeiten geöffnet. Außerdem gab es einen Extra-Raum für Live-Konzerte mit regionalen Bands. In den 90ern lief hier Pop, Rock und Schlager rauf und runter. Bei Einheimischen war die Disco sehr beliebt. Kam man gerade von einem Dorffest oder einer Versammlung, wurde gerne noch ein Abstecher in diese Diskothek gemacht. Auch an Heiligabend konnte man hier ausgelassen das Tanzbein schwingen und sich sicher sein, bekannte Gesichter zu sehen. Mit dem neuen Jahrtausend kamen weniger Besucher, denn viele zog es in die Großstadt. Allerdings waren die Technopartys immer noch beliebt genug, sodass sich die Diskothek über Wasser halten konnte. Im Jahr 2013 kaufte die Stadt den Gebäudekomplex. 2015 gab es eine allerletzte Technoparty, ein letztes Mal platzte die Diskothek aus allen Nähten.

Als sich die Tür zu diesem verlassenen Ort öffnet, habe ich automatisch einen Flashback. Wie oft war ich hier – zusammen mit Freunden auf der Tanzfläche. Zahlreiche Nächte haben wir uns hier um die Ohren geschlagen. Die Sofas, auf denen wir saßen, stehen immer noch da, die Tanzfläche ist leer. Und ich werde sentimental, diese Fotos werden so etwas sein wie Abschiedsbilder, von einem Ort, den ich mochte und an dem ich sehr viel Spaß hatte. Freundschaften wurden hier geknüpft, es wurde getanzt und gefeiert. Danach ging es im Morgengrauen glücklich nach Hause.

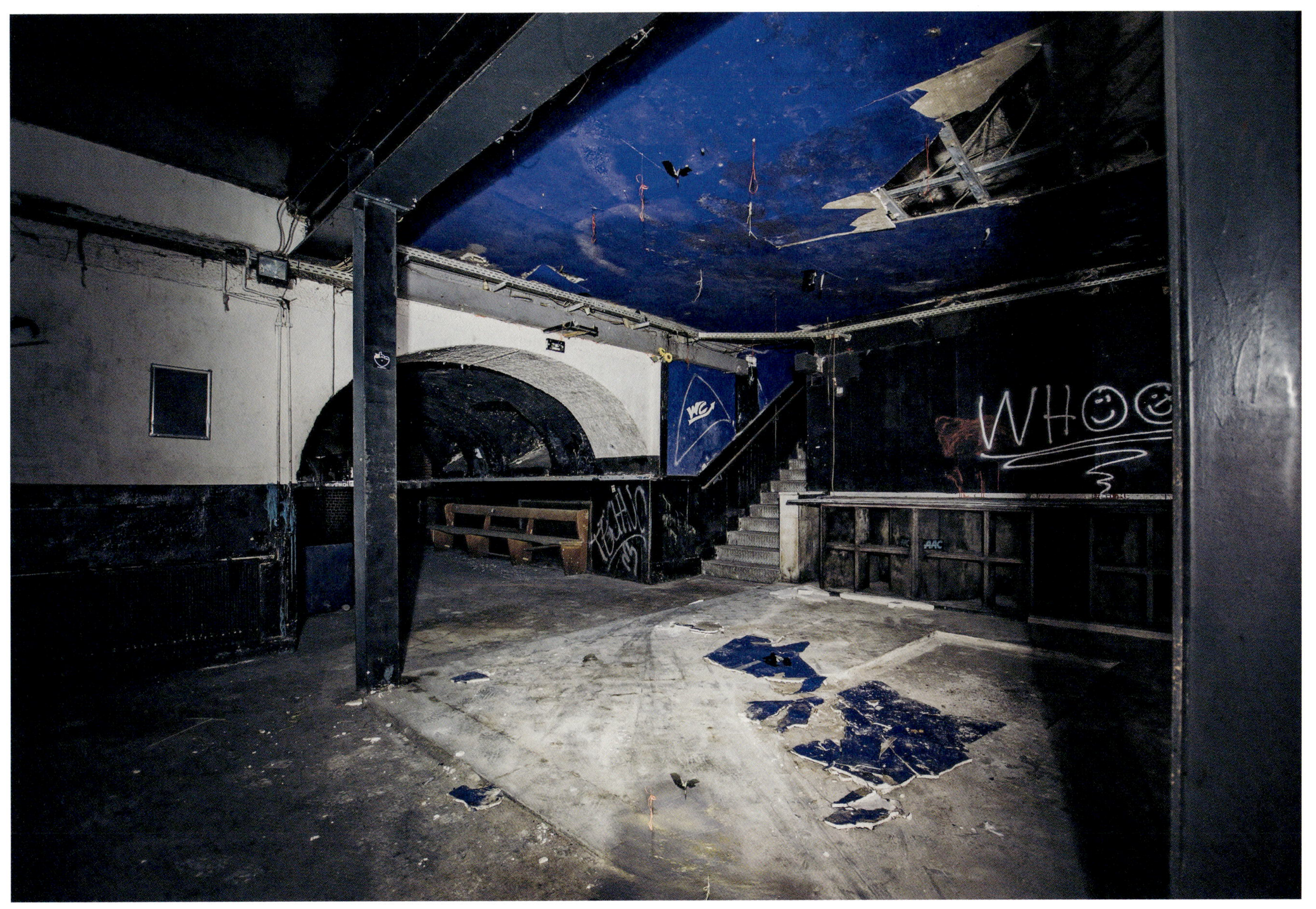

Tanzfläche

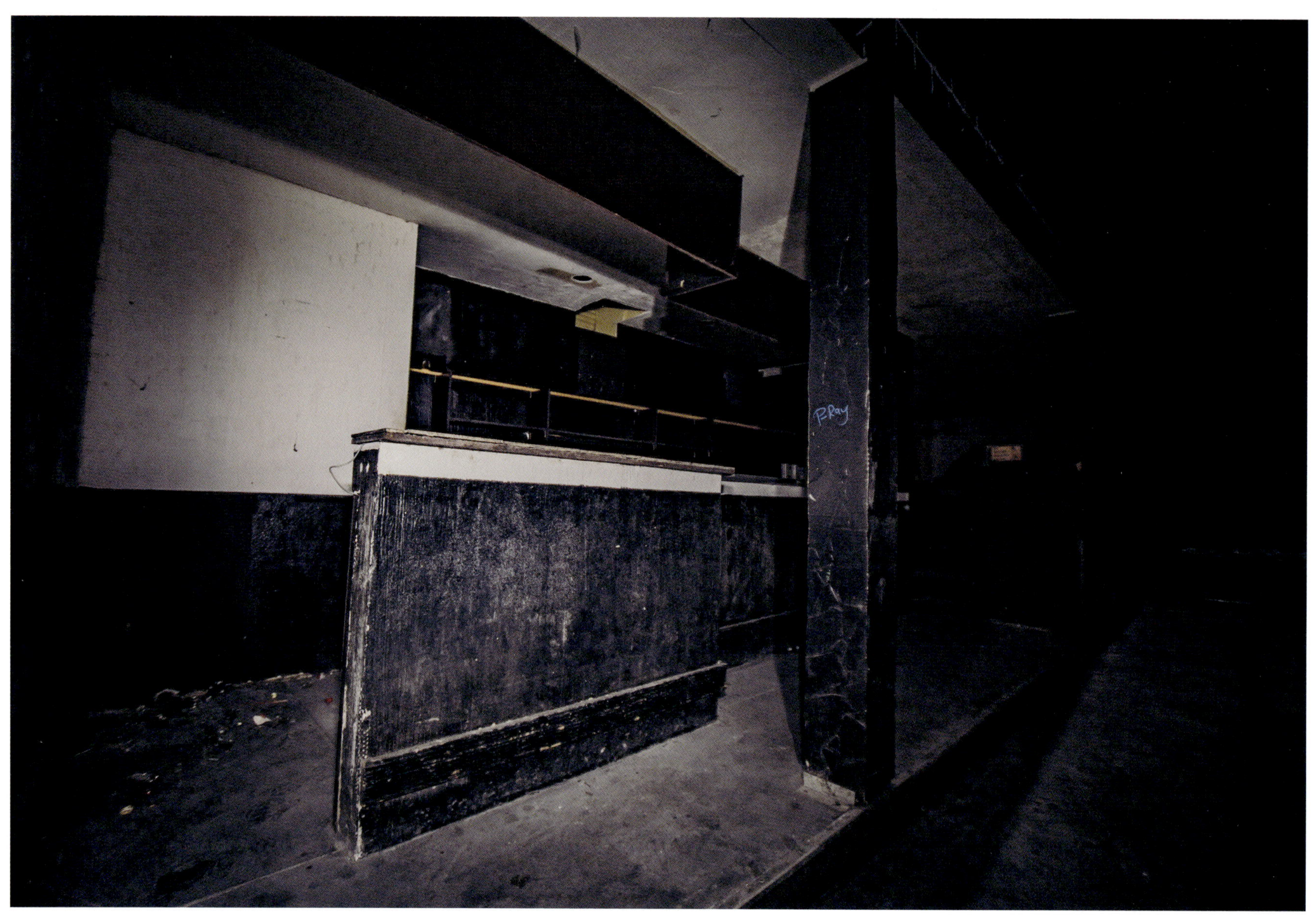

Bar im Eingangsbereich

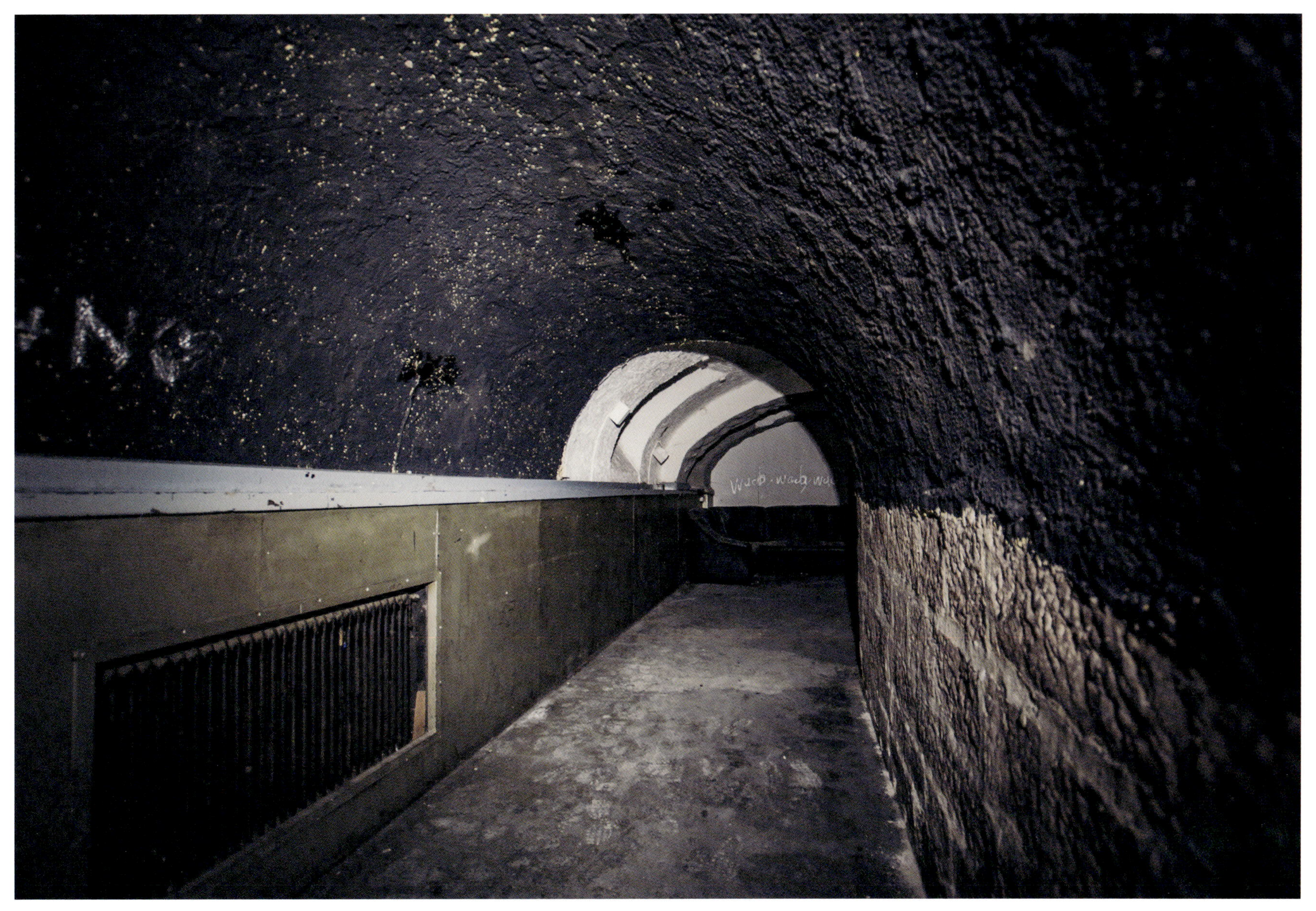

Verbindungsgang

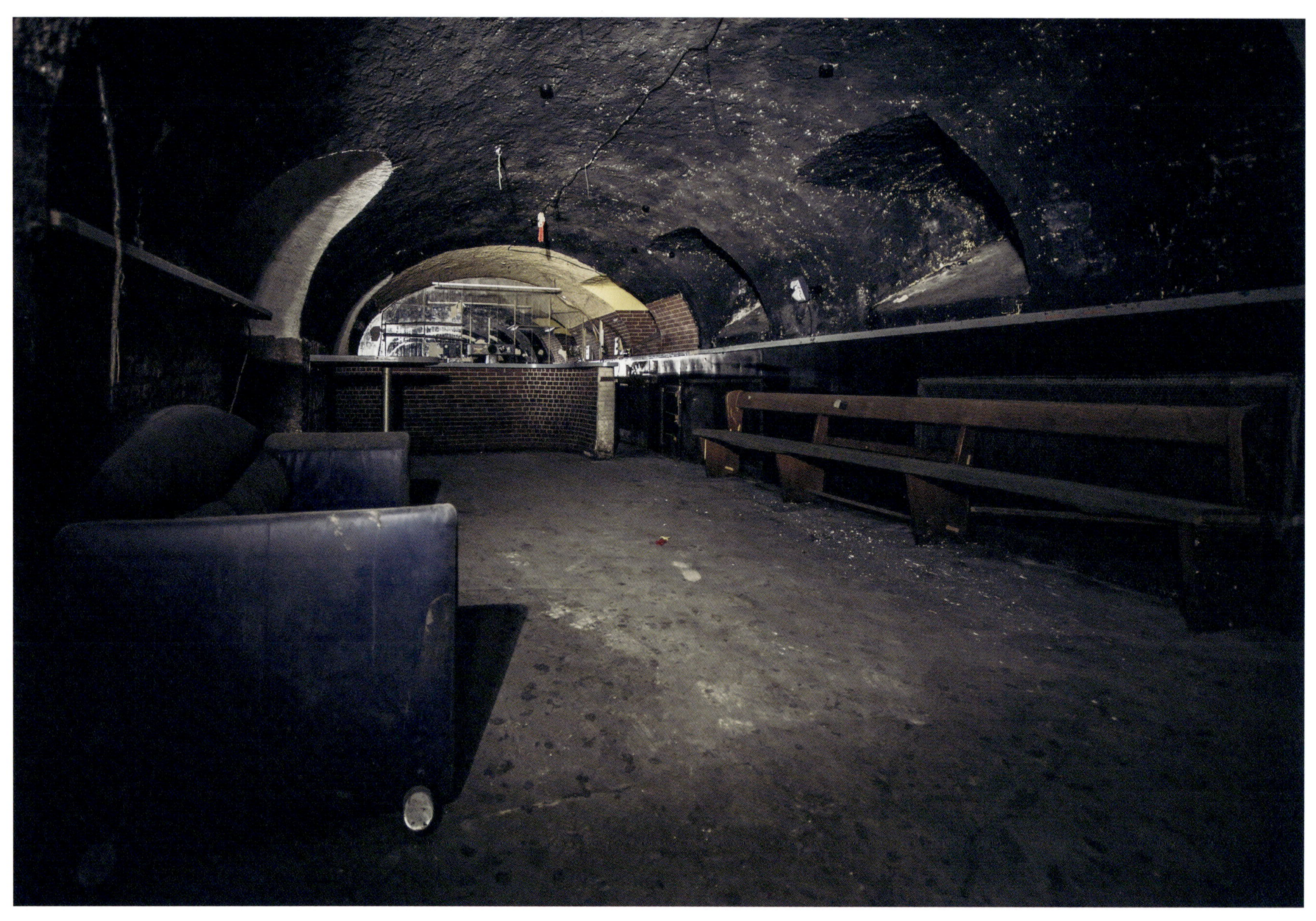

Tanzfläche mit Bar und Sitzgelegenheiten

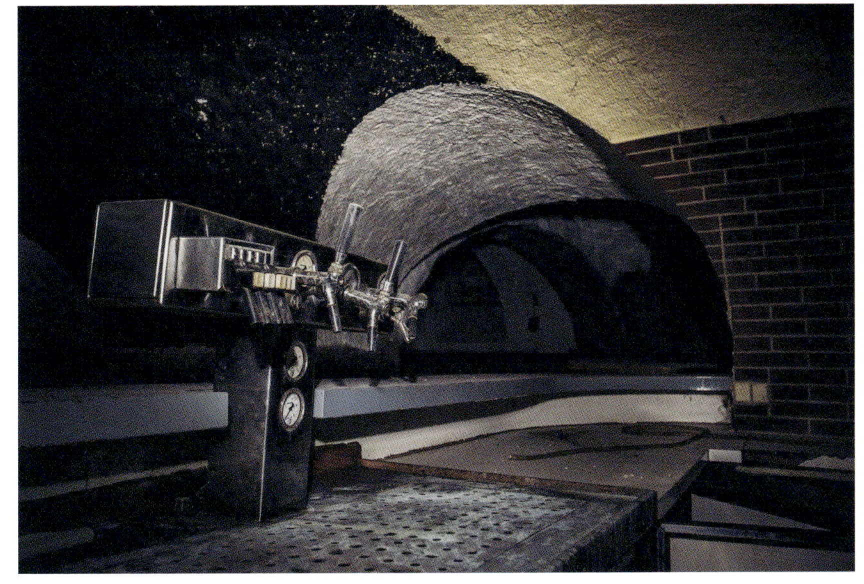

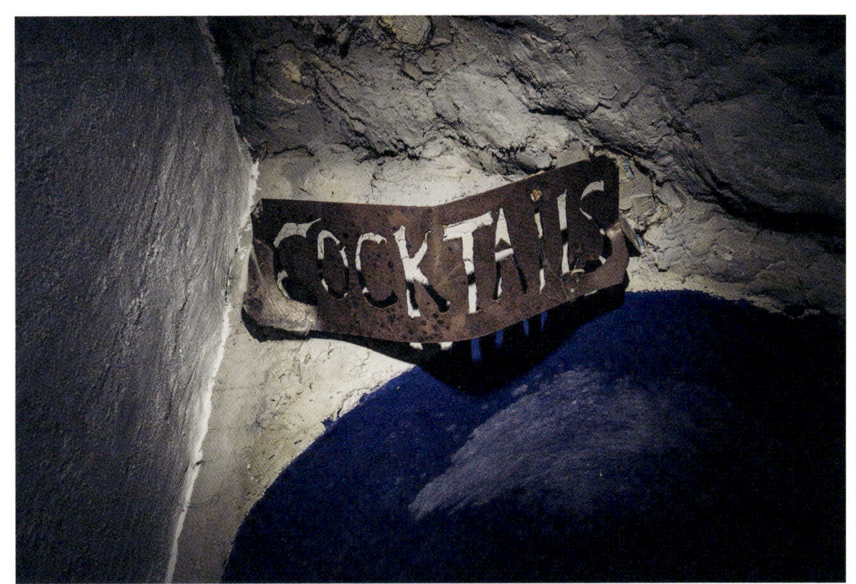

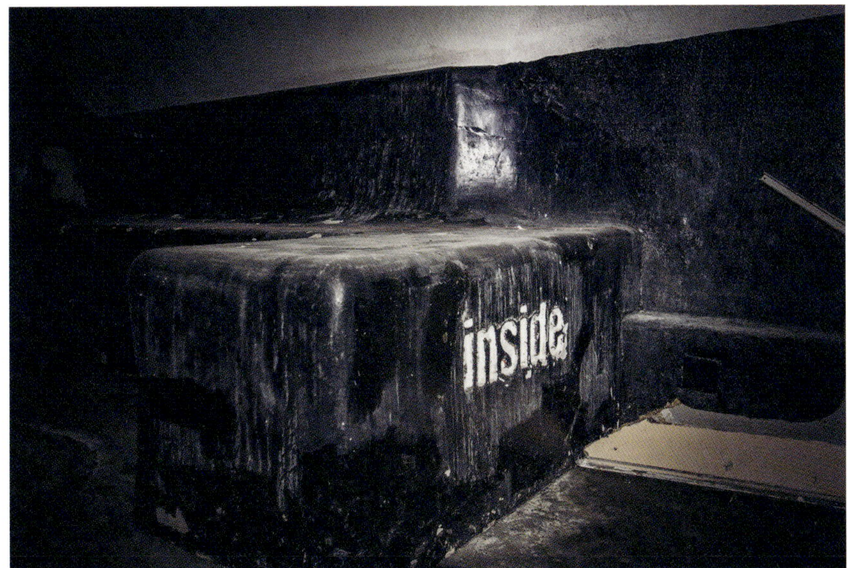

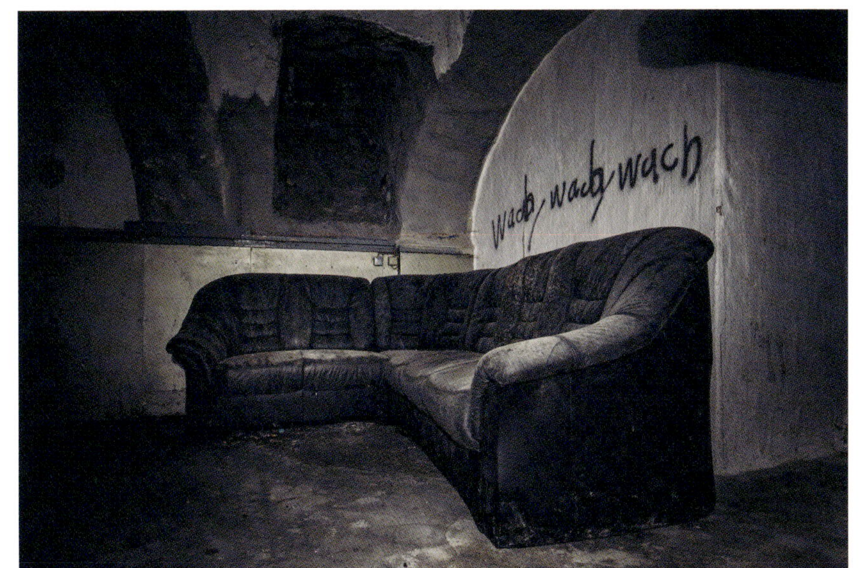

Zapfhahn

Cocktail gefällig?

Sitzmöglichkeiten in einem Nebenraum

Verstaubtes Sofa

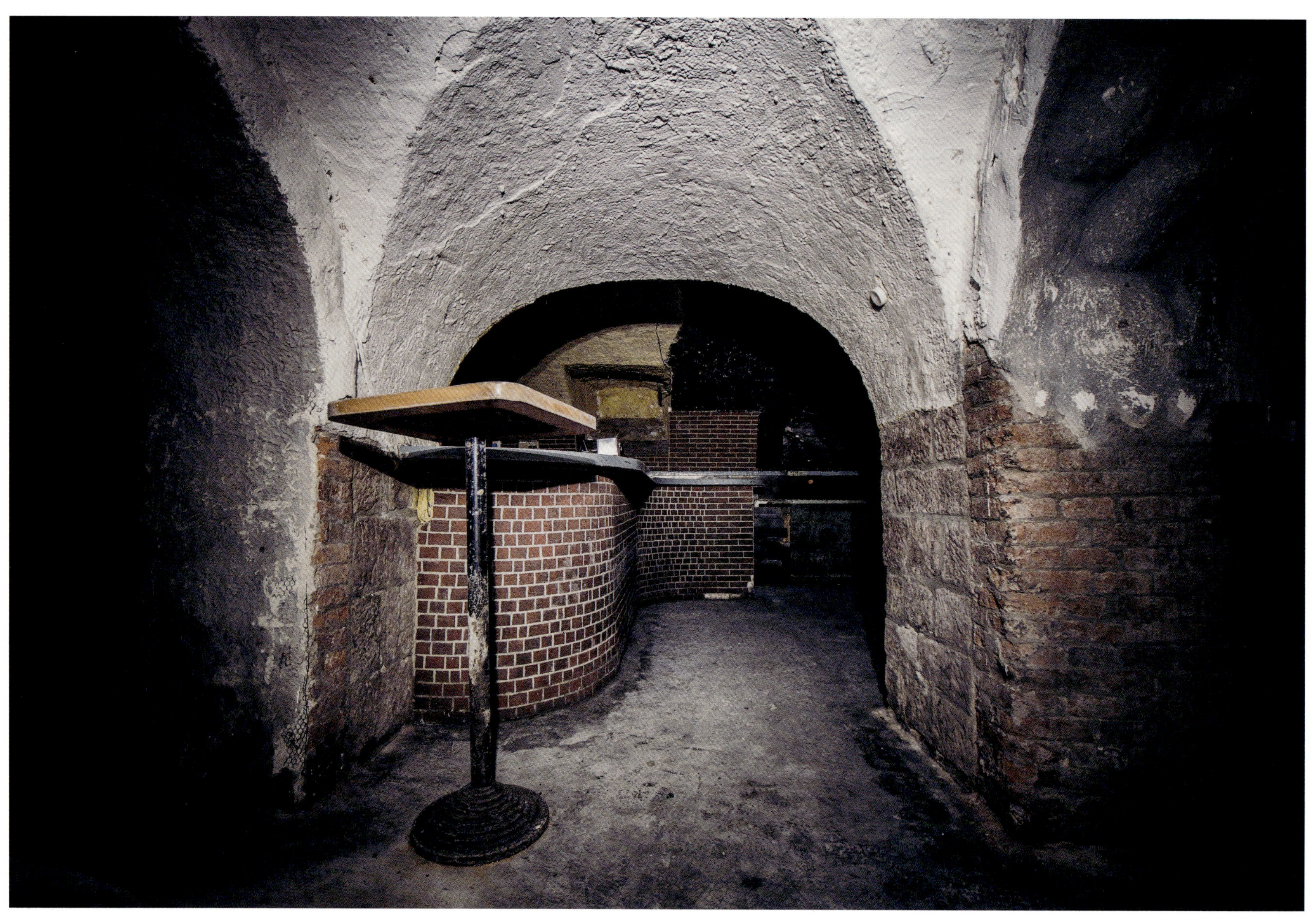

Stehtisch mit Theke im Hintergrund

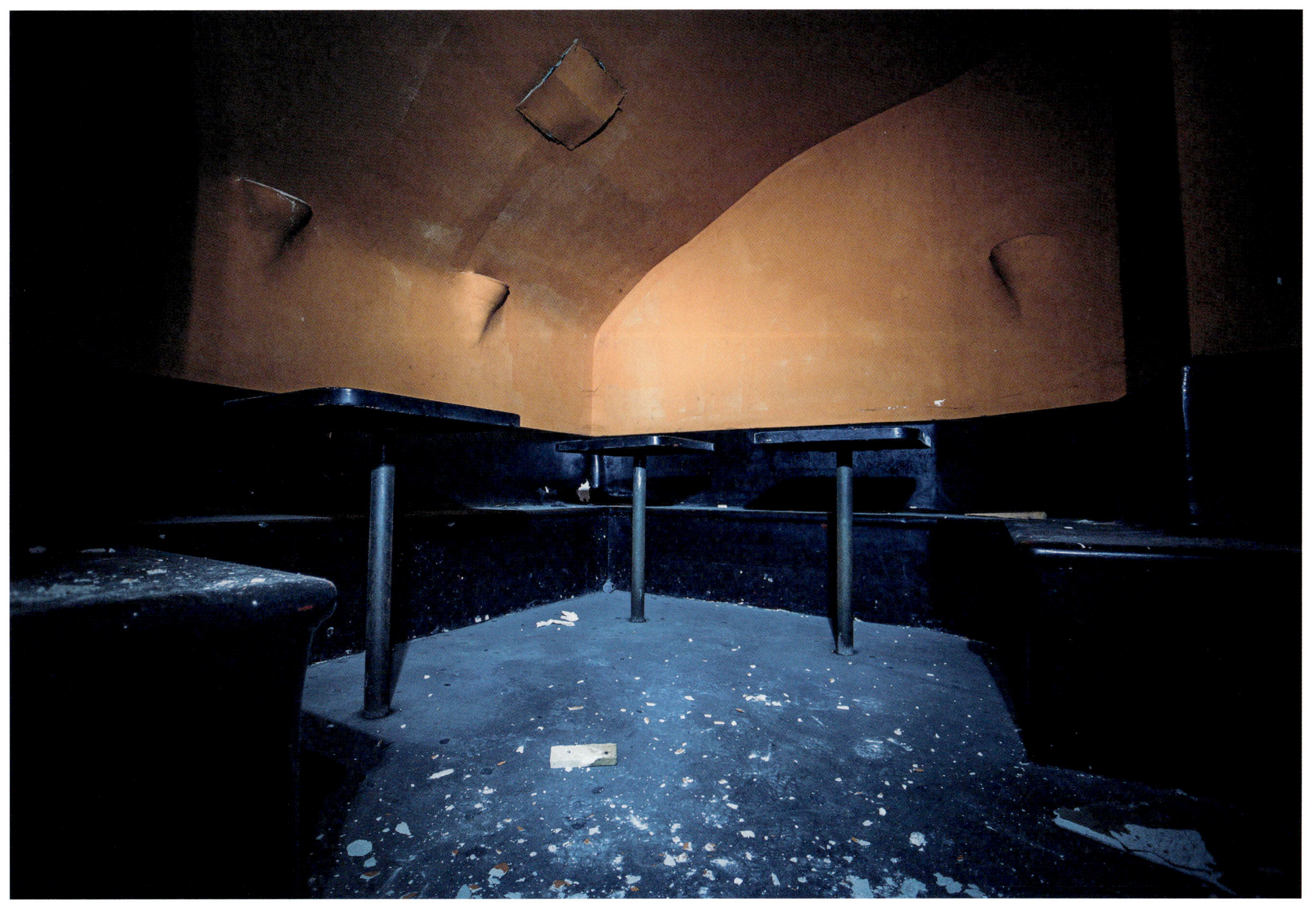

Ruhige Sitzecke abseits der Tanzfläche

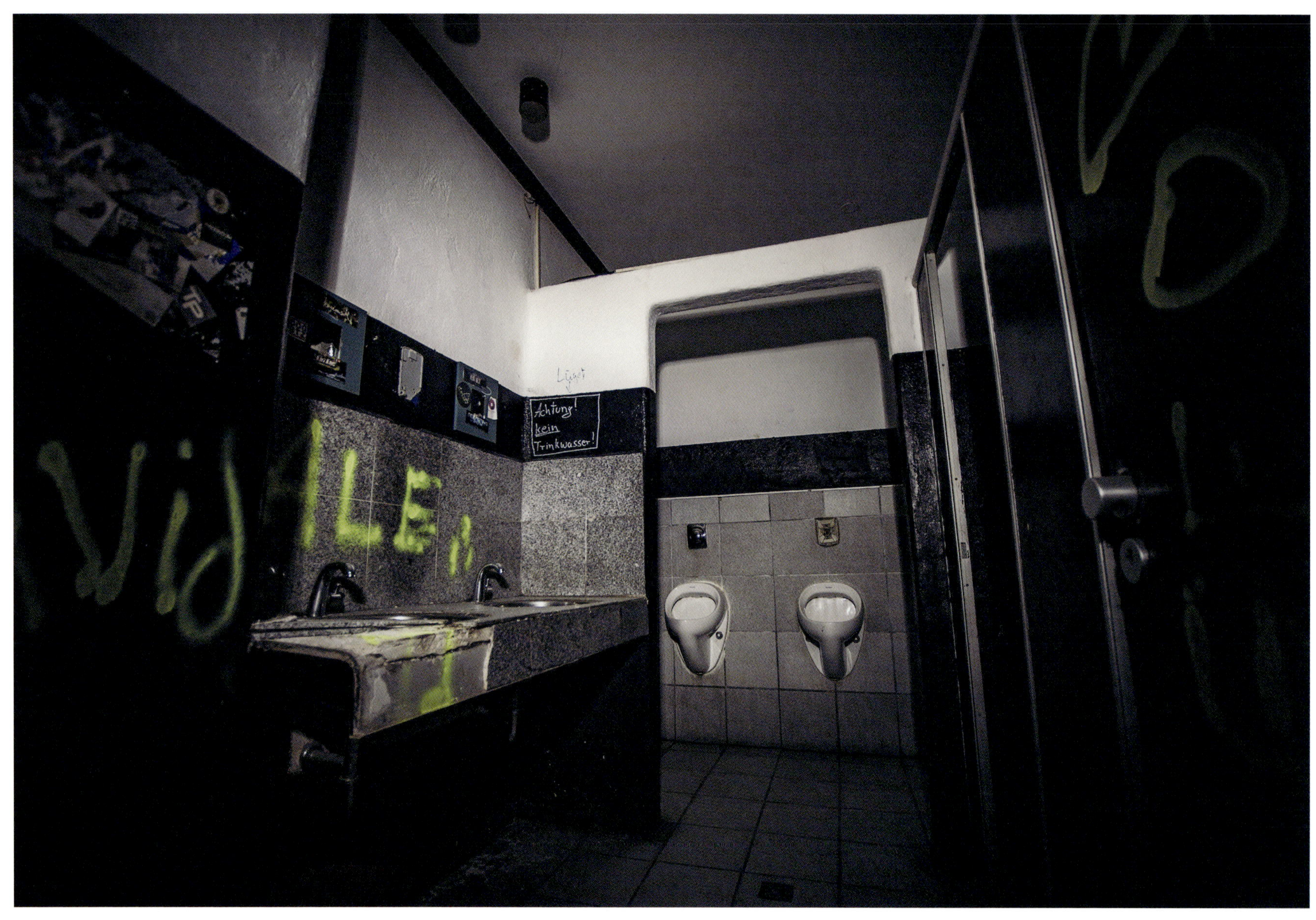

Männertoilette

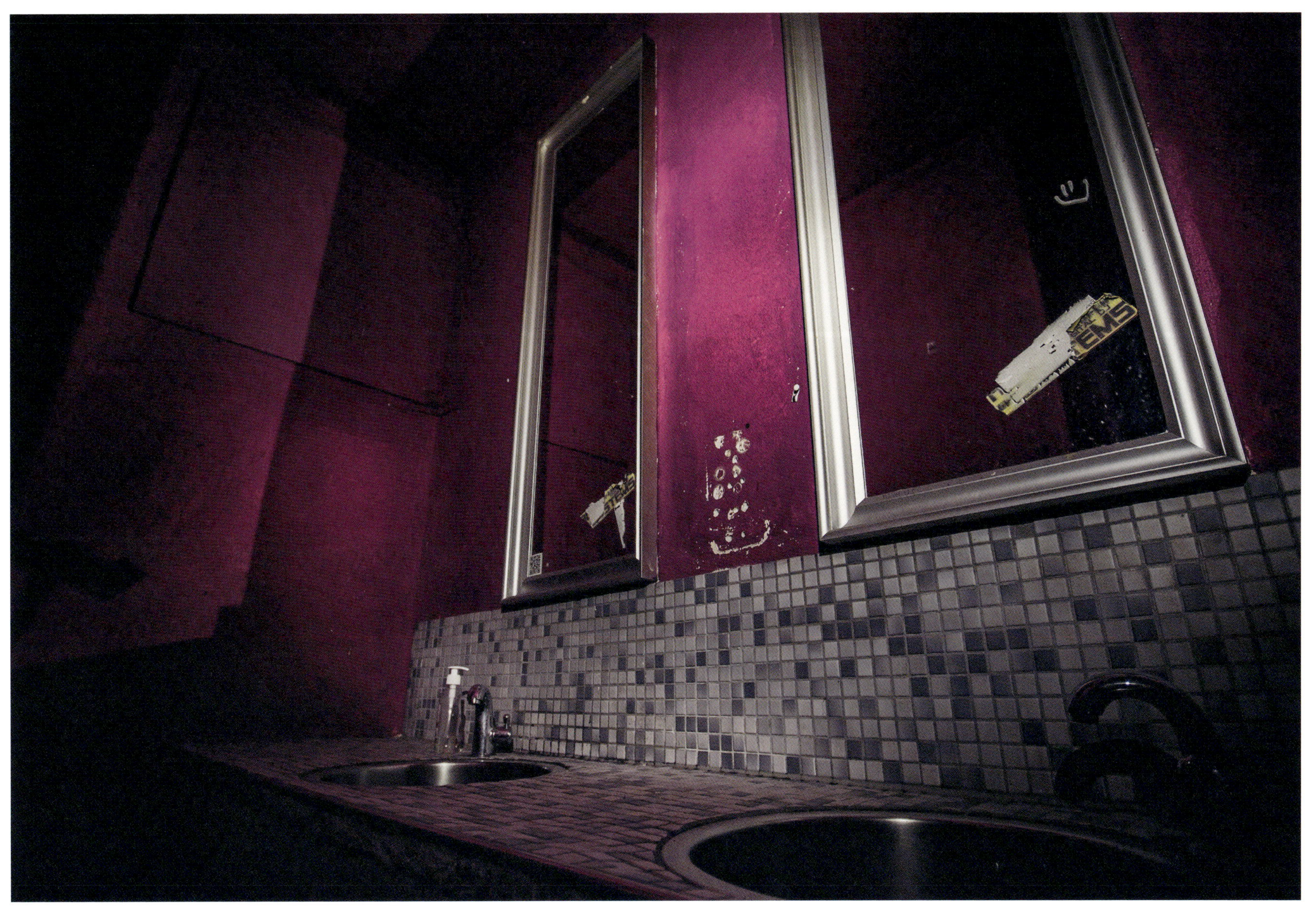

Spiegel in der Damentoilette

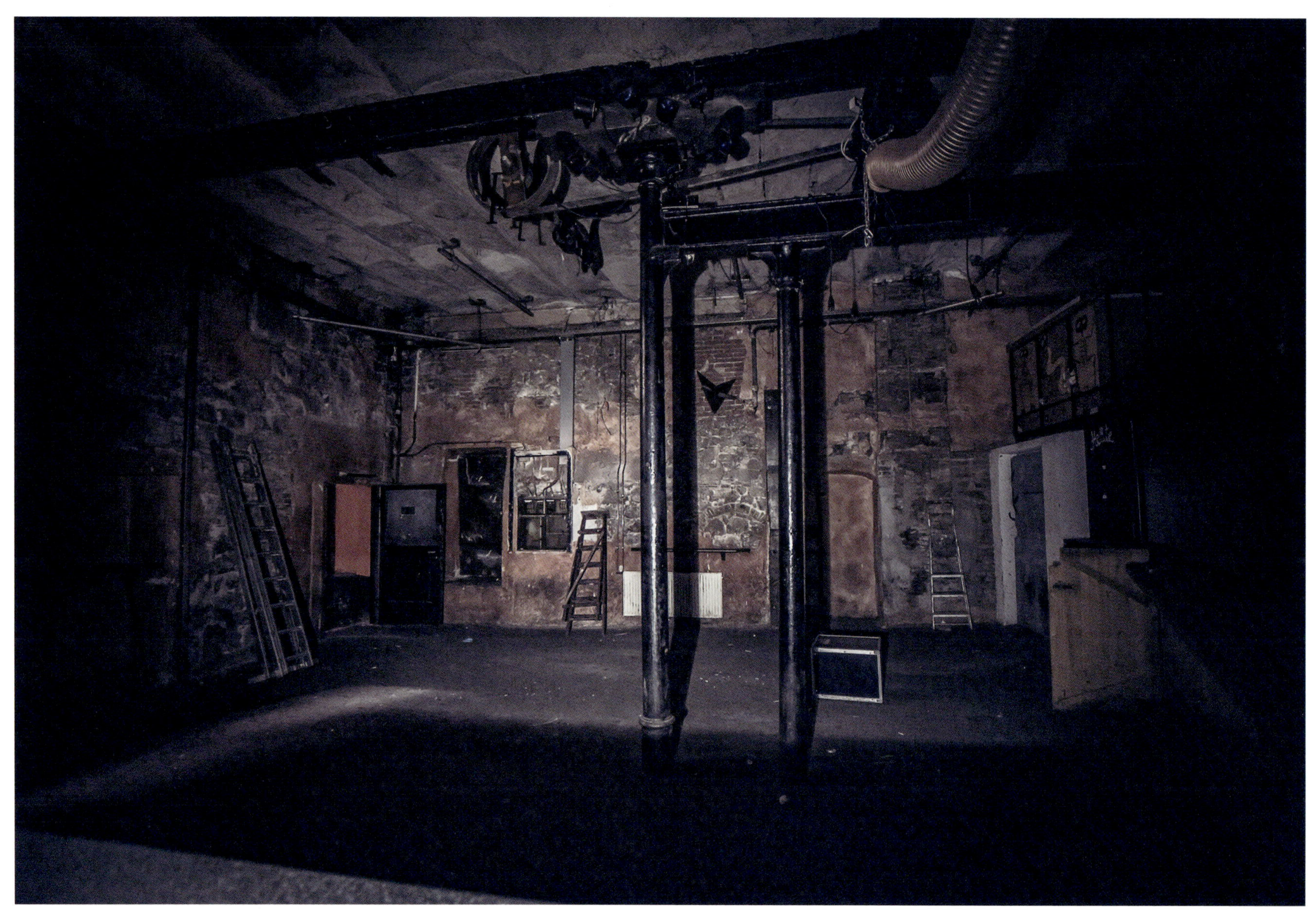

Weiterer Raum mit Tanzfläche

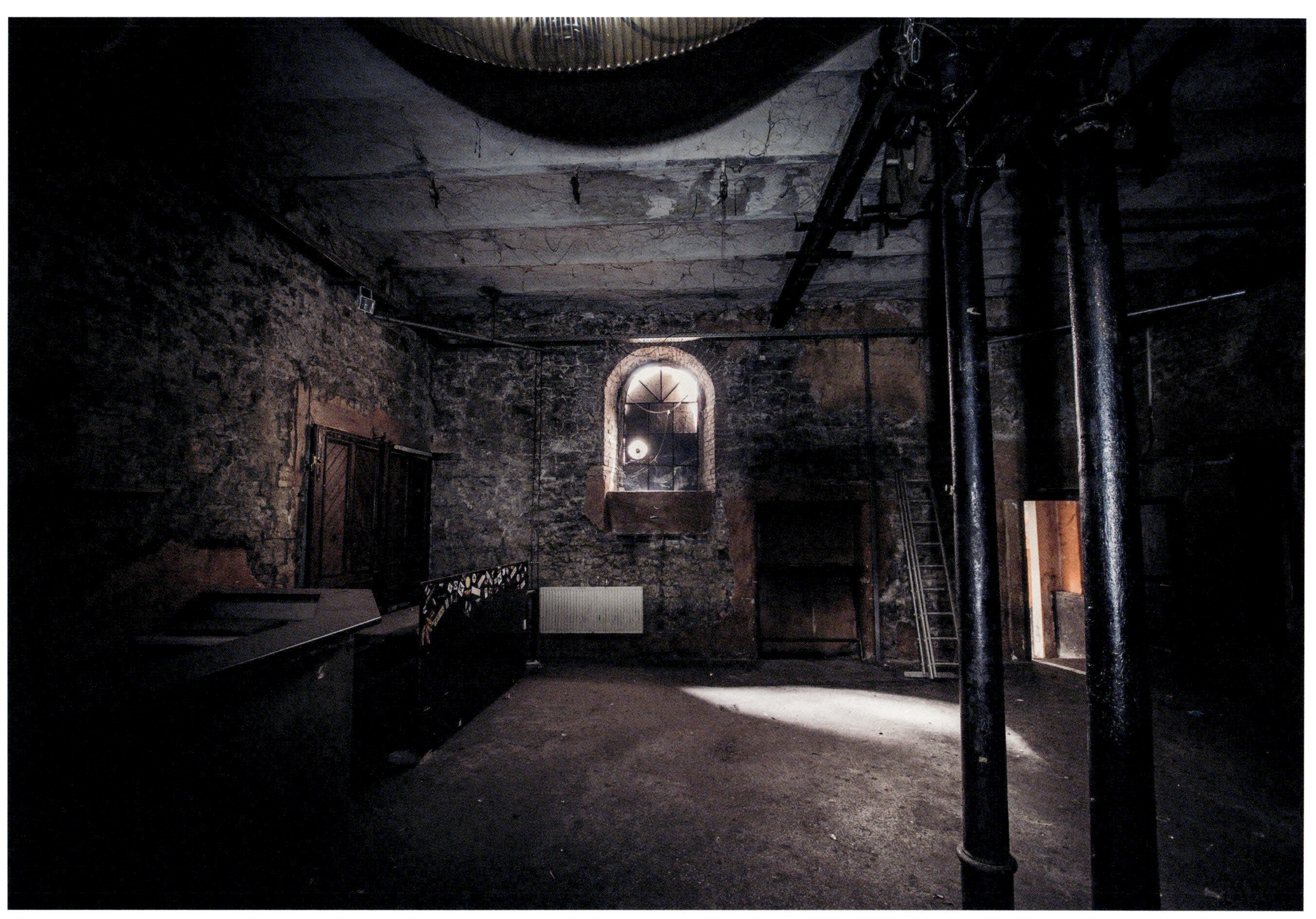

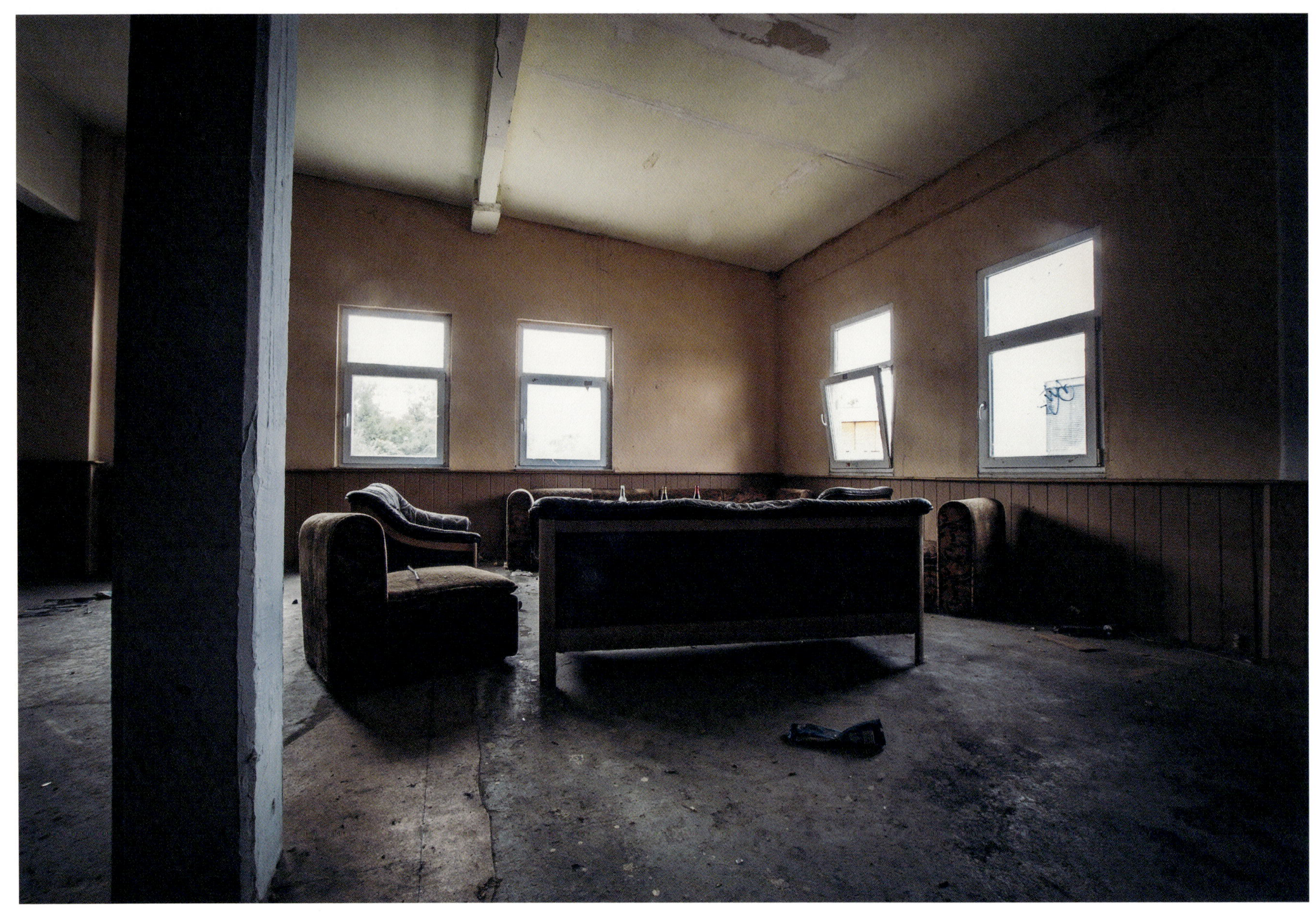

Aufenthaltsraum über der Diskothek, vermutlich für Angestellte

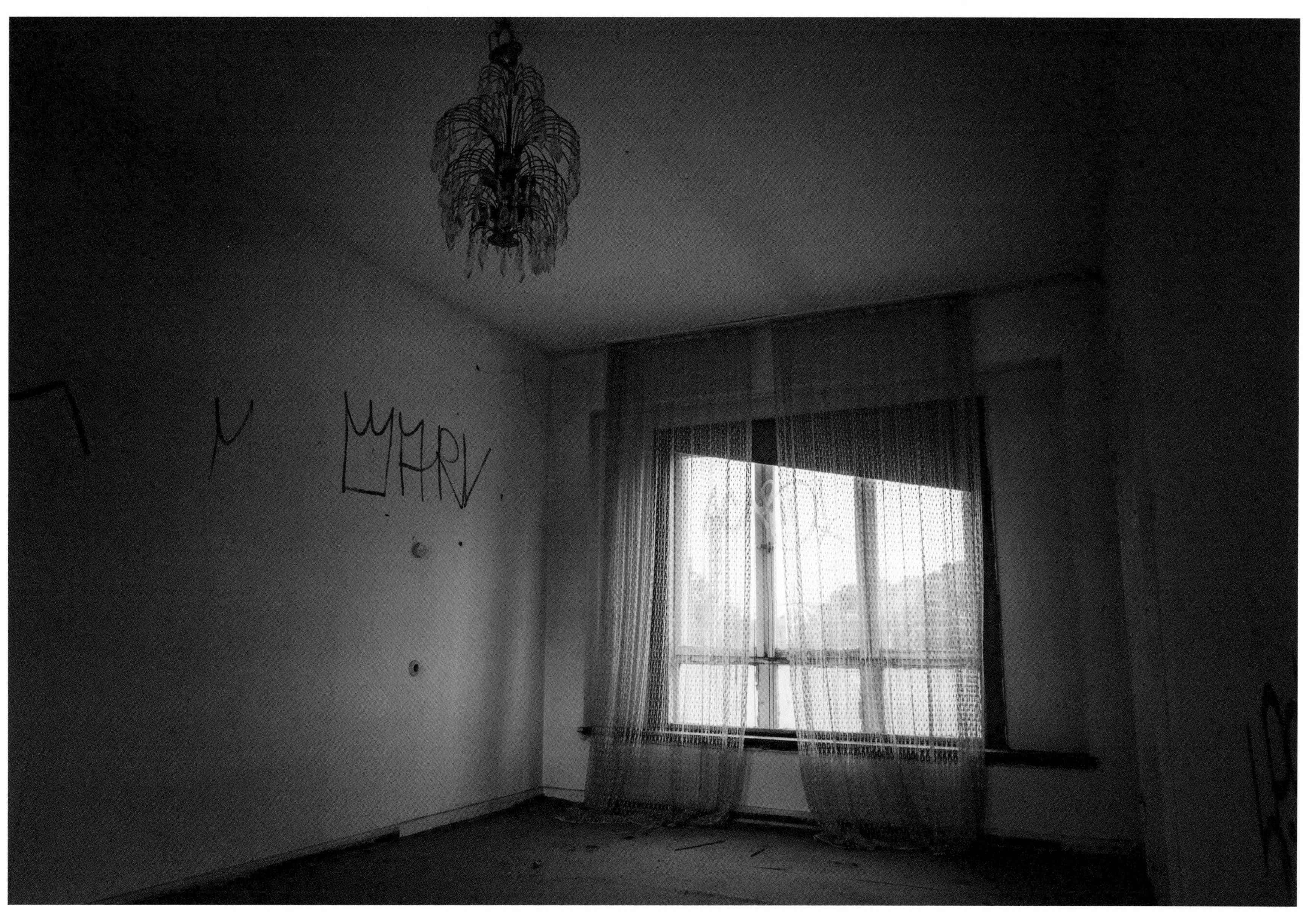

Kronleuchter in der Wohnung über der Disco

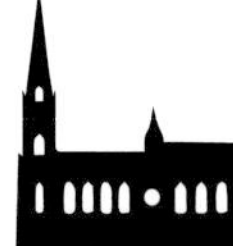

DER HOF DES TOTEN FUCHSES

Spontan geht es an diesem Morgen zu einem alten verlassenen Hof, um den ich lange einen großen Bogen gemacht habe, denn auf diesem Hof kam es zu einer Familientragöde mit einem Todesopfer. Diese furchtbare Tragödie, die nur wenige Kilometer von meinem Wohnort entfernt passierte, schreckte mich erstmal ab. Ich hatte viel zu großen Respekt vor dem Schicksal der Familie. Trotz allem las ich die Zeitungsberichte über den Fall und beschäftigte mich mit ihm und diesem Hof. Die Gegend, in dem er steht, ist wunderschön und idyllisch. Viele Motorradfahrer und Ausflügler kommen auf ihrem Weg durch den Schwarzwald an diesem Hof vorbei.

An dem Morgen meines Besuches sind wir zuerst in einer anderen Location und entscheiden uns spontan, einfach mal vorbeizufahren, um uns einen Überblick zu verschaffen. Ins Gebäude will ich eigentlich nicht und betrete nur zögernd das Gelände. Und das Erste, was mir auffällt: Die Haustür steht weit offen. Eine Weile hadere ich mit mir und betrete dann doch das Gebäude. Mit jedem Schritt durch die Räume bekomme ich ein Gefühl für die Familie, die hier gelebt hat, und für deren Schicksal. Gerade als wir in der dunklen Küche stehen, bricht unter den Spatzen in einer Hecke direkt vor der Tür des Hofes aus irgendeinem Grund Panik aus. Durch das hektische Wegfliegen der vielen Vögel entsteht ein höllischer Lärm, der mich richtig erschreckt. Ich habe genug gesehen und verlasse das Gebäude schnell. Ich entscheide mich allerdings dazu, einen kurzen Blick in den Stall zu werfen: Mit dem, was ich dort vorfinde, habe ich nicht gerechnet. Im Stroh liegt ein mumifizierter Fuchs, eine faszinierende Entdeckung. Er sieht aus, als hätte er sich zum Sterben in die Scheune verkrochen und wäre friedlich im Schlaf gestorben. Leise verlasse ich die Scheune. Draußen scheint die Sonne und die Ausflügler fahren die Straße entlang, nichts ahnend, an was für einem Haus sie vorbeikommen.

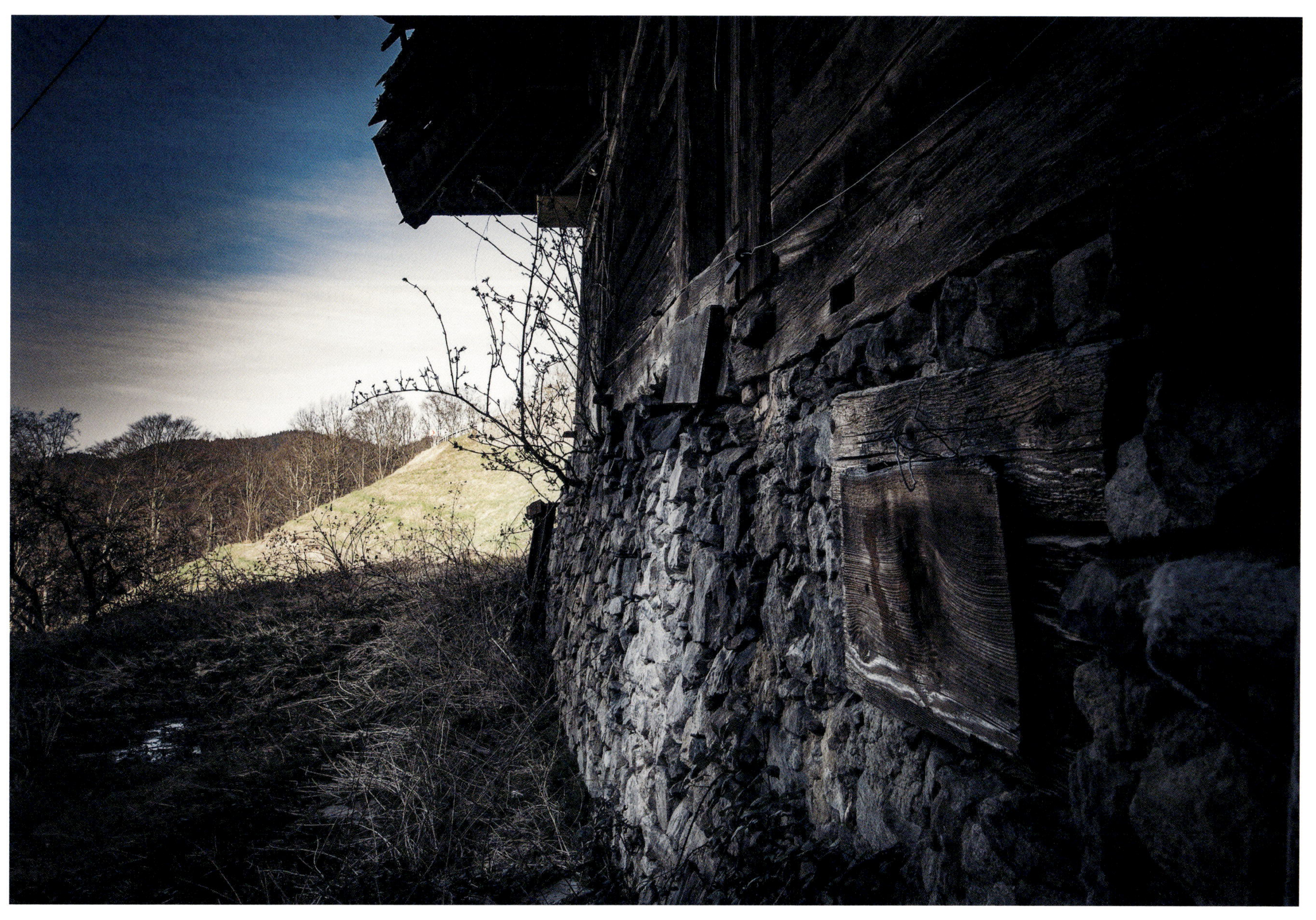

Die Holzfassade erzählt vom Alter des Hofes

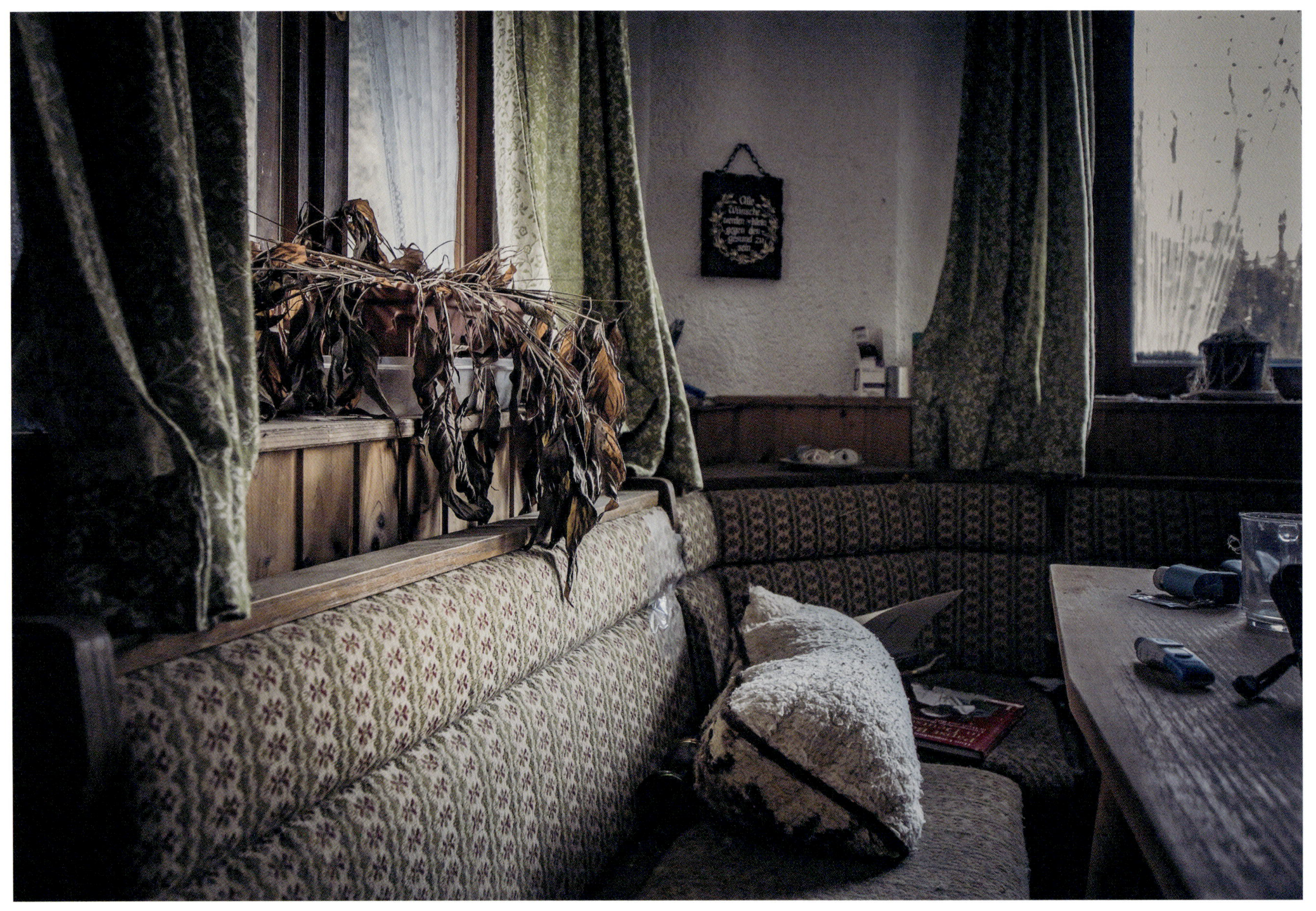

Vertrocknete Blumen auf der Fensterbank des Wohnzimmers

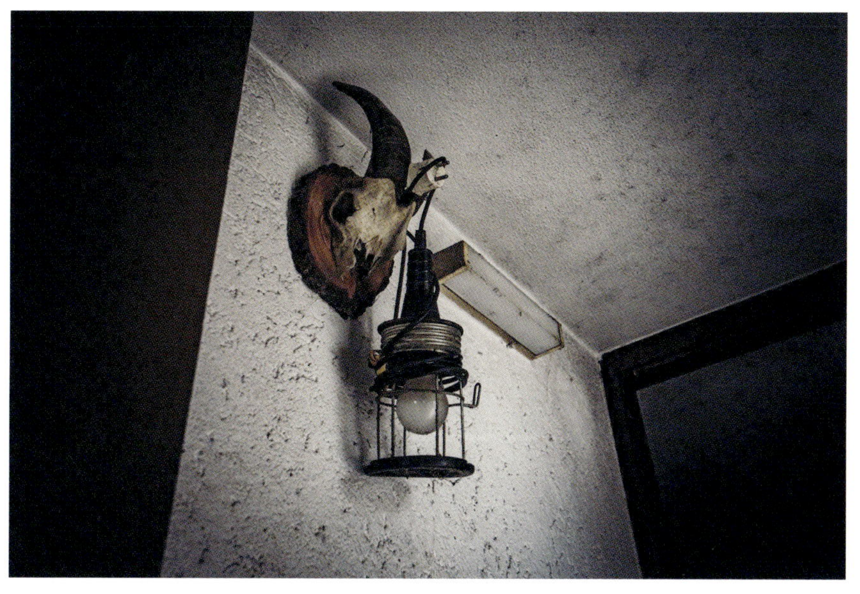
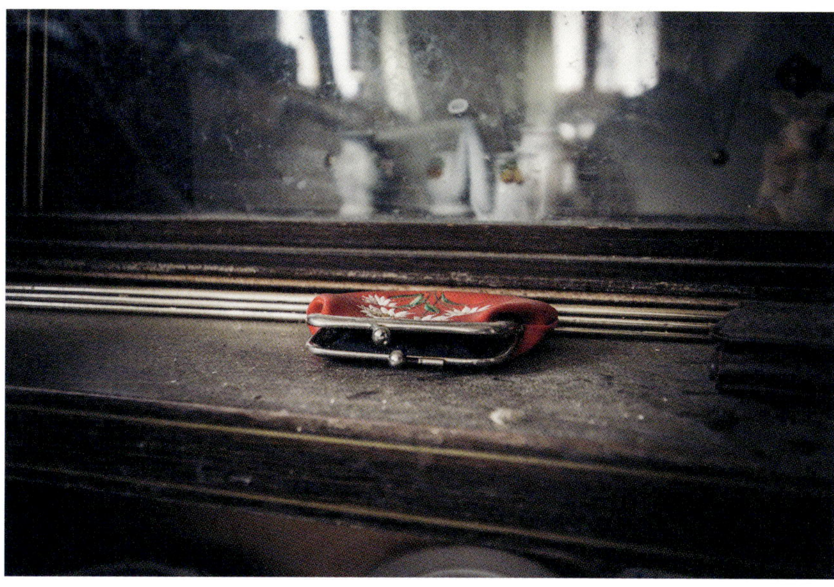
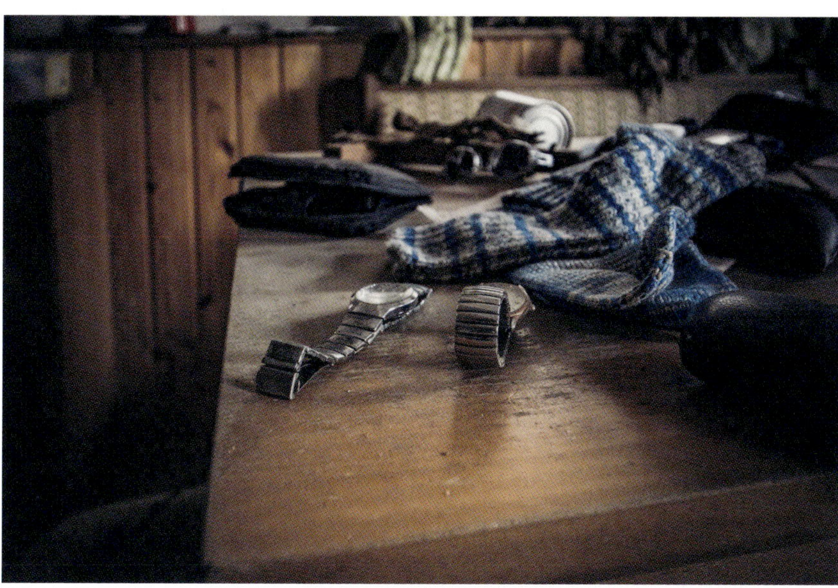
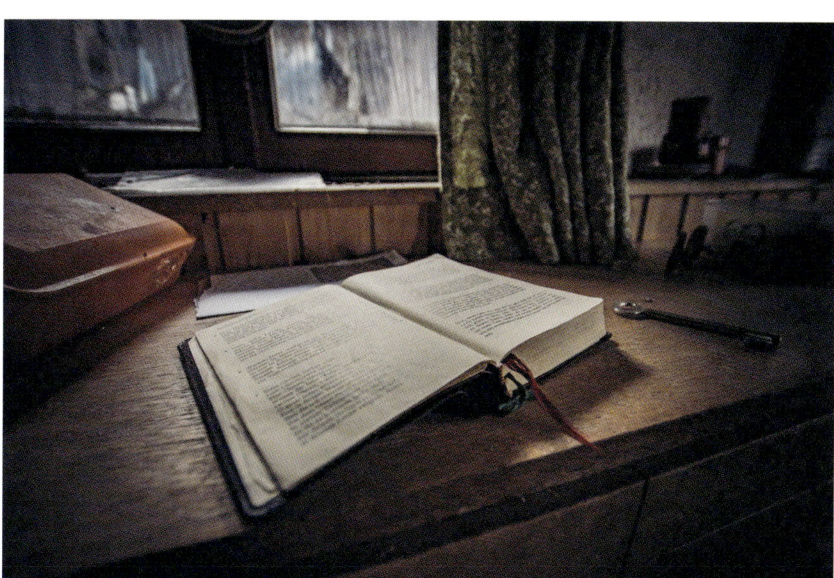

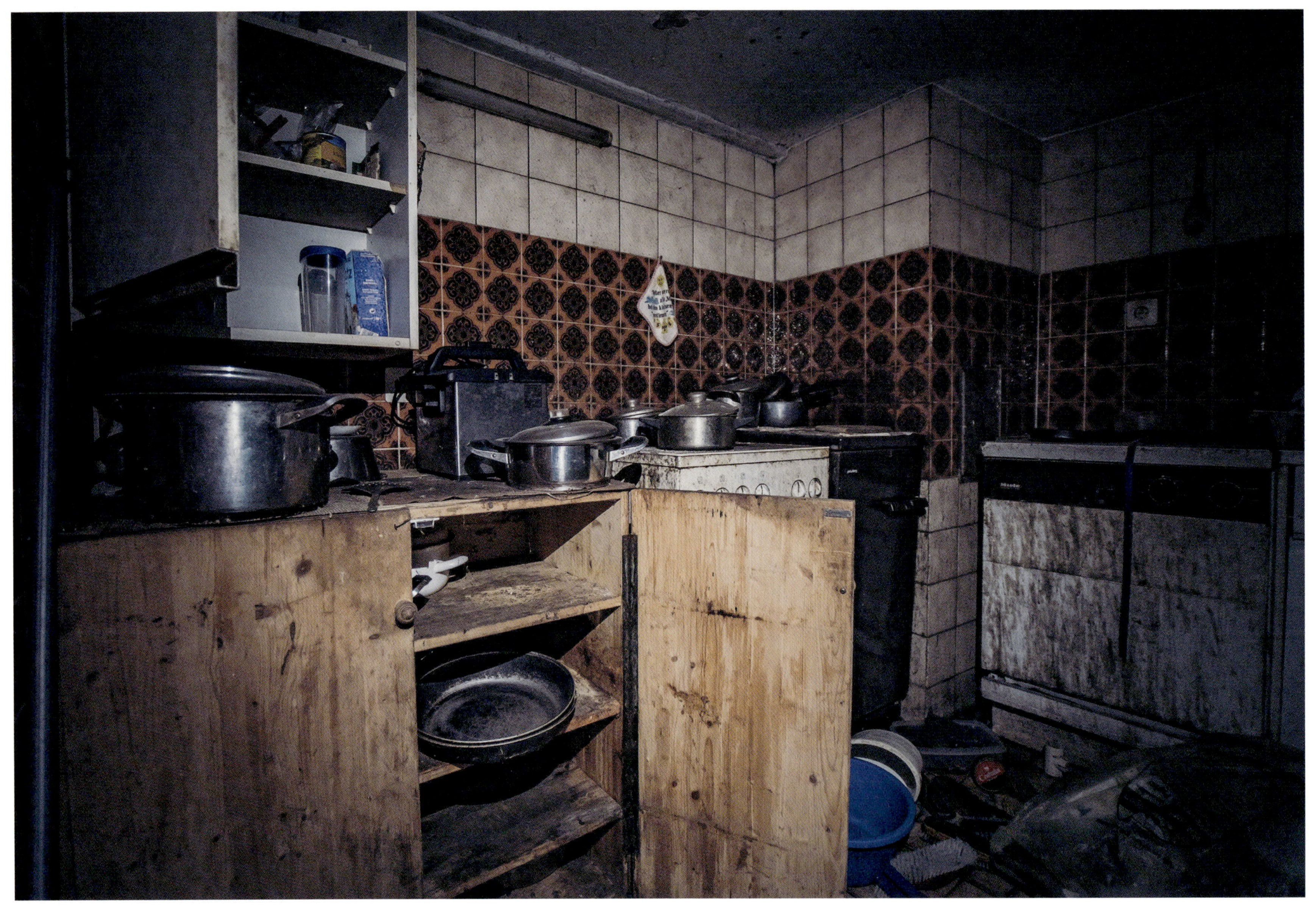

Küche

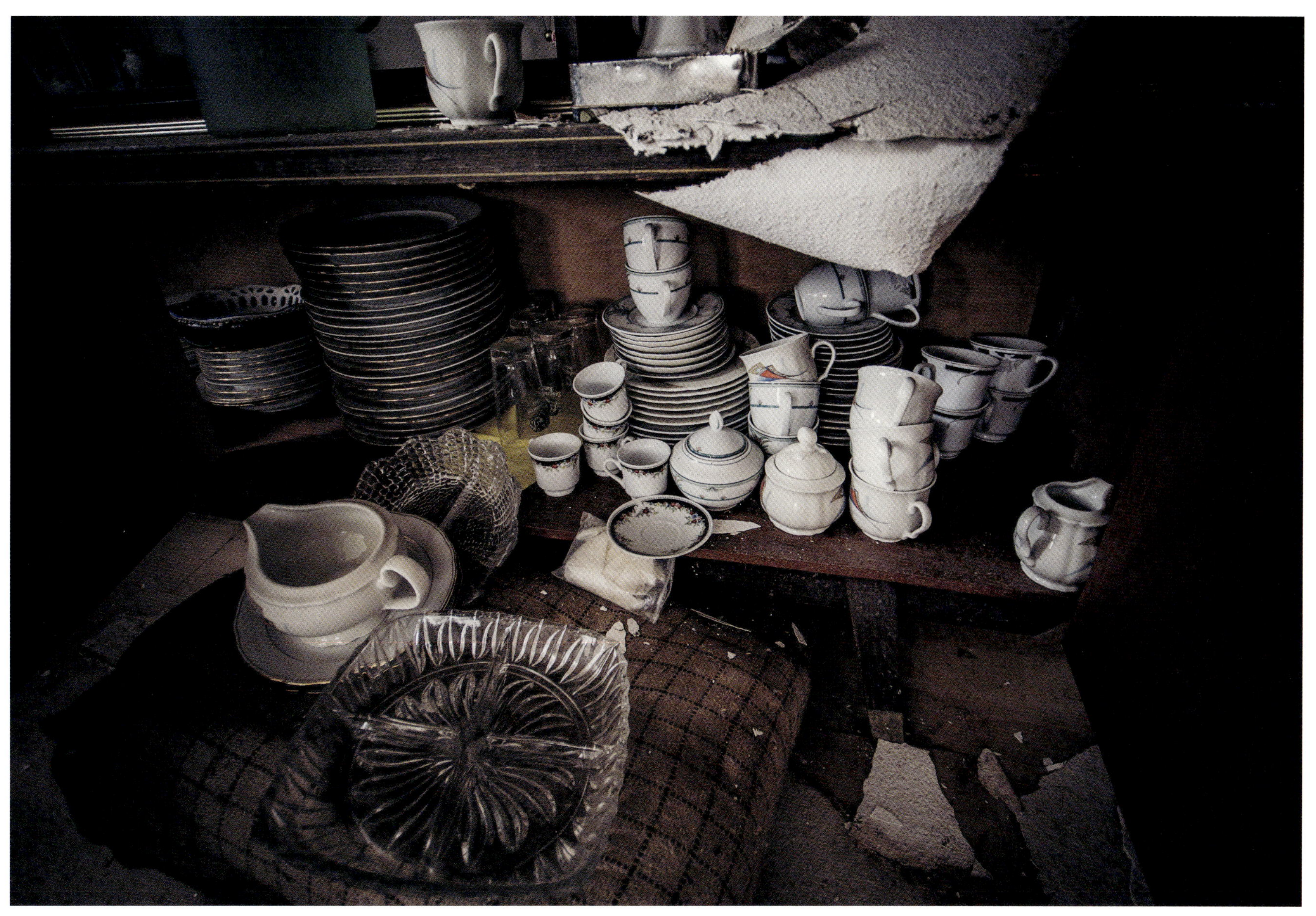

Geschirr im Wohnzimmerschrank

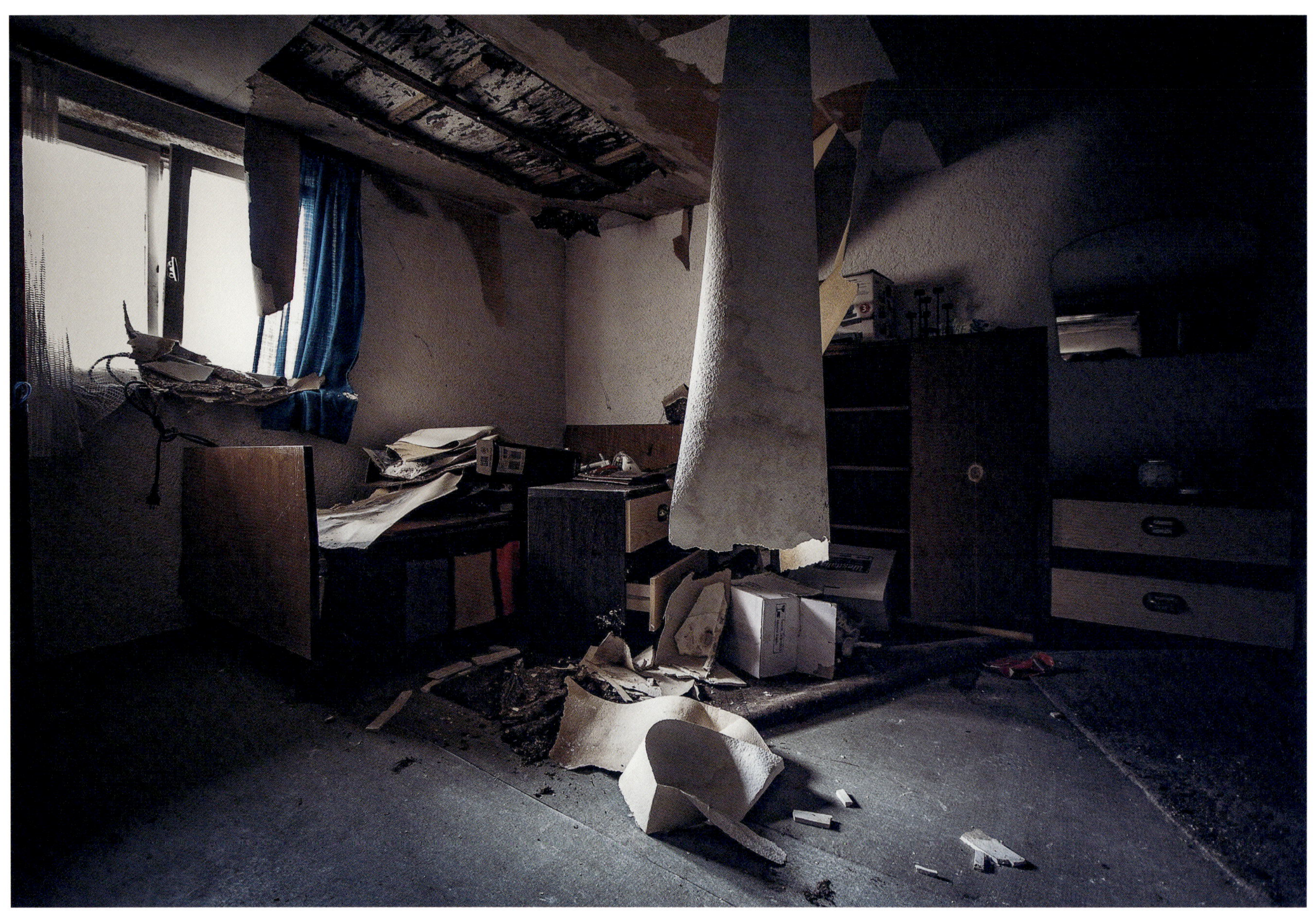

Eines der Schlafzimmer

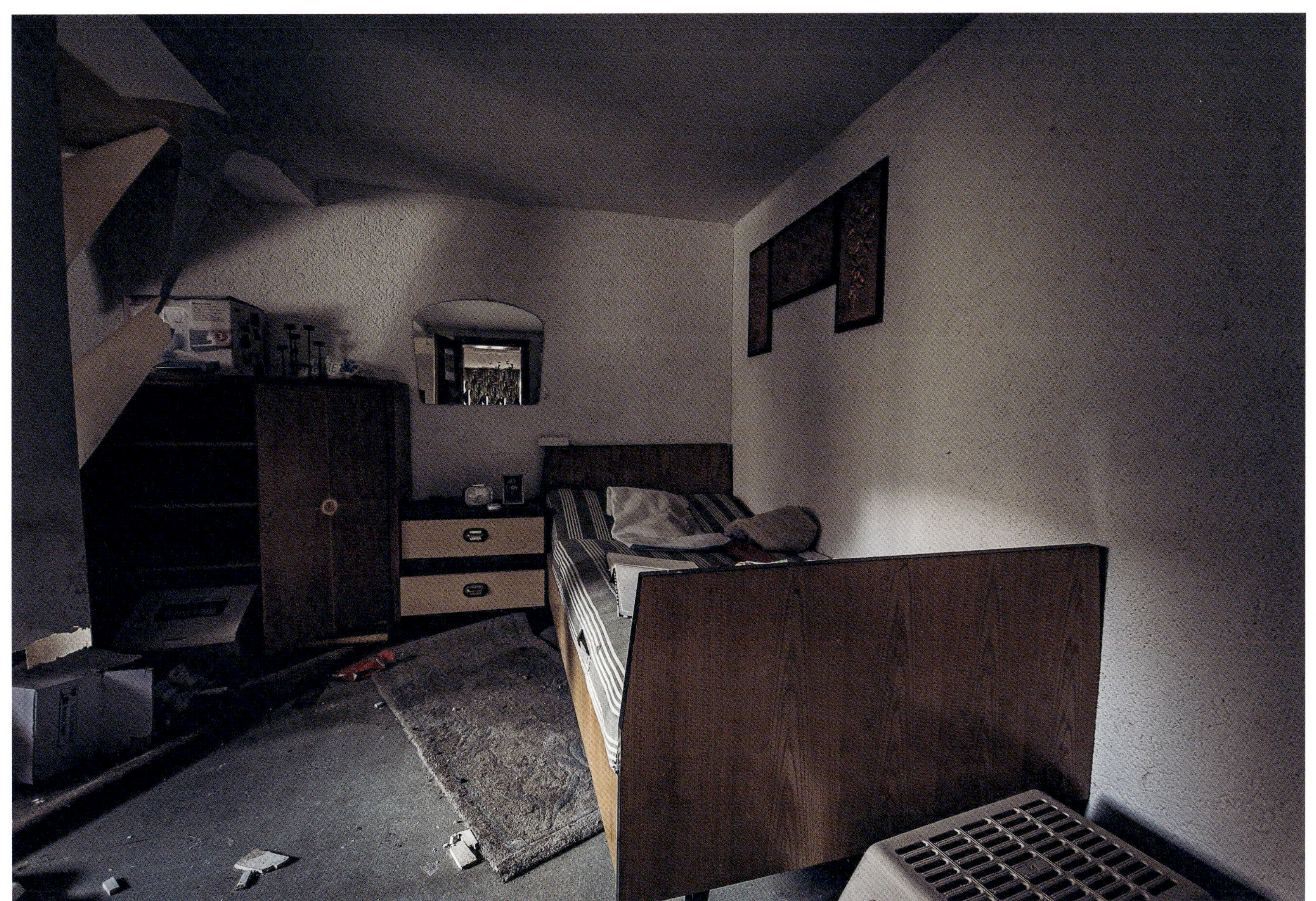

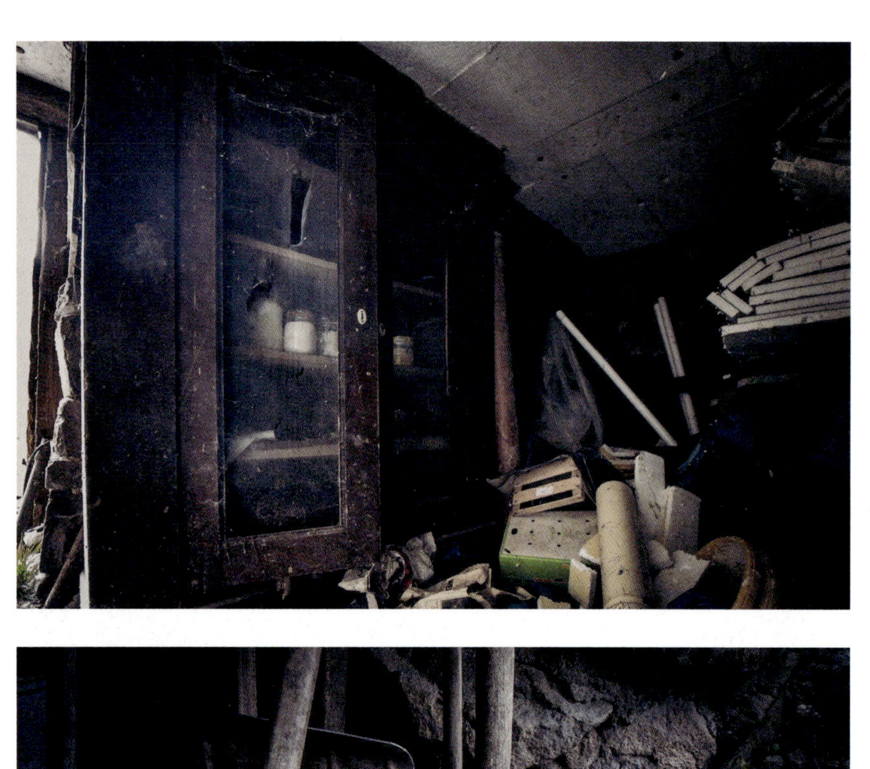

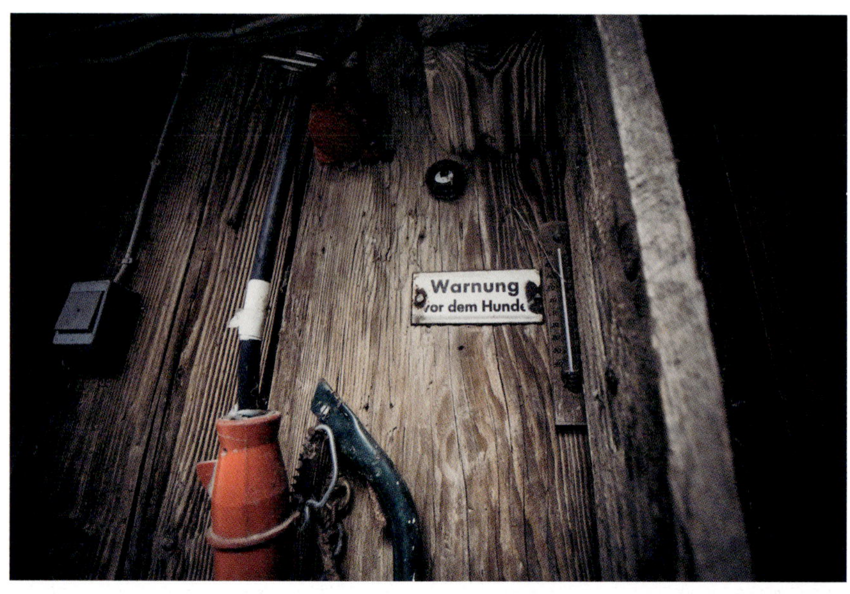
Warnung
vor dem Hunde

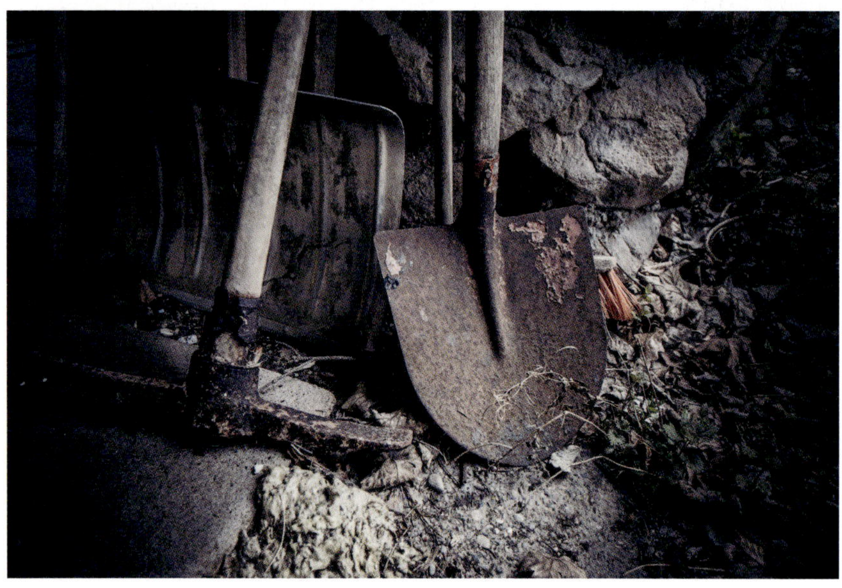

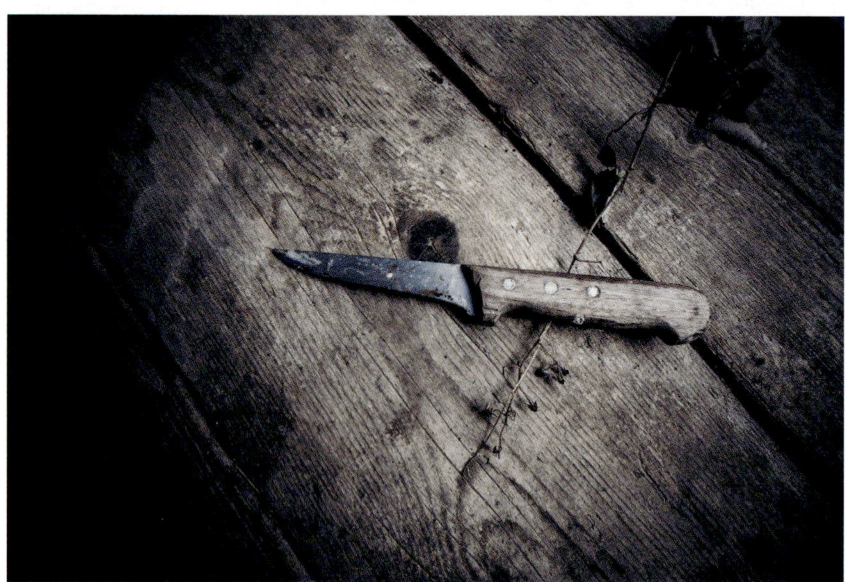

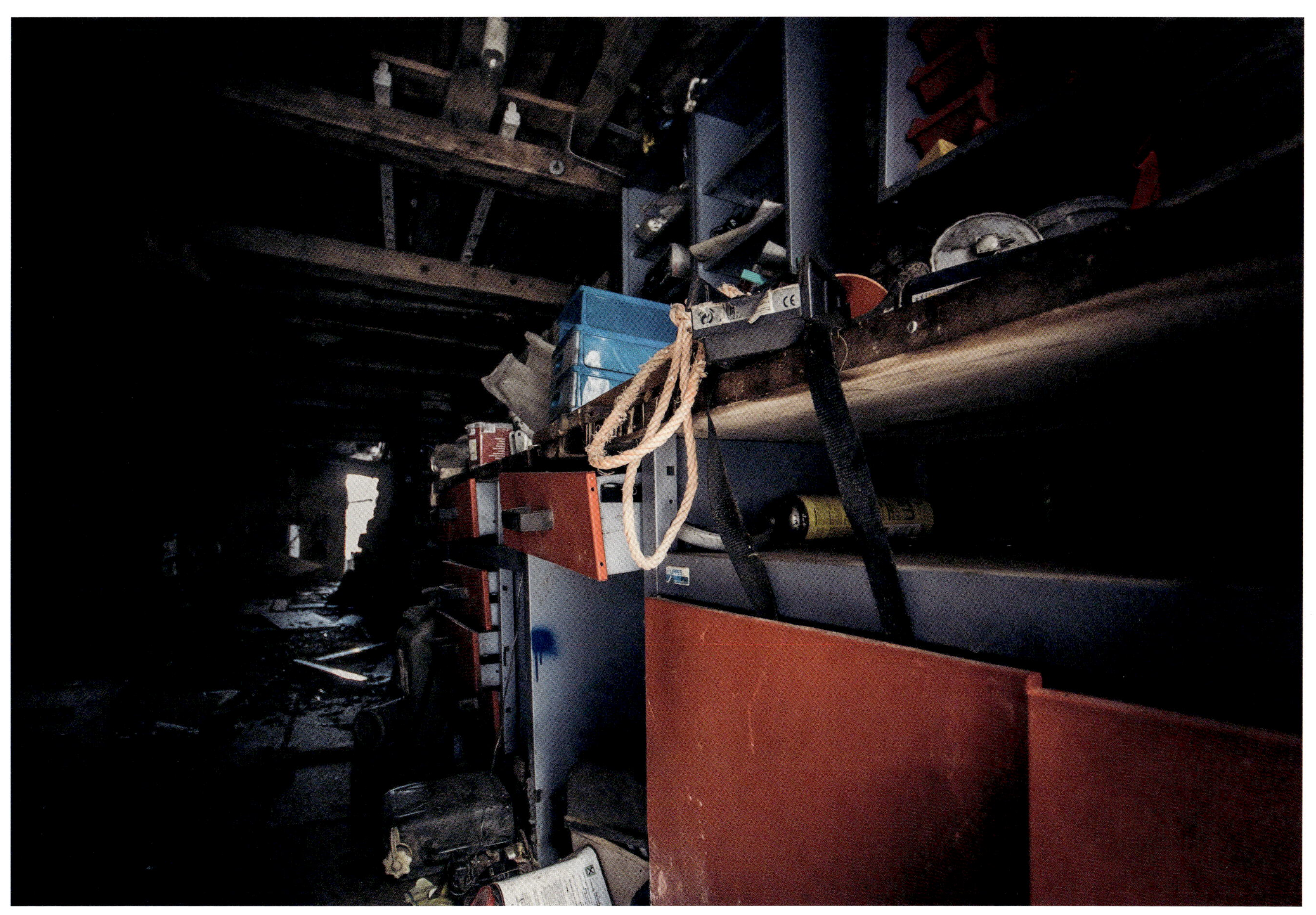

Schuppen

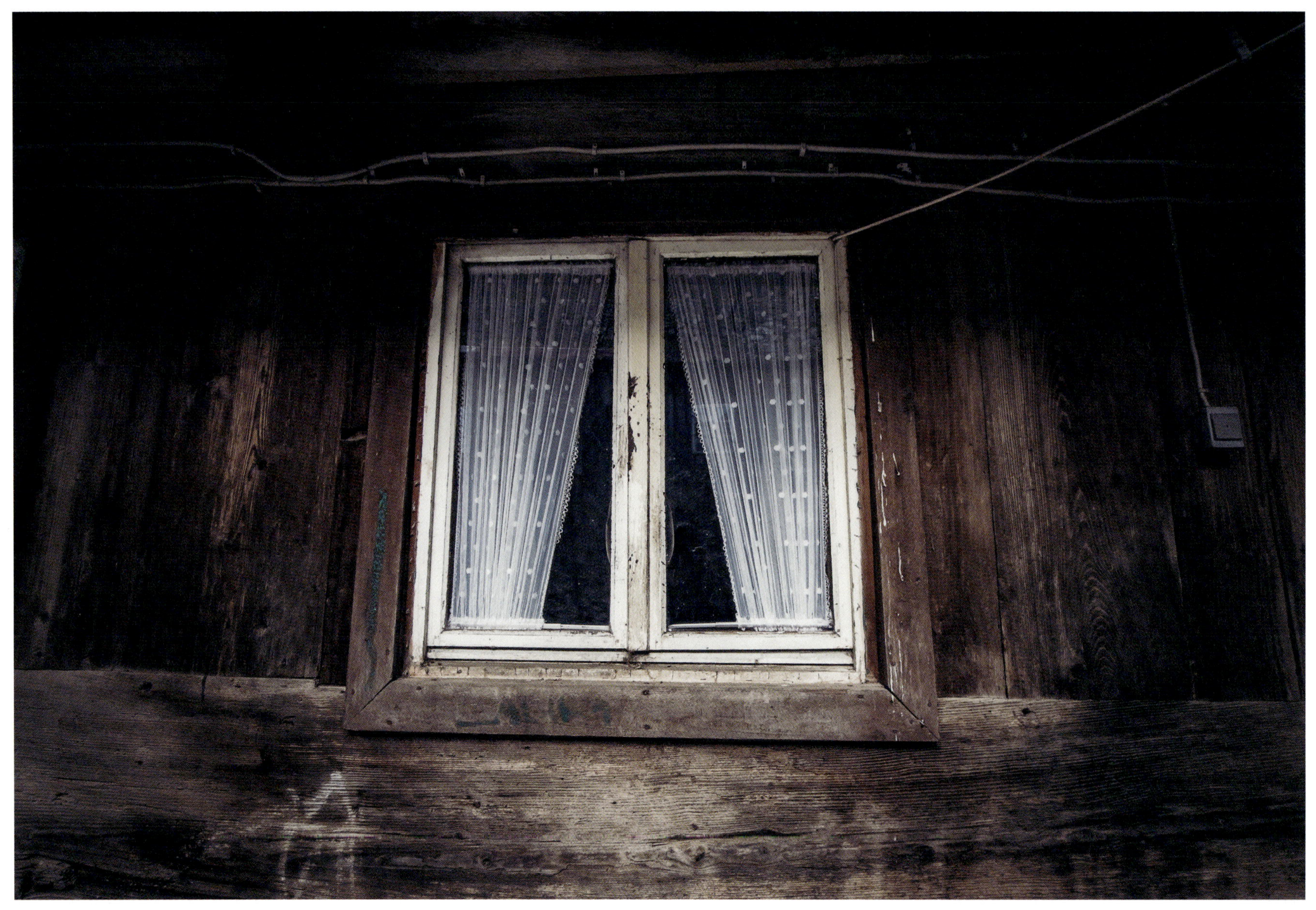

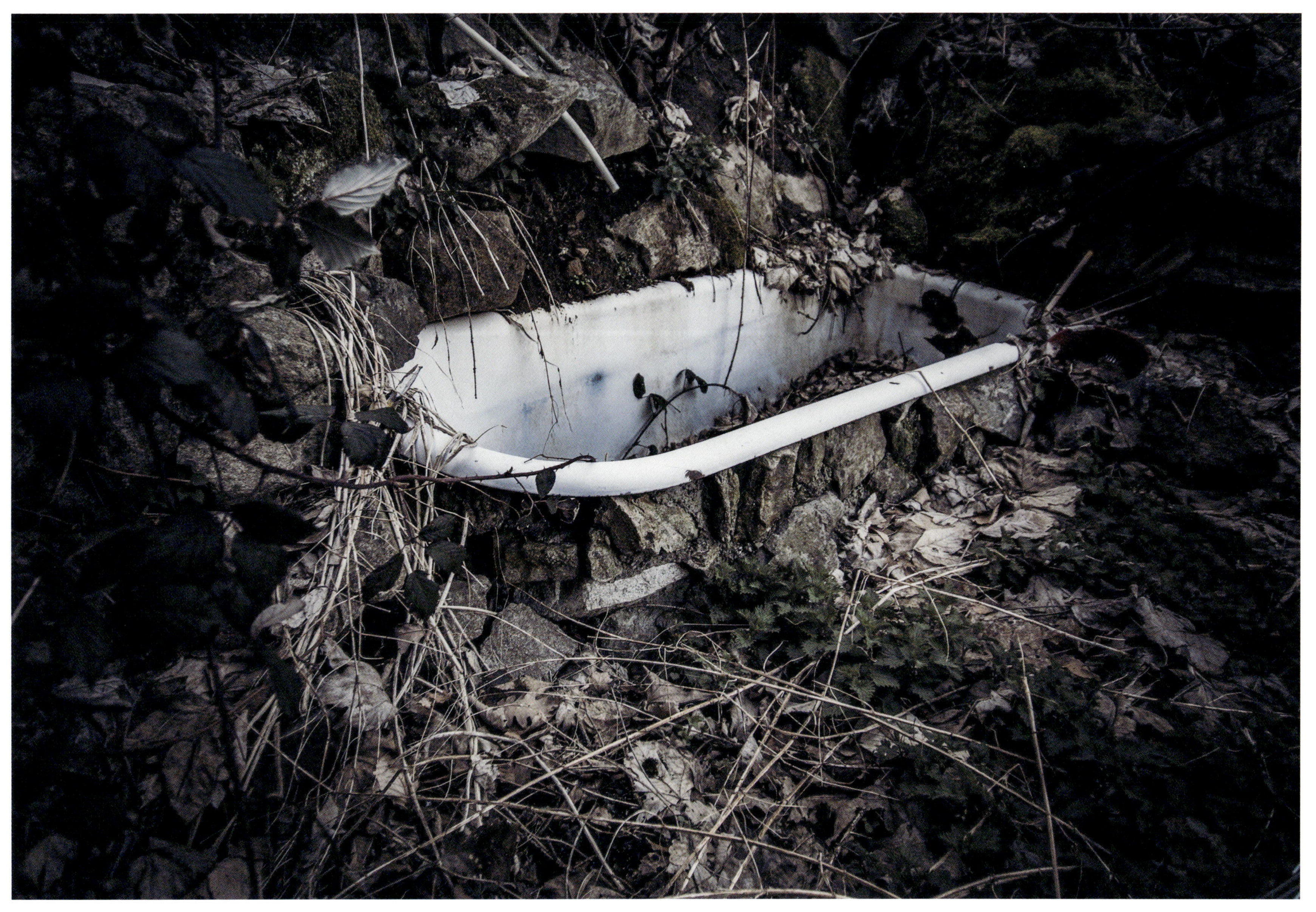

Eine Badewanne wurde zum Trog umfunktioniert

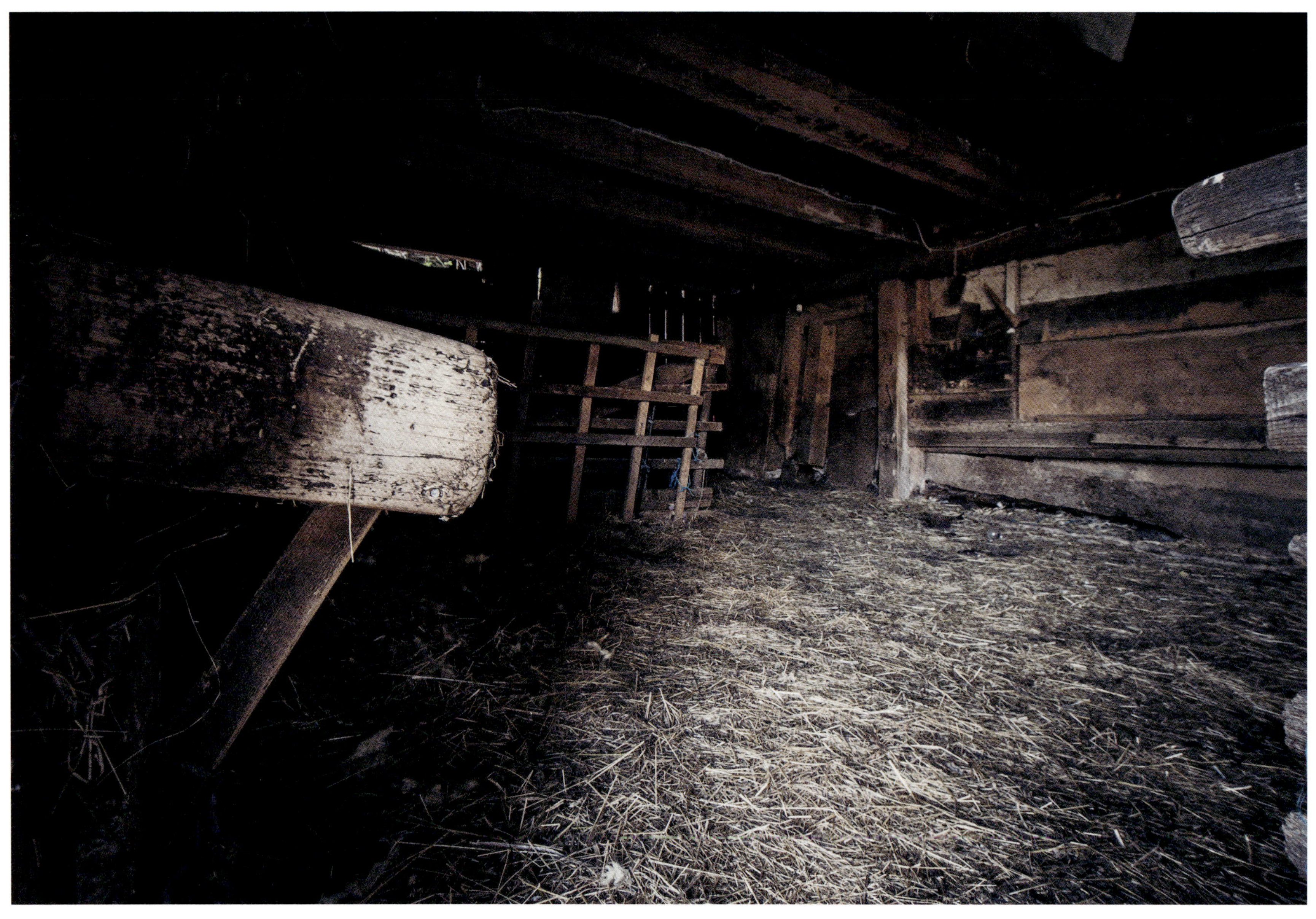

Stall

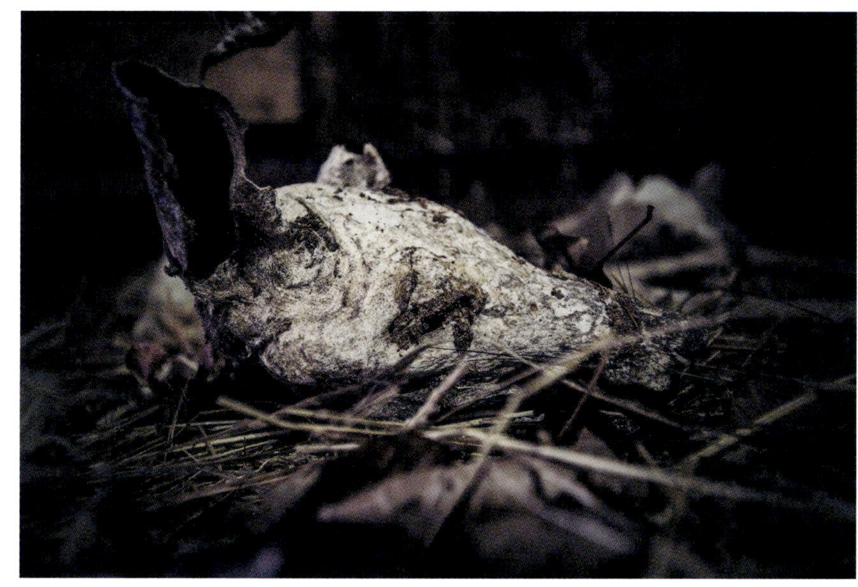

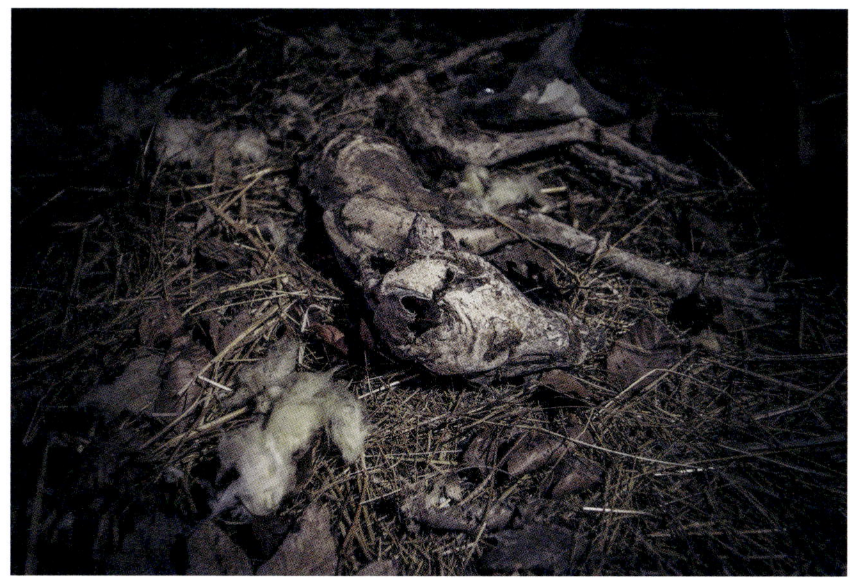

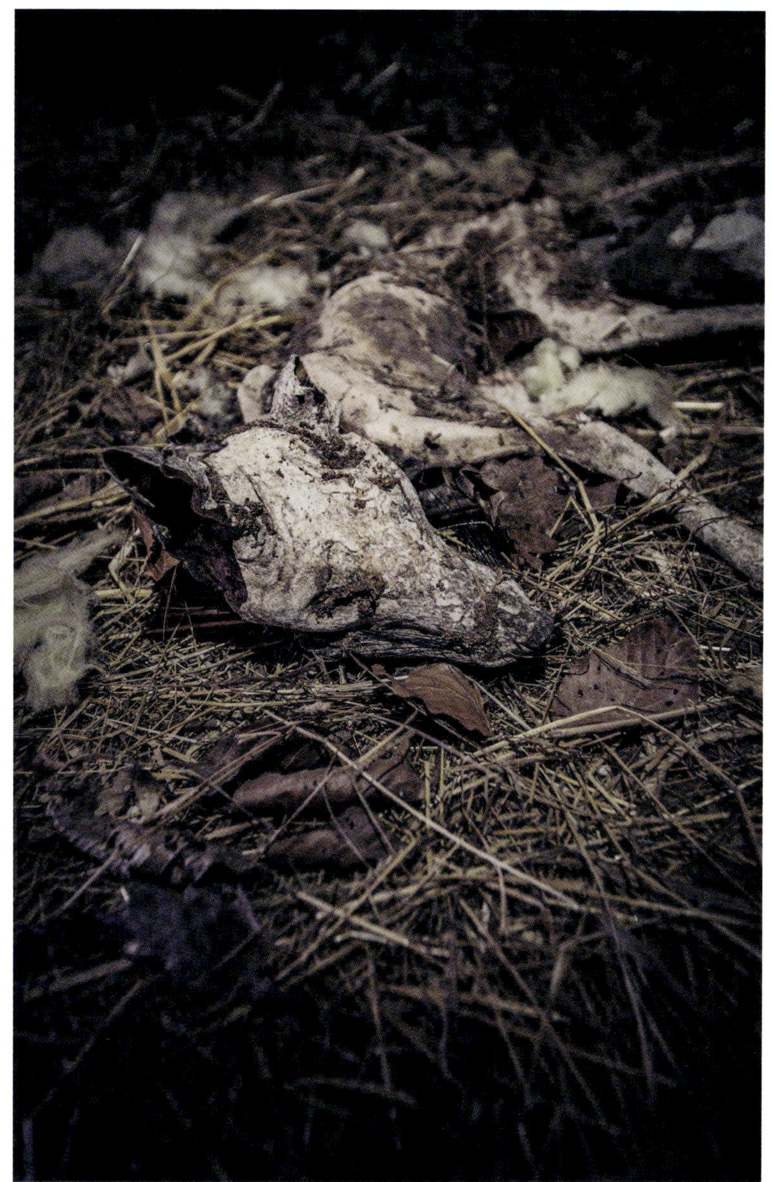

Fuchskopf

Friedlich liegt er im Stroh

Mumifizierter Fuchs

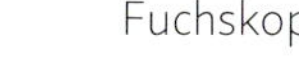

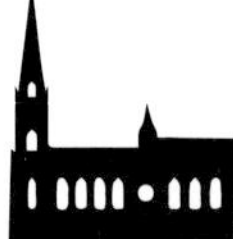

DER NONNENFRIEDHOF

Ein wunderschöner Sommertag ist es, als ich über das Schulgelände gehe. Mein Weg führt an den Wohngebäuden des Internates vorbei in den angrenzenden Wald. Über einen kleinen Weg gelange ich zu meinem Ziel, zum kleinen verlassenen Nonnenfriedhof im Wald.

Die Schule, auf deren Grundstück er liegt, war früher ein Mädchenheim, in dem der Orden »Schwester vom Guten Hirten« tätig war. Nach der Schließung des Mädchenheims wurden einige Nonnen zum Orden zurückberufen. Einige blieben bis an ihr Lebensende in der Schule beziehungsweise im Internat und wurden dort, wie auch andere zuvor, beerdigt.

Die Sonne scheint durch das dichte Blätterwerk der Bäume und zaubert eine besondere warme Stimmung an diesem Ort, der eine unfassbare Ruhe ausstrahlt. Ein Ort ohne pompöse Gräber oder imposante Bepflanzung, aber nicht weniger schön, sondern im Gegenteil. Als ich mir die Gräber anschaue, überkommt mich ein Gefühl von Wärme, und irgendwie spüre ich keine Trauer, wie auf einem »normalen Friedhof«, sondern es ist ein Gefühl von Glück und Dankbarkeit, so einen wundervollen verlassenen Ort besuchen und fotografieren zu dürfen. Nachdem ich meine Kamera wieder verstaut habe, setze ich mich auf die Bank, die zum Verweilen einlädt, genieße die Ruhe, bevor es wieder in den oft lauten und hektischen Alltag zurückgeht.

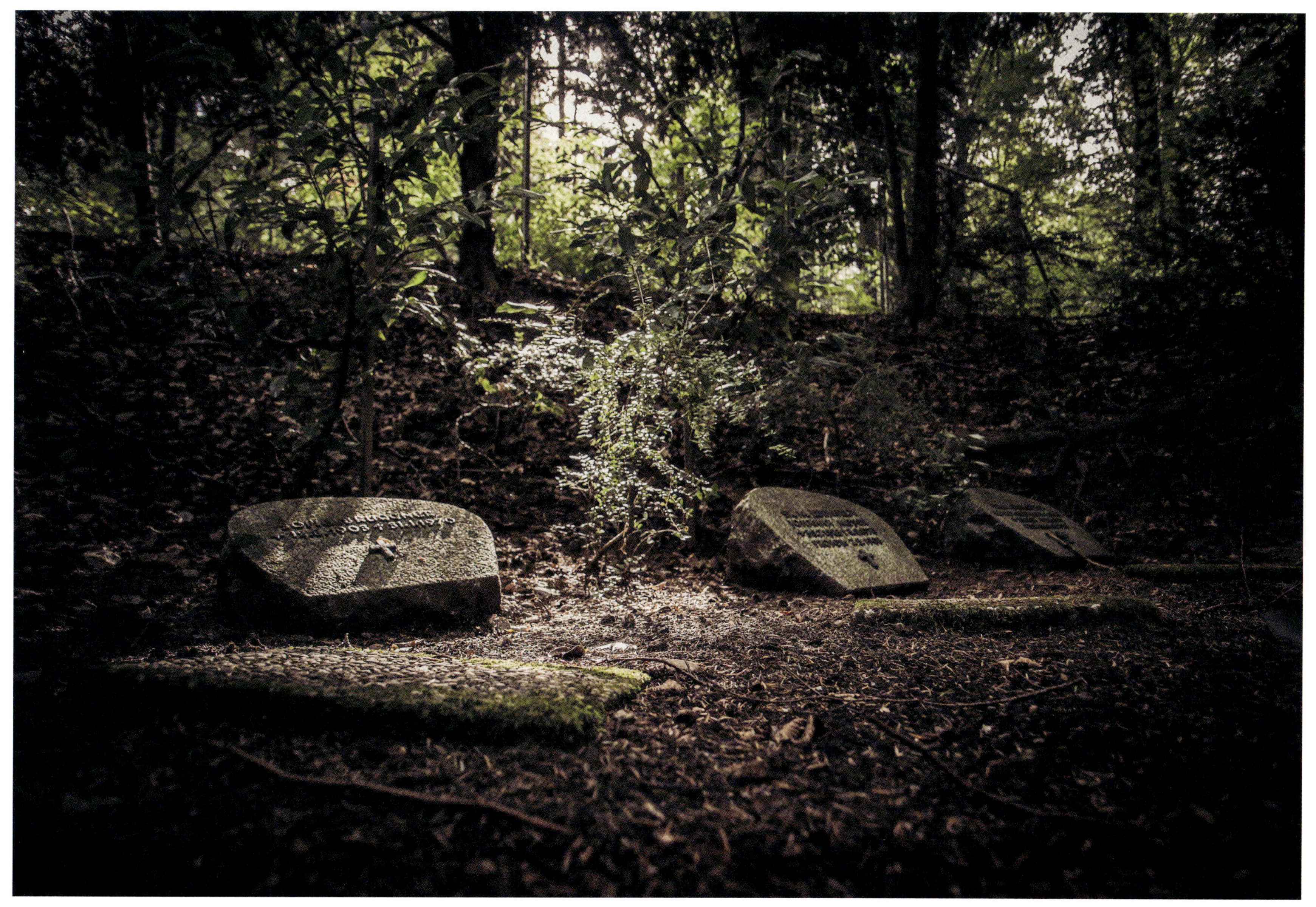

Grabsteine

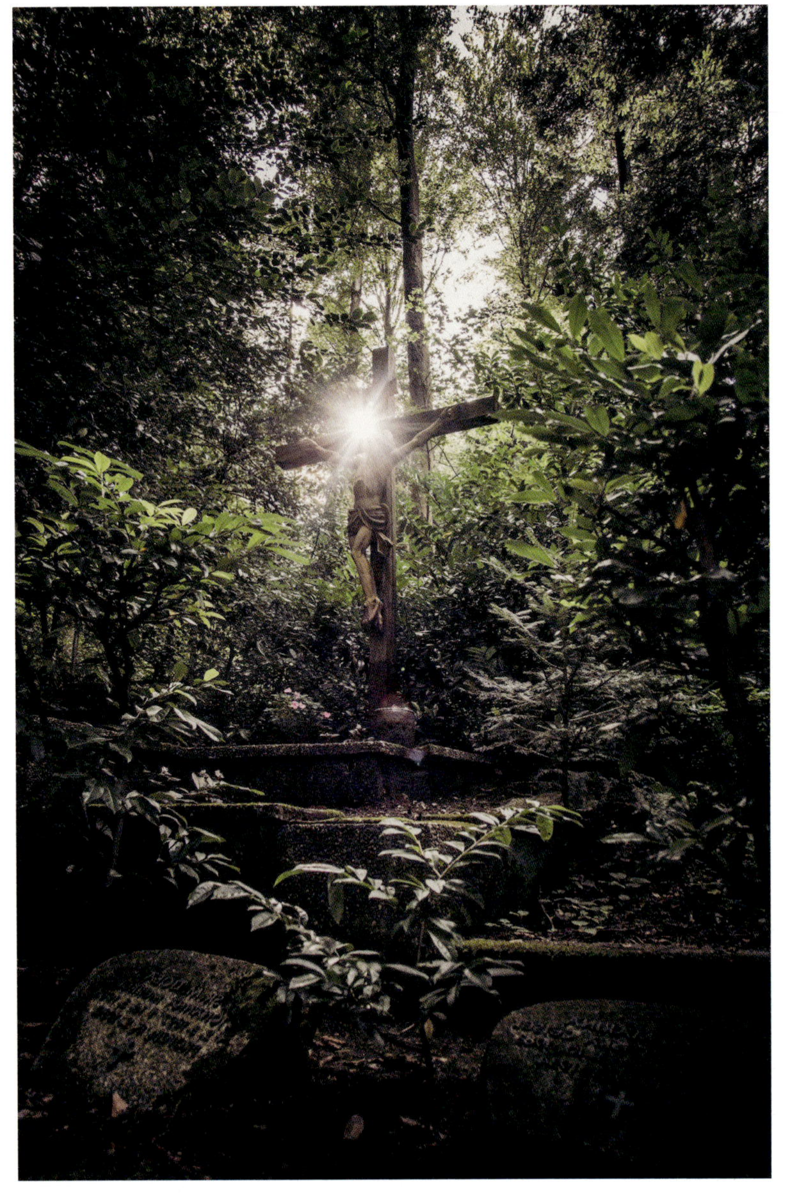

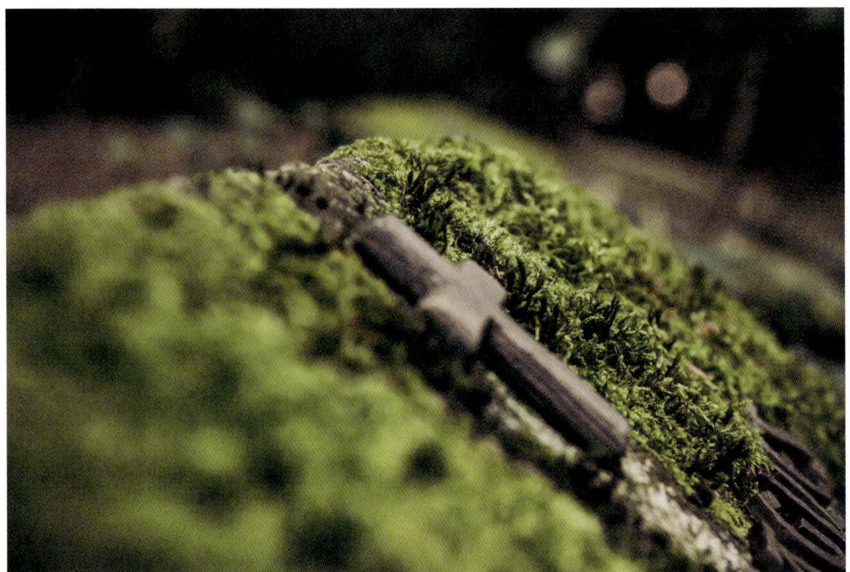

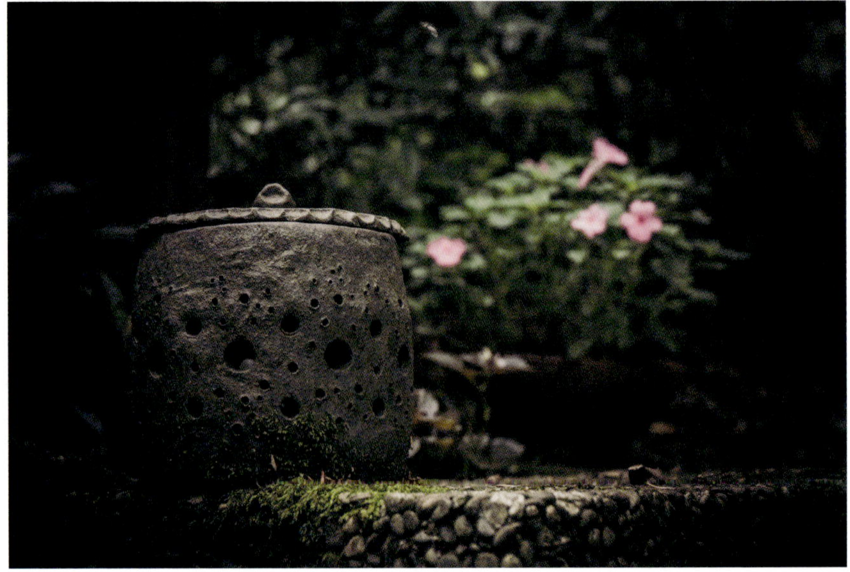

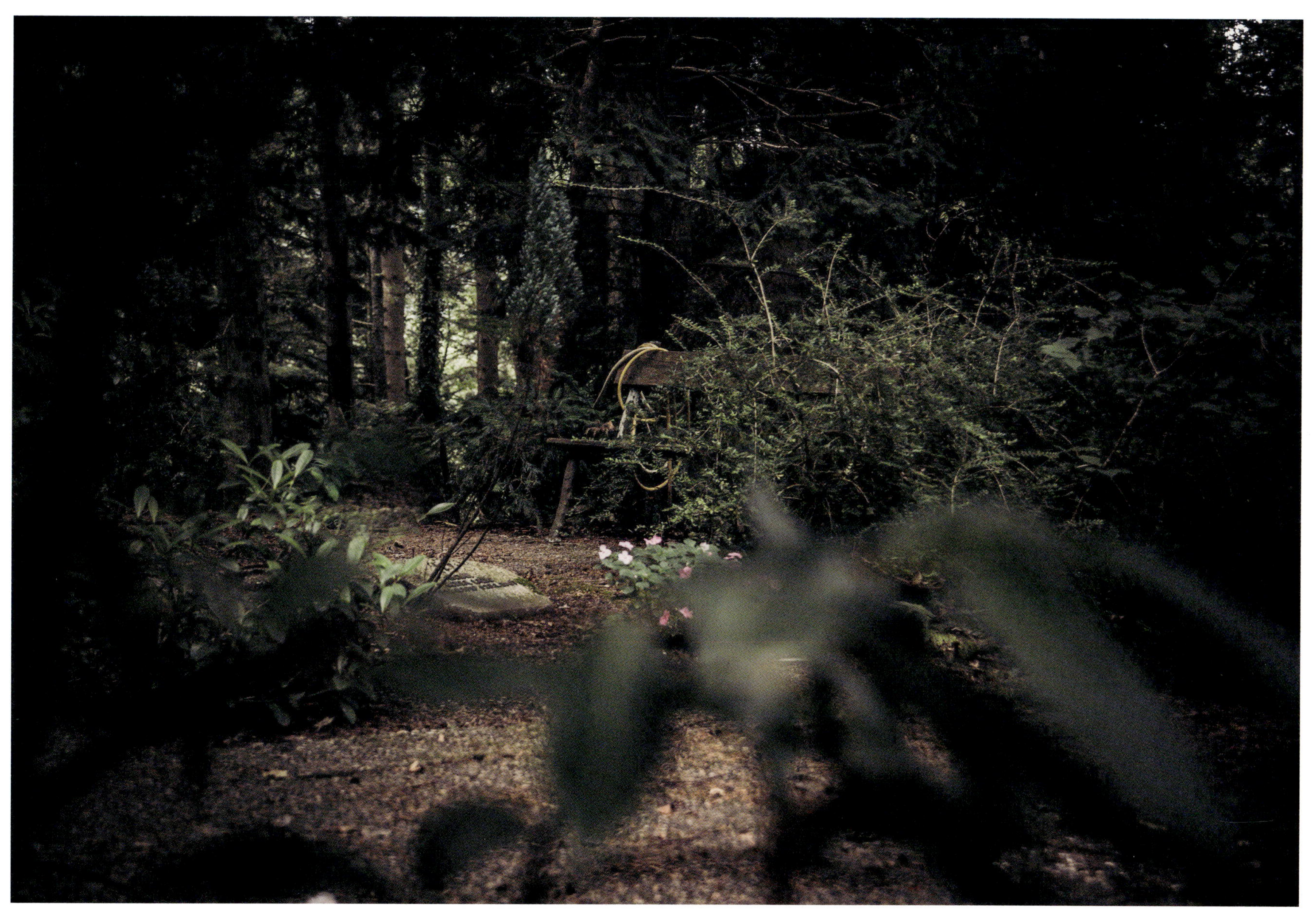

Eine Bank lädt zum Verweilen ein

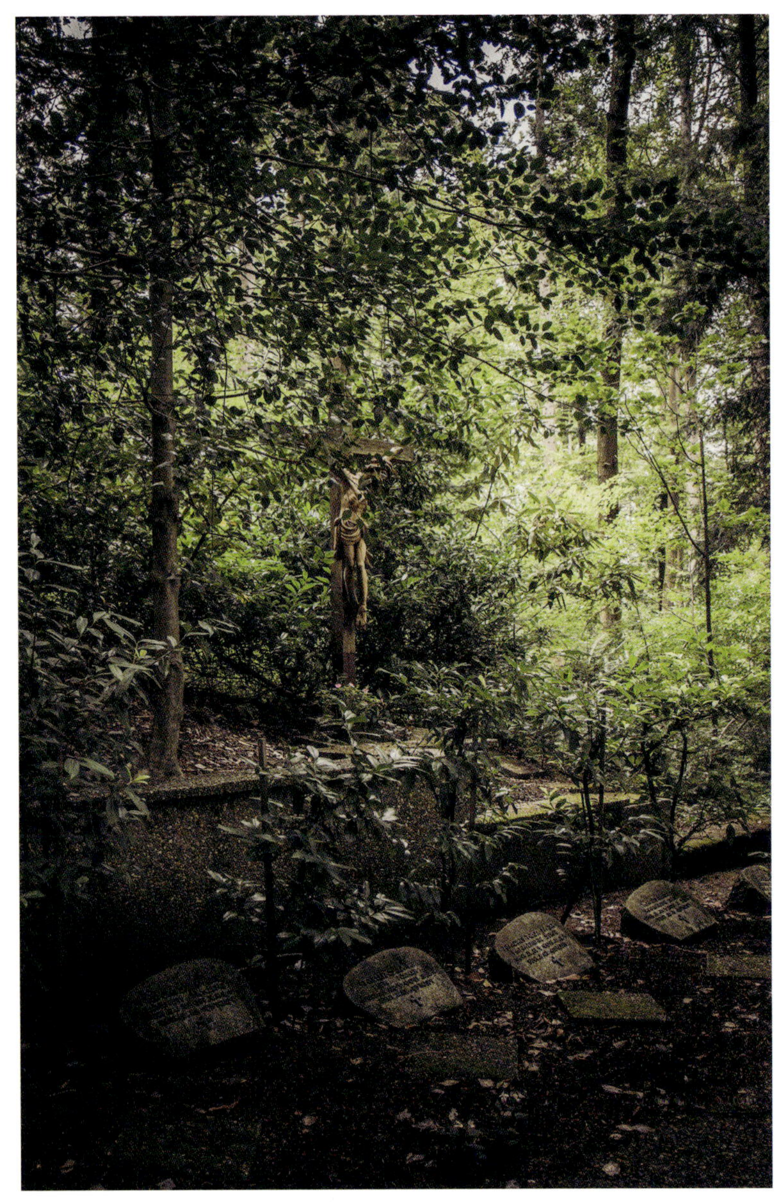

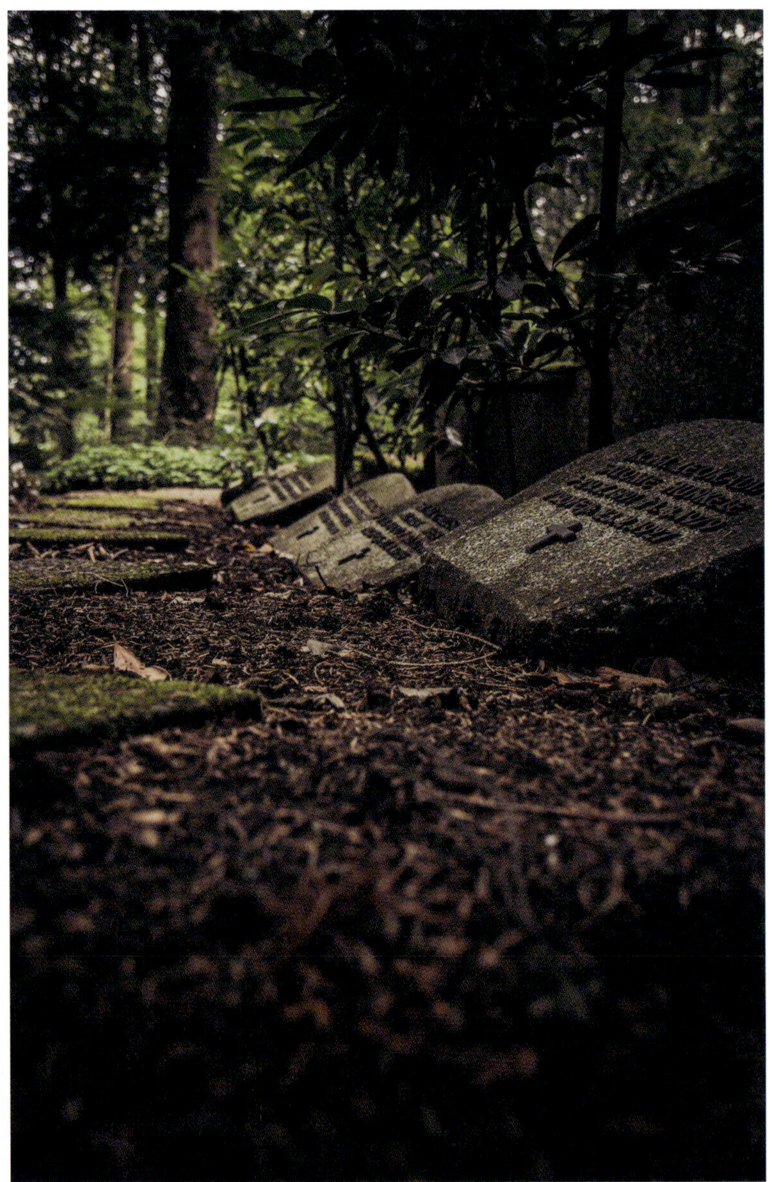

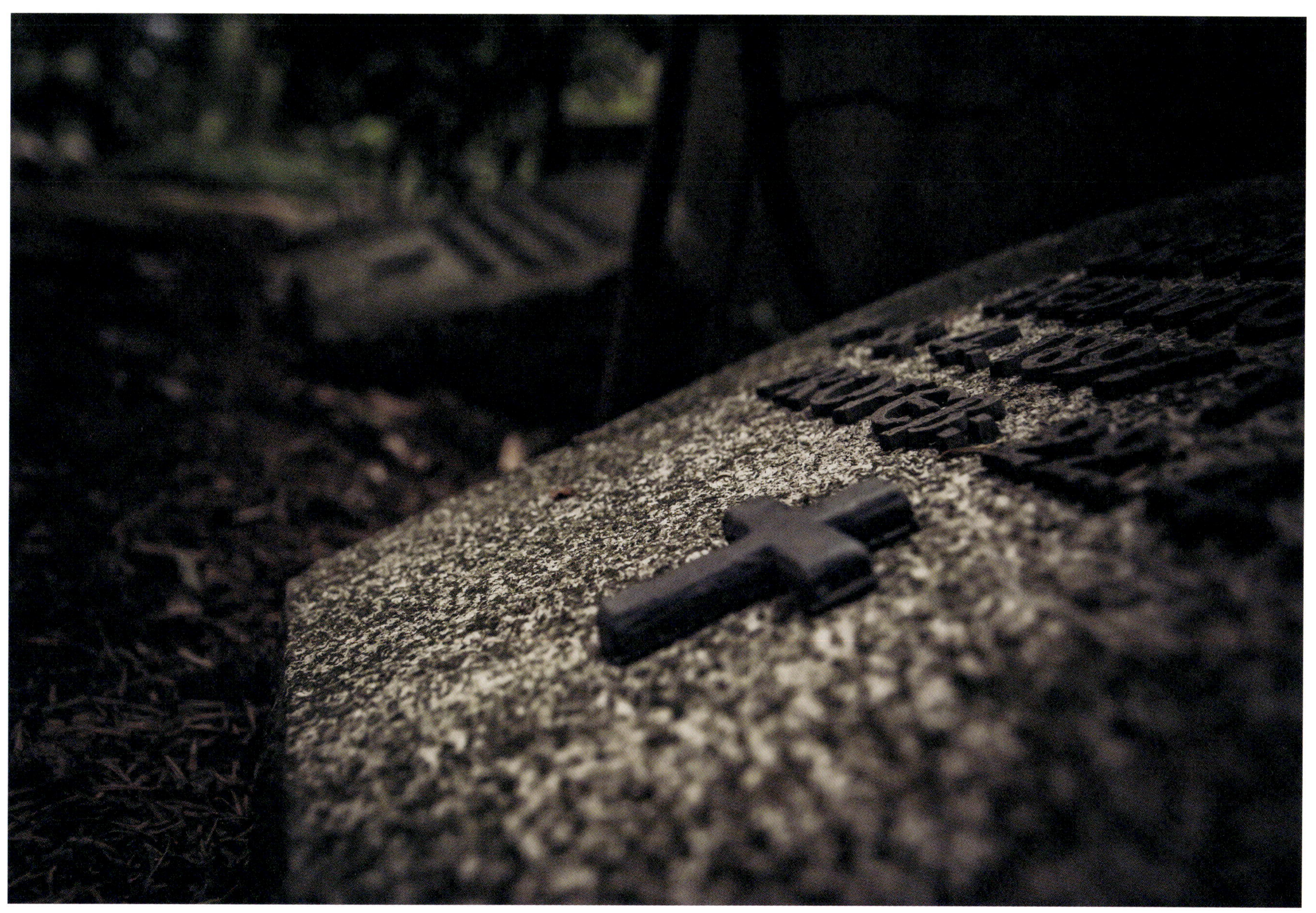

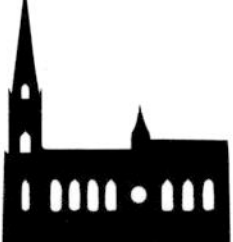

DIE MÜHLE IM DORF

Schon von Weitem sieht man die alte Mühle am Ortseingang. Es ist ein großes Gebäude, das seine besten Zeiten schon lange hinter sich gelassen hat. Ich bin ohne große Erwartungen zu diesem Ort gefahren, doch ich werde mit einem wunderschönen Lost Place überrascht. Ohne Vandalismus, nur natürlicher Verfall. Im unteren Stockwerk gab es eine Küche, in der allerdings nur noch ein alter Herd steht. Durch einen kleinen Gang kommt man an den Kanal und zur Mechanik, die den Mühlstein antrieb. Die Mühle wirkt etwas baufällig und ich bin skeptisch, ob wir wirklich bis in die oberen Stockwerke kommen werden und ob es dort noch etwas zu sehen gibt. Vorsichtig testen wir die ersten Treppenstufen und gehen vorsichtig in die oberen Stockwerke. In einem der Wohnräume, die zur Mühle gehören, sehe ich einen Kinderstuhl stehen. Beim Näherkommen entdecke ich darin eine Puppe, die auch in einem Horrorfilm eine Rolle spielen könnte. Sie ist komplett verrußt und die stahlblauen Augen starren in den Raum. Während ich einen alten vergilbten Zeitungsbericht, der als Tapete dient, in der Zimmerecke fotografiere, habe ich immer das Gefühl, beobachtet zu werden, und entscheide dann schnell, die weiteren Räume der Mühle zu erkunden. Es müssen auch Kinder im Gebäude gelebt haben, denn es gibt in einem der Räume eine Biene-Maja-Tapete. In der Mühle wurde also gearbeitet und zeitgleich gelebt, wie es früher oft üblich war. Nach dem Besuch der Wohnräume führt mich mein Weg in die Betriebsräume und mein Herz geht auf, denn dort stehen vollständig erhaltene Getreidemühlen. Nur die Spinnweben und abgeblätterte Farbe weisen darauf hin, dass der Betrieb schon lange eingestellt wurde. Während ich die Mühle weiter erkunde, stelle ich mir die Frage, warum der Besitzer sich nicht darum kümmert oder den Besitz verkauft. Diese Mühle ist eine Zeitkapsel, die viel über ein altes Handwerk erzählt. Ihr Platz in der Dorfgeschichte dürfte nicht unbedeutend gewesen sein. Doch sie ist dem Verfall ausgesetzt, und es macht nicht den Eindruck, dass es eine Rettung geben wird.

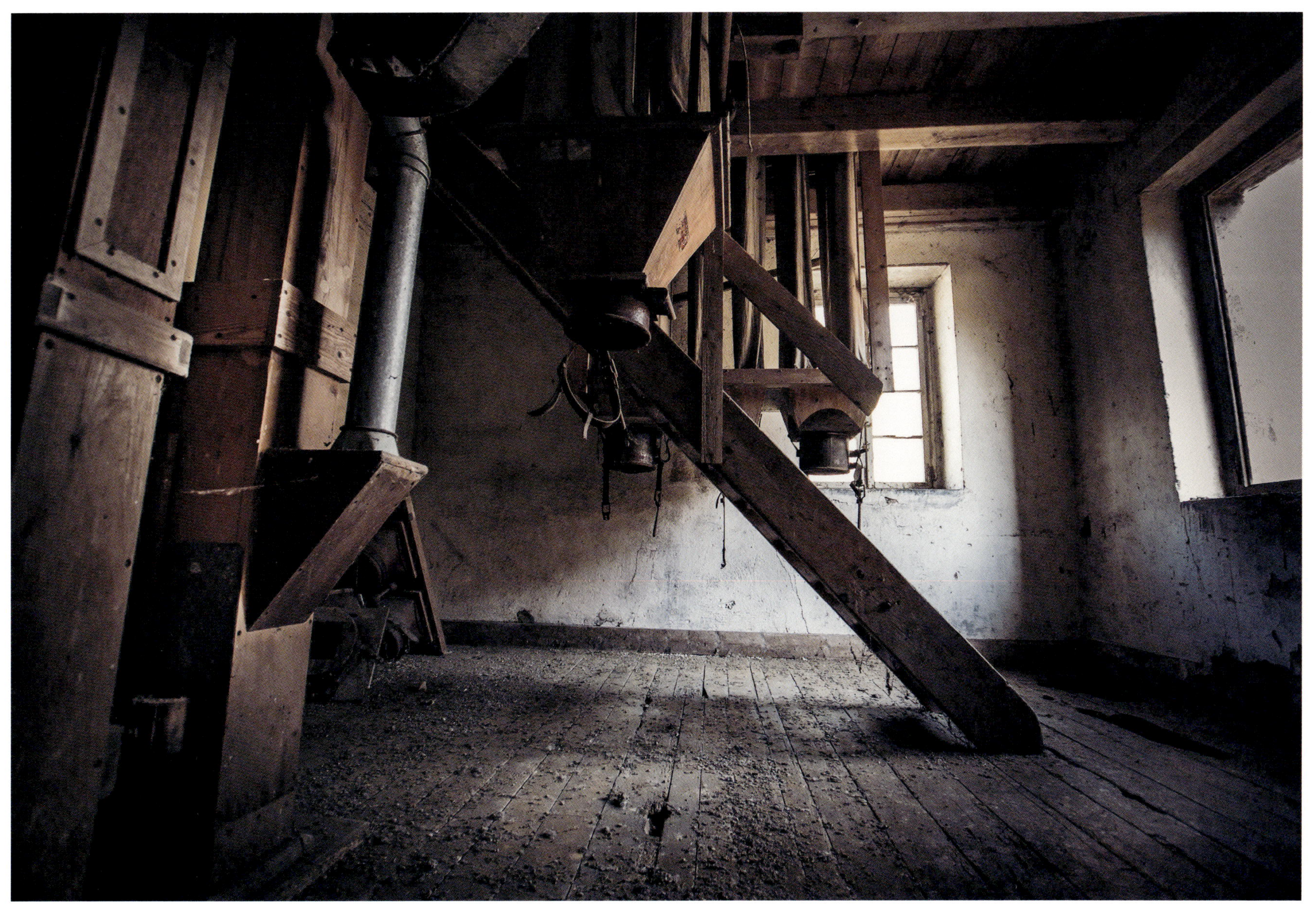

Treppe zum Dachgeschoss der Mühle

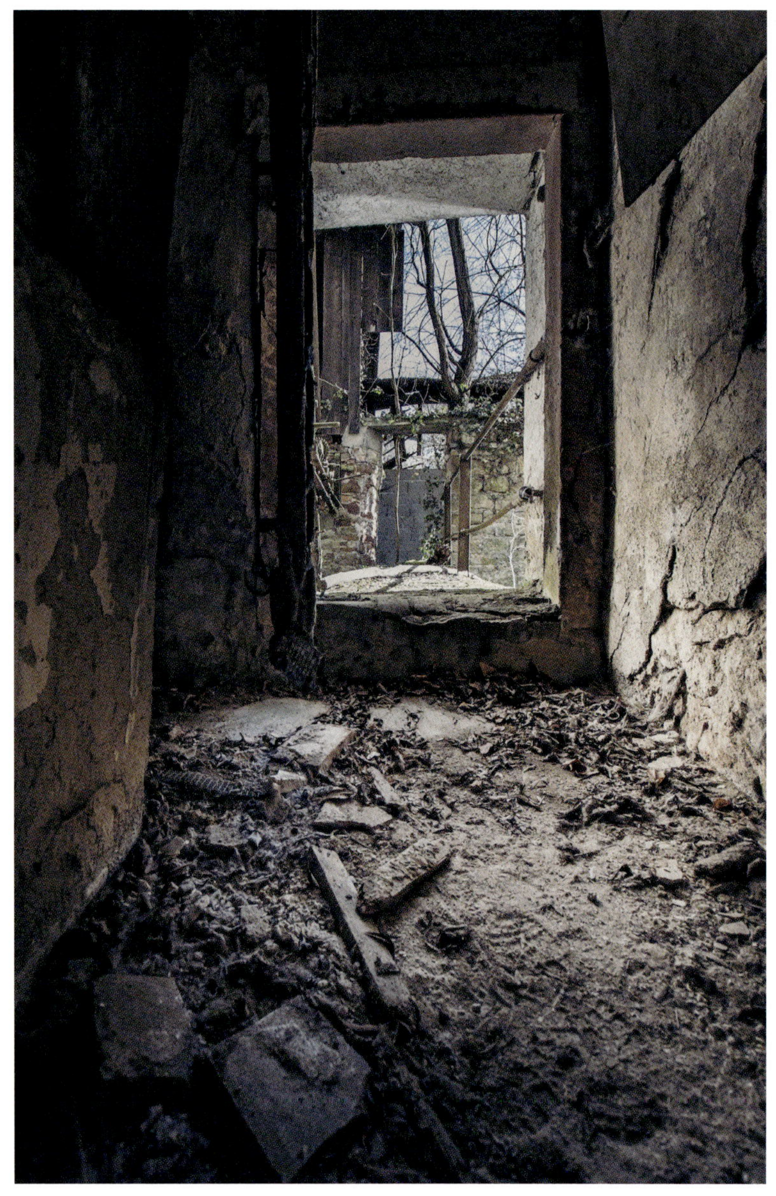

Blick aus der Mühle auf eine Brücke

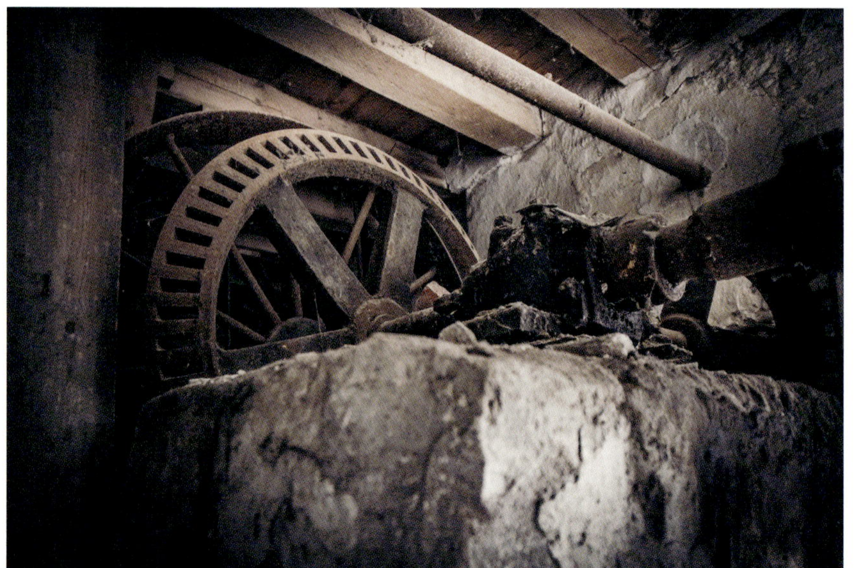

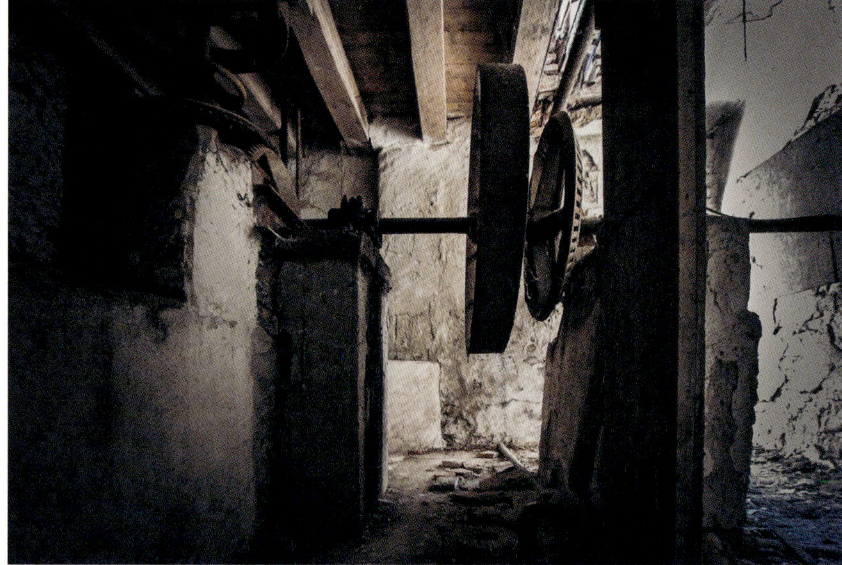

Winkelräder

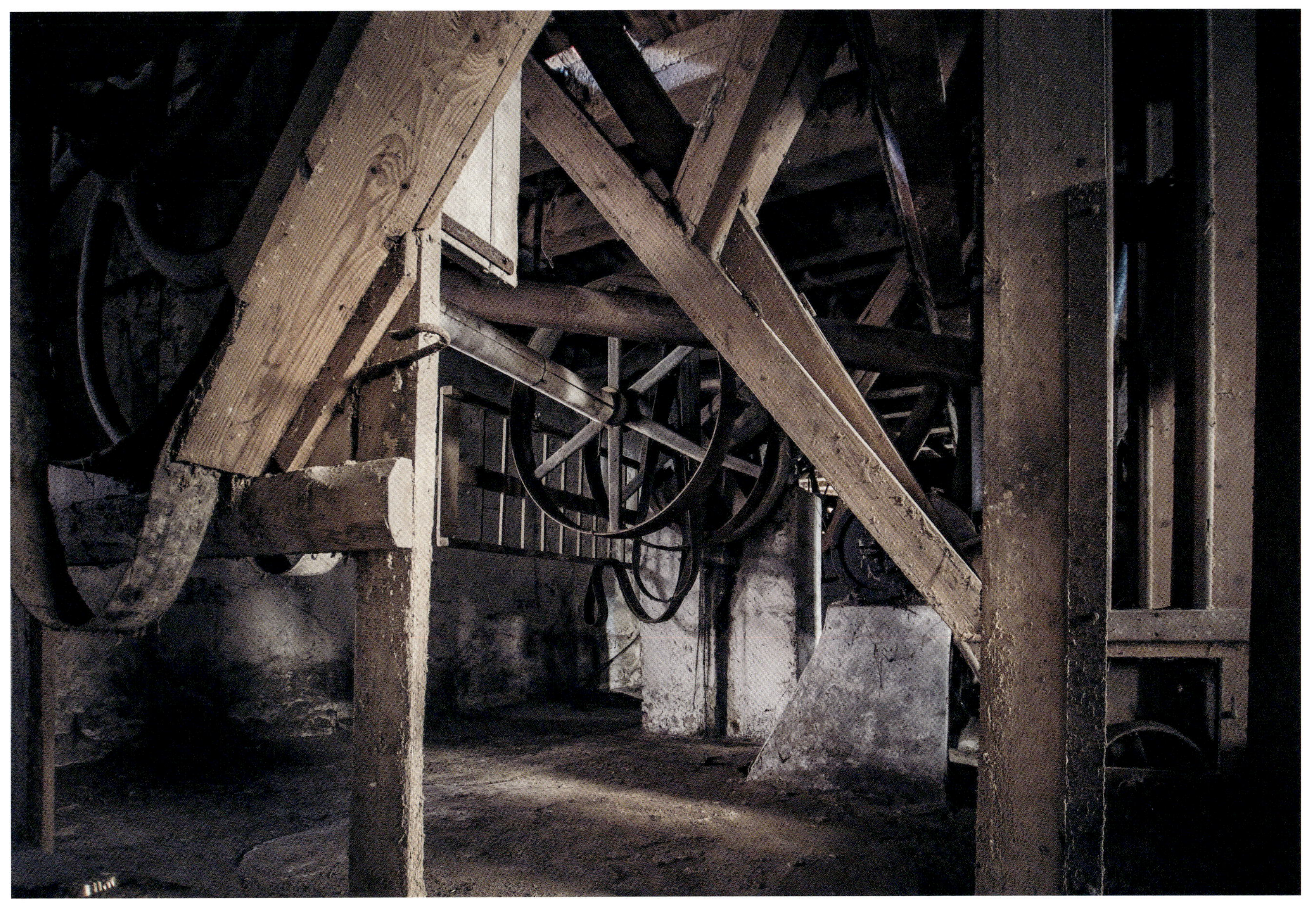

Erdgeschoss

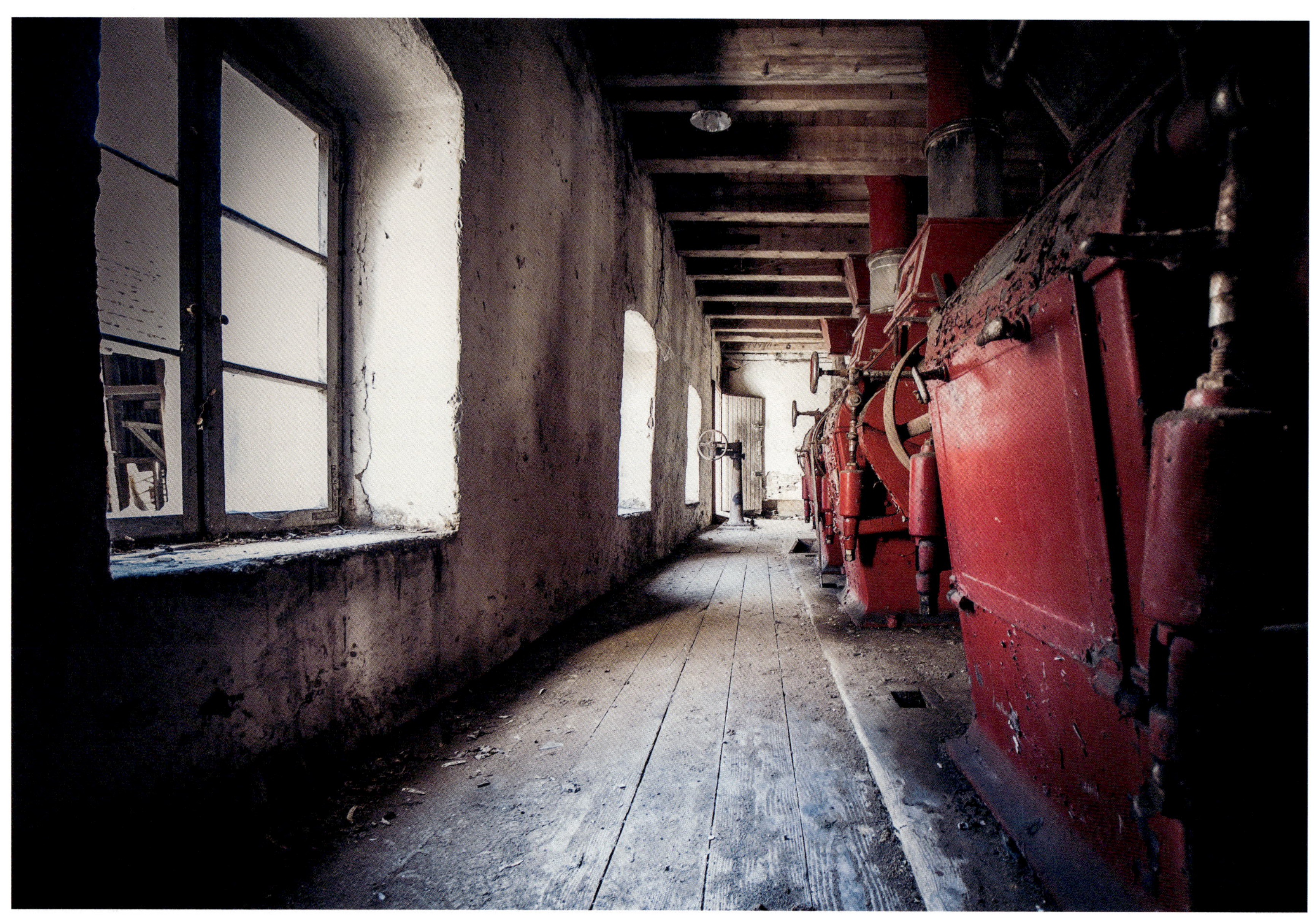

Walzenstühle im Obergeschoss

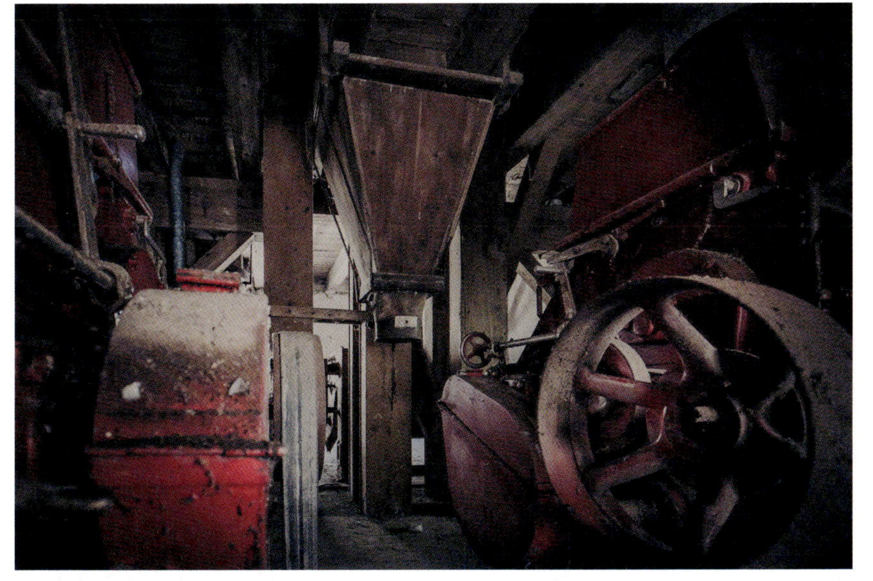

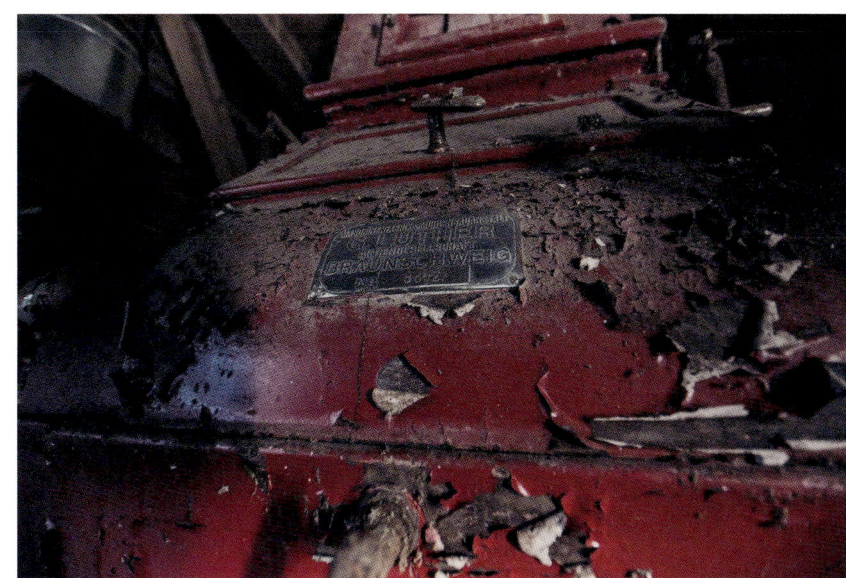

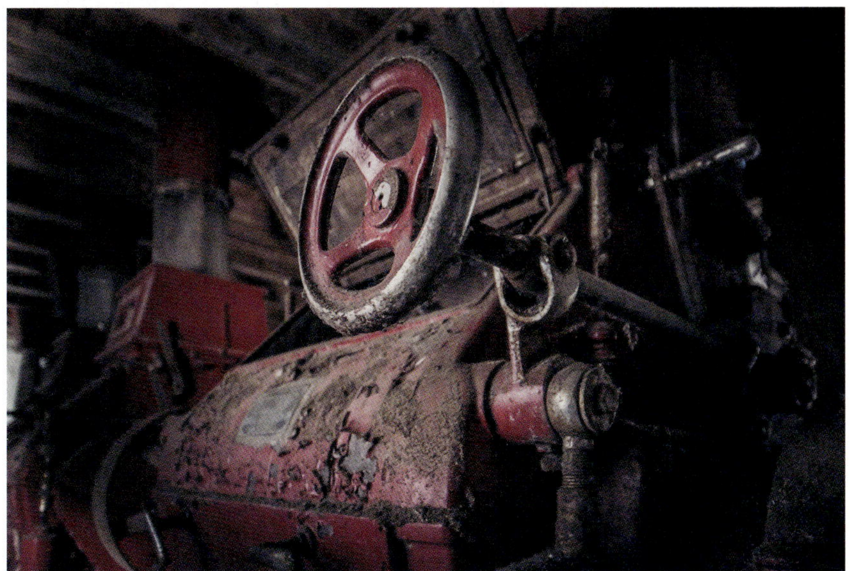

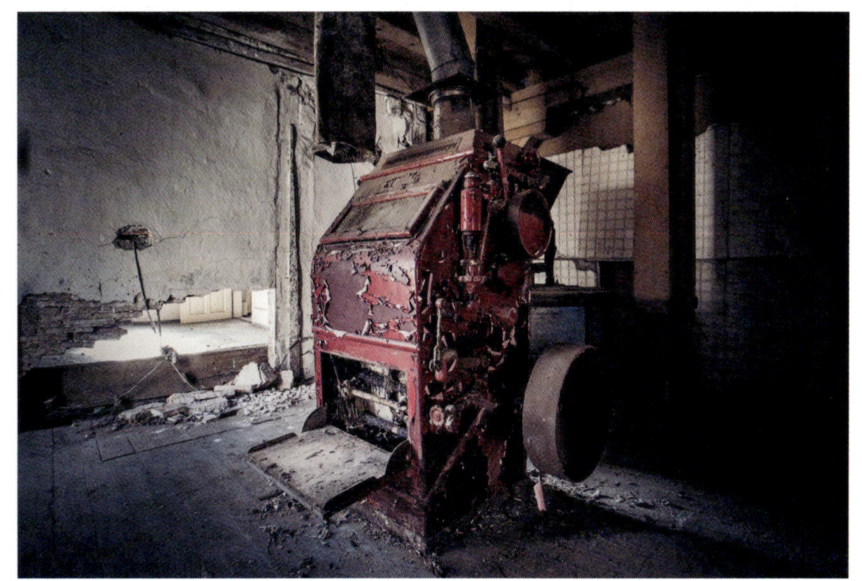

Rückschütt-Vorbehälter

Walzstuhlkurbelrad

Plakette mit Hinweis auf den Walzenstuhl-Hersteller

Walzenstuhl

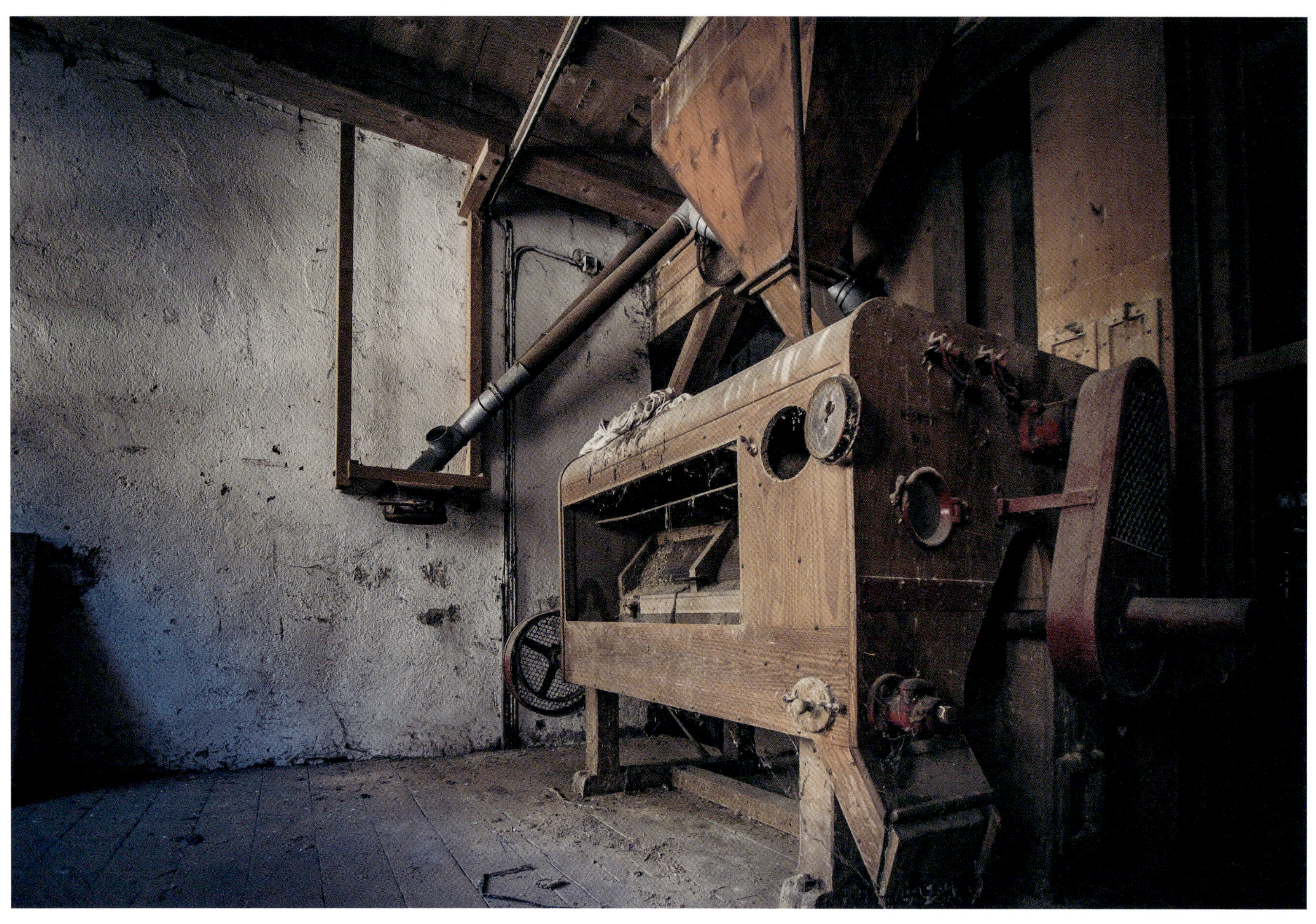

Schälmaschine

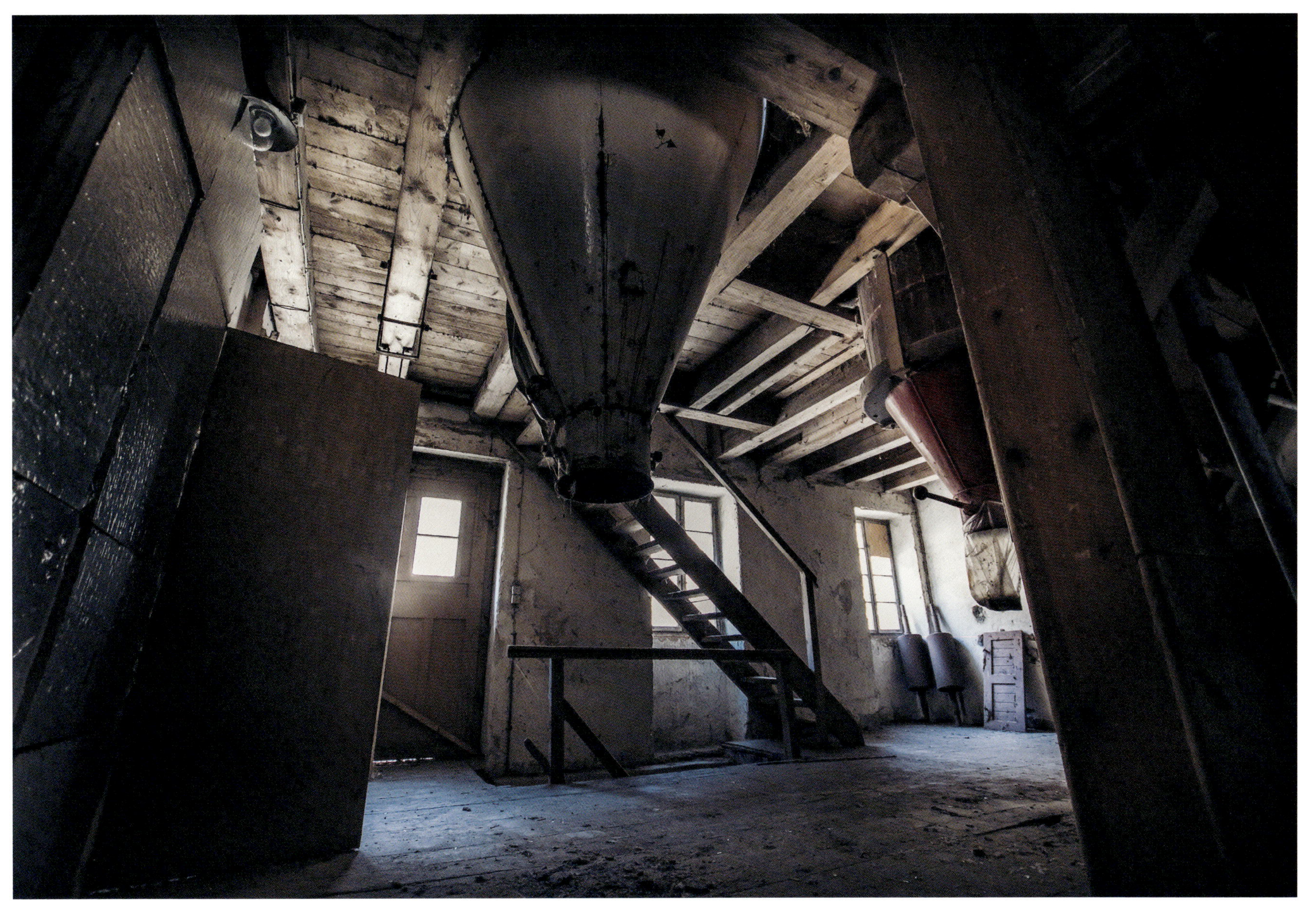

Zweites Obergeschoss

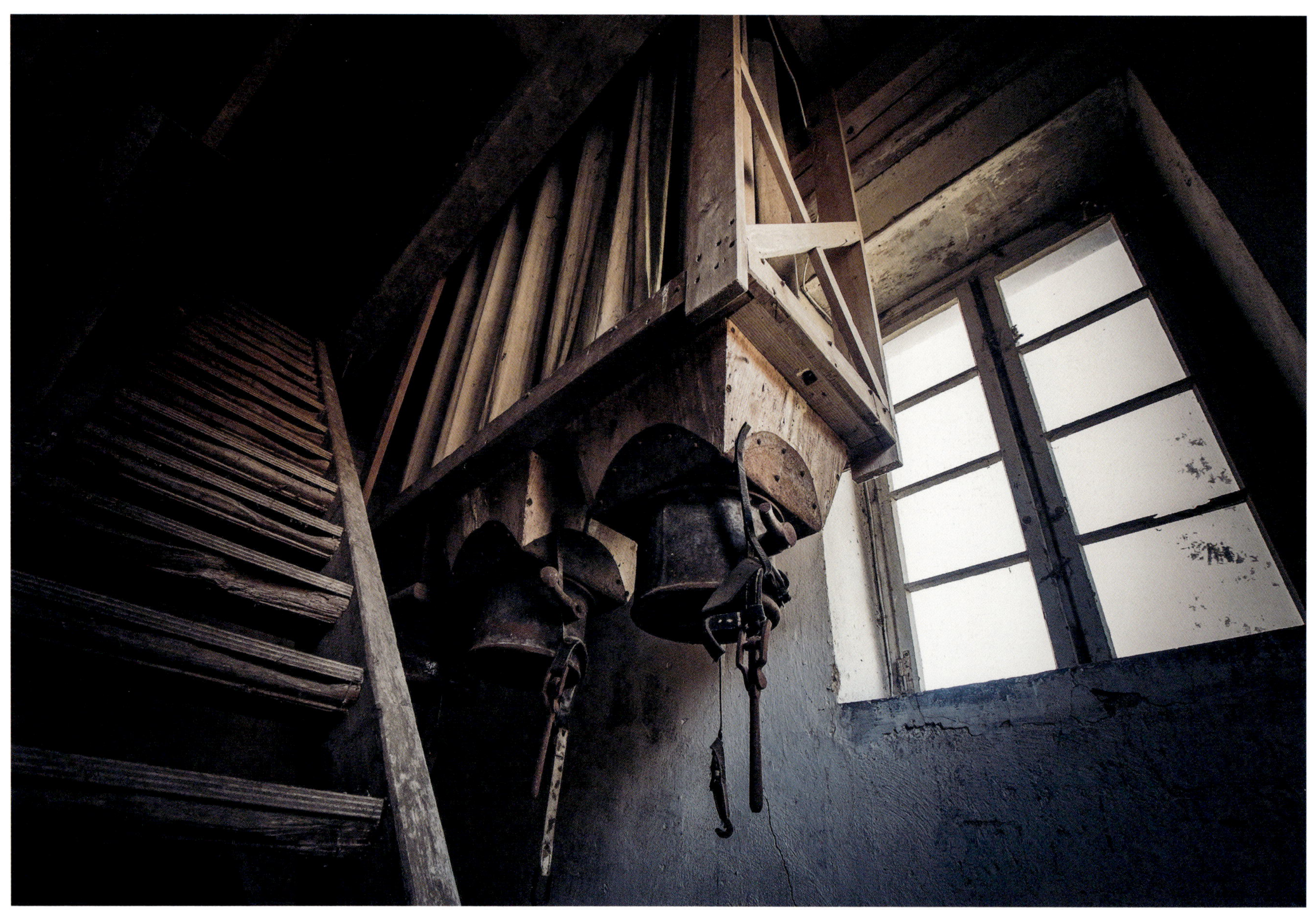

Treppe zum Dachgeschoss

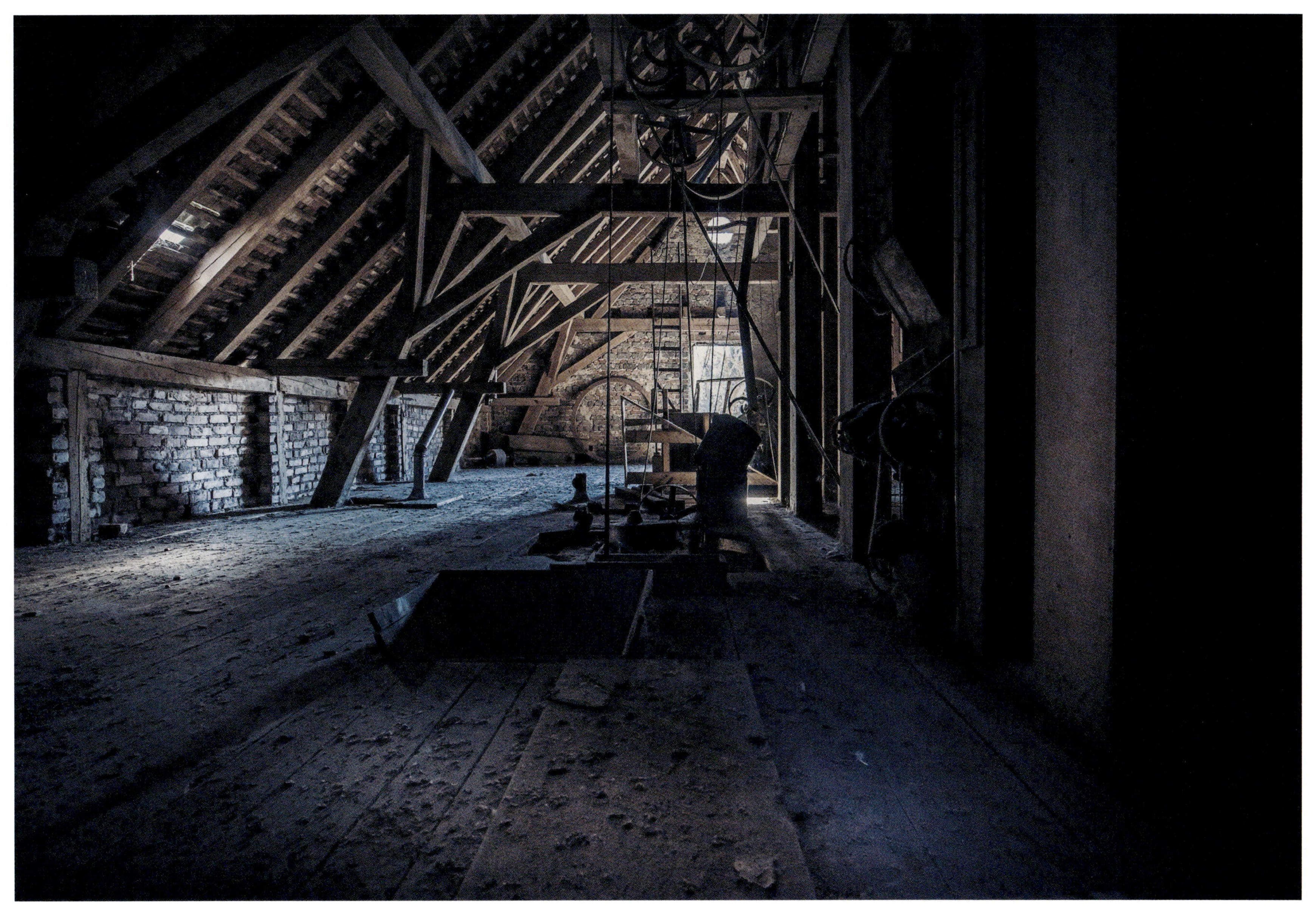

Dachgeschoss

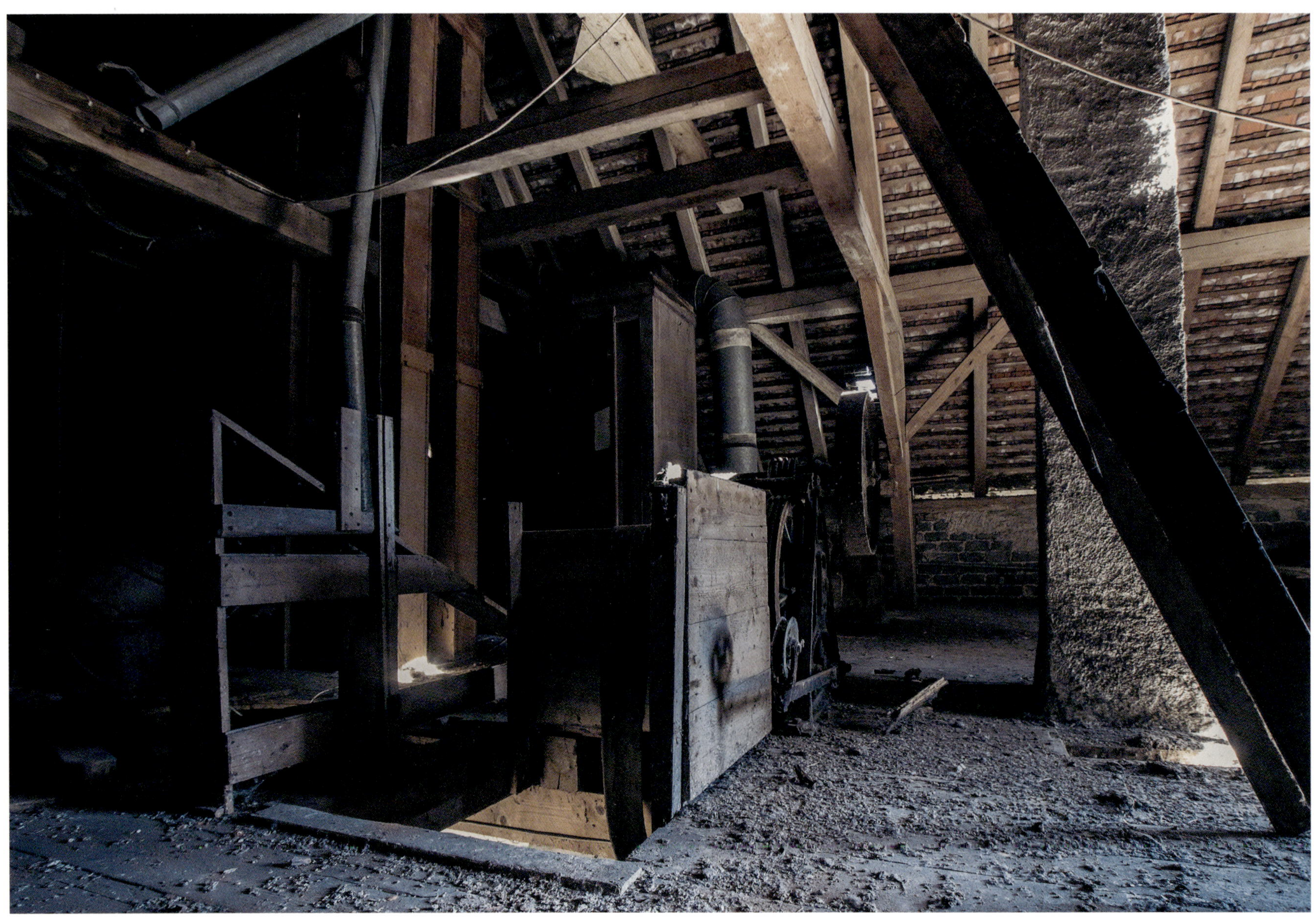

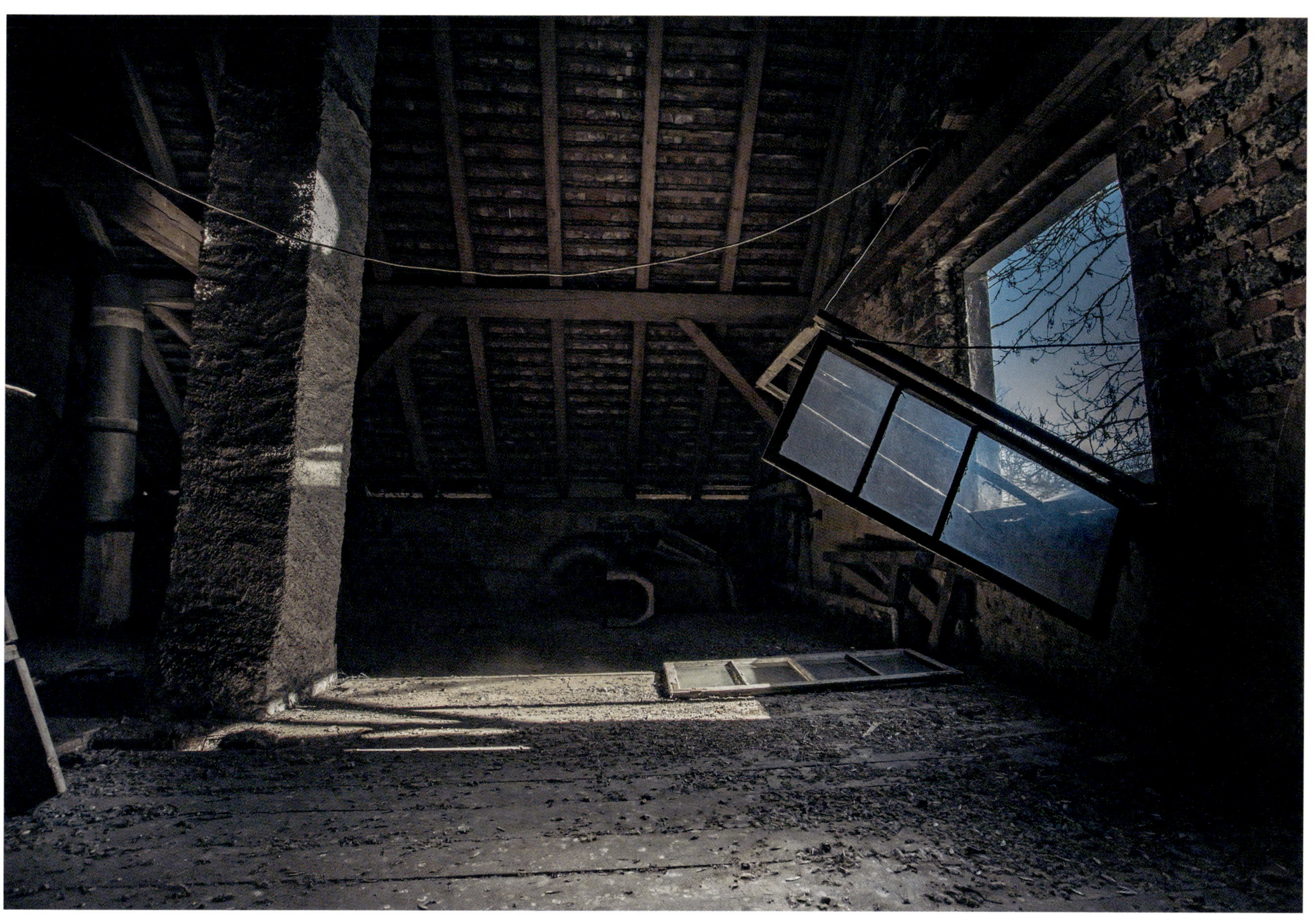

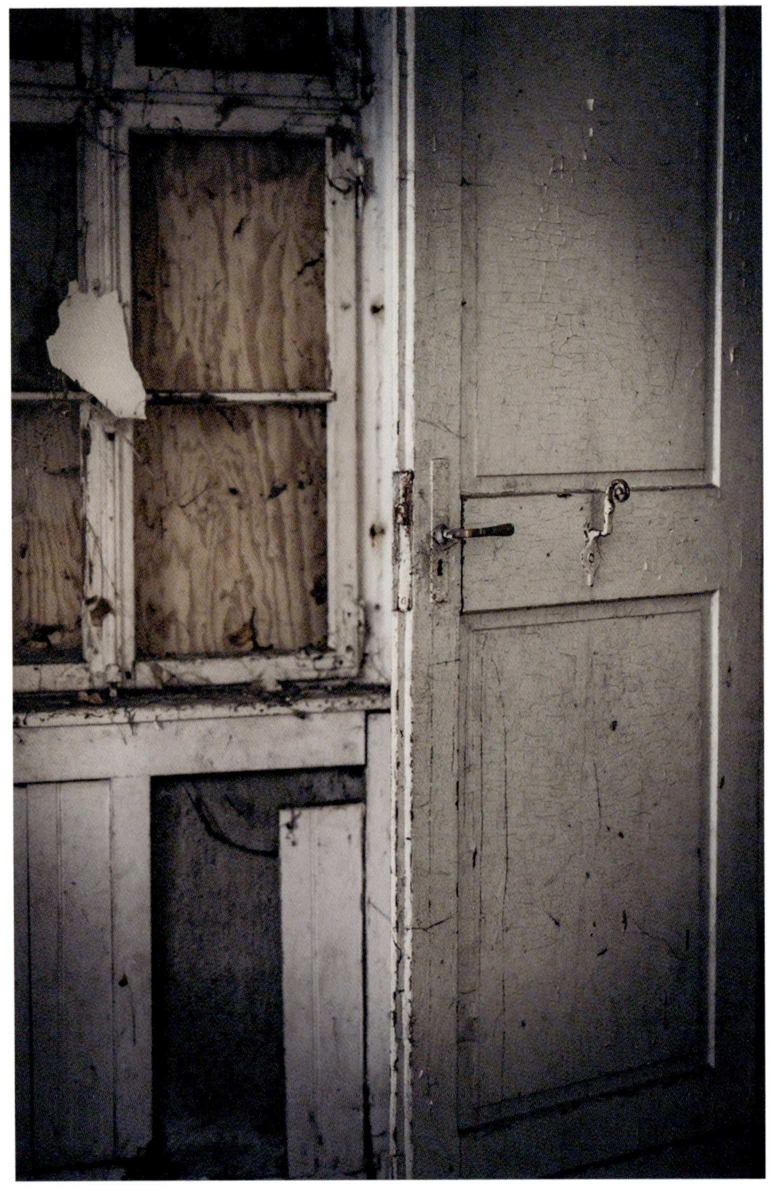

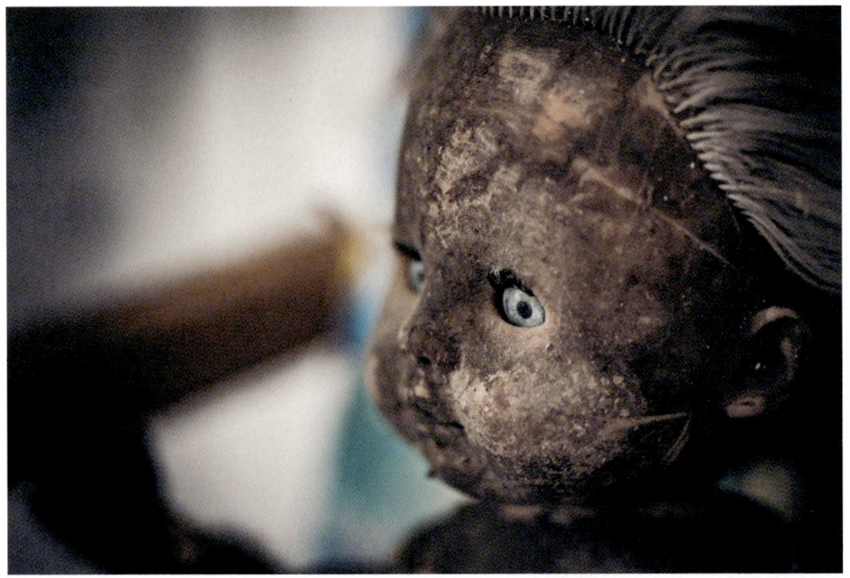

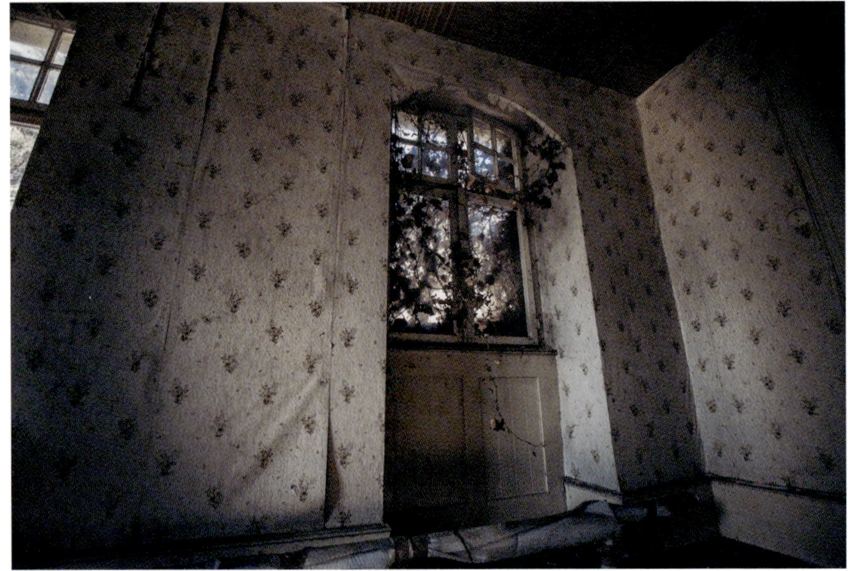

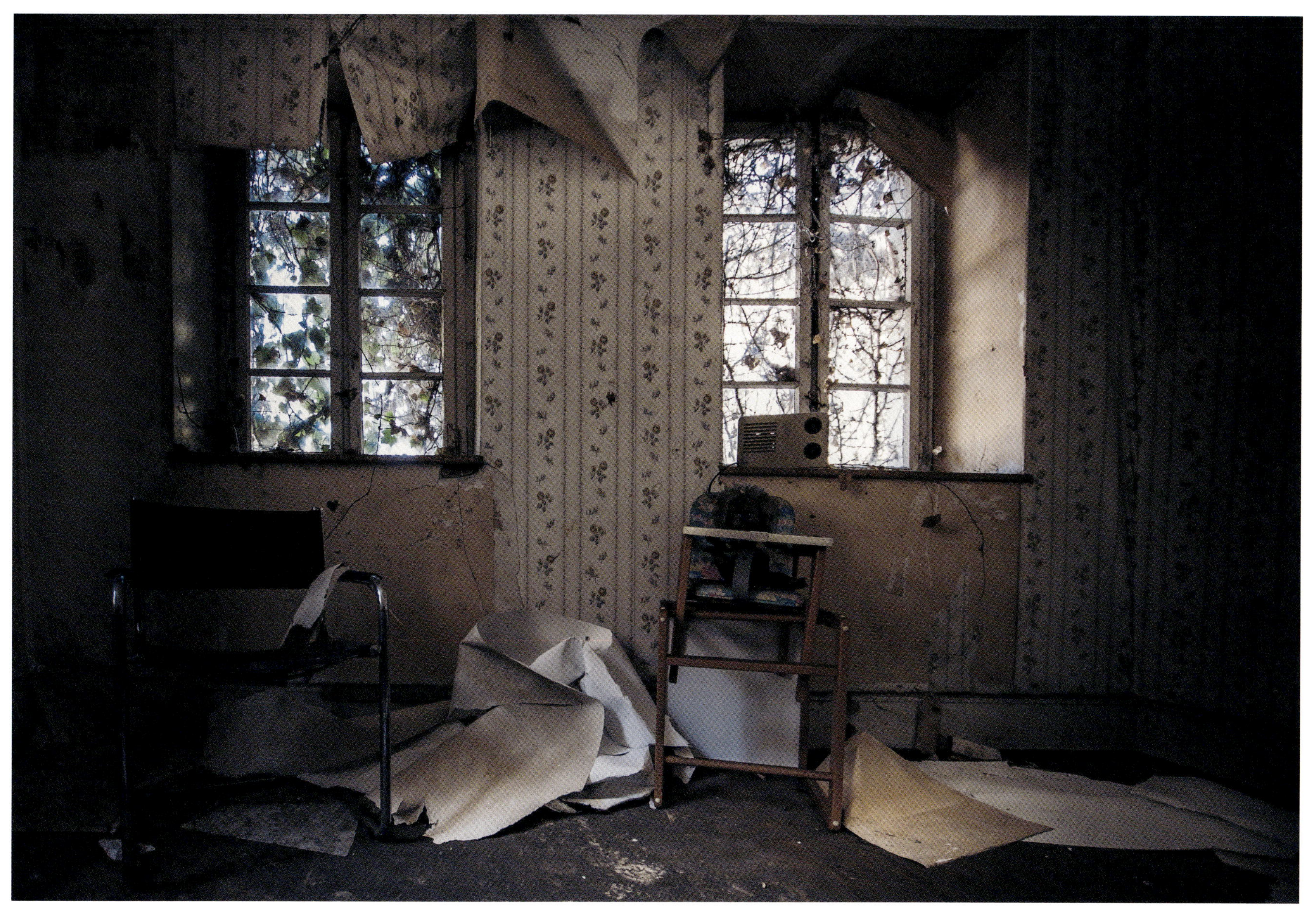

Ein Nebenraum der Mühle

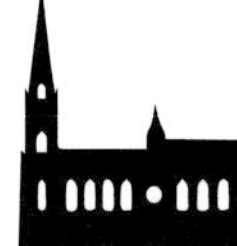

Rätselhaftes Chaos in verlassenen Räumen im Seitental

Kalt ist es an diesem Morgen, als wir das Auto in einem kleinen Waldweg abstellen und zu Fuß zu diesem alten verlassenen Haus gehen. Wir haben ja keine Ahnung, was uns darin erwartet. Von außen sieht es aus wie ein alter verlassener Hof mit Hundezwinger vor dem Haus. Auch ein Gehege für Hühner ist da. Durch einen Seitengang zwischen Gebäude und gemauerter Seitenwand am Berg geht es zum Hintereingang. Die dortige Tür ist tatsächlich offen und wir gelangen direkt in eine Art Badezimmer, in dem ein absolutes Chaos herrscht. Duschgel, Badezusätze, aber auch Schuhe liegen wild verstreut auf dem Waschtisch. Im nächsten angrenzenden Raum herrscht noch mehr Chaos. Ich bin im ersten Moment richtig überfordert, weil ich nicht weiß, wo ich anfangen soll zu fotografieren. In der Ecke des Zimmers steht ein Bett mit einem Nachttisch, und ich entscheide mich, dort anzufangen. Allerdings ist das, was ich gleich sehe, im ersten Moment ziemlich verwirrend. Auf dem Nachttisch steht ein Gefäß mit zahlreichen Einwegrasierern und Kondomen. Auf dem Boden liegen VHS-Kassetten mit Pornofilmen. Während ich in meinem Kopf versuche, Ordnung in die gesamten Eindrücke zu bekommen, macht mich mein Lost-Place-Partner auf einen Karton aufmerksam, der mitten im Raum steht. Darin befinden sich unzählige Kataloge mit erotischen Kontaktanzeigen sowie ein kleines Notizbuch, in dem fein säuberlich die Einnahmen der vergangenen Jahre aufgelistet sind. So langsam fügen sich die Puzzle-Teile ein bisschen zusammen. Allerdings werfen die restlichen Räume im Haus weitere unzählige Fragen auf. Im oberen Stockwerk herrscht ein Durcheinander, im unteren dagegen sieht es aus, wie wenn jemand Kartons für einen Umzug gerichtet hätte, der dann nie stattfand. Einige persönliche Dinge liegen auf den Kartons wie Sterbeurkunden, Kinderuntersuchungshefte sowie ein Personalausweis. Ich versuche, nach meinem Besuch noch zu recherchieren und kann ein paar Informationen sammeln. Ein Schicksalsschlag war es, der dafür sorgte, dass dieses Haus zurückgelassen wurde mit vielen persönlichen Dingen; ein Haus, in dem eine Familie gelebt hatte.

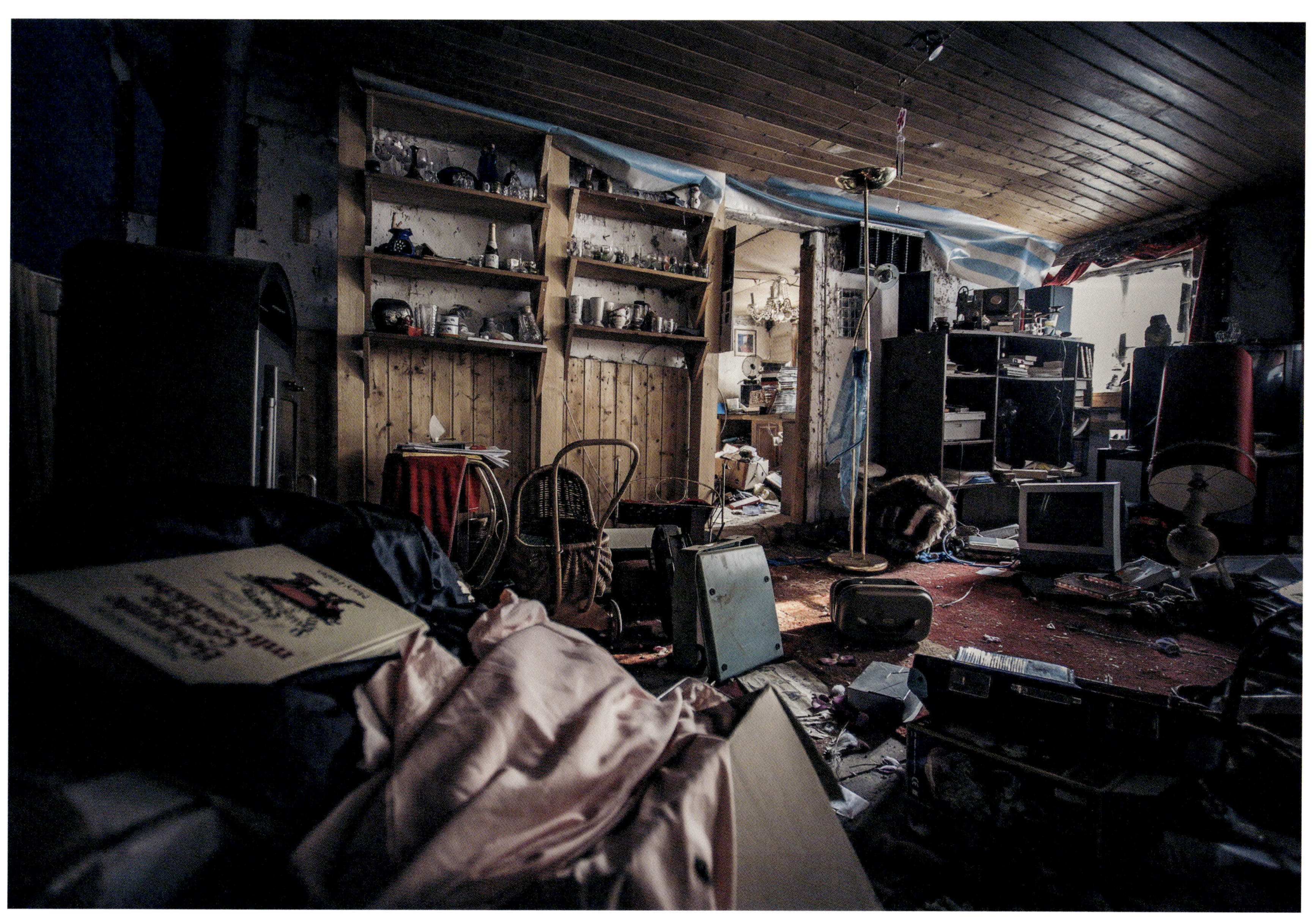

Völliges Chaos im Wohnzimmer

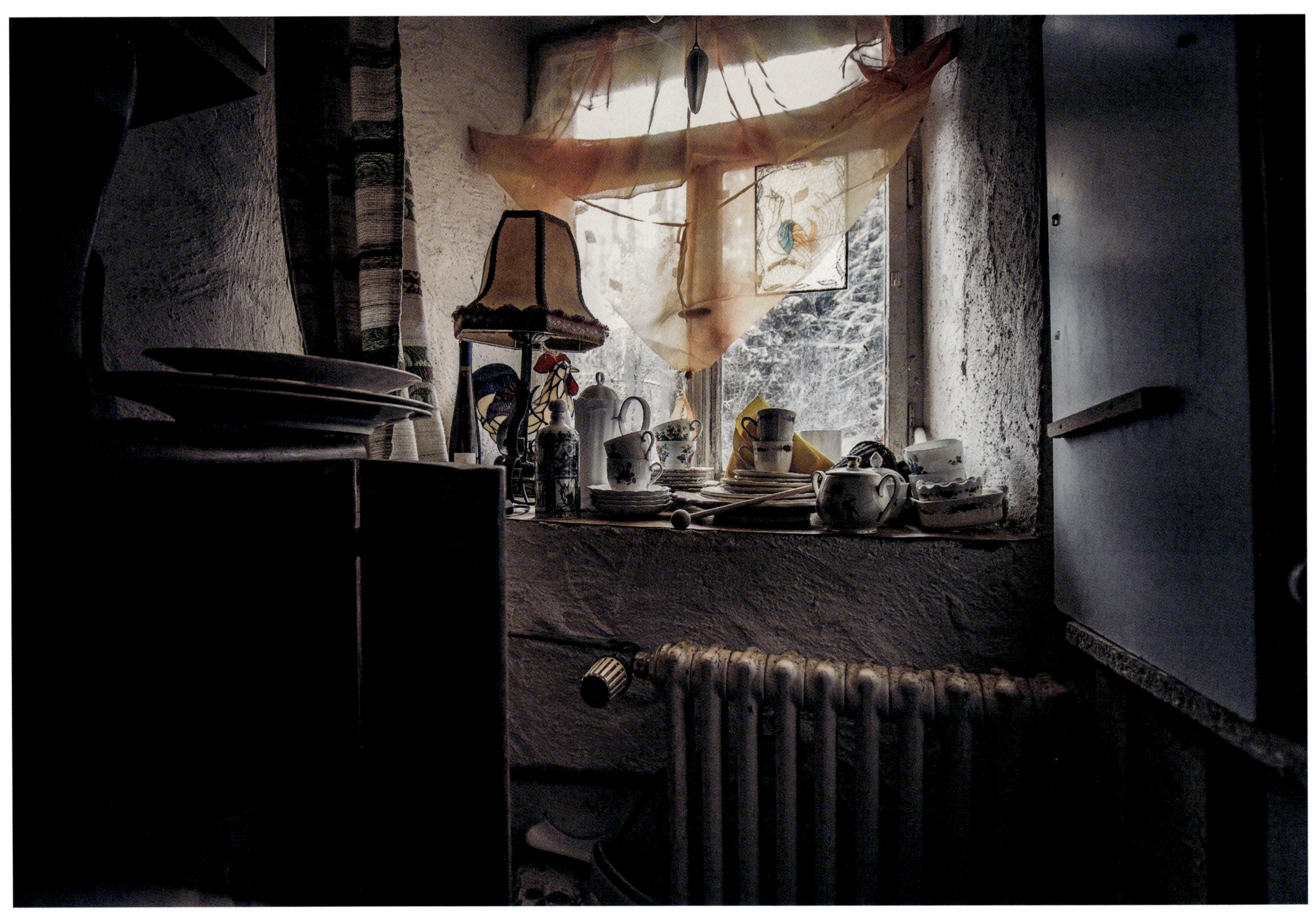

Geschirr auf der Fensterbank

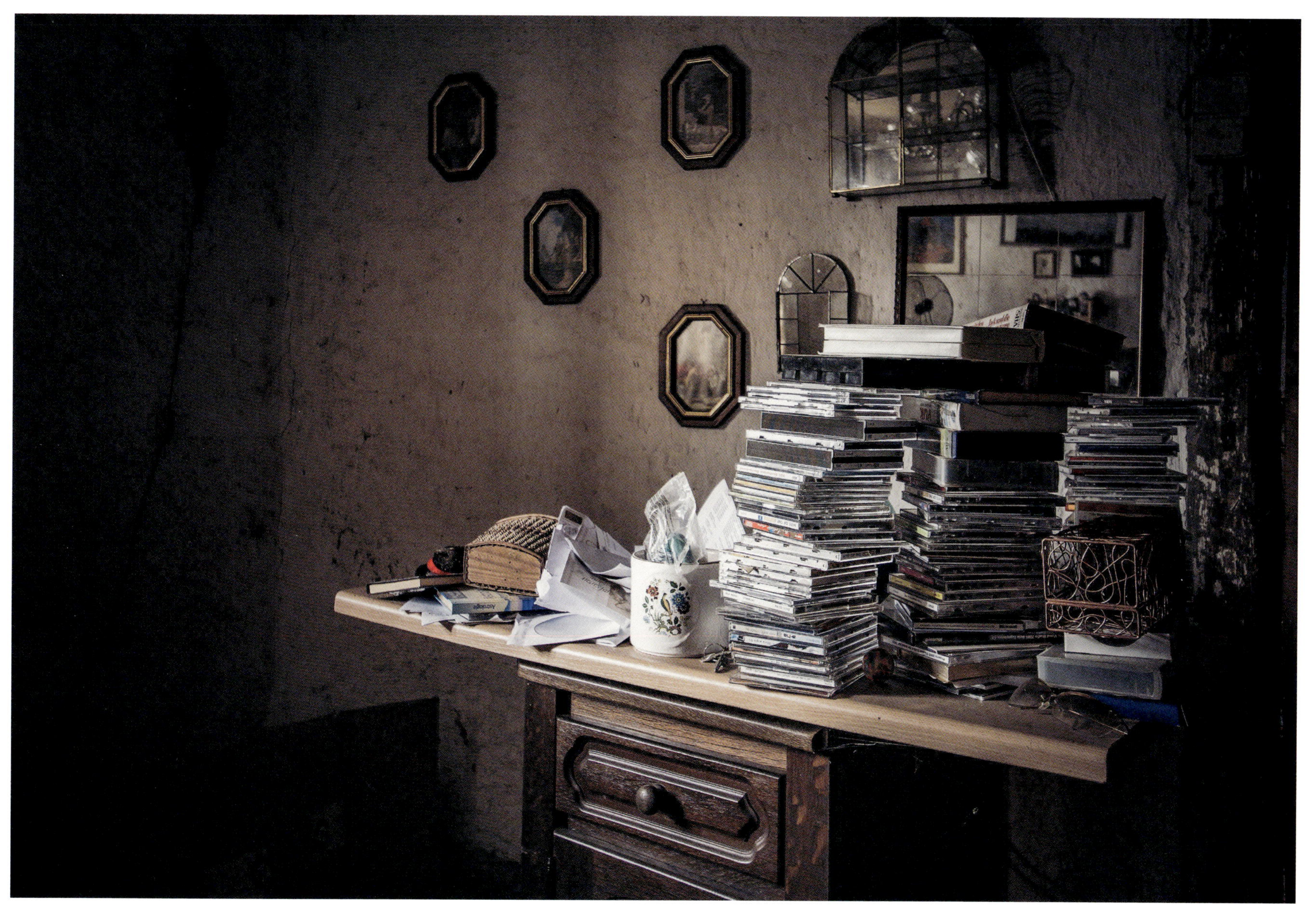

Musik-CDs und VHS-Kassetten

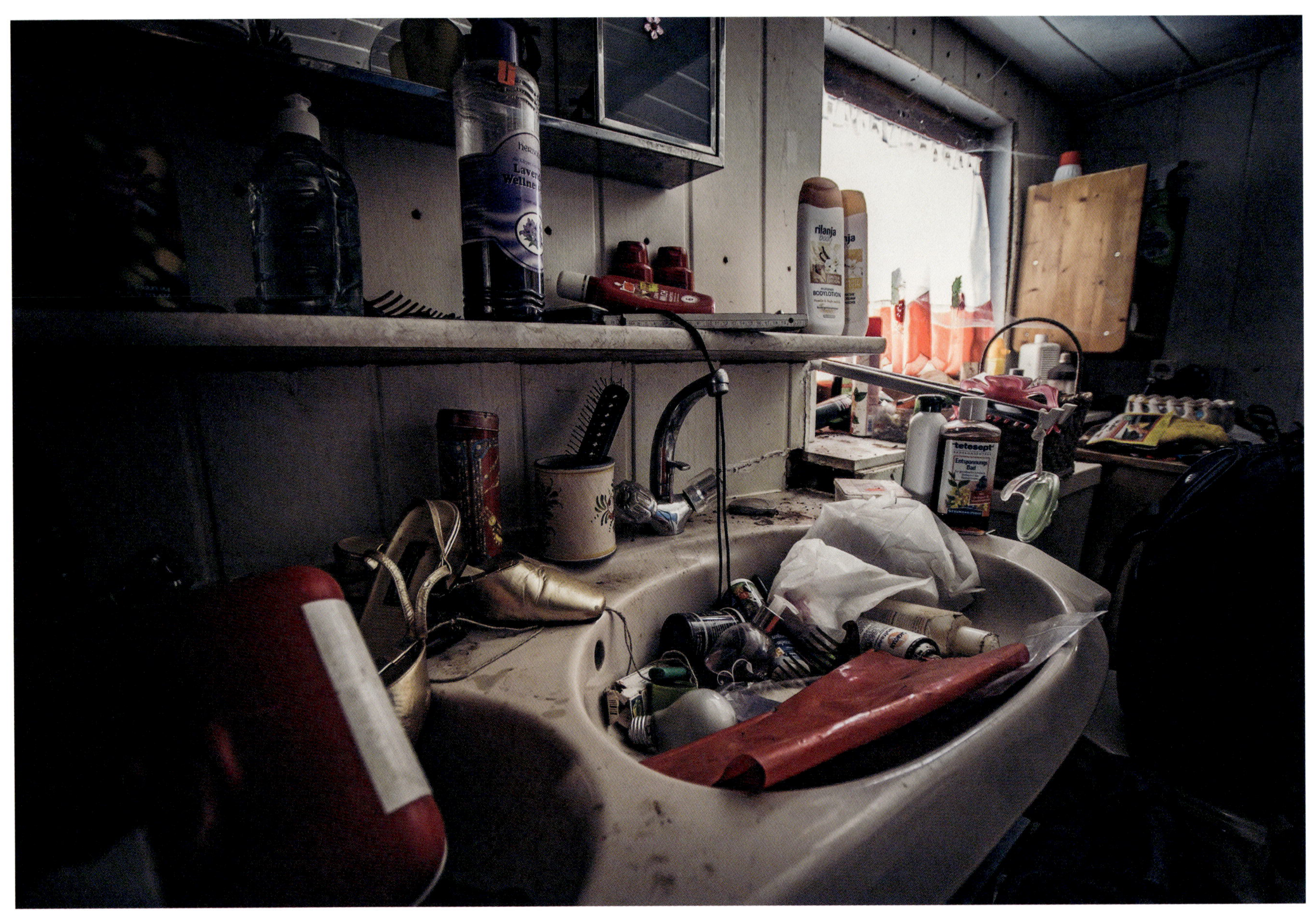

Völlig vermülltes Waschbecken

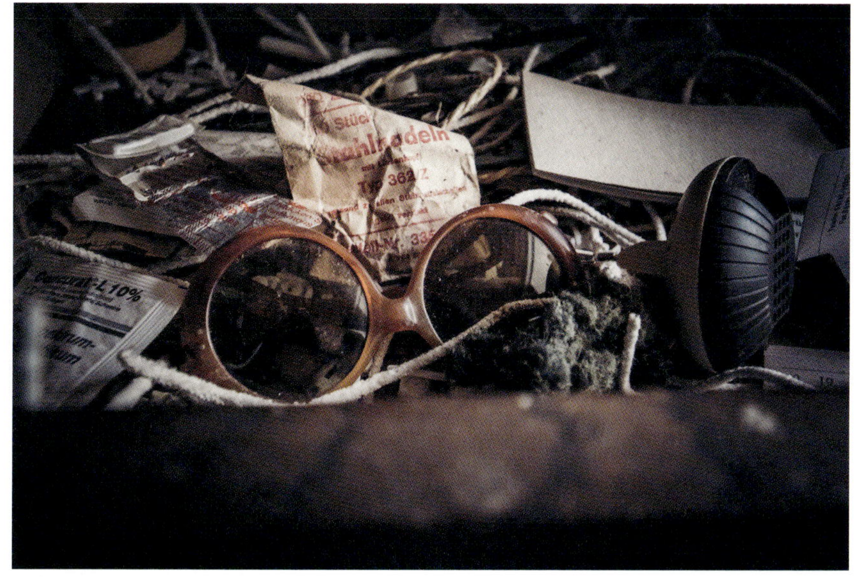

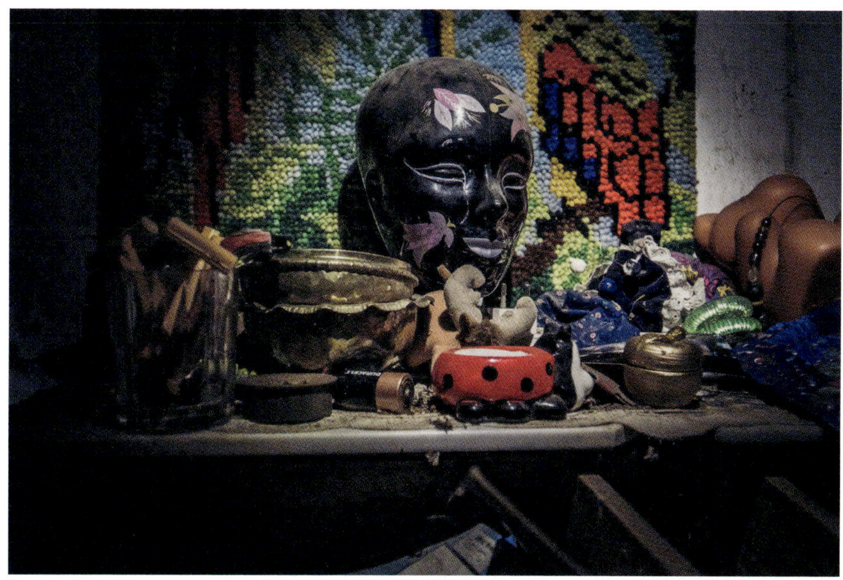

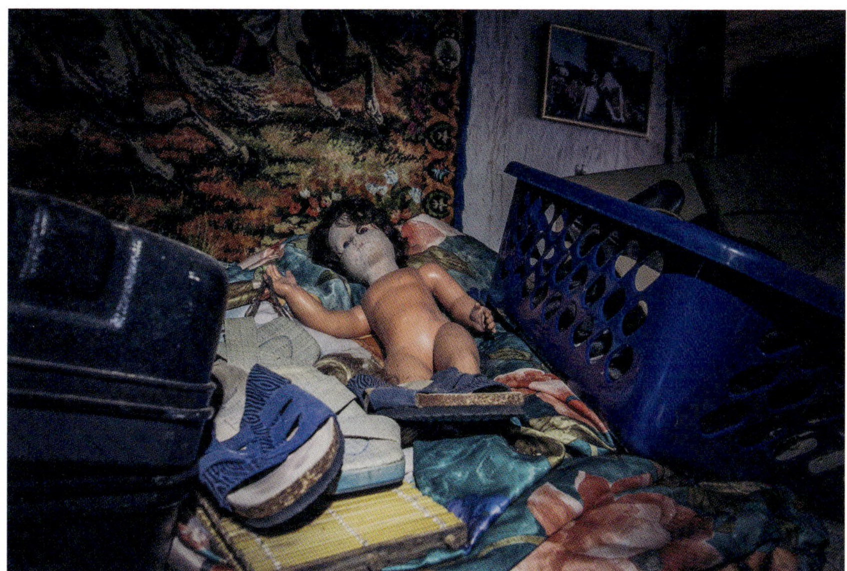

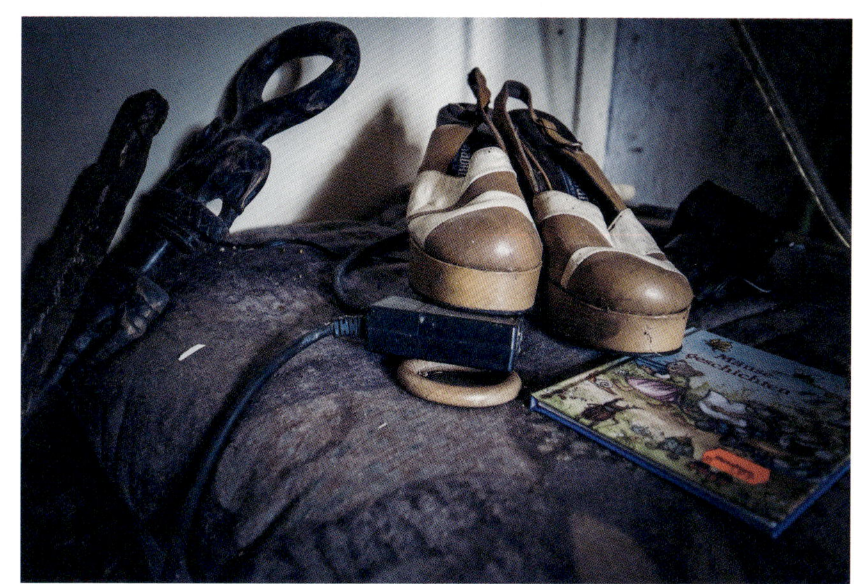

Sonnenbrille in der Schublade

Verschimmelte Puppe inmitten des Chaos

Nachttisch

Schuhe aus den 70er Jahren

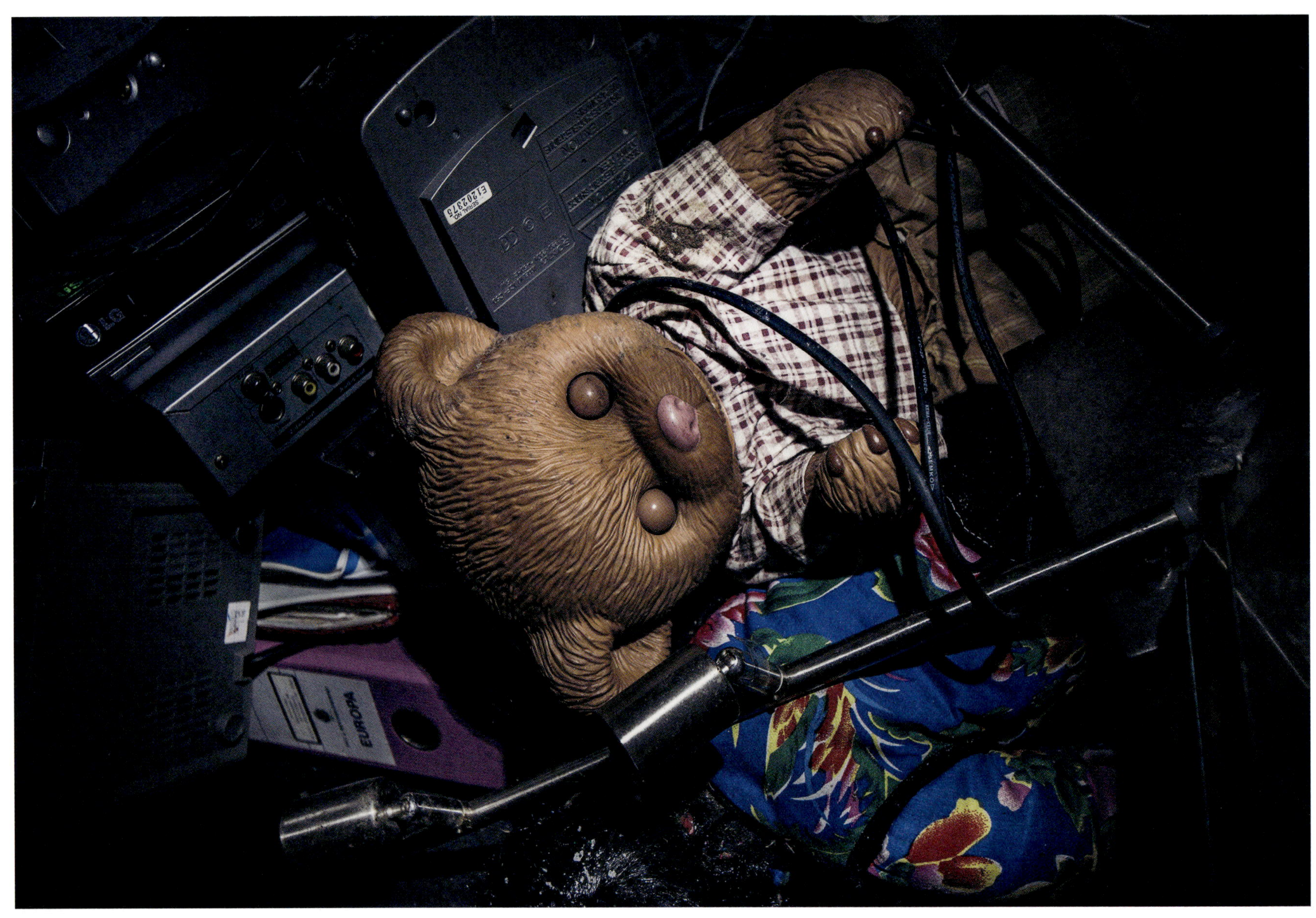

Teddybär inmitten von Elektrogeräten

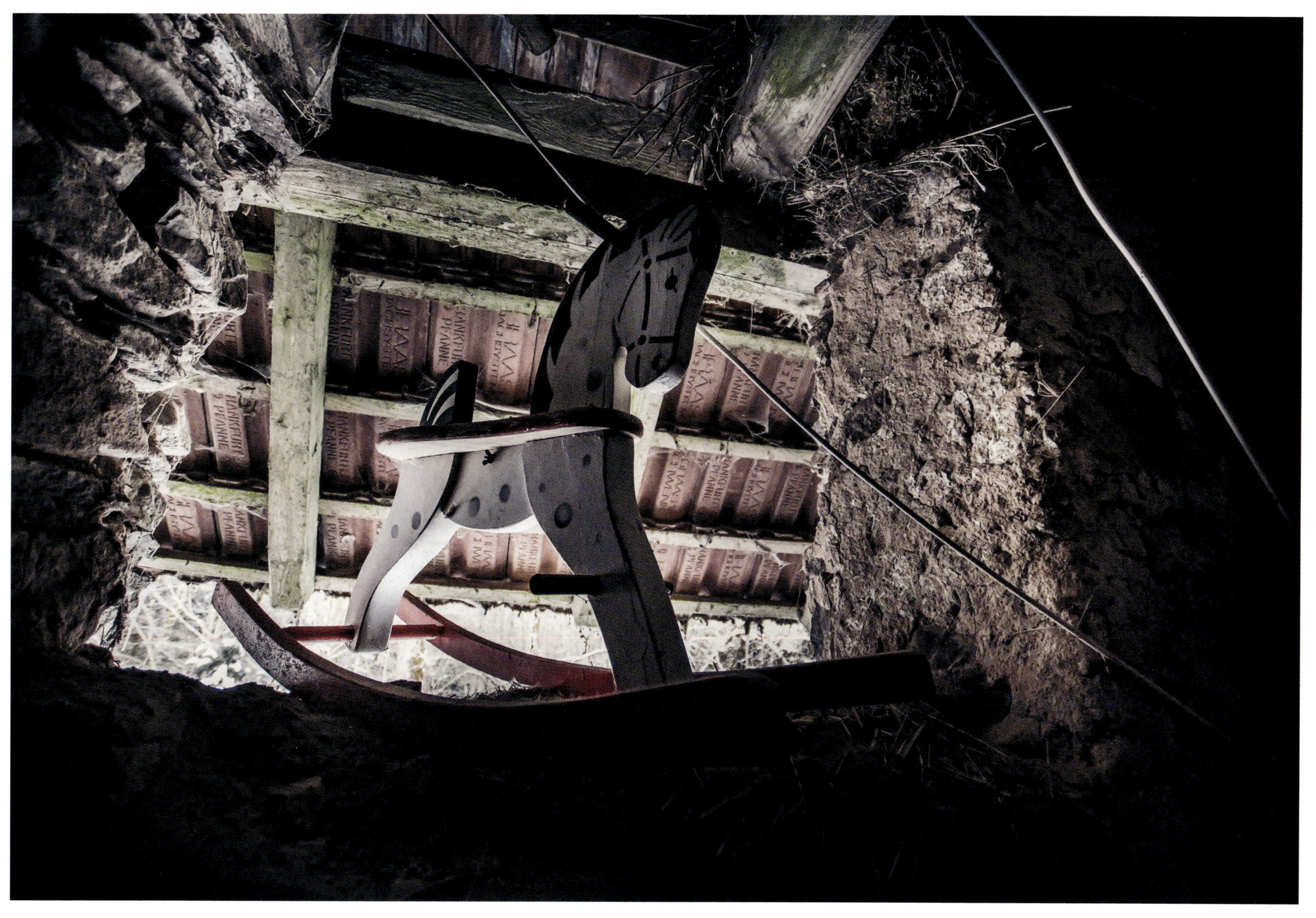

Das Holzschaukelpferd steht in der Scheune

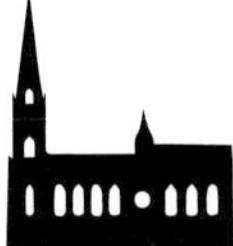

DAS GASTHAUS ZUM ÜBERGANG

Als ich mein Auto vor diesem großen grauen alten Gebäude abstelle, kommt mir sofort in den Sinn, dass ich hier schon unzählige Male als Kind mit meinen Eltern vorbeigefahren bin. Für mich war es immer das »hässliche graue Haus«. Es liegt am Ortsausgang, aber schon wieder in Sichtweite des nächsten Ortes. Und nun bin ich dankbar, dass ich diesen Ort legal besuchen darf. Der neue Besitzer öffnet mir die Türen, damit ich mich umsehen kann. Leider ist das Haus fast komplett ausgeräumt, ich habe jedoch die Hoffnung, dass noch ein bisschen Inventar da ist.

Bevor es dort Imkerbedarf zu kaufen gab, war in dem Gebäude ein Gasthaus. Um die Jahrhundertwende 1899 / 1900 wurde die Wirtschaft bereits mit Gaslicht ausgestattet. Das Gasthaus war ein beliebter Treff in der Umgebung, in dem um Pfingsten Kleintierausstellungen im Garten stattfanden. Auch so manches Liebespaar lernte sich im dortigen Tanzsaal kennen. Die Wirtsleute entwickelten parallel zum Gasthausbetrieb eine Liebe zur Imkerei. Als der Seniorchef in Rente ging, gaben sie die Wirtschaft auf und widmeten sich nur noch der Imkerei und den teilweise bis zu 360 Bienenvölker. Es gibt mehrere Erklärungen, warum es das Gasthaus zum Übergang hieß. Johann Wolfgang von Goethe hatte eine Schwester – Cornelia. Ihr Mann, der Landvogt Schlosser, wurde gebeten, einen Weihespruch für eine Brücke über den Wuhrkanal / Mühlbach zu finden. Am Ende stand »Alles ist Übergang zur Heimat hin« auf dem Papier. Der Spruch wurde in zwei Teile gesplittet. Links der Landstraße stand »Alles ist Übergang« und rechts »zur Heimat hin«. Des Weiteren befand sich in unmittelbarer Nähe des Gasthauses ein Bahnübergang.

Während ich durch die Räume gehe, erkenne ich deutlich, wo früher die Gästezimmer waren. Auch der große Schankraum ist zu erkennen. An den Wänden sieht man noch die Nachttischlampen und in allen Gästezimmern gibt es eine Waschmöglichkeit. Die Duschen sind auf dem Flur. Es erinnert nicht mehr viel an das Gasthaus: Der Namen steht noch am Gebäude und draußen hängt ein alter Schaukasten für die Speisekarte. Ich verabschiede mich vom Besitzer und erfahre, dass die Sanierung beschlossene Sache und mittlerweile im Gange ist. Ein kurzer Anruf bei meiner Mutter. Ich erzähle ihr, welches Gebäude ich gerade fotografiert habe, und erfahre, dass meine Patentante früher in der Gaststätte gearbeitet hat.

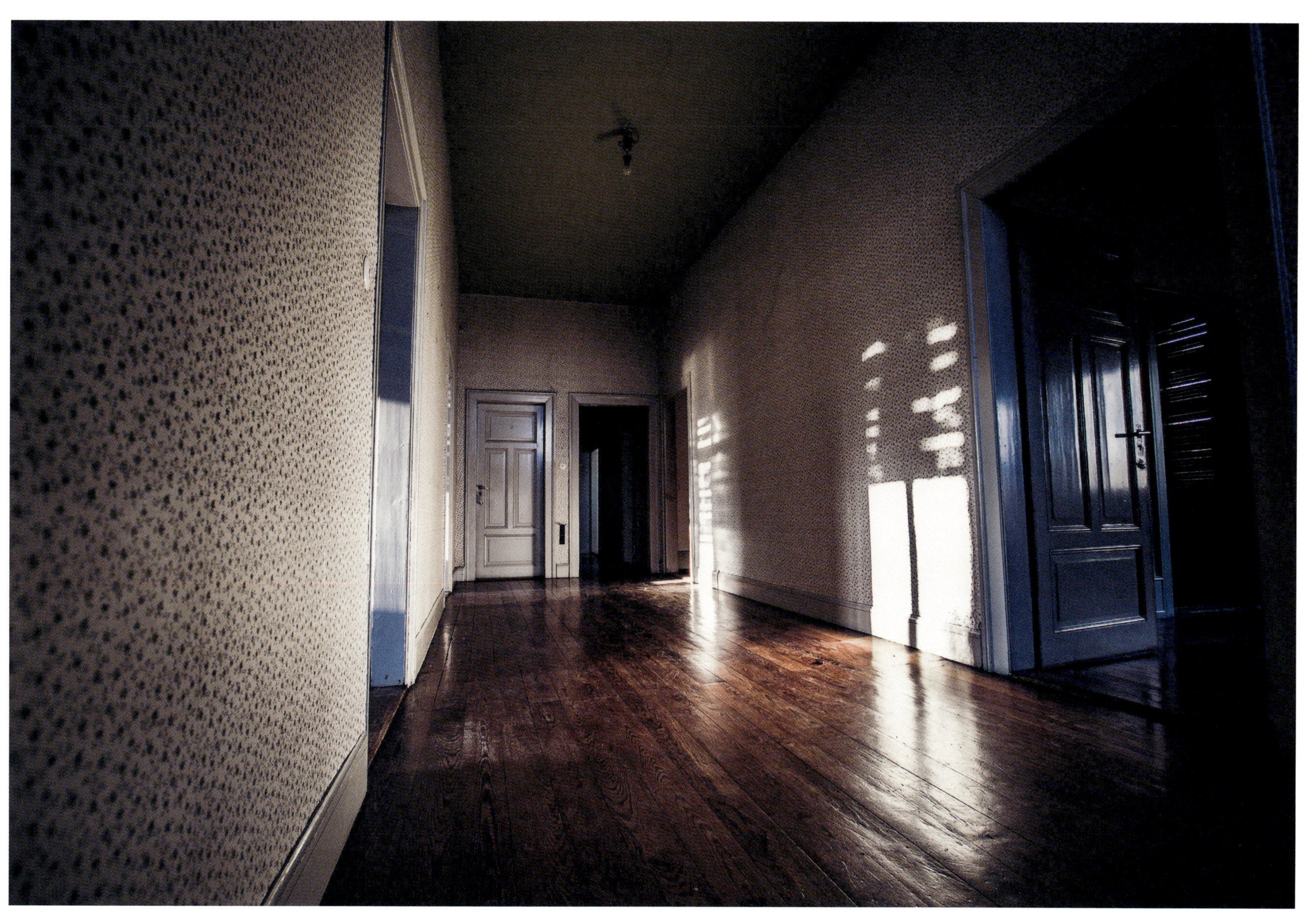

Flur zu den ehemaligen Gästezimmern

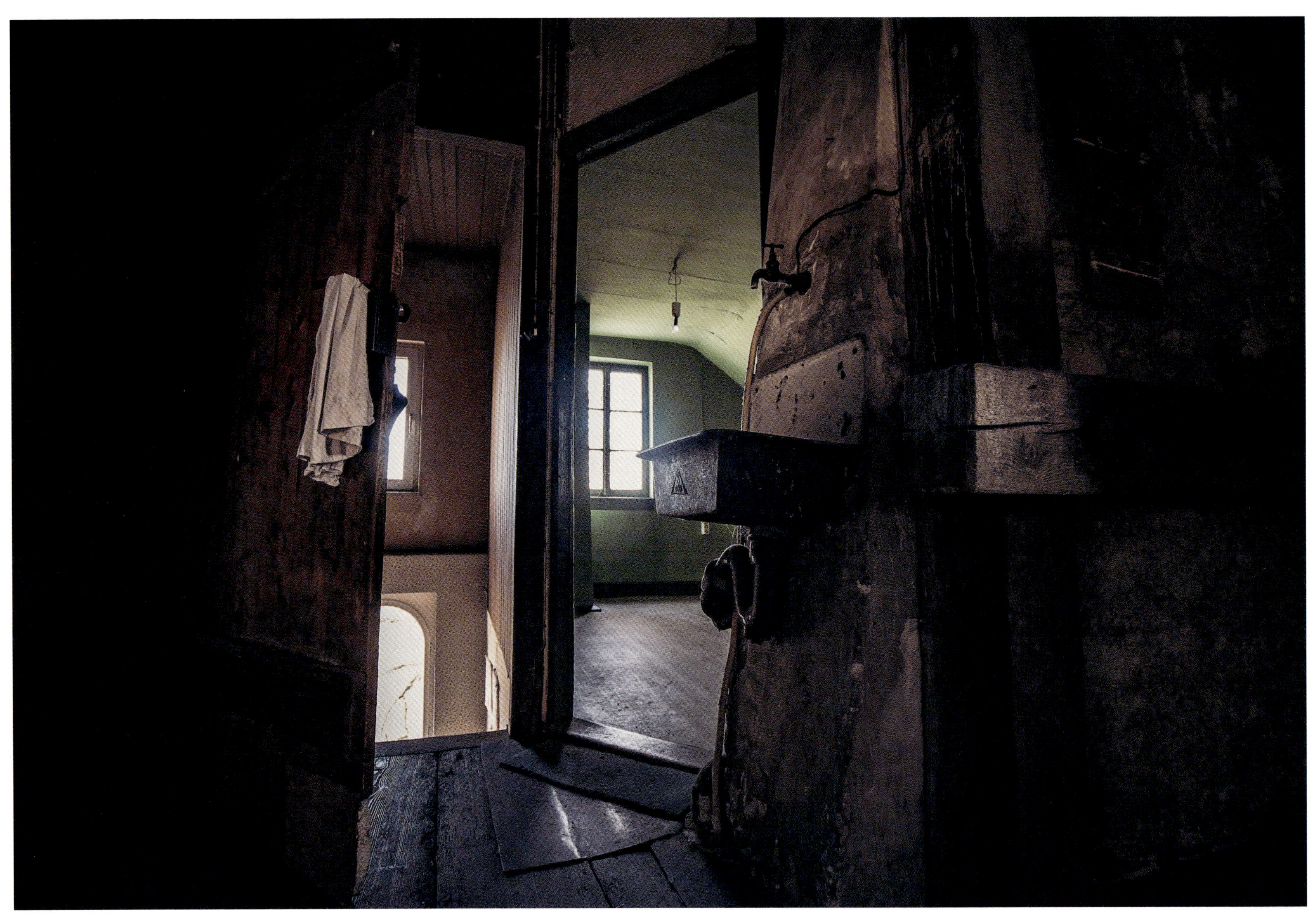

Auf dem Dachboden

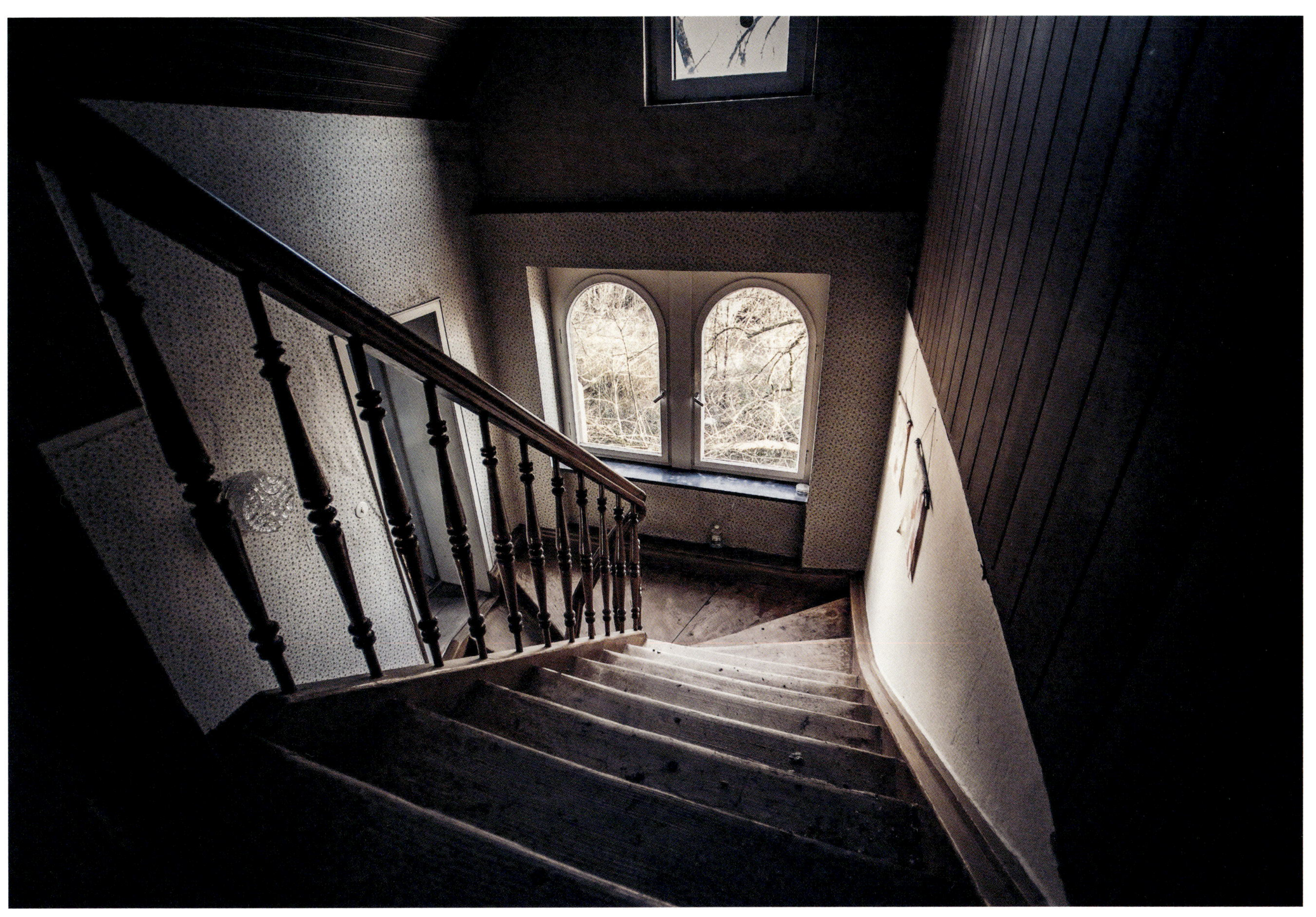

Treppe vom Dachboden in den zweiten Stock

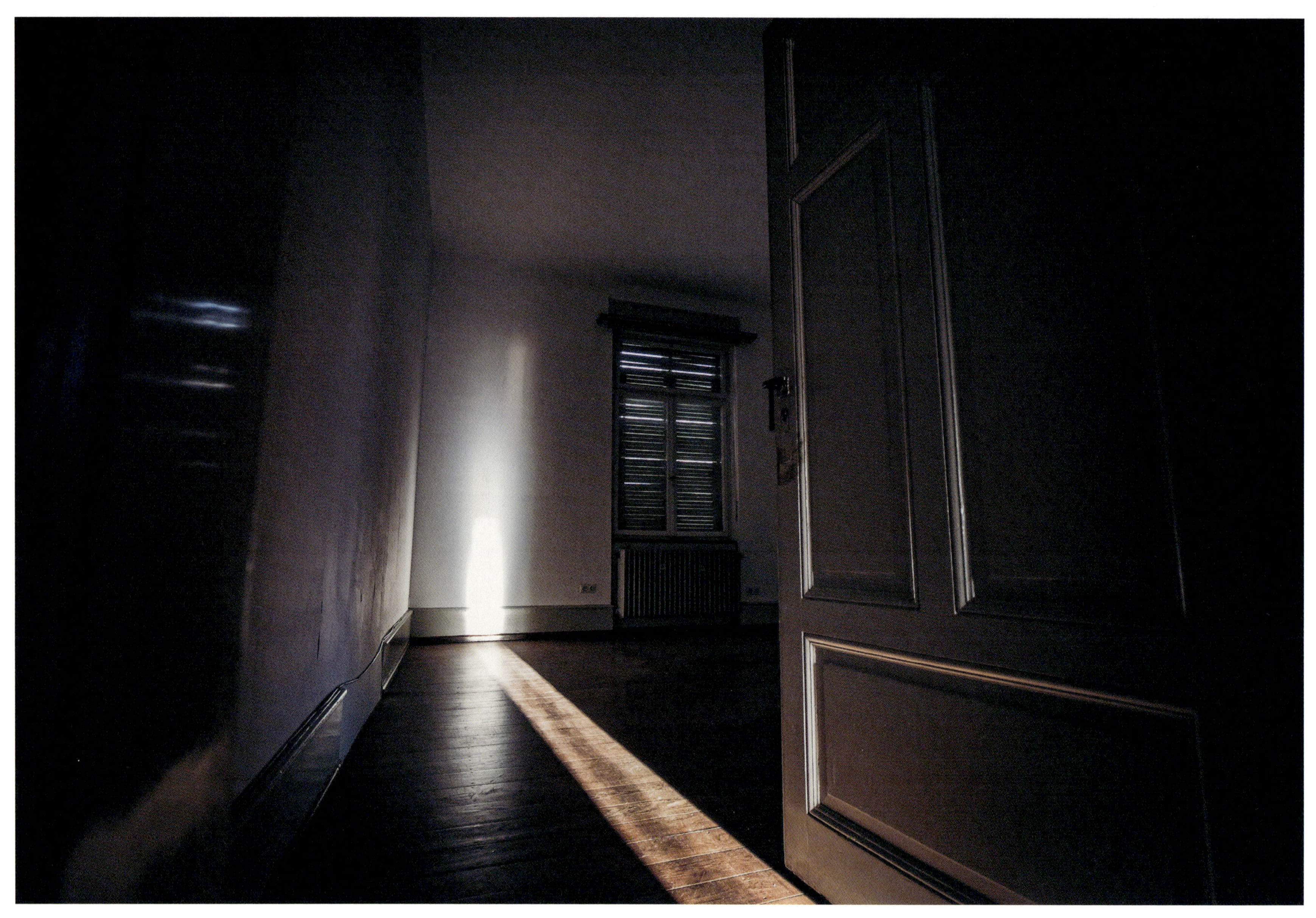

Leider sind die Zimmer leer

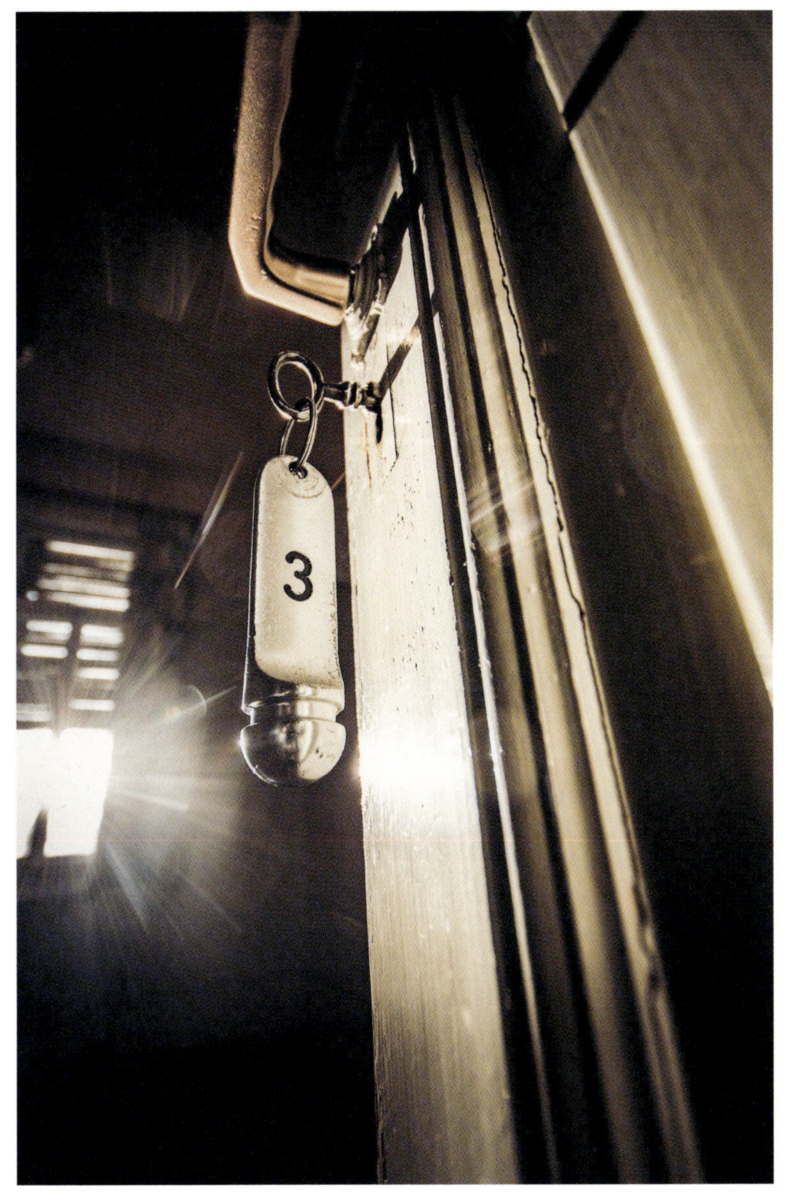

Alter Hotelzimmerschlüssel

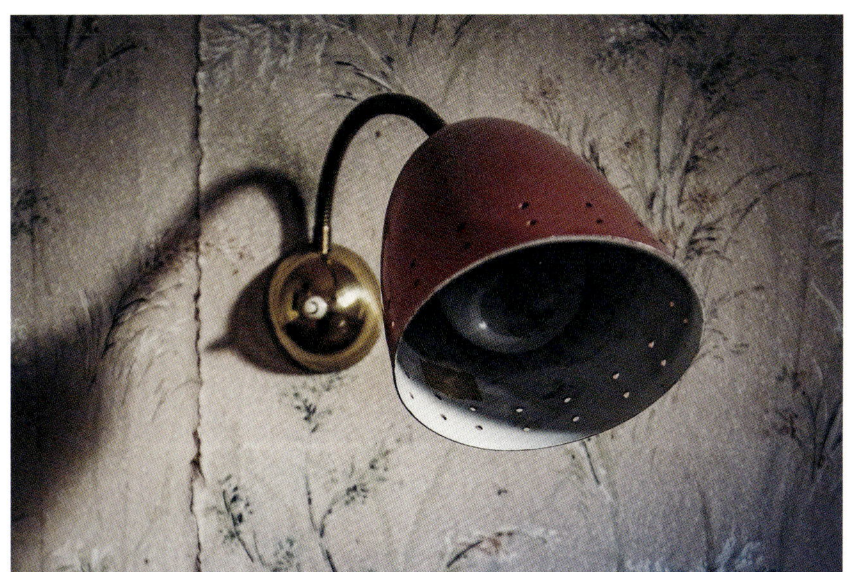

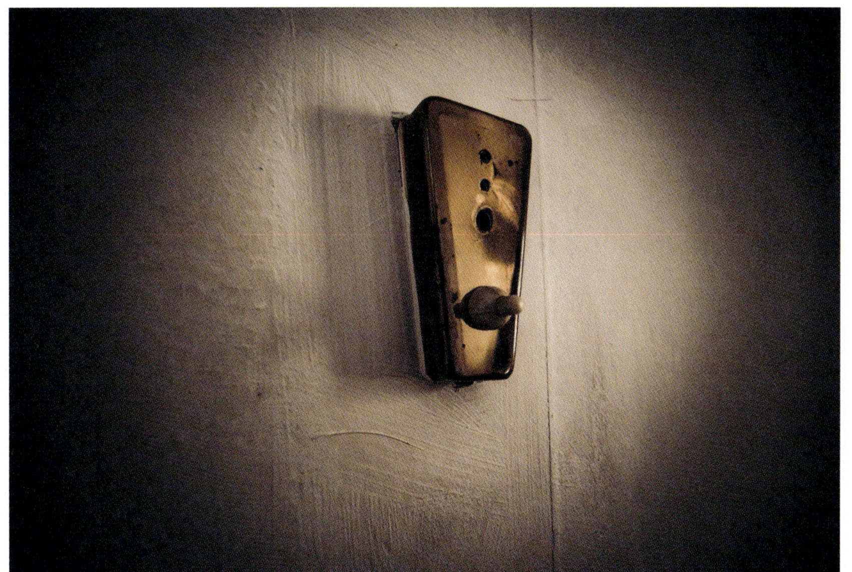

Leselampe

Lichtschalter

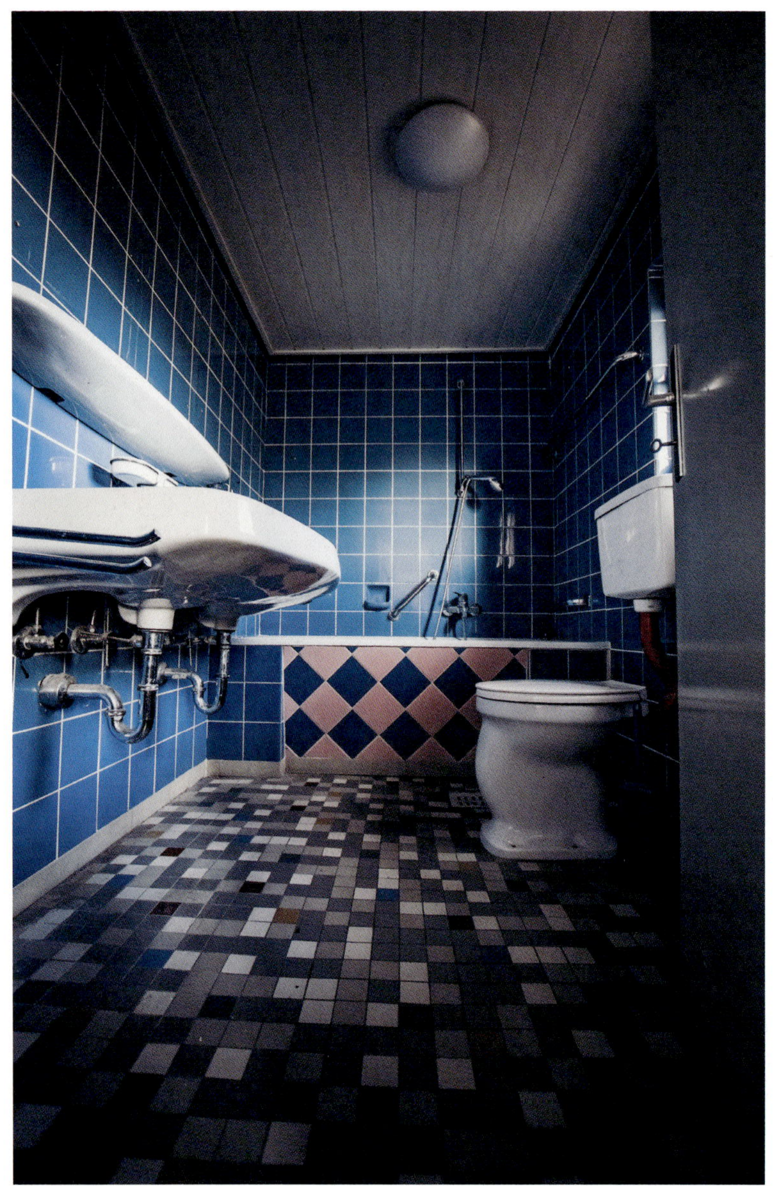

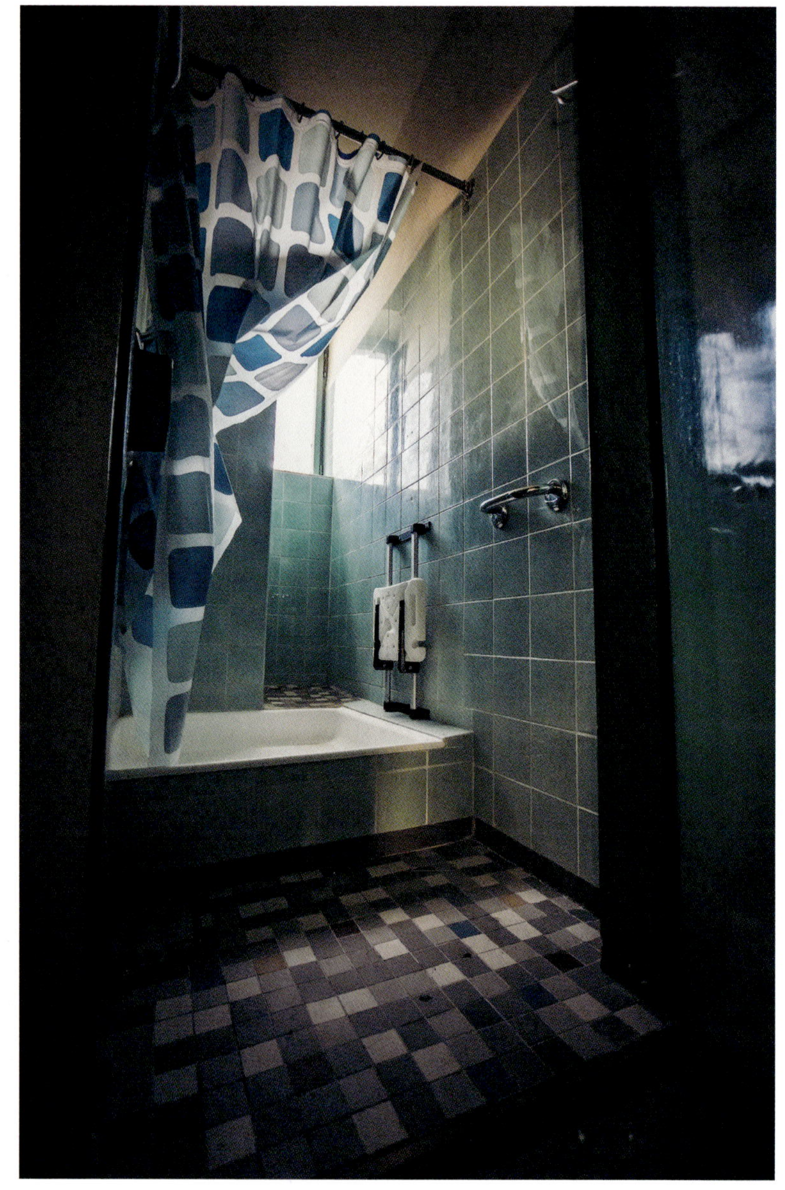

Badezimmer

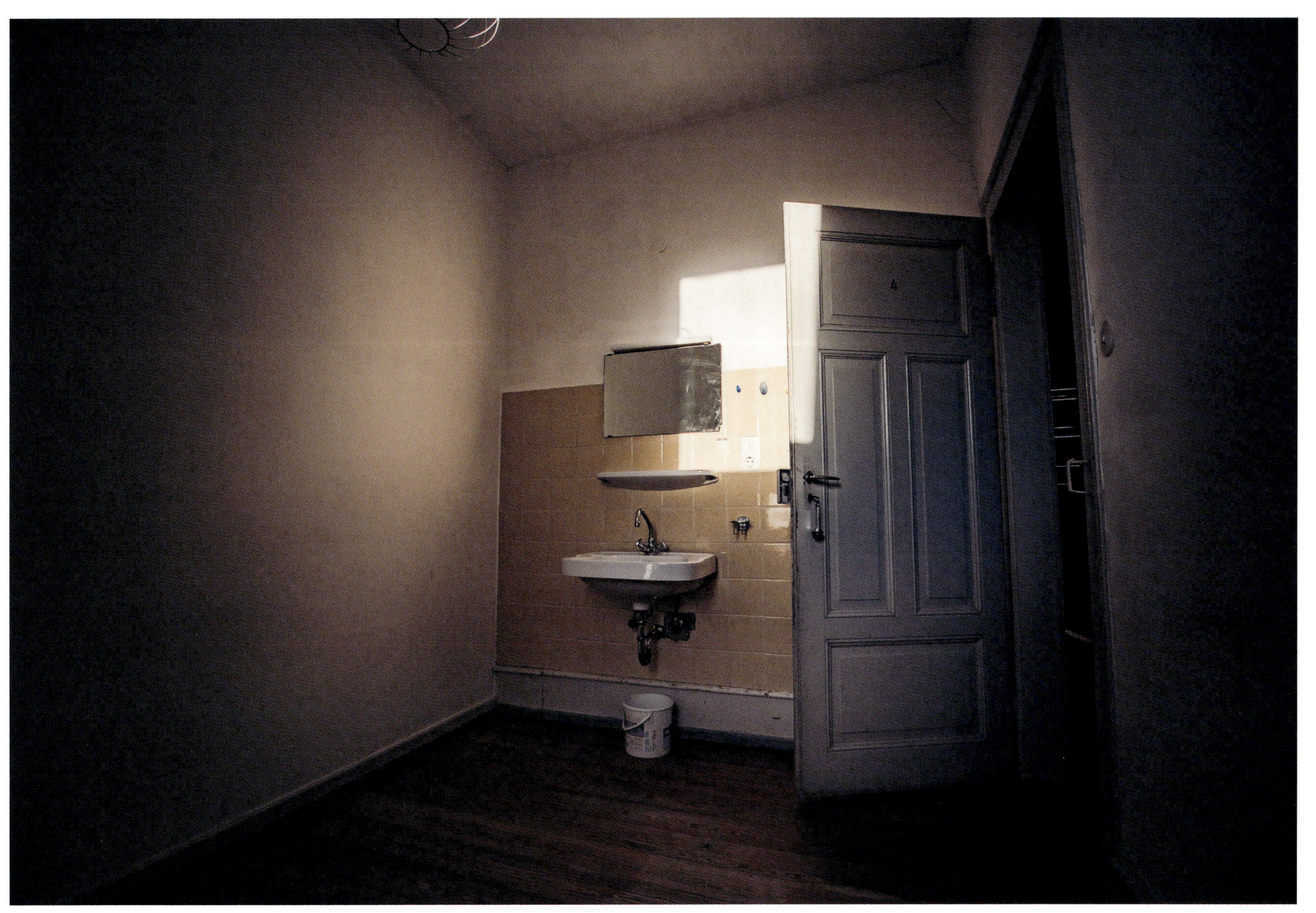

Wie früher üblich: Gästezimmer mit Waschbecken

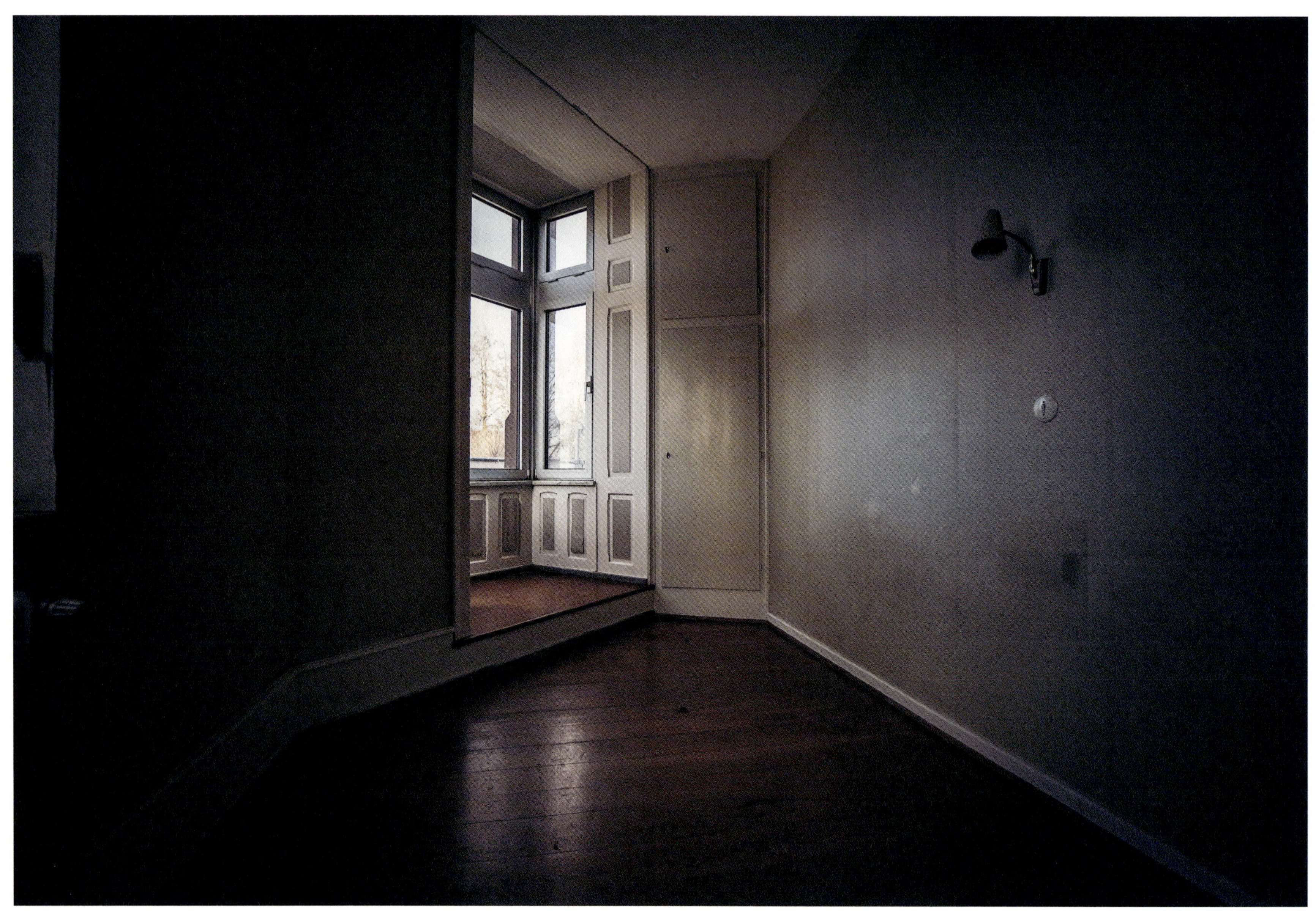

Zimmer mit Erker

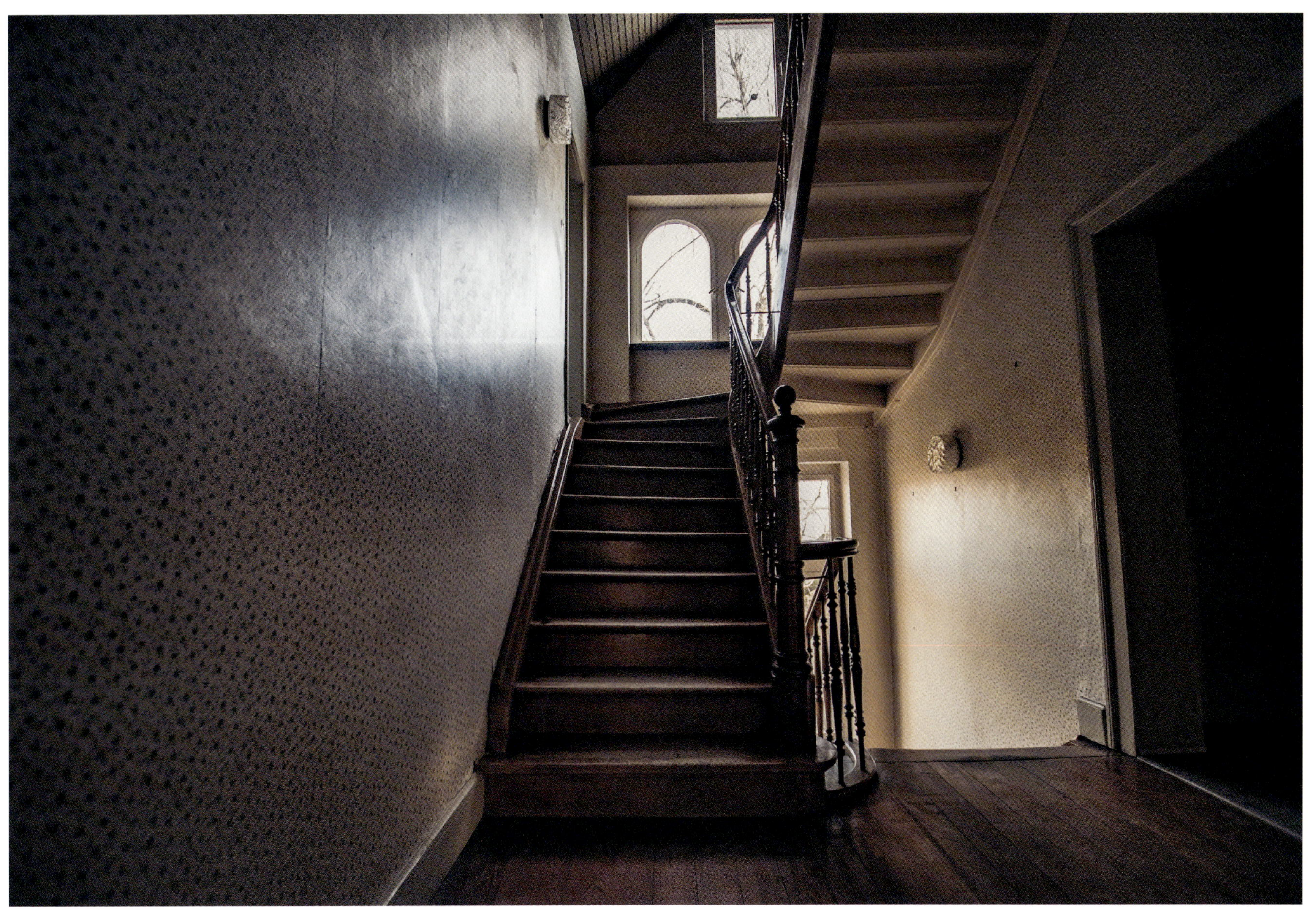

Wunderschöne alte Holztreppe

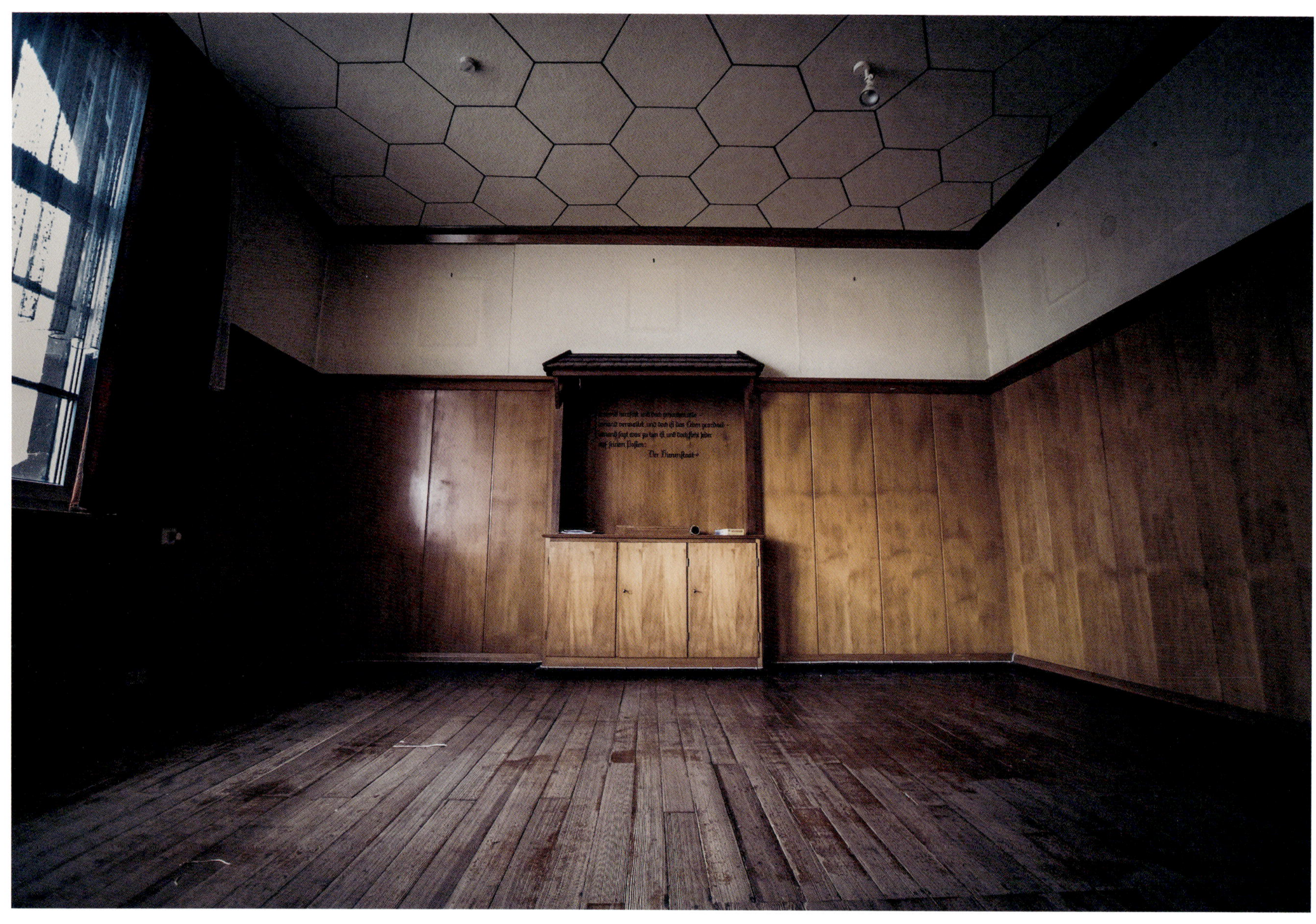

Vermutlich ein Gastraum

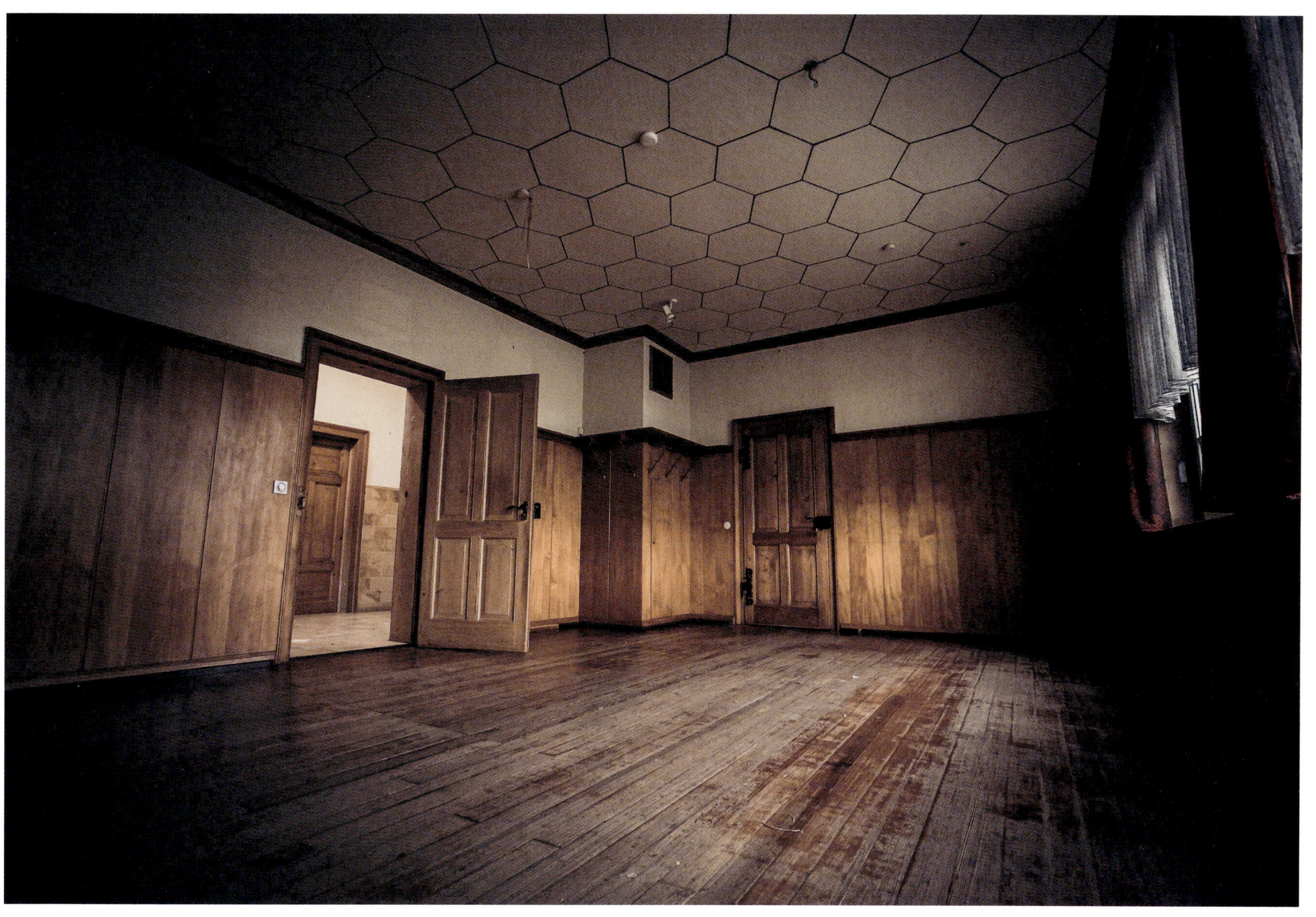

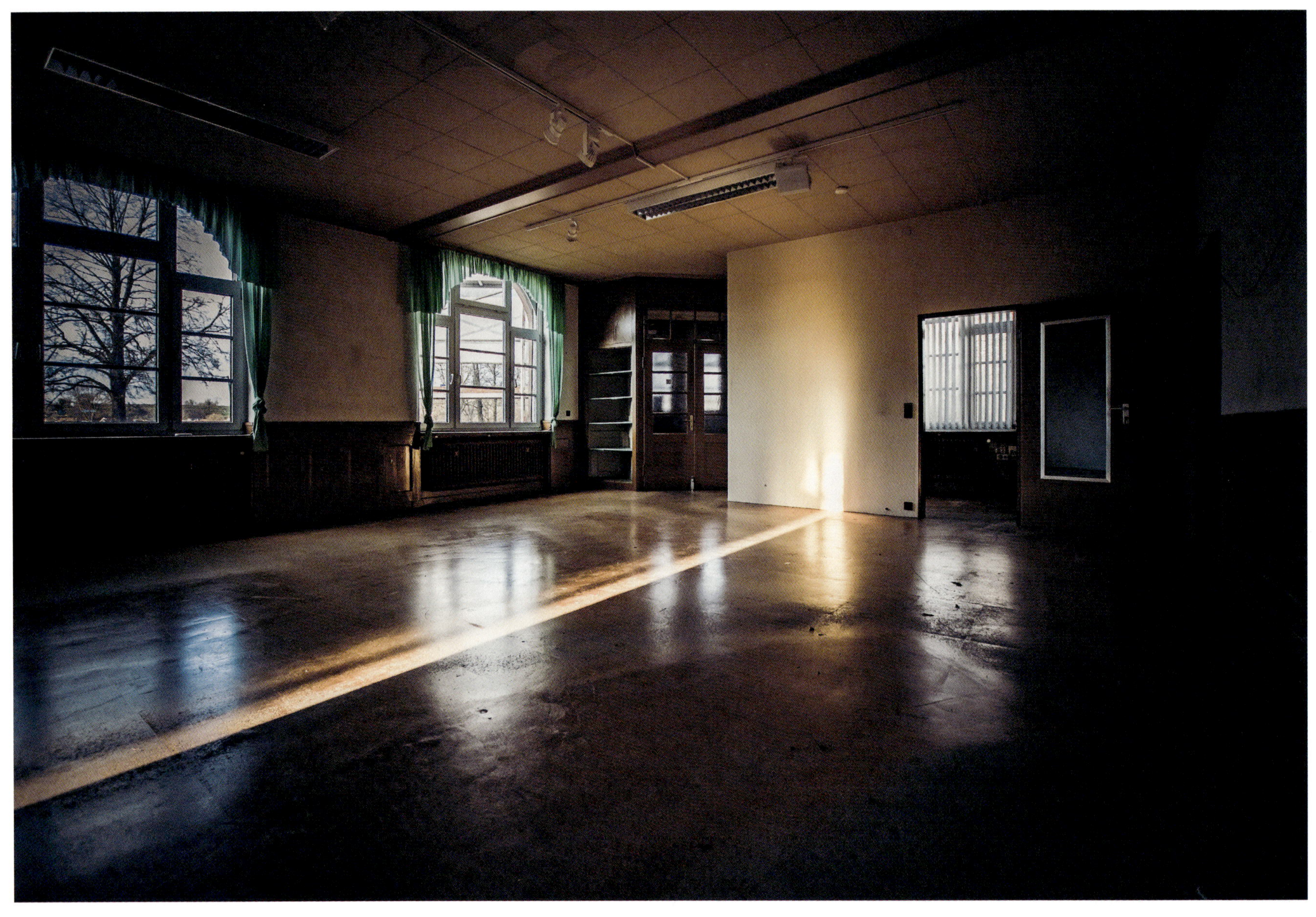

Ehemaliger Gastraum

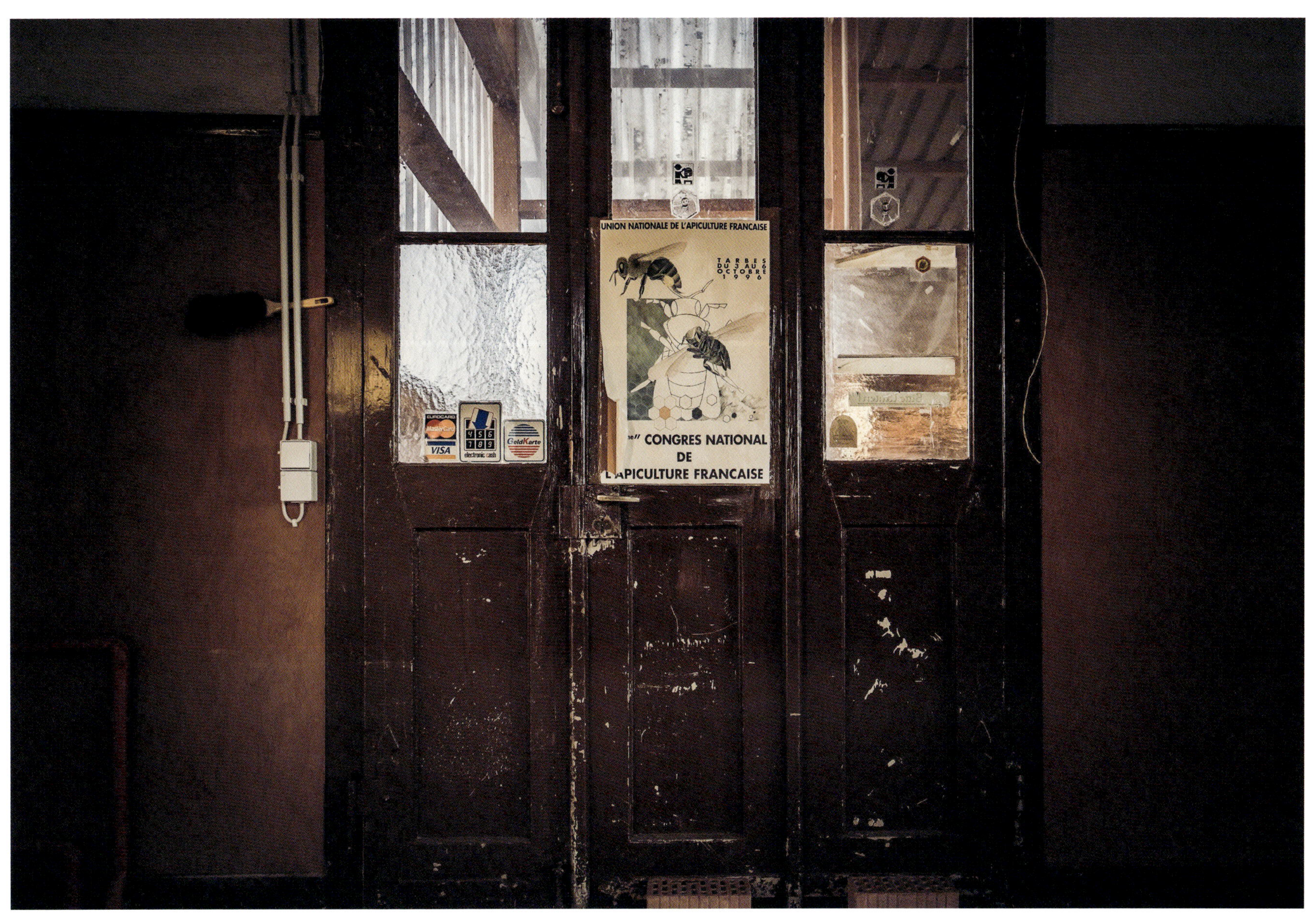

Ein Poster erzählt von der Zeit, als hier Imkereizubehör verkauft wurde

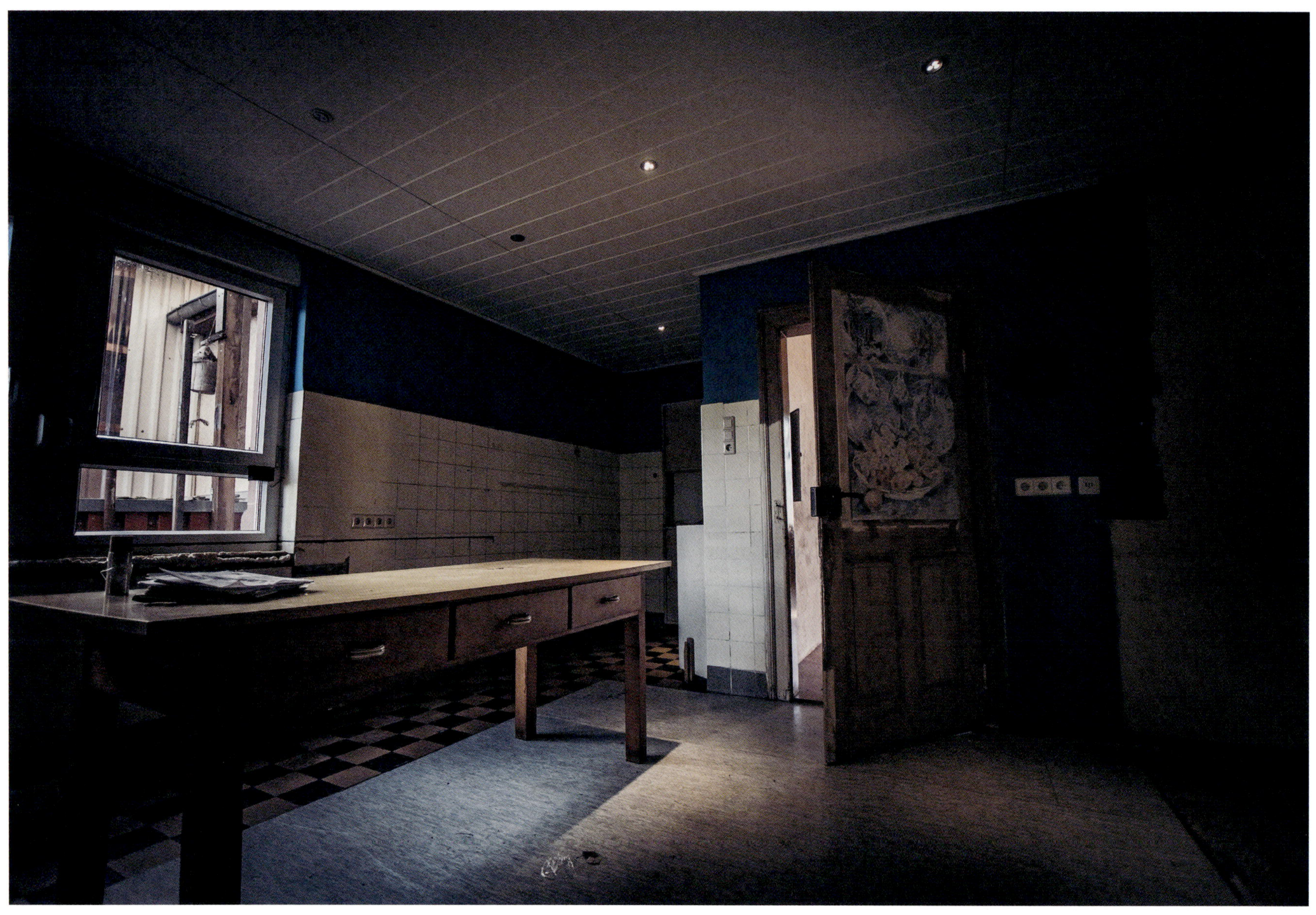

Küche

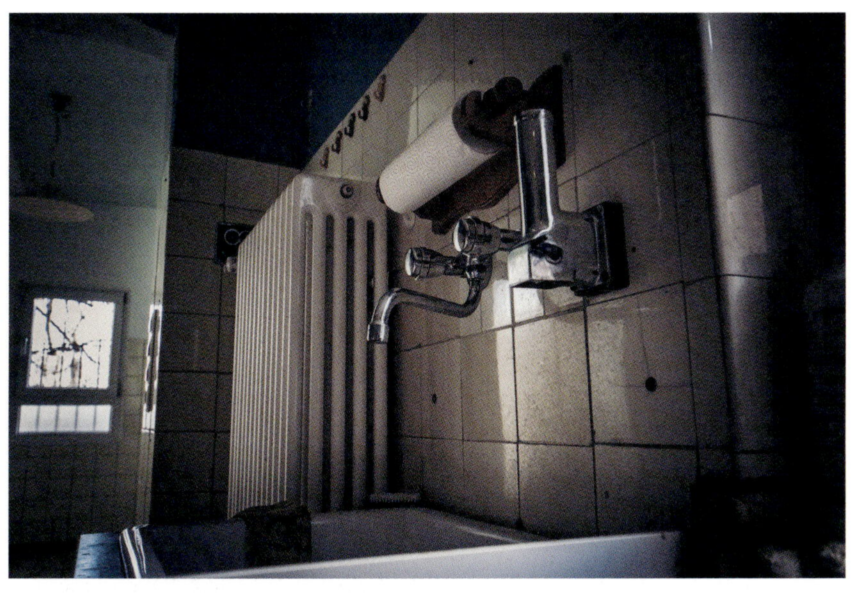
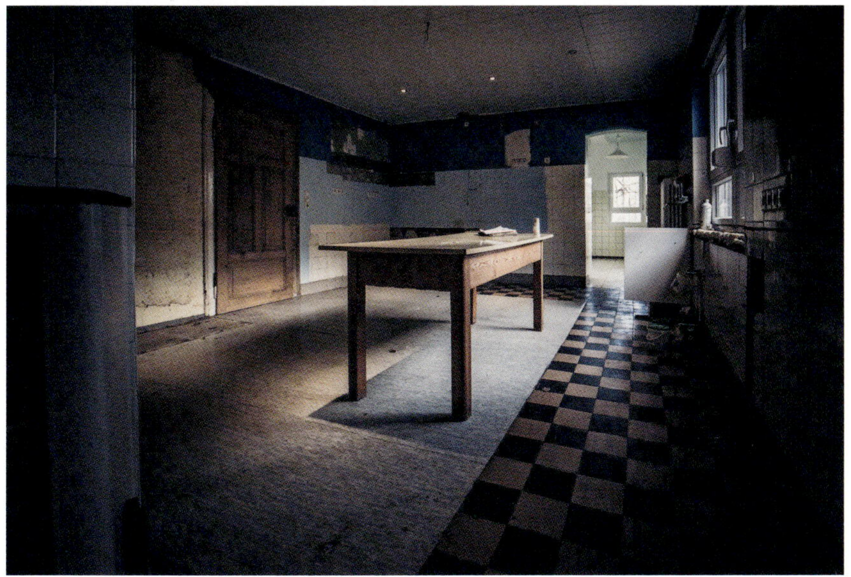
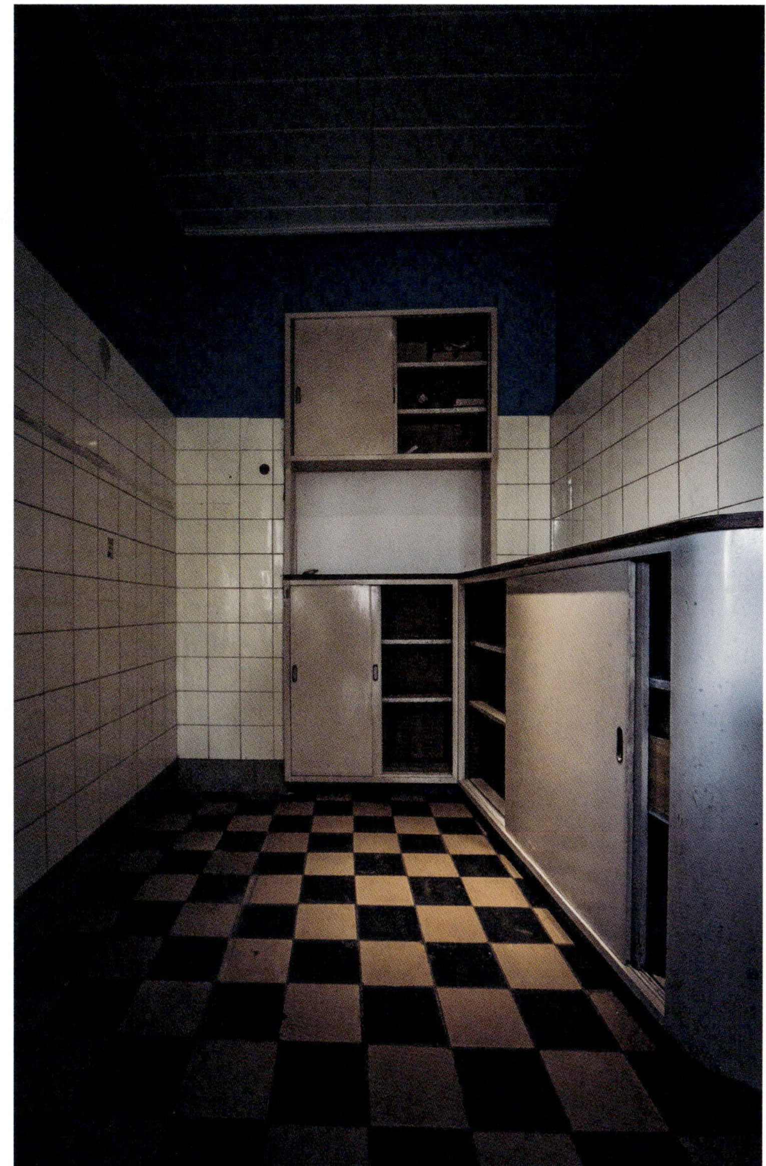

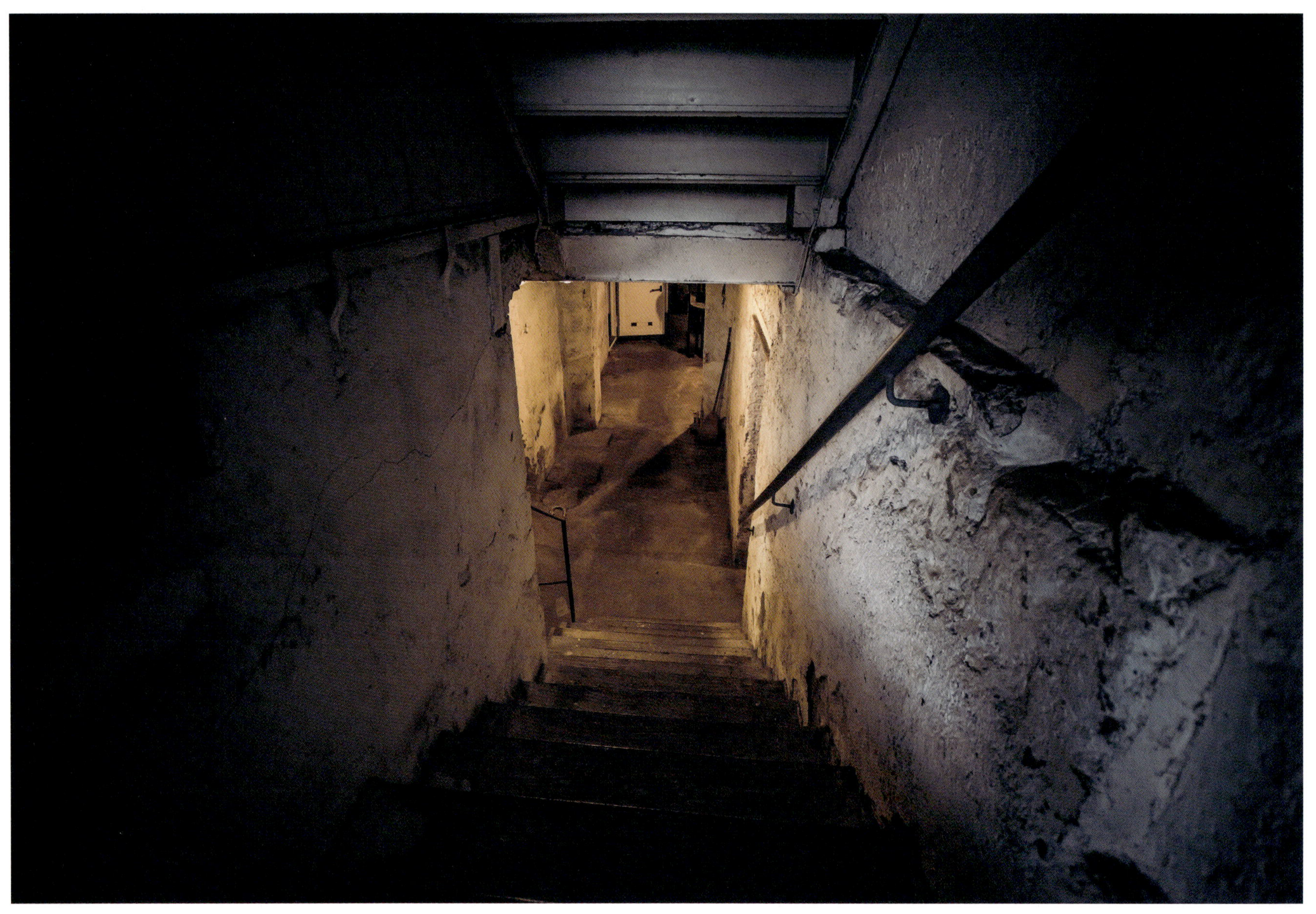

Kellertreppe

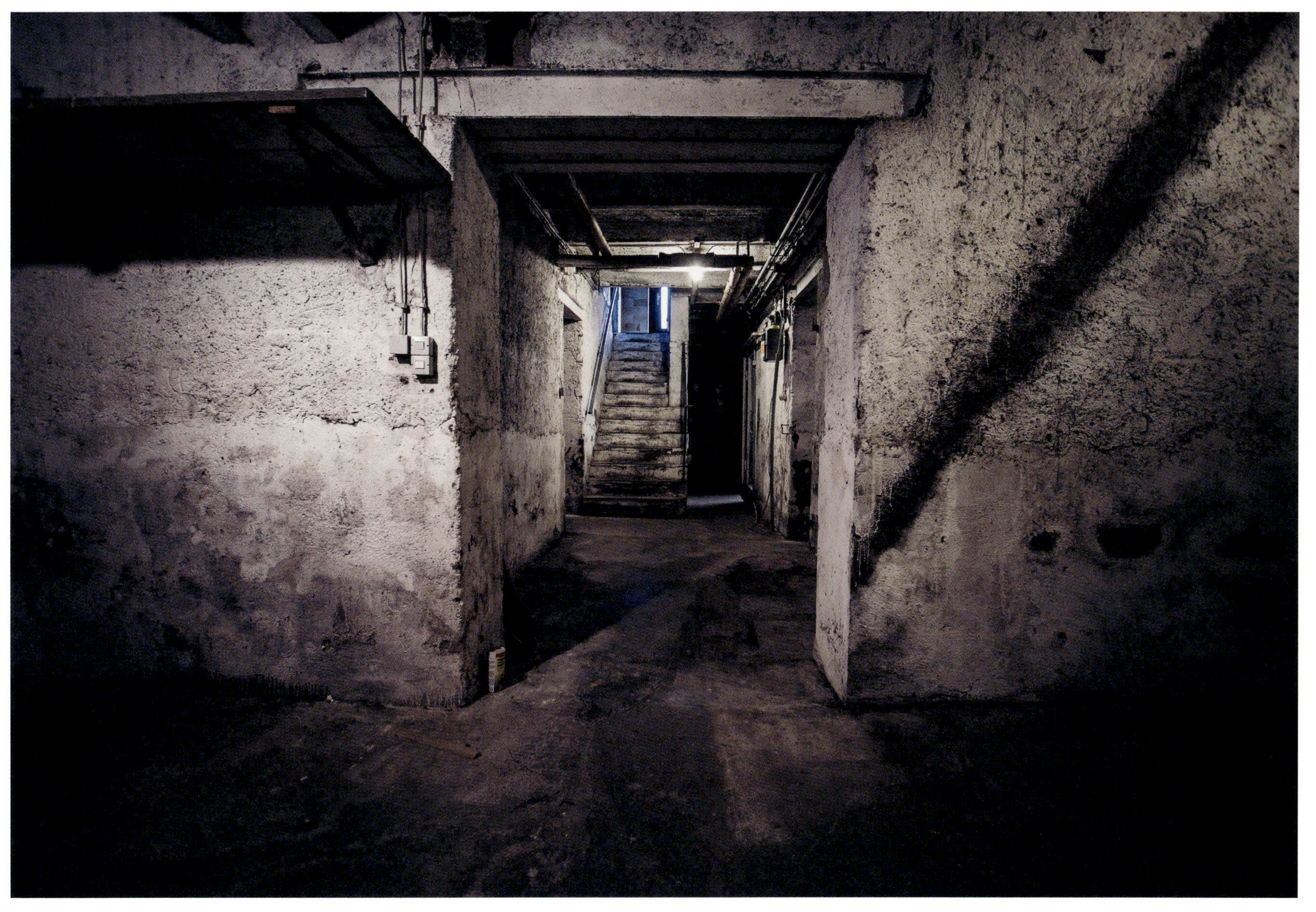

Keller

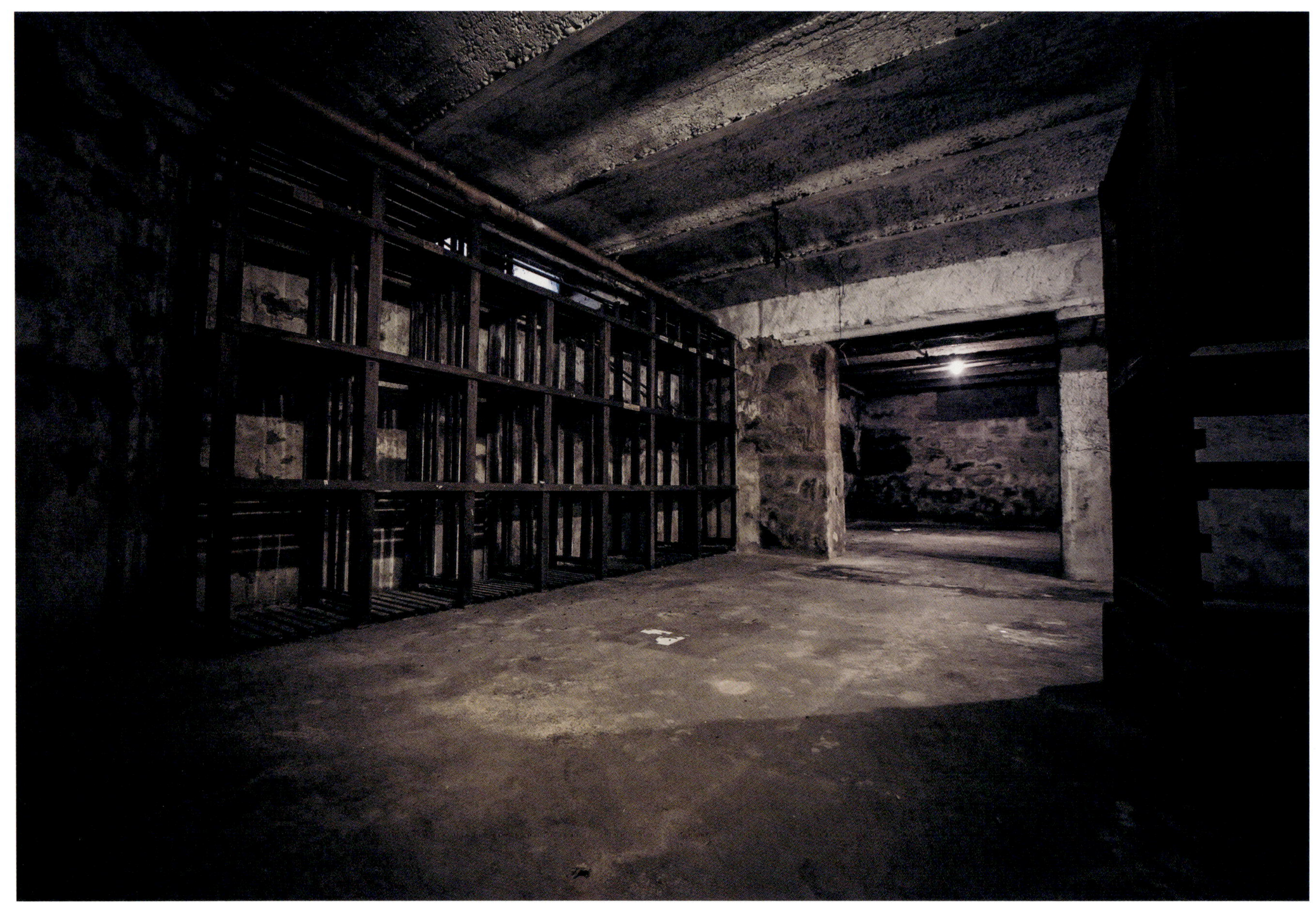

Lagerräume im Keller

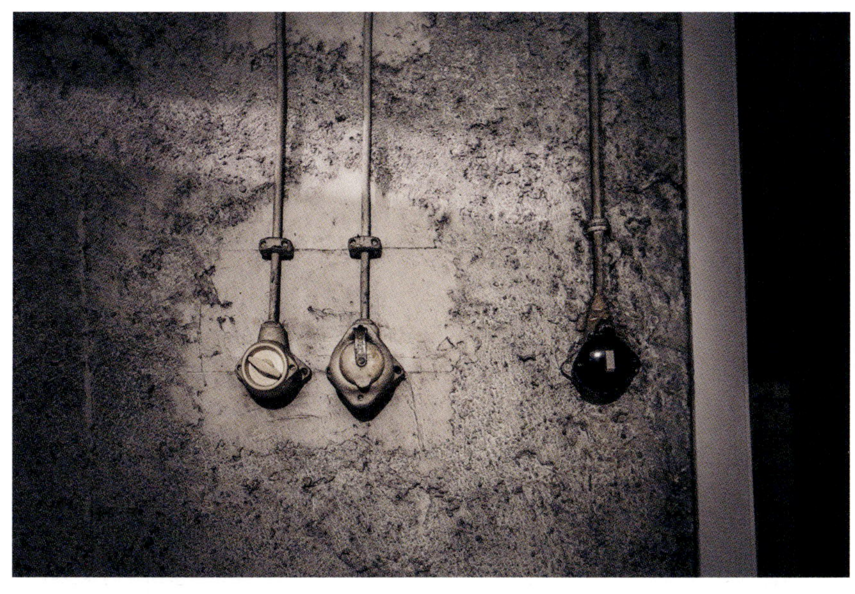
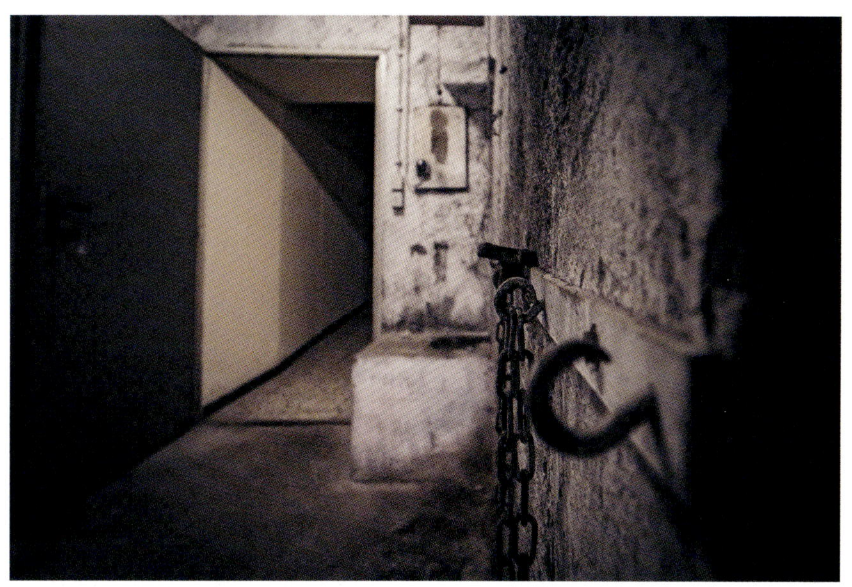
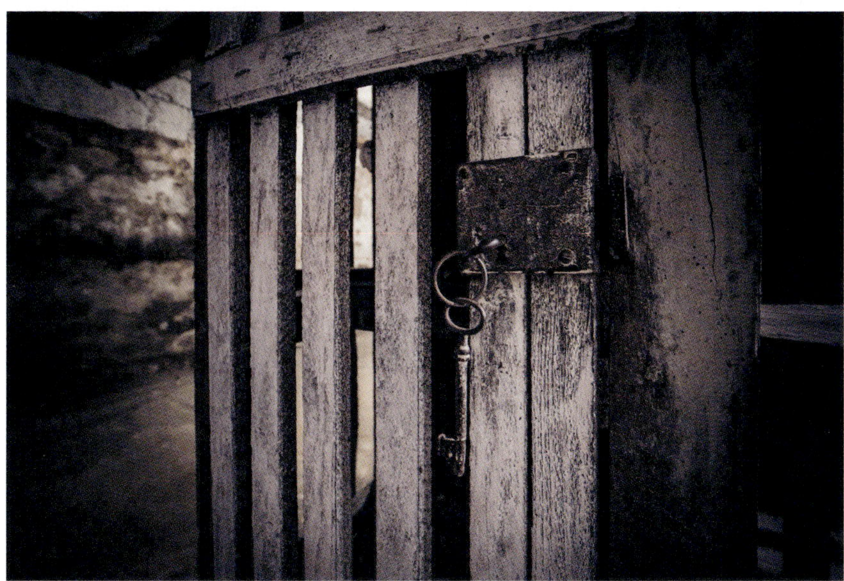
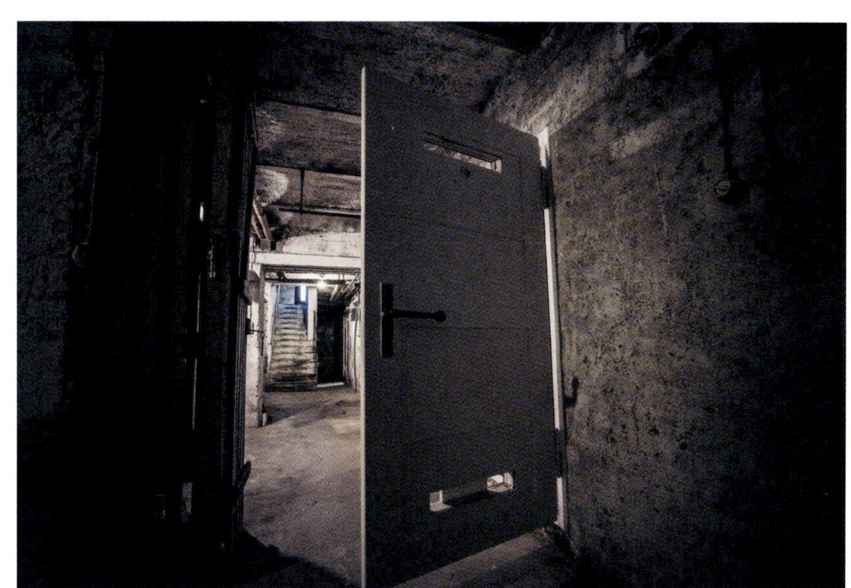

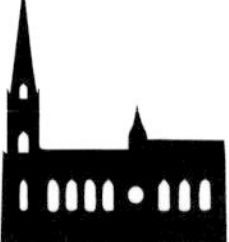

DIE KUNSTSCHMIEDE

Eine E-Mail war es, die mich zu diesem Lost Place führt, den ich bis zu diesem Zeitpunkt überhaupt nicht kannte. Der neue Besitzer sah Lost-Place-Fotos von mir in den sozialen Netzwerken und fragte mich, ob ich Lust hätte, seine zwei gerade erworbenen Lost Places zu fotografieren. So etwas ist wie ein Sechser im Lotto.

Es ist ein regnerischer Tag, als wir uns vor der Kunstschmiede treffen und zusammen in die Werkstatt-Räume gehen. Überall liegt Staub und hängen Spinnweben, ein sicheres Zeichen dafür, dass hier schon lange keiner mehr war. An einem kleinen Büro und einer Lagerstätte für allerhand Materialen geht es in den großen Werkstatt-Raum. Rechts neben der Tür steht der riesige Kamin und an den Wänden hängen zahlreiche Hufeisen. Auch verschieden geschmiedete Geländer stehen in der Werkstatt, die eigentlich hell und freundlich ist. Trotzdem bekomme ich ein komisches Gefühl, während ich mein Stativ aufbaue und mit dem neuen Besitzer über meine Leidenschaft für die Lost-Place-Fotografie spreche. Allerdings merkt er schnell, dass ich etwas »abgelenkt« bin, weil ich versuche, mein Gefühl einzuordnen. Er spricht mich darauf an und fragt, ob alles okay sei, und ich erzähle ihm von meinem komischen Gefühl. Er schaut mich an und meint: »Dein Gefühl stimmt schon, der ehemalige Besitzer hat sich hier vor Jahren das Leben genommen.« Mich trifft diese Information wie ein Schlag. Im ersten Moment weiß ich wirklich nicht, was ich dazu sagen soll. Mein Blick streift nochmal die Werkstatt, und ich weiß sofort, an welcher Stelle es passiert ist. Es gibt einen Deckenbalken und einen Hocker. Der neue Besitzer schaut mich nur an und nickt. Mir schießen die Tränen in die Augen und ich muss schlucken. Was für ein grausamer Schicksalsschlag für die Familie. Nachdem ich mich wieder gefangen habe, fotografiere ich die Räume. Das komische Gefühl ist verschwunden. Es herrscht einfach nur Traurigkeit.

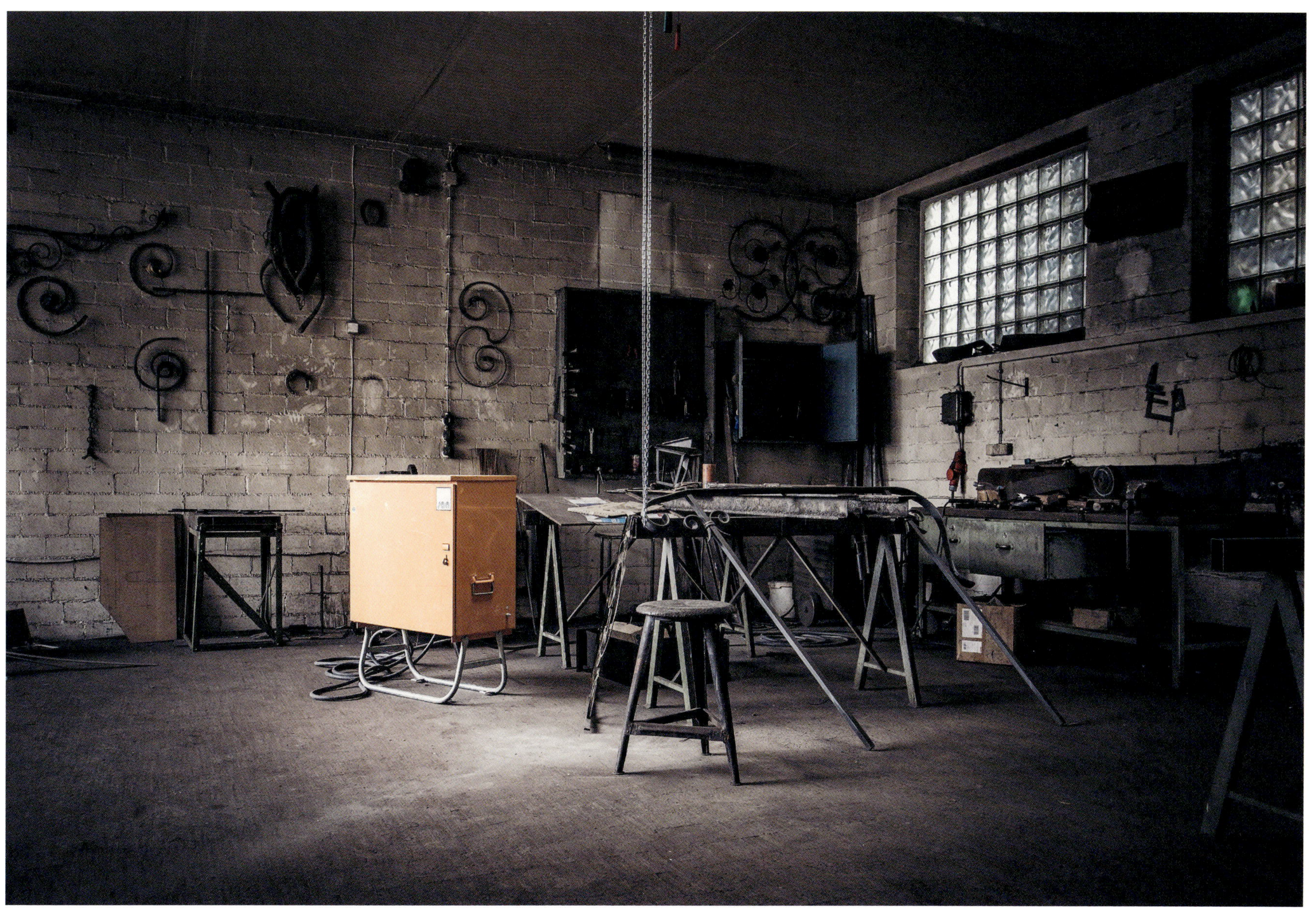

Werkstatt

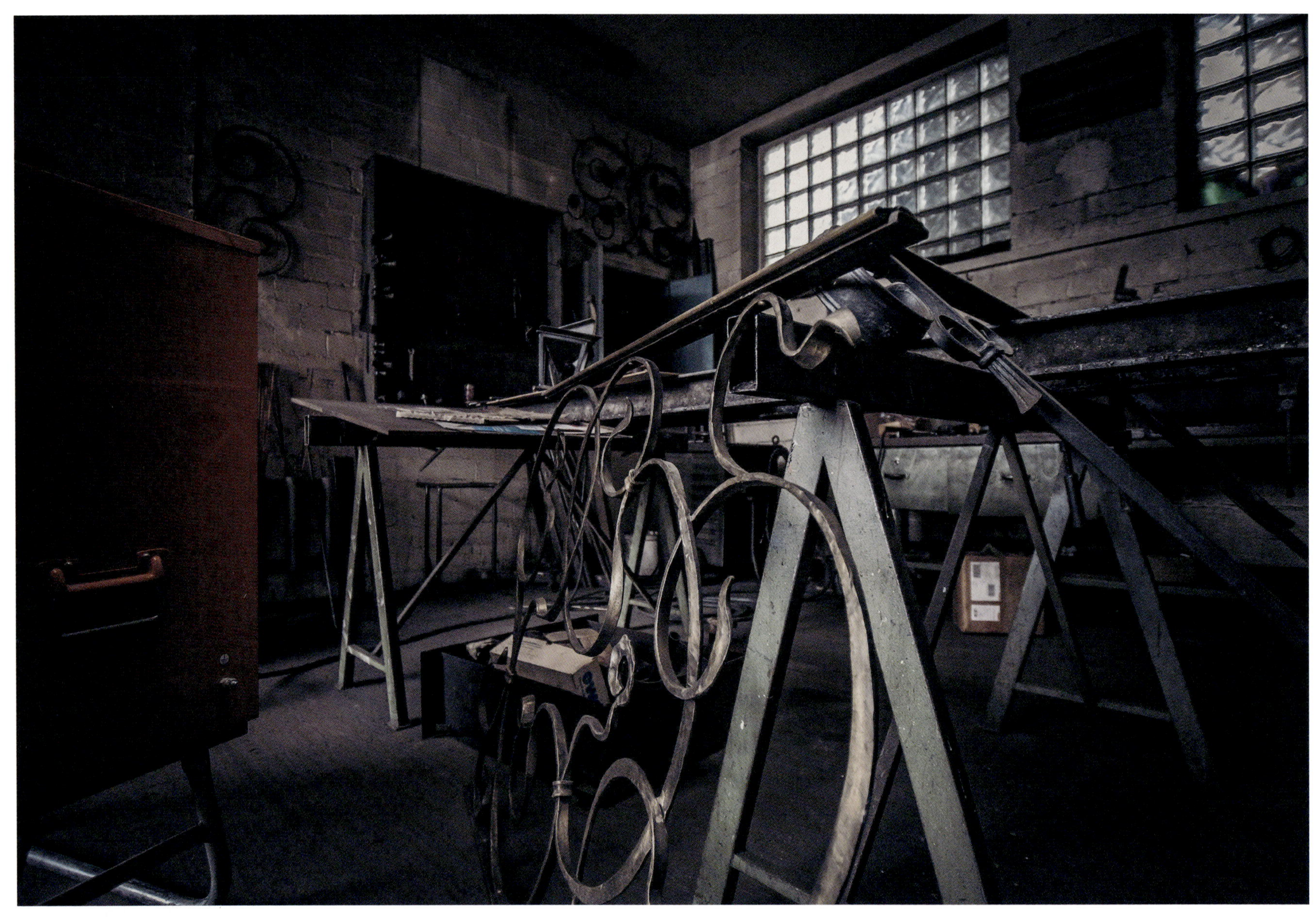

Schmiedeeisernes Gitter

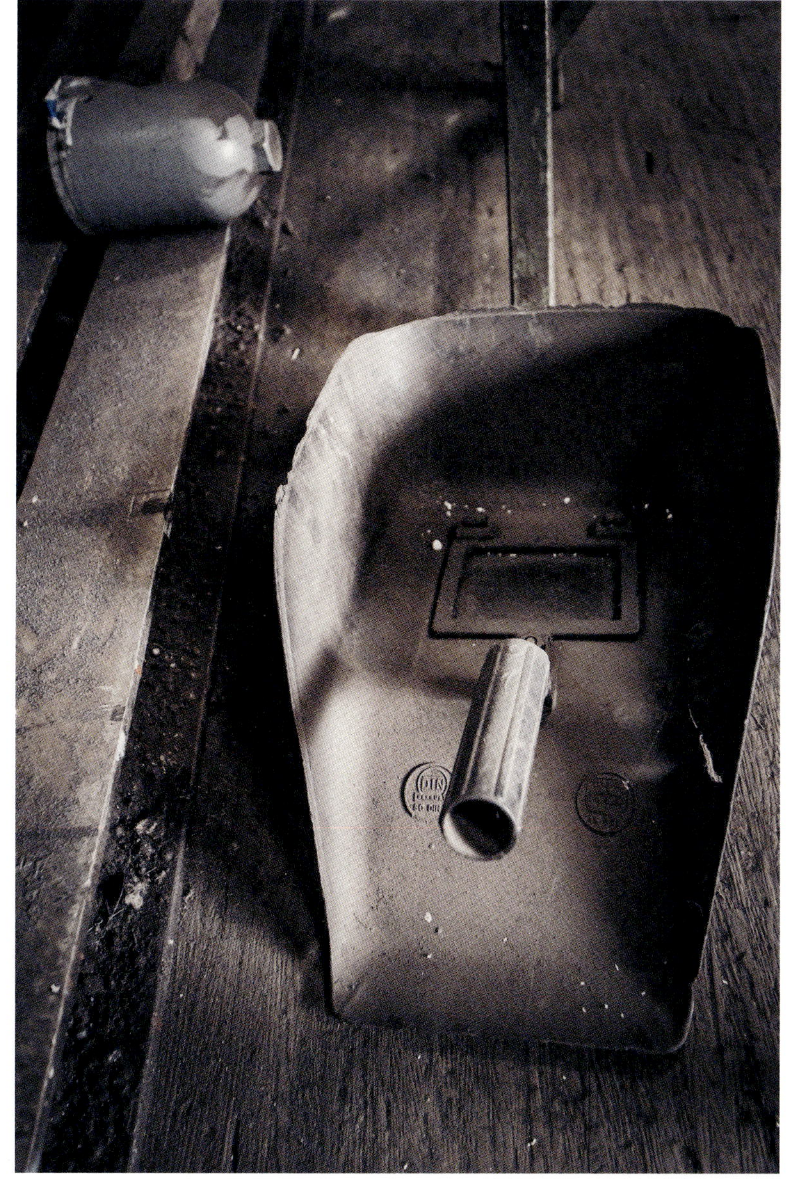

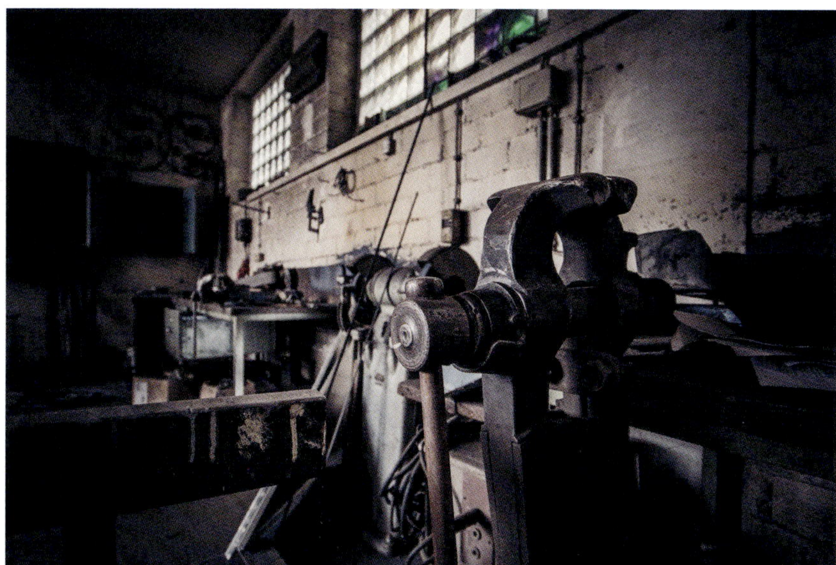

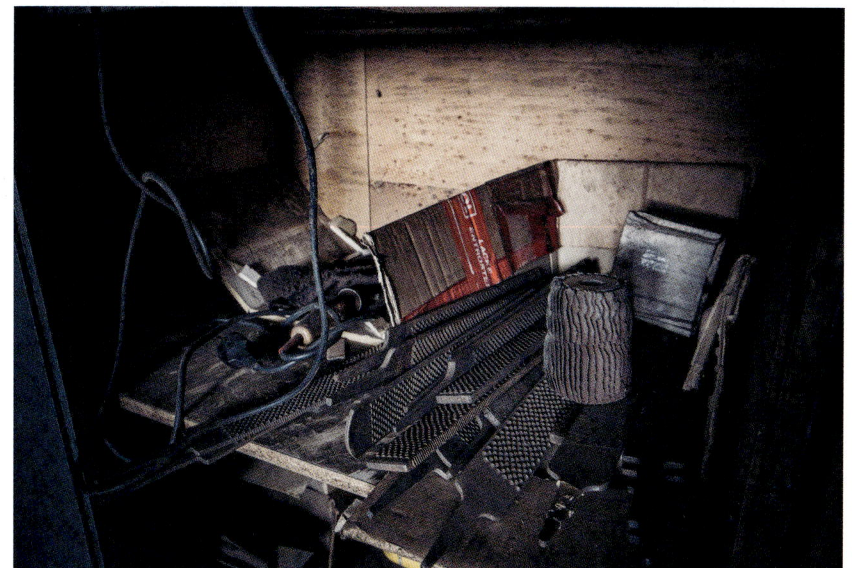

Schweißschild

Schraubstock

Feilen

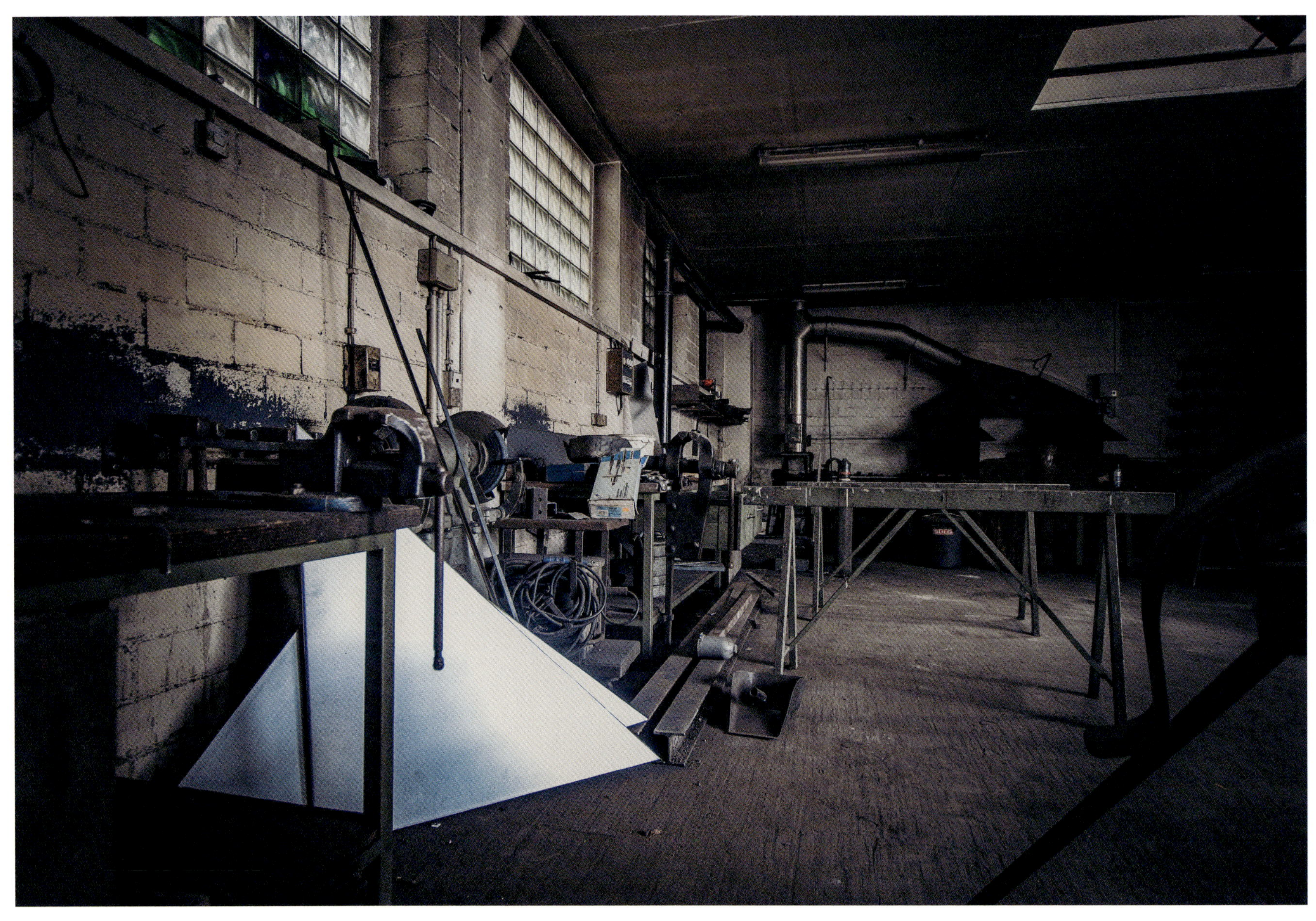

Alle Geräte sind noch vorhanden

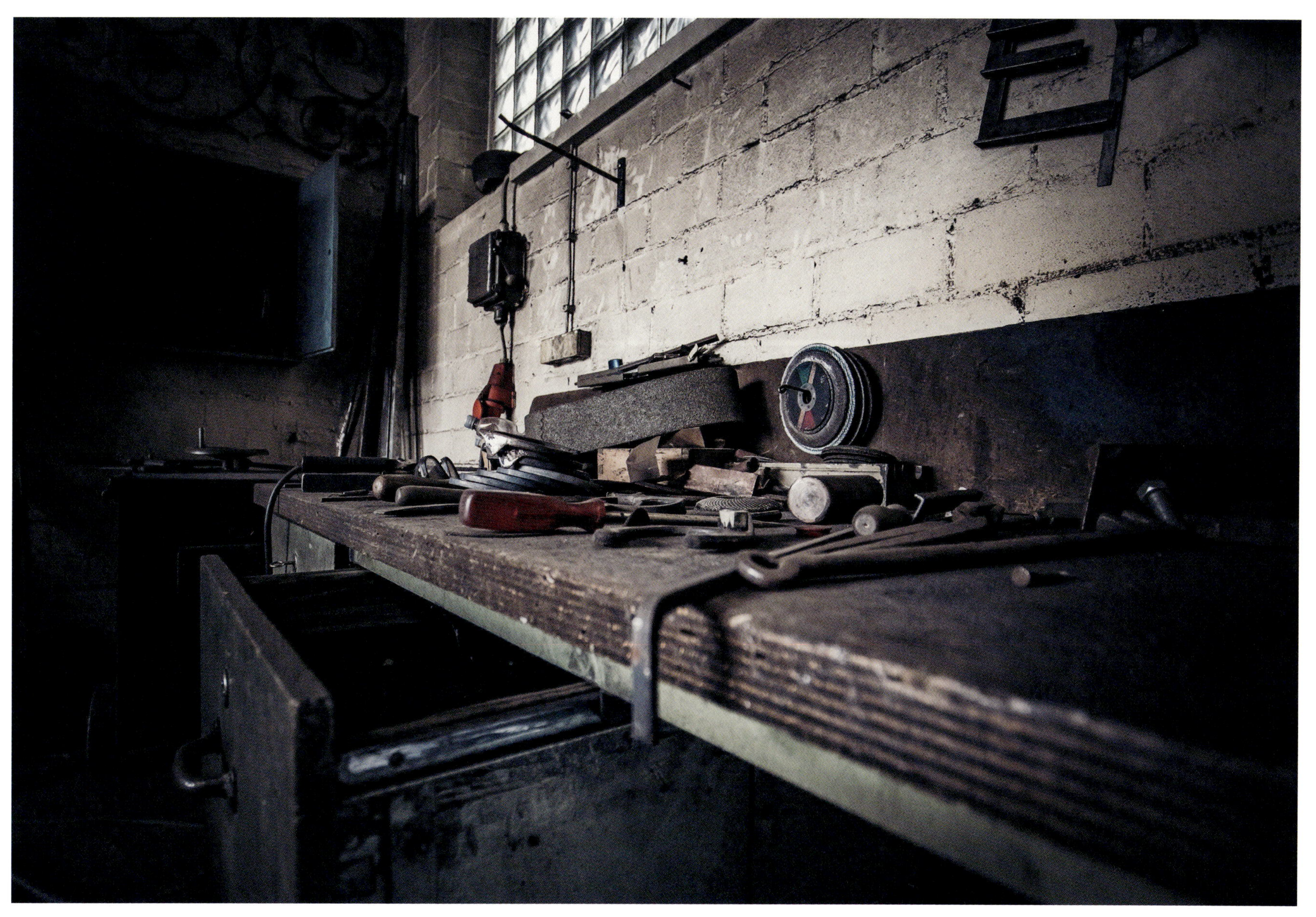

Werkzeugbank

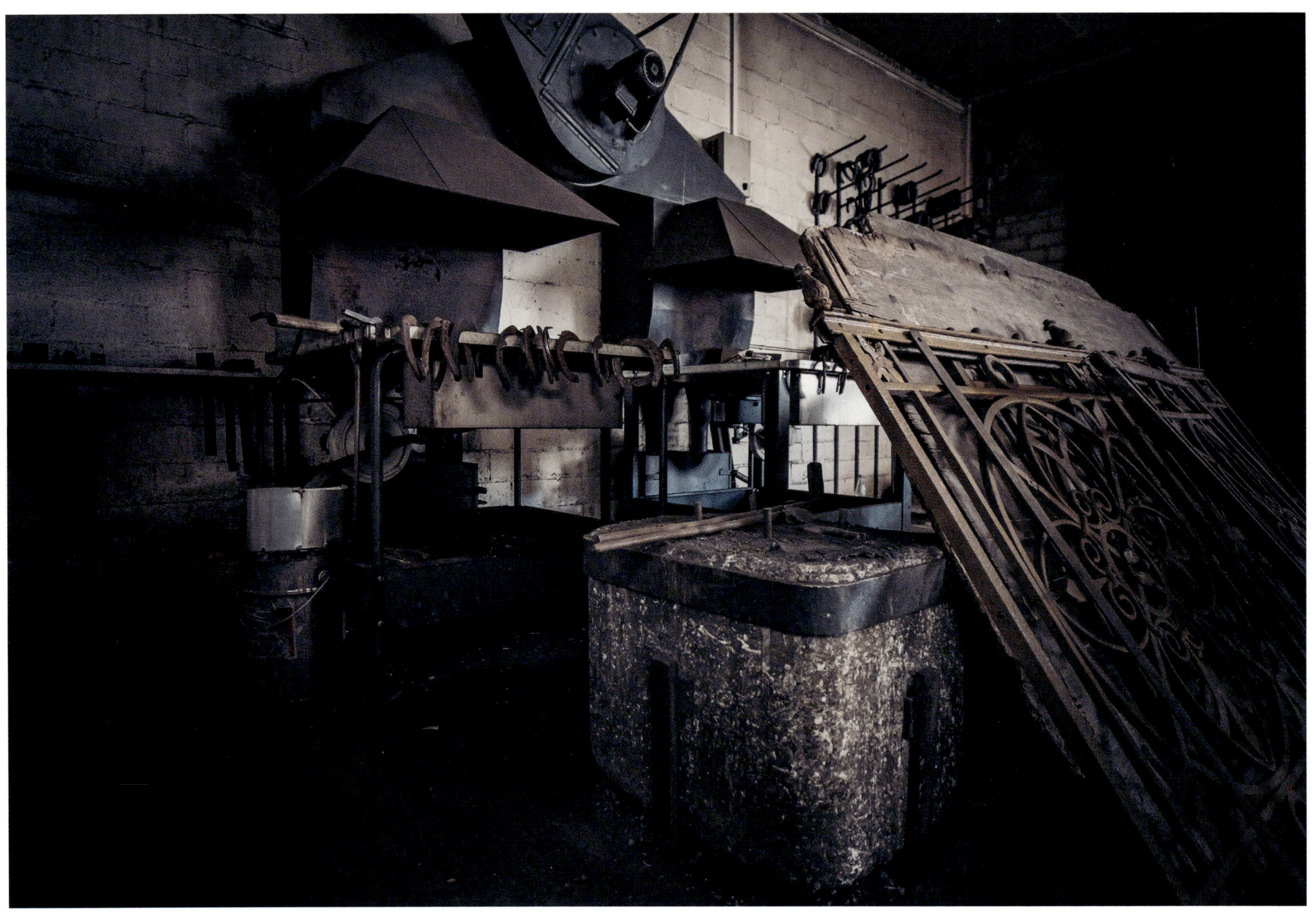

Feuerstellen

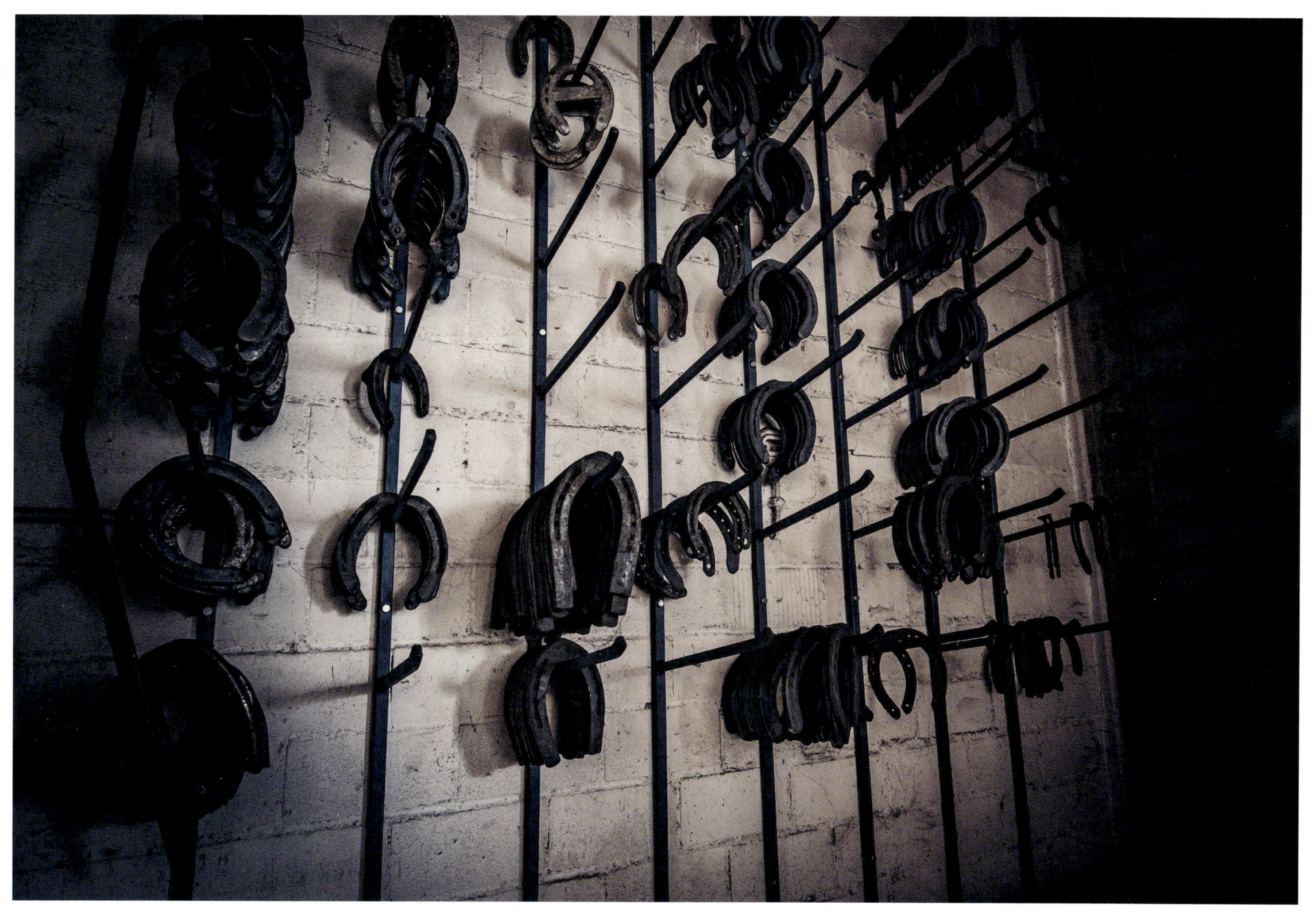

Hufeisen an der Wand

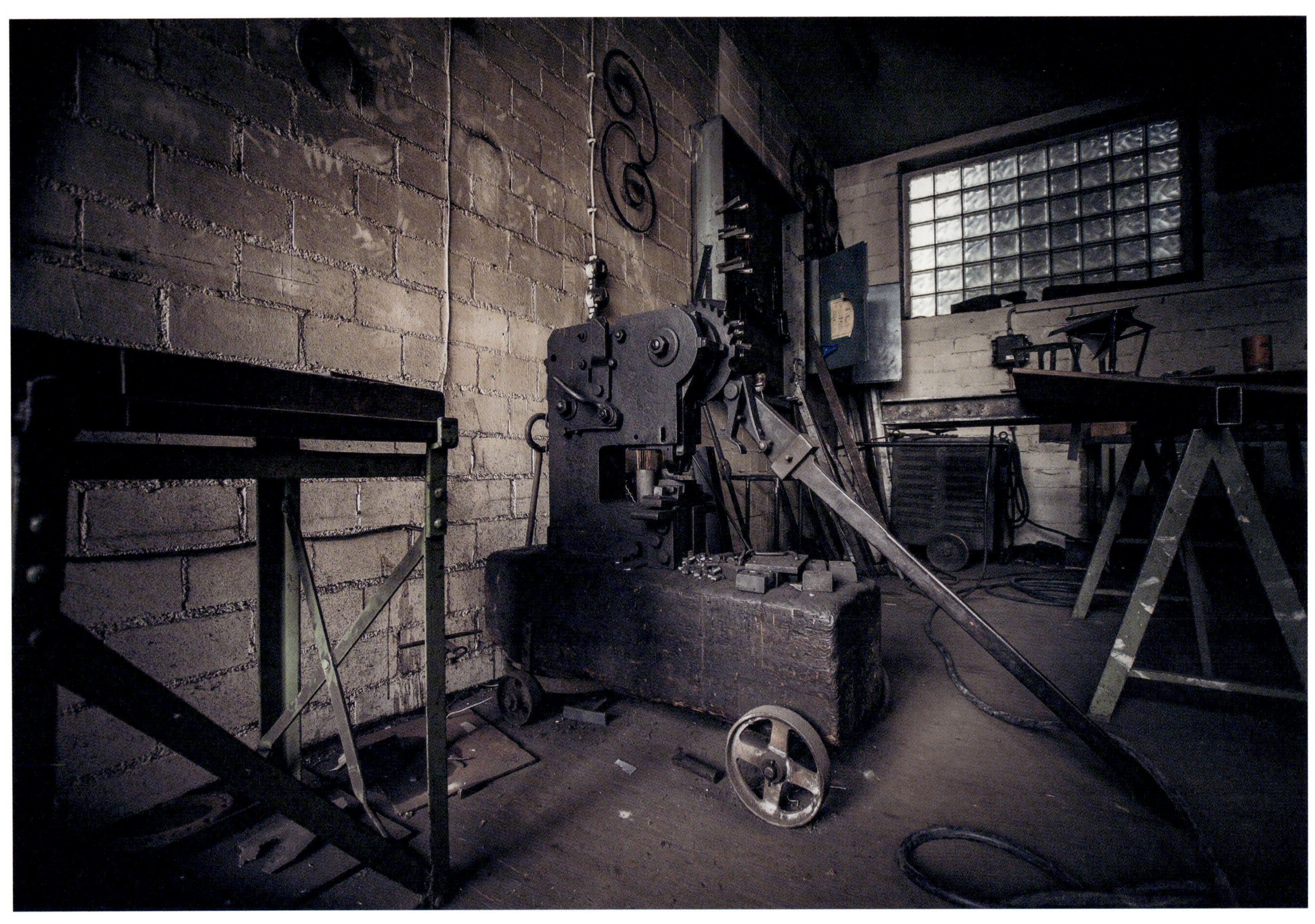

Formpresse

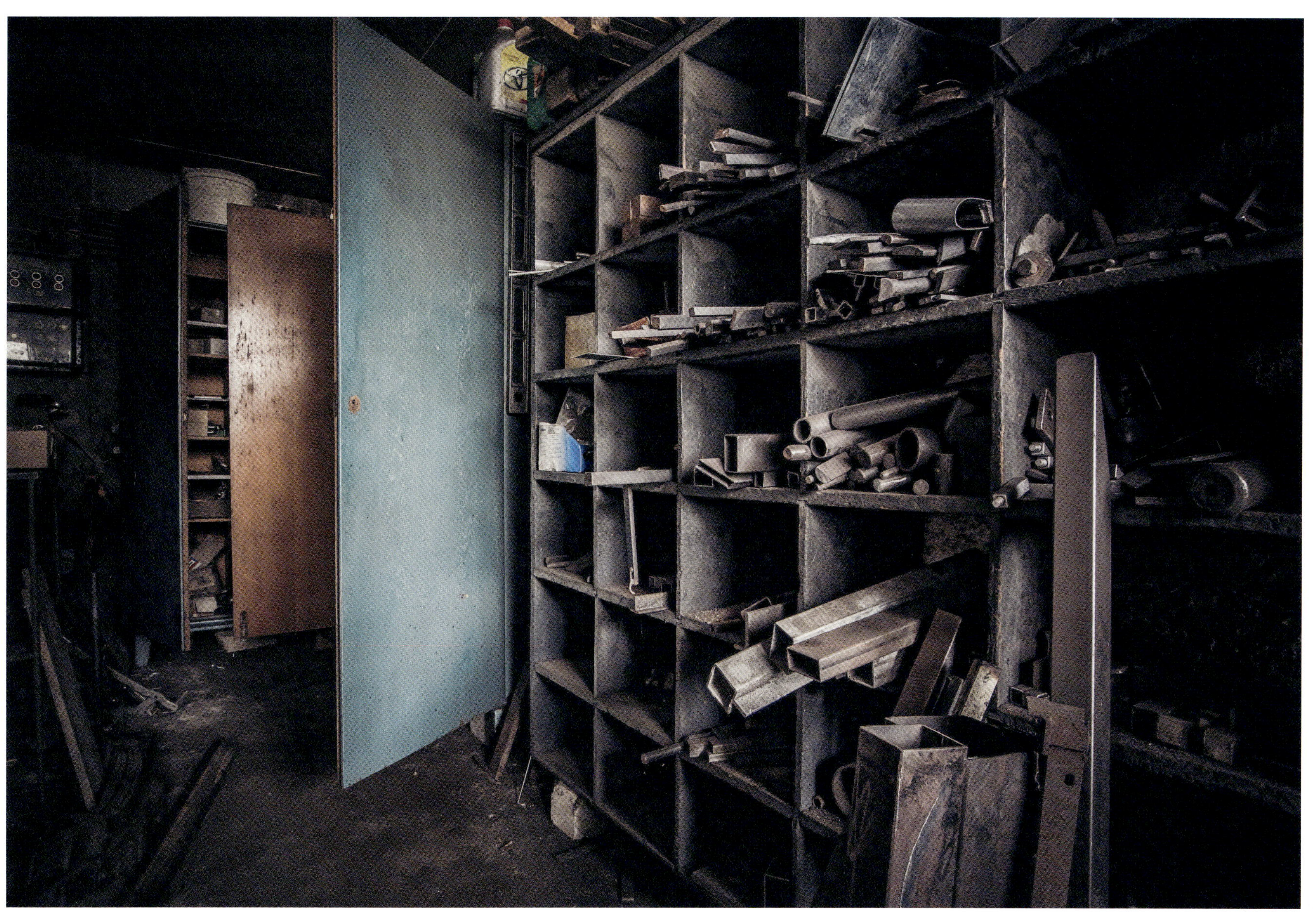

Regale, voll mit Werkstücken

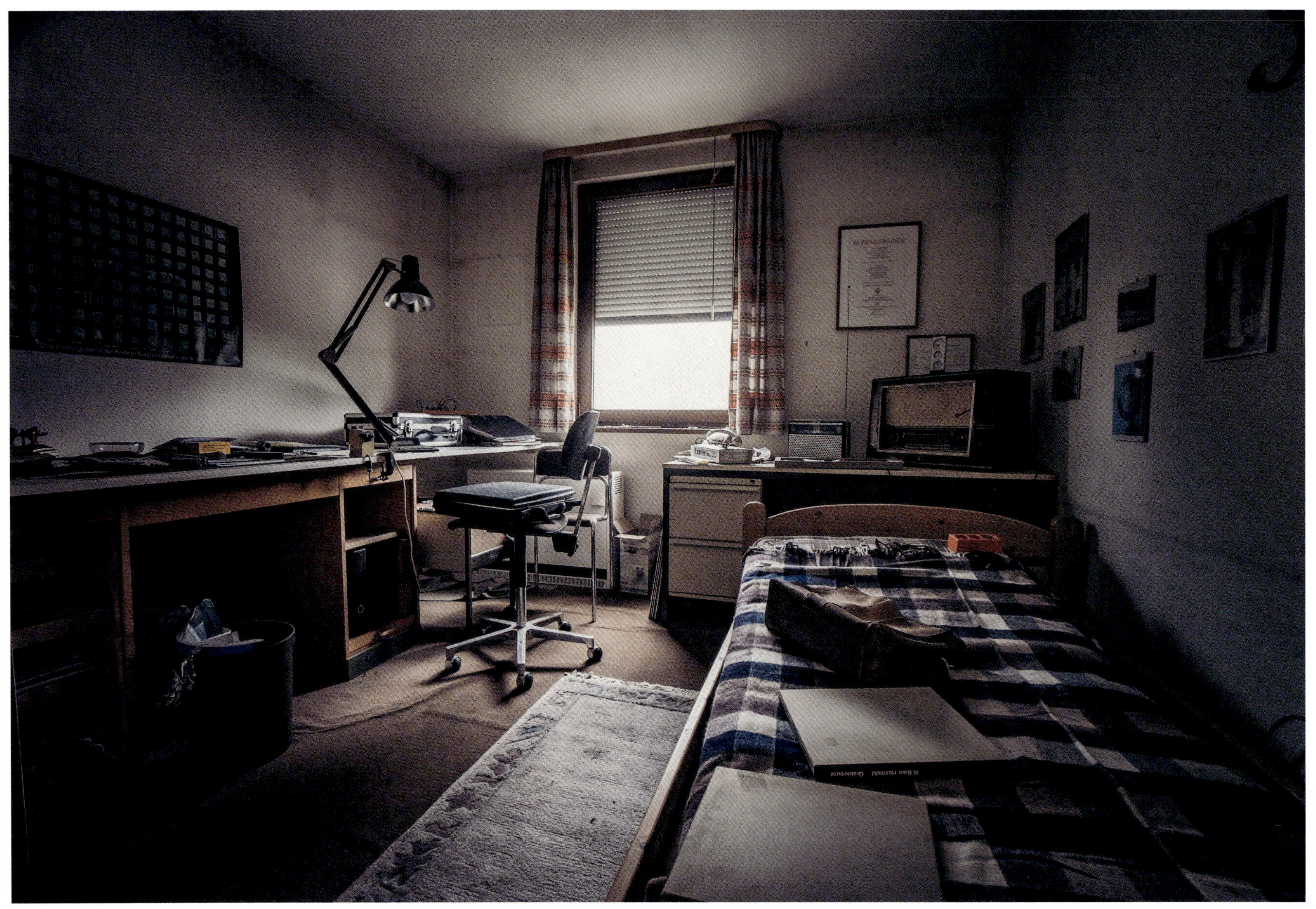

Büro mit Schlafmöglichkeit

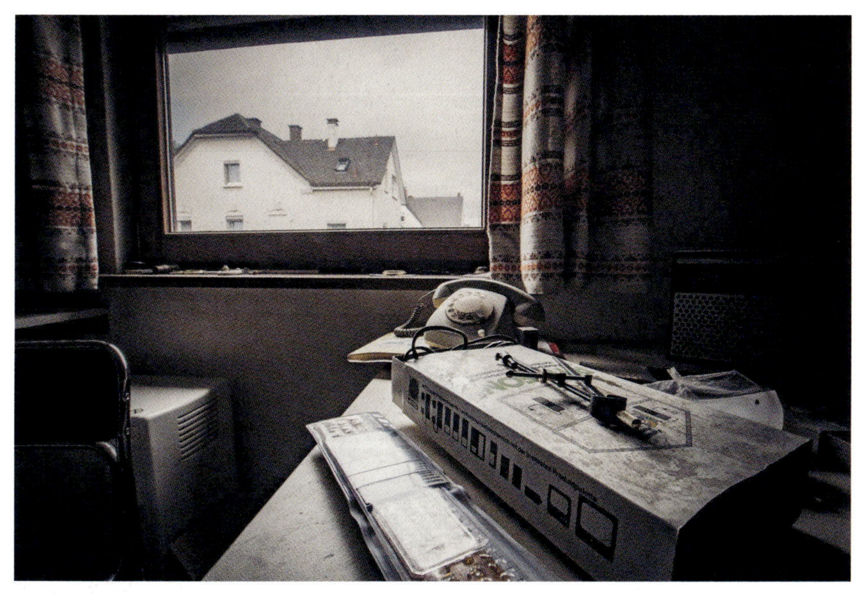

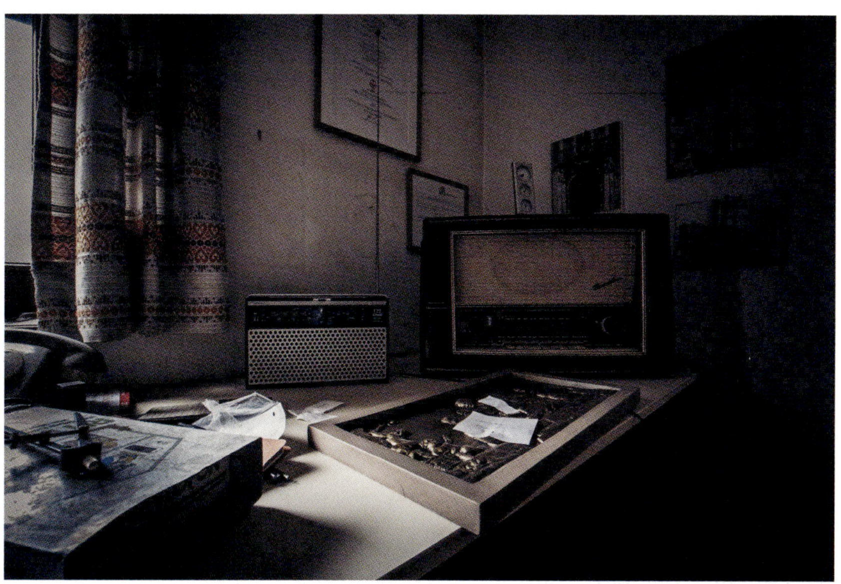

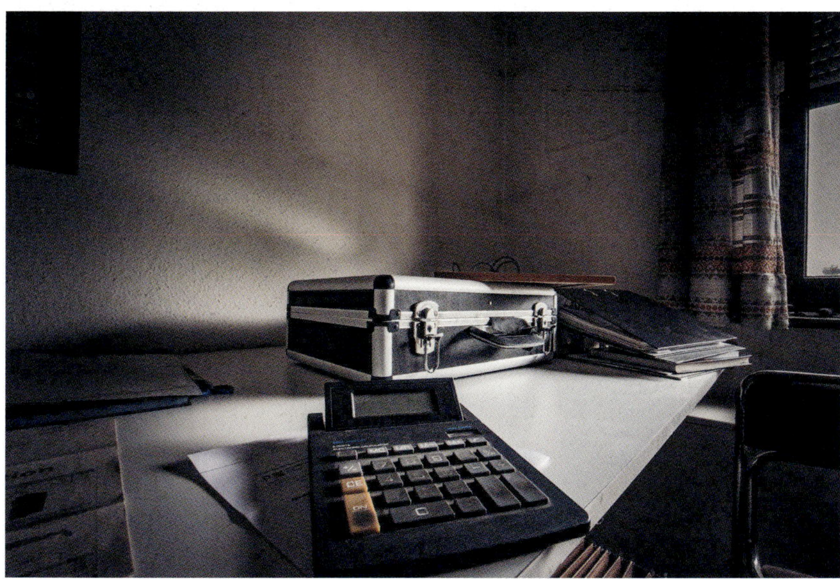

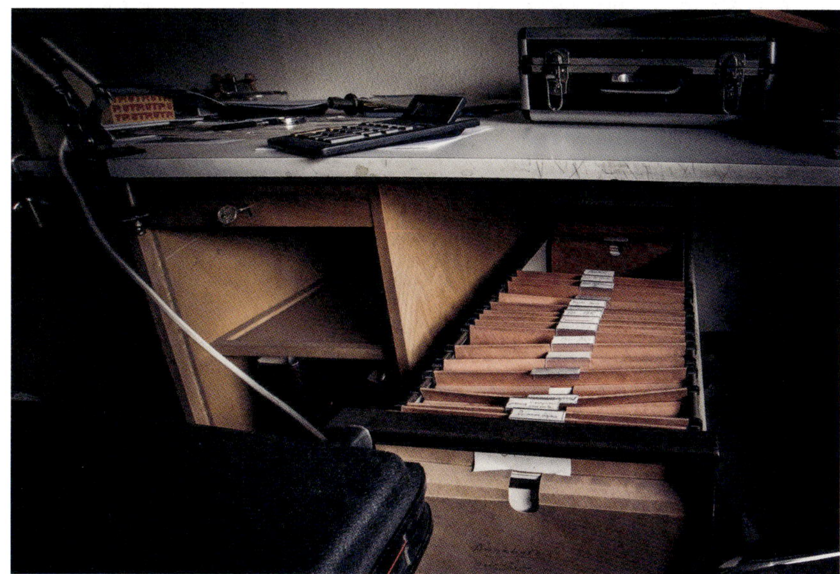

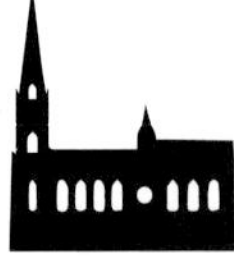

LUISENHÖHE HORBEN

1896 wurde das Kurhotel im Chalet-Stil erbaut. Benannt wurde es nach Prinzessin Luise von Preußen, der einzigen Tochter von Prinz Wilhelm von Preußen, dem späteren deutschen Kaiser Wilhelm. Nach einem Brand wurde die Luisenhöhe als Erholungsheim 1906 wieder aufgebaut. 1945 diente die Luisenhöhe als militärische Verwaltungsstelle der französischen Besatzungsmacht, danach bis 1952 als Altersheim, bevor sie 1957 als Hotel wiedereröffnet wurde. Als sie im Jahr 2011 verkauft wurde, sollte eine grundlegende Renovierung des alten holzvertäfelten Gebäudes stattfinden, um es zu erhalten. Durch die Entkernung erlosch jedoch der Bestandsschutz des Gebäudes als Hotel, weshalb es wie ein Neubau eingestuft wurde. Irgendwann wurde klar, dass es unmöglich war, die Luisenhöhe wirtschaftlich zu renovieren. Sie wurde abgerissen. An der gleichen Stelle entstand ein Gesundheitsresort.

Als ich das Hotel besuche, weiß ich schon, dass es abgerissen wird. Es ist ein komisches Gefühl, als eine der letzten Personen ein solch traditionsreiches Haus zu besuchen und zu fotografieren. In den oberen Stockwerken sehe ich, wie angefangen wurde zu entkernen. Die Hotelzimmer sind leer, nur vereinzelt liegt ein Bild auf dem Boden. Eine offene Balkontür weckt meine Aufmerksamkeit und meine Neugierde wird mit einem grandiosen Ausblick auf Freiburg belohnt. Im großen Foyer sieht es so aus, als müsse man eigentlich nur den Teppich richtig hinlegen, damit die Hotelgäste anreisen können. Es gibt dort noch eine Telefonzelle mit einem alten grünen Telefon aus den 90er Jahren. Das Gebäude ist in die Jahre gekommen, aber trotzdem hat es etwas Gemütliches. Das viele Holz strahlt Wärme aus. Als ich mein Stativ neben der Rezeption aufbaue, entdecke ich in einem Postkartenständer alte Karten aus den besseren Zeiten des Hotels. Auch Wintermotive sind dabei.

Egal zu welcher Jahreszeit, das Hotel war ein Blickfang auf der Anhöhe. Hier konnte man sich definitiv erholen und einen tollen Urlaub verbringen, abseits vom Trubel in der Großstadt. Es gab ein Schwimmbad, eine Sauna und eine Sonnenbank. Aber auch Sport konnte getrieben werden im hauseigenen Fitness-Studio oder auf dem Tennisplatz. Die Außenanlage hat trotz des langen Leerstandes nichts von ihrer Schönheit eingebüßt. Die große Terrasse und der Biergarten luden zum Verweilen ein und für die Kleinen gab es einen Spielplatz. Trotz der warmen Sonnenstrahlen überkommt mich eine Traurigkeit, weil ich weiß, dass das Gebäude bald Geschichte sein wird mit all seinem Glanz und seiner Tradition.

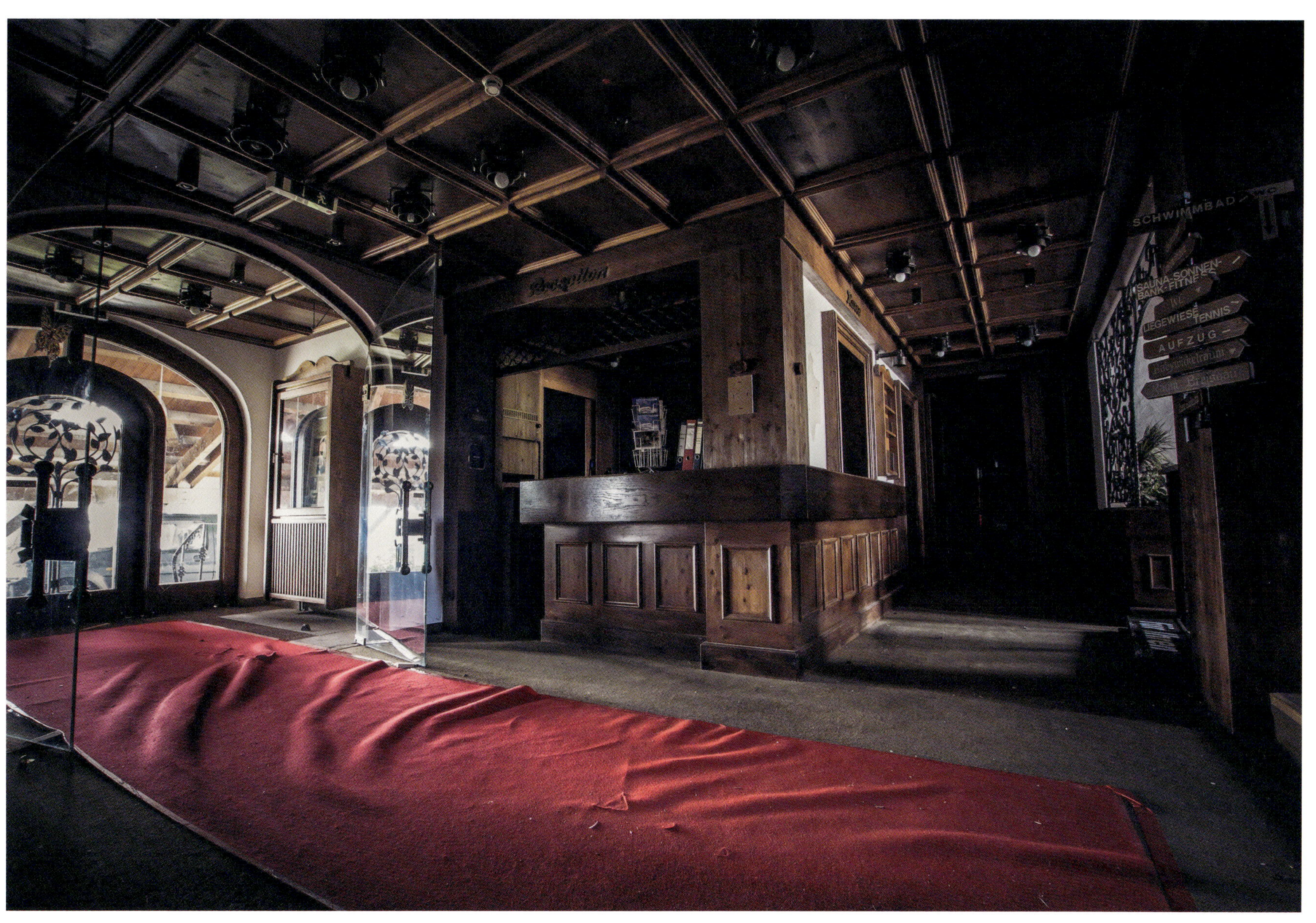

Empfangsbereich des Hotels

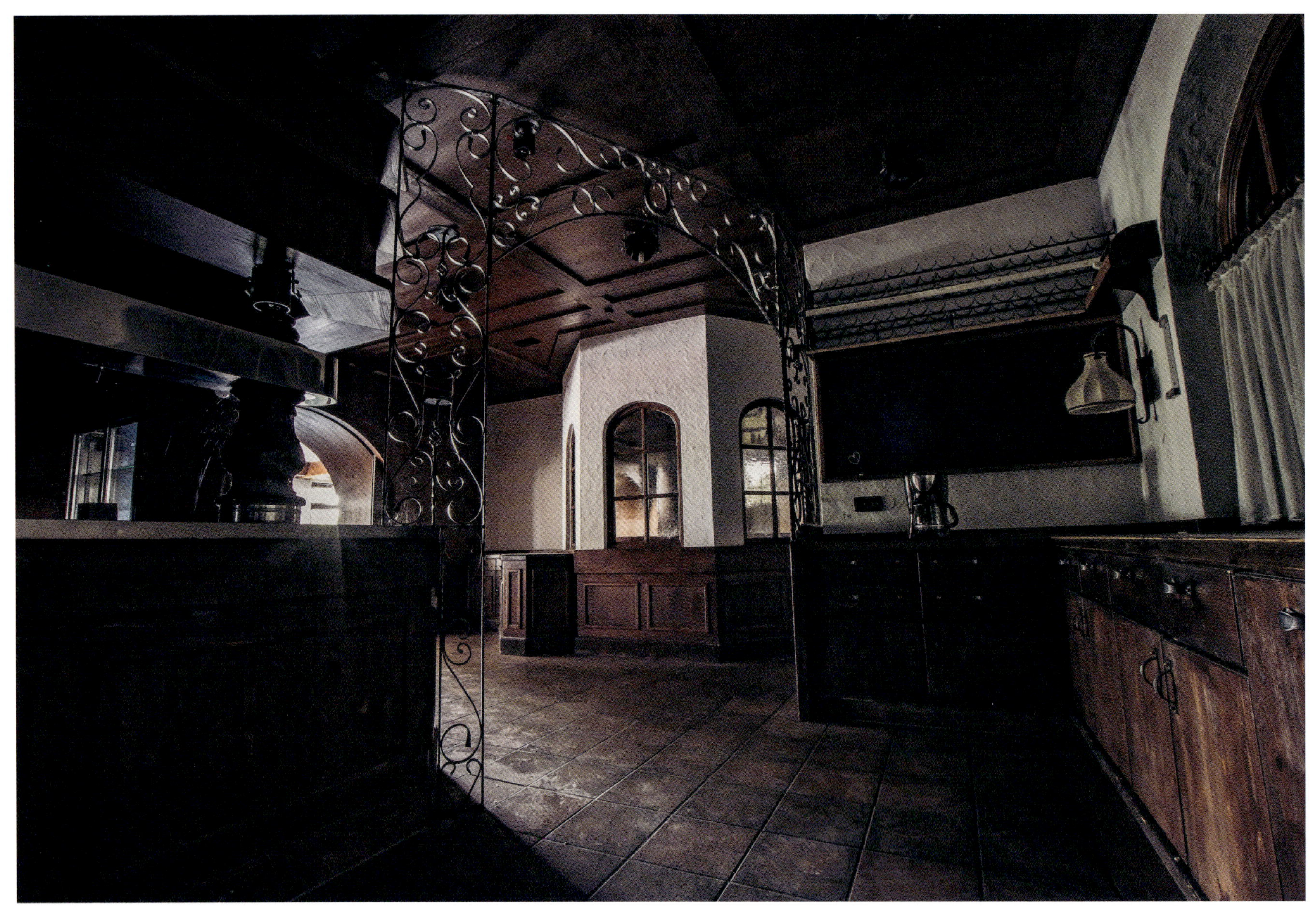

Weg vom Foyer zum Gastraum

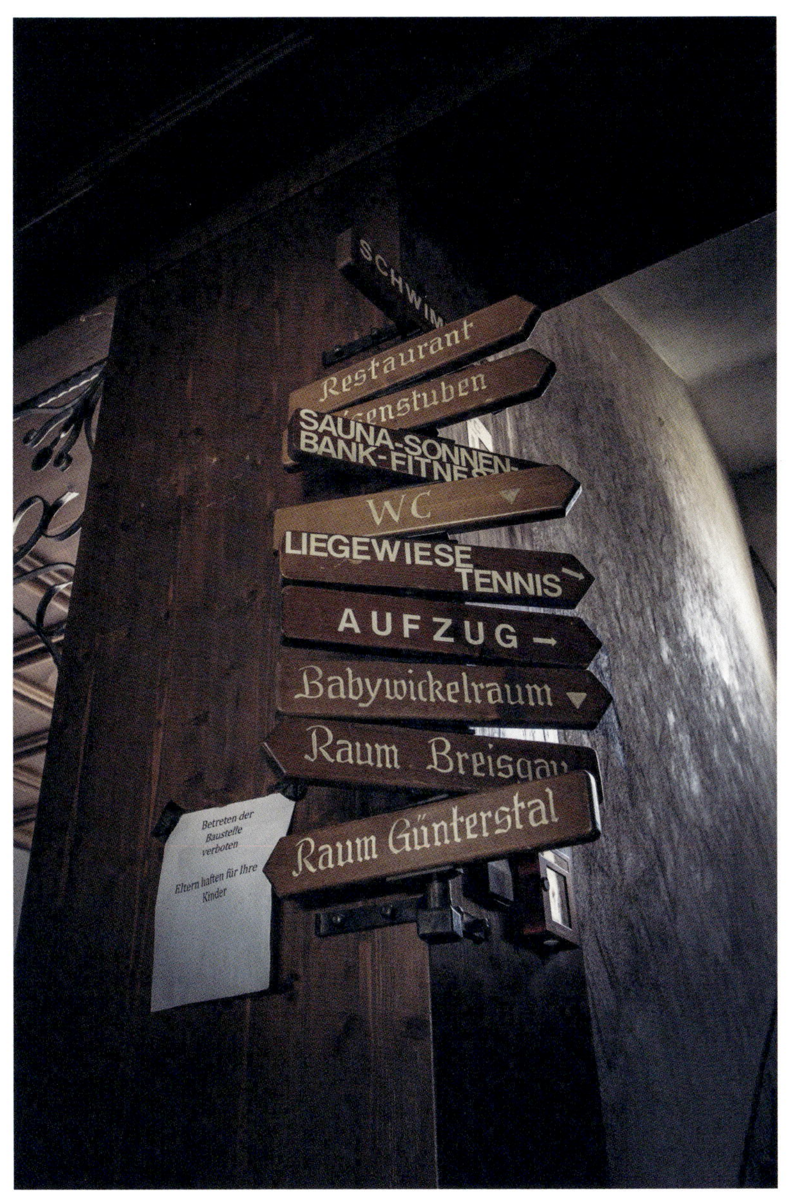
Restaurant
SAUNA-SONNEN
WC
LIEGEWIESE
TENNIS
AUFZUG
Babywickelraum
Raum
Raum Günterstal
Betreten der Baustelle verboten
Eltern haften für Ihre Kinder

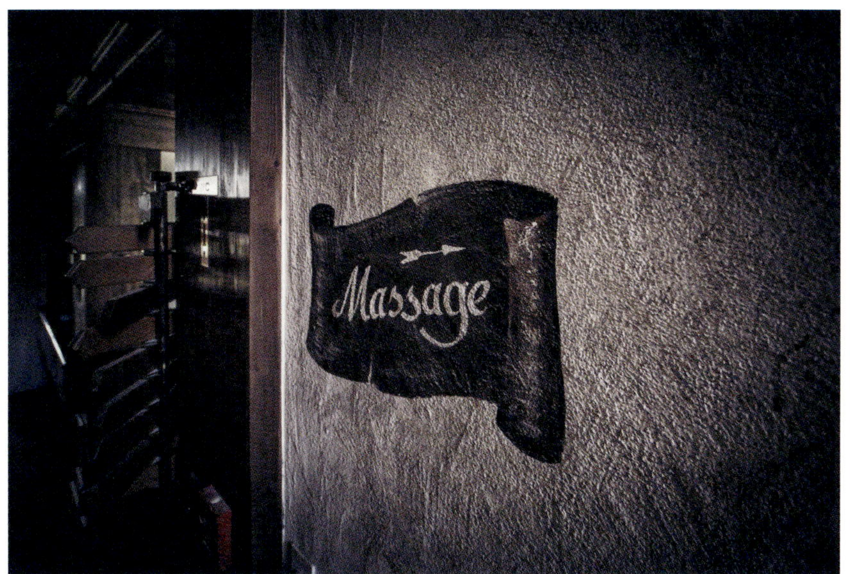
Massage

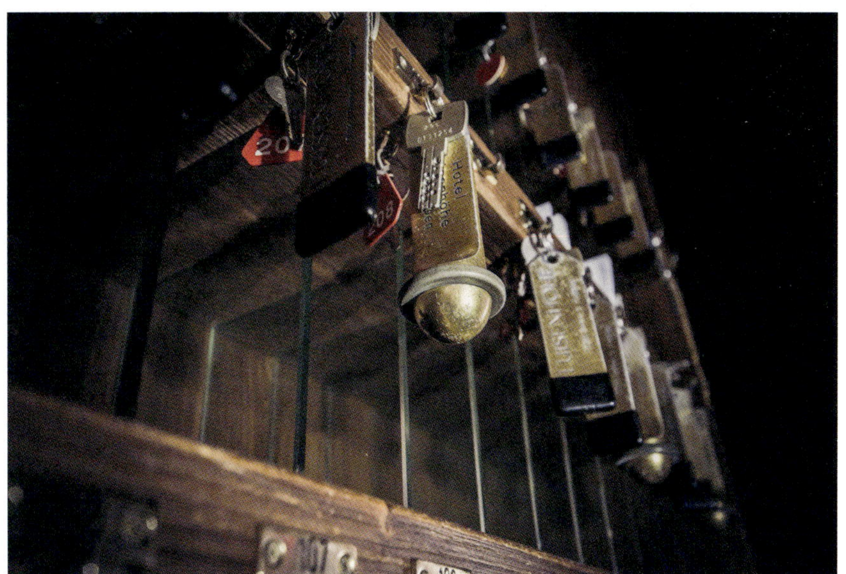

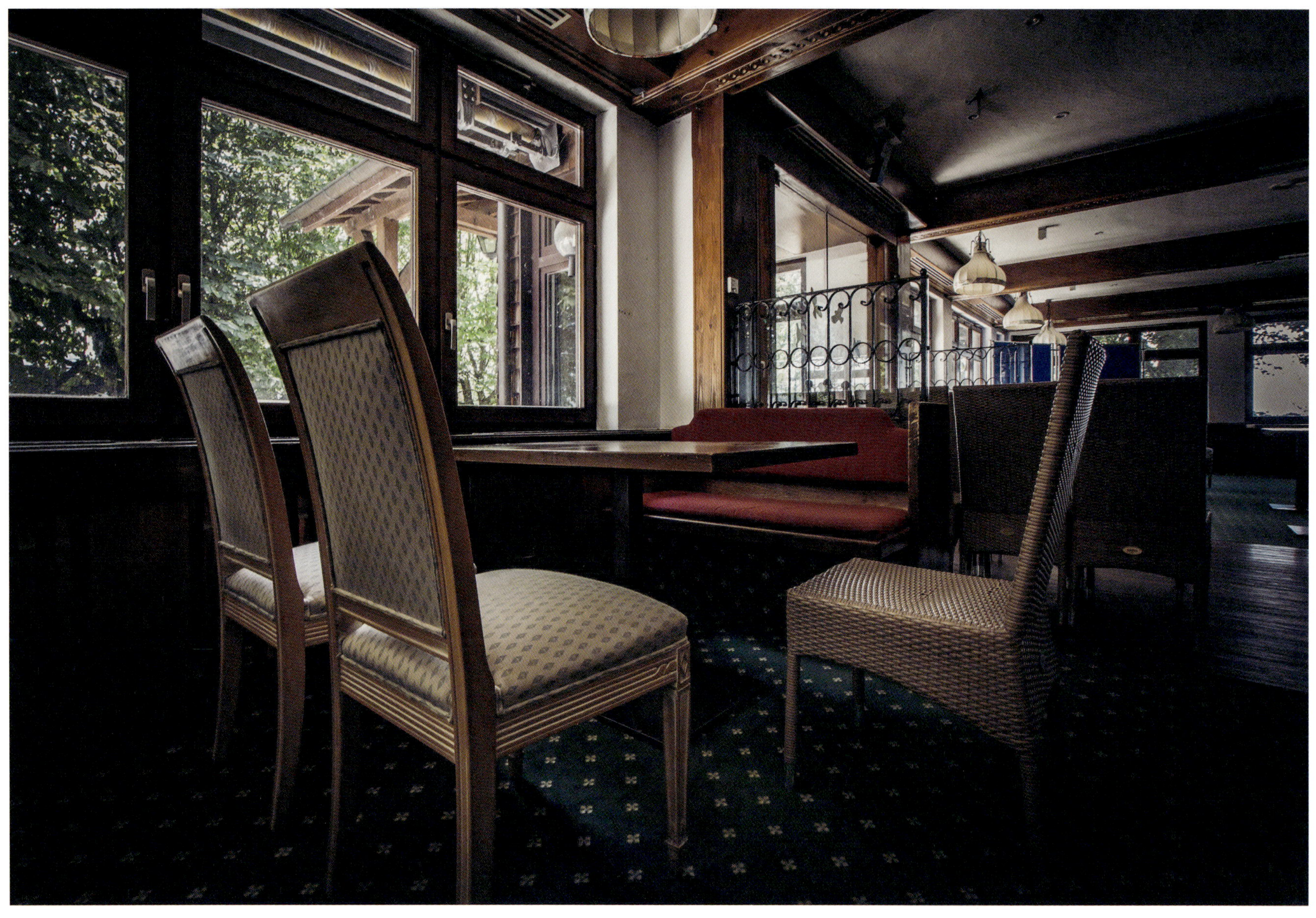

Gastraum

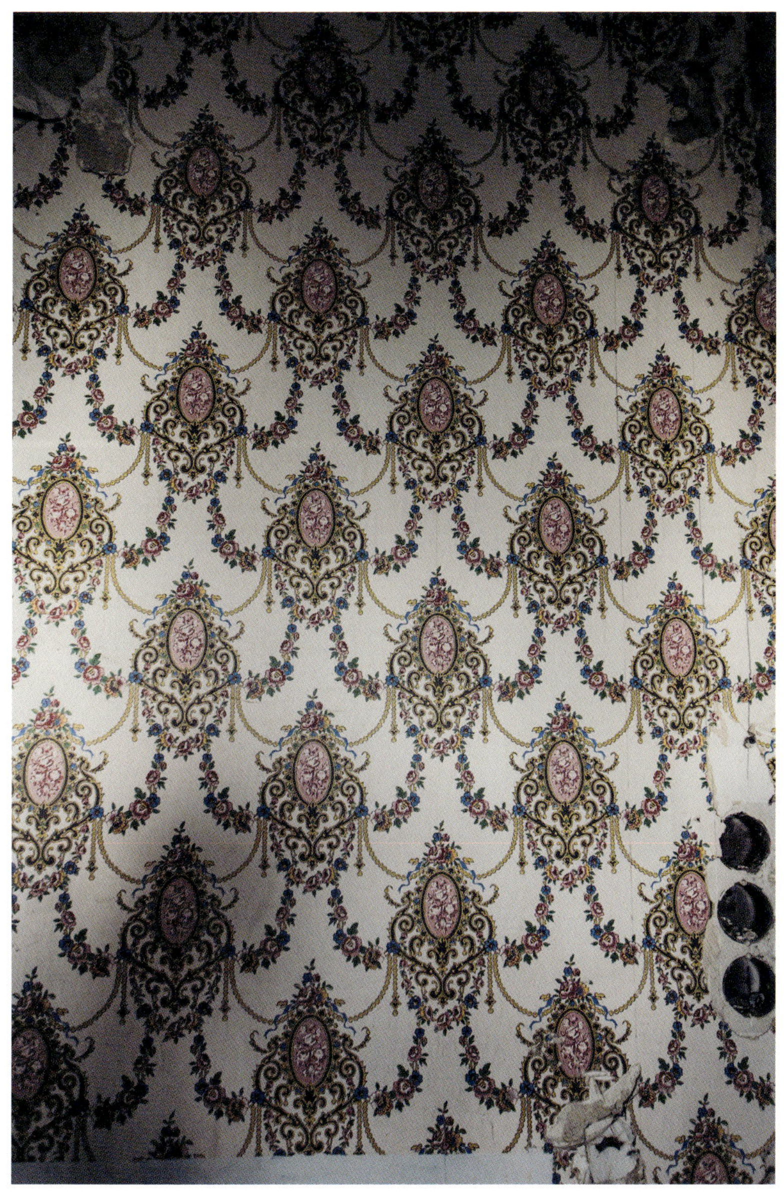

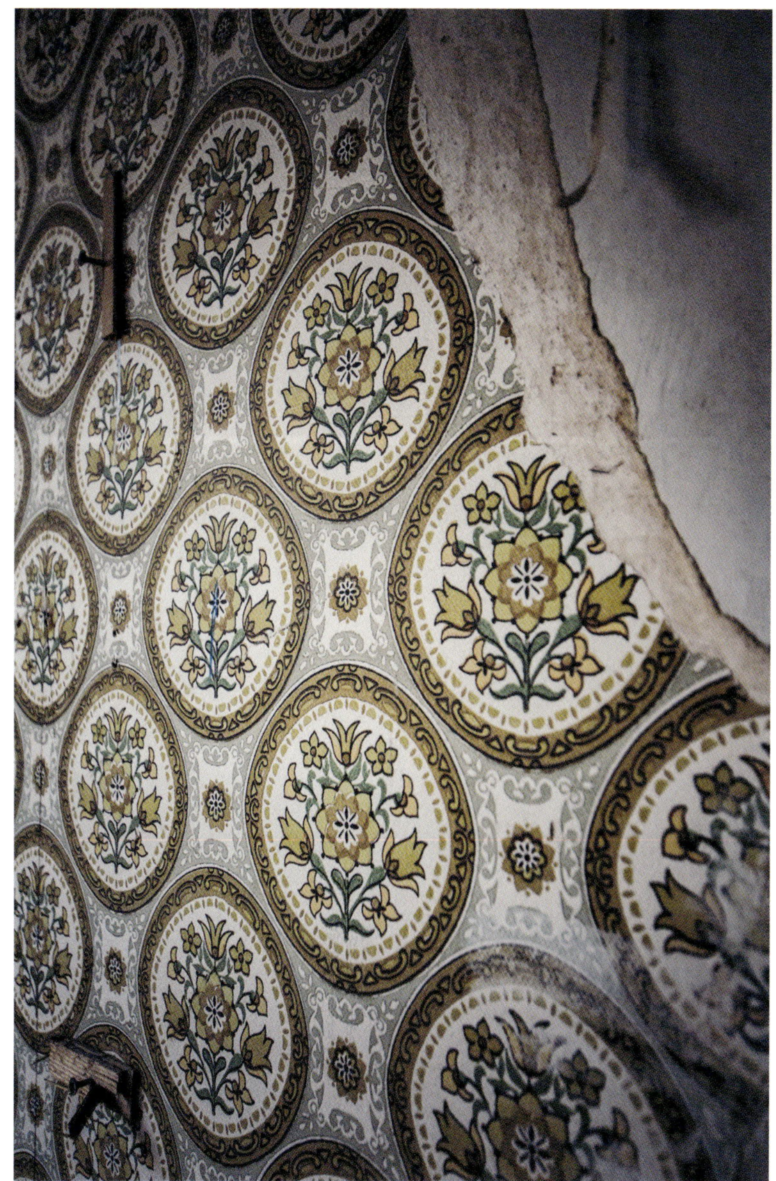

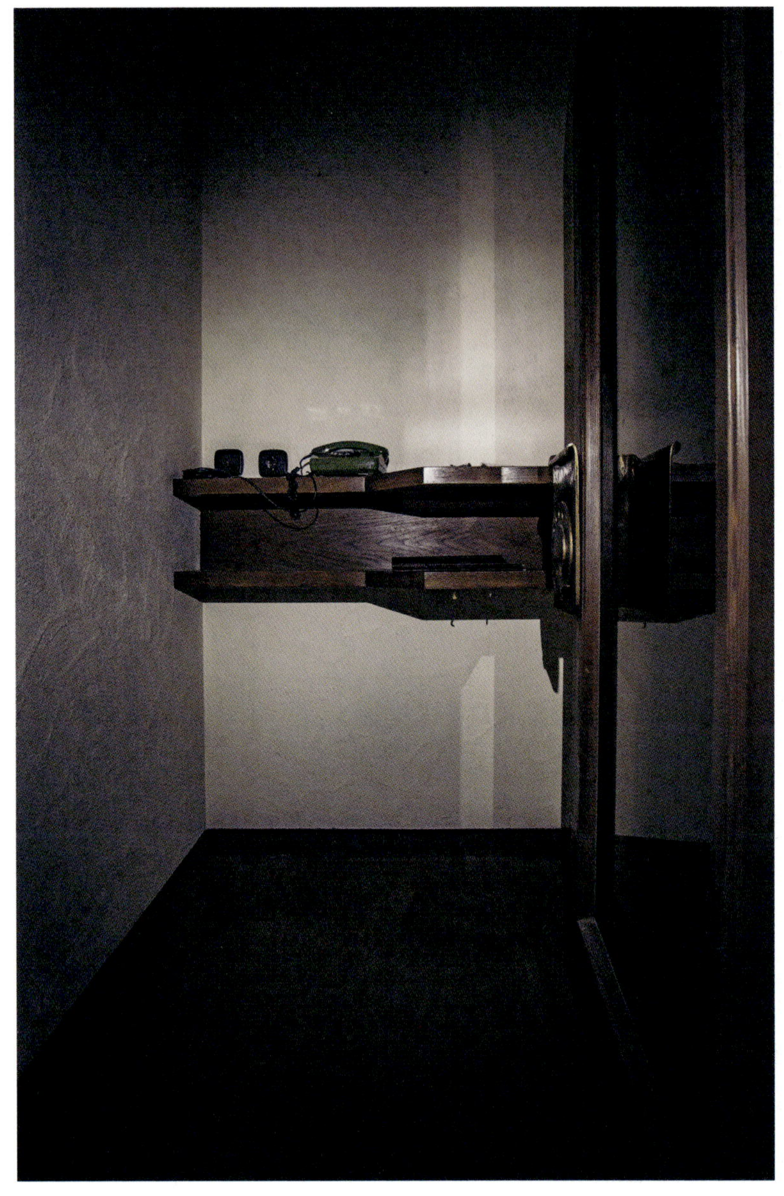

Telefonkabine

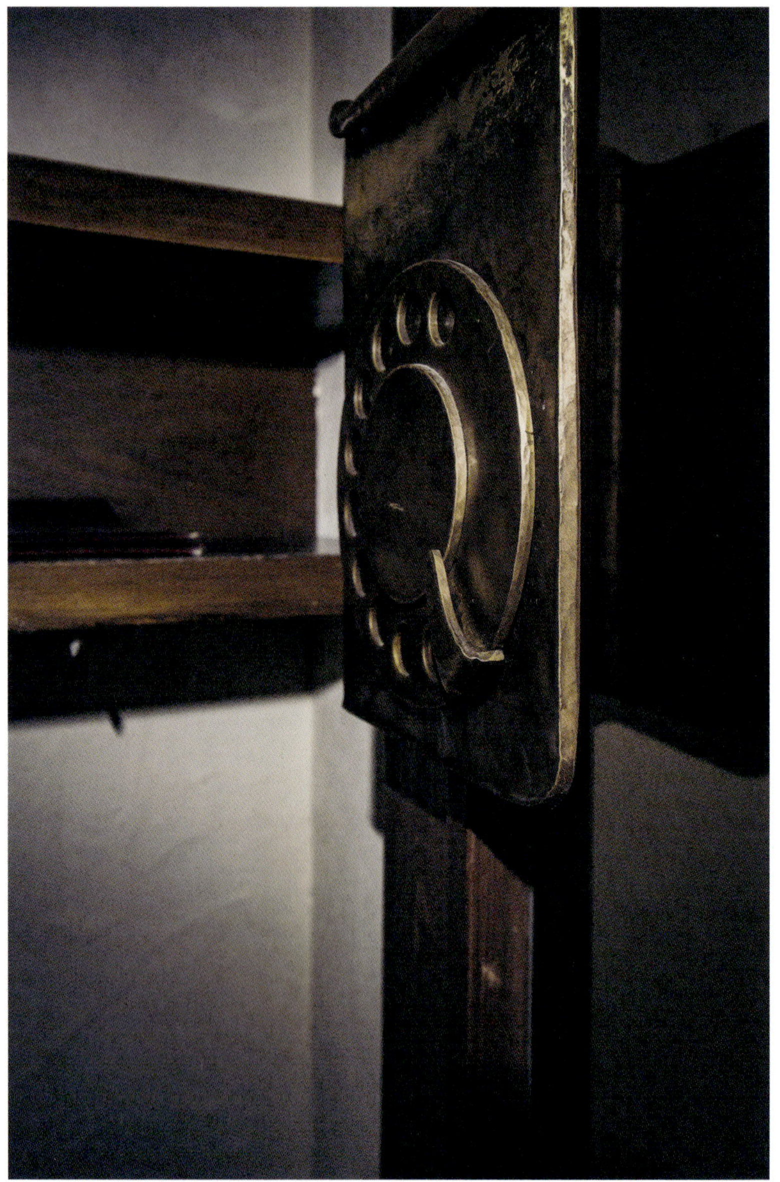

Wählscheibe als Türgriff

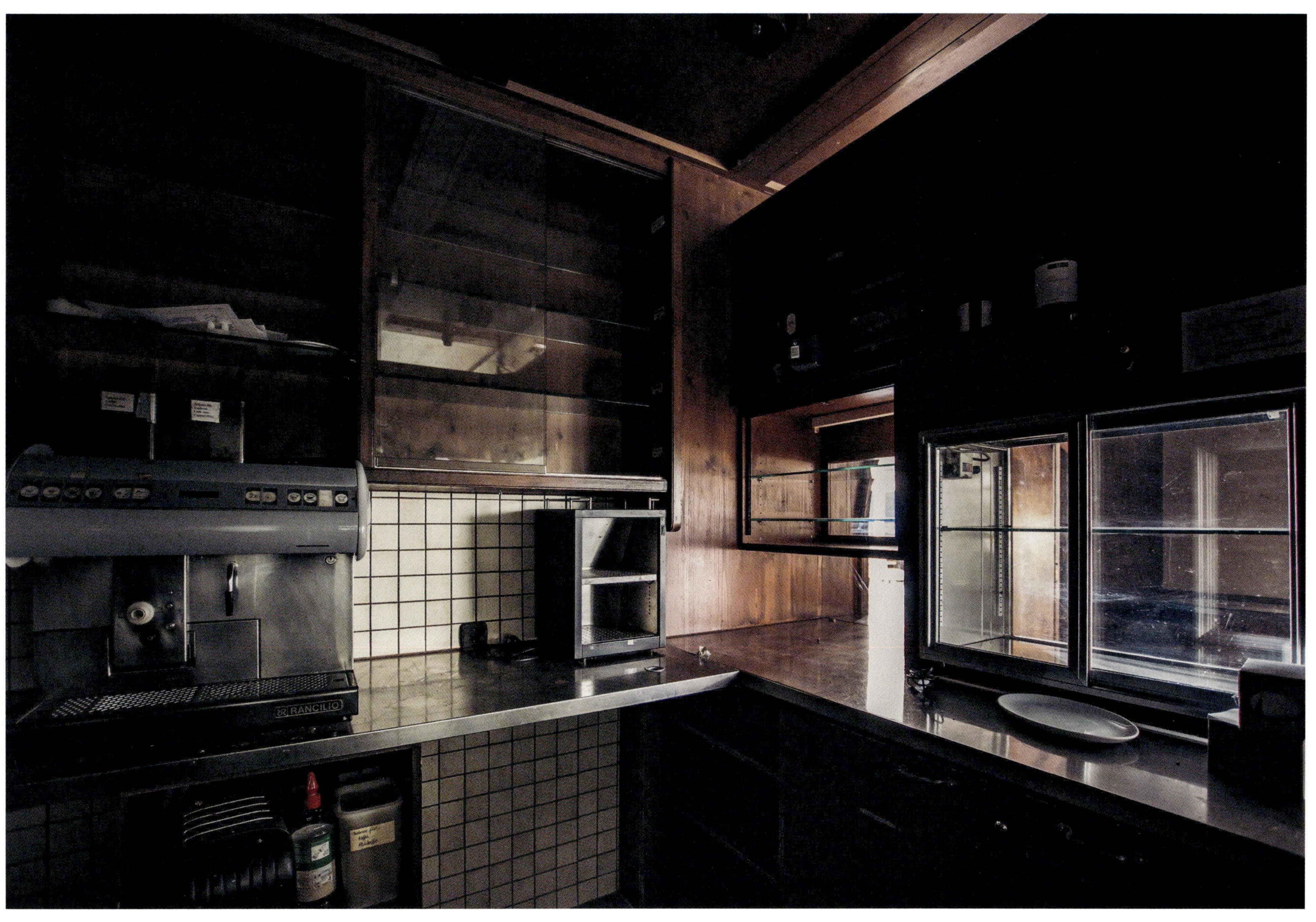

Küche mit Theke zum Gästeraum

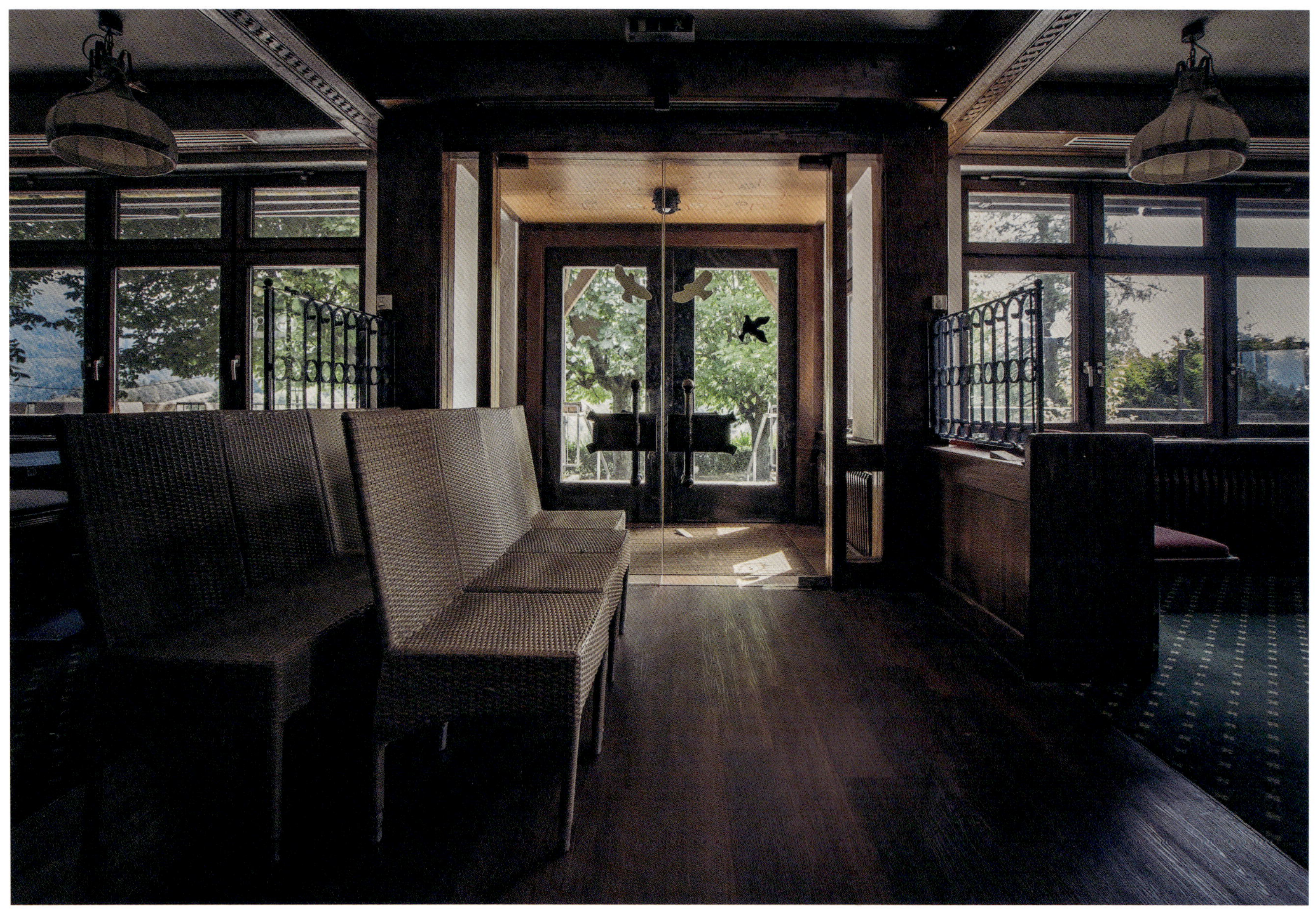

Terrassentür

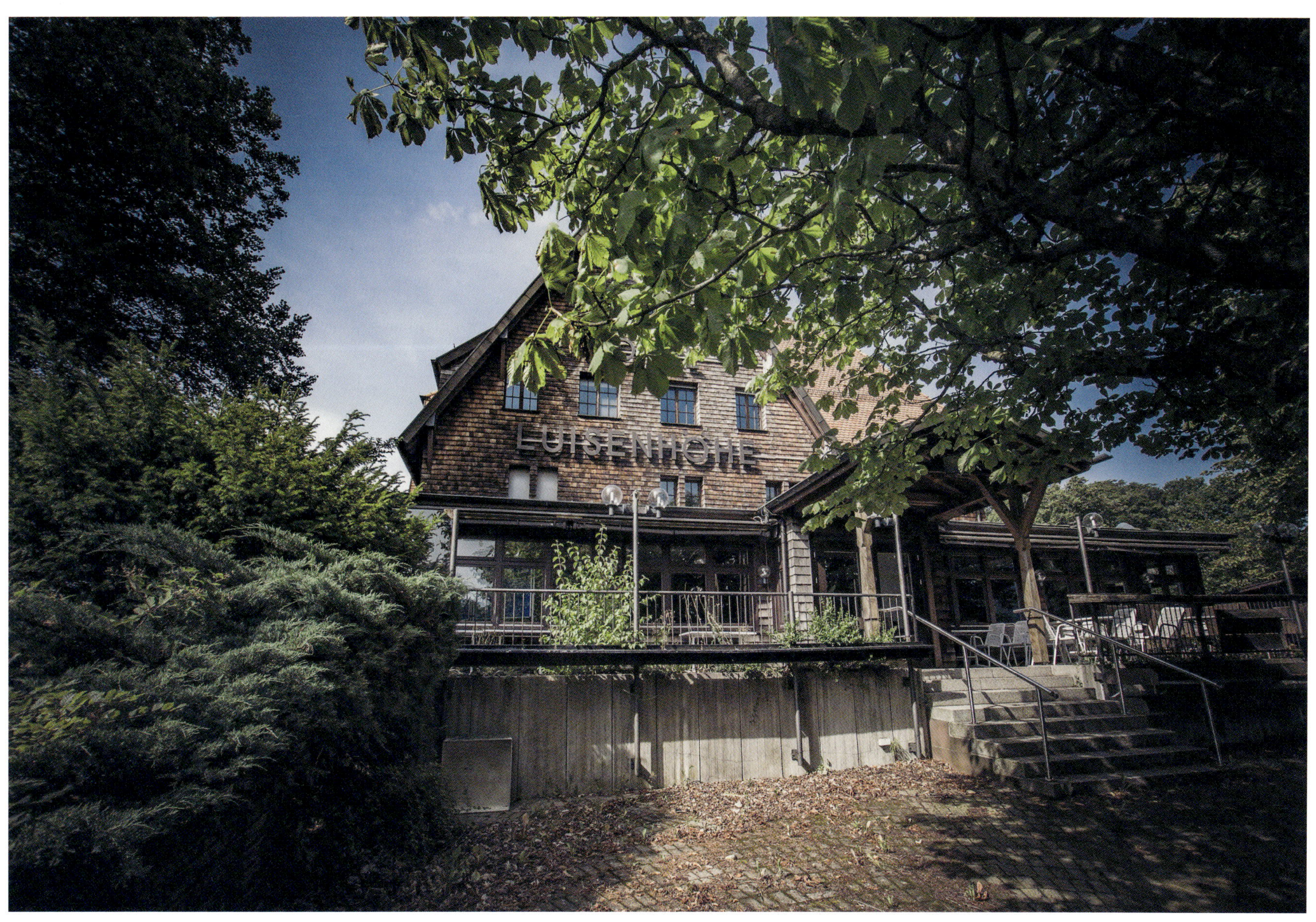
LUISENHÖHE